The Governance Transformation of Financial Complex Products

Taking Investment-linked Insurance as an Example

金融复合型产品治理转型

——以投连险为例

李游 著

法律出版社 LAW PRESS·CHINA

北京

图书在版编目(CIP)数据

金融复合型产品治理转型：以投连险为例 / 李游著. -- 北京：法律出版社, 2023
ISBN 978-7-5197-7644-2

Ⅰ. ①金… Ⅱ. ①李… Ⅲ. ①金融产品-金融法-研究-中国 Ⅳ. ①D922.280.4

中国国家版本馆 CIP 数据核字(2023)第 036736 号

金融复合型产品治理转型
——以投连险为例
JINRONG FUHEXING CHANPIN ZHILI ZHUANXING
—YI TOULIANXIAN WEILI

李 游 著

策划编辑 刘晓萌
责任编辑 刘晓萌
装帧设计 李 瞻

出版发行 法律出版社
编辑统筹 法治与经济出版分社
责任校对 晁明慧 王 皓
责任印制 吕亚莉
经　　销 新华书店

开本 710 毫米×1000 毫米 1/16
印张 22.25 字数 336 千
版本 2023 年 3 月第 1 版
印次 2023 年 3 月第 1 次印刷
印刷 固安华明印业有限公司

地址：北京市丰台区莲花池西里 7 号(100073)
网址：www.lawpress.com.cn
投稿邮箱：info@lawpress.com.cn
举报盗版邮箱：jbwq@lawpress.com.cn

销售电话：010-83938349
客服电话：010-83938350
咨询电话：010-63939796

书号：ISBN 978-7-5197-7644-2
定价：118.00 元
凡购买本社图书，如有印装错误，我社负责退换。电话：010-83938349

感谢施天涛教授！

序　言

随着金融混业经营的发展趋势、金融机构业务的增长诉求、居民收入的不断提高等因素，市场上的复杂金融产品创新层出不穷、纷繁多样，如商业银行的综合理财计划、保险公司的投资连结保险、信托公司的集合资金信托计划、证券公司的集合资产管理计划等产品。这些产品均具有“复合”的典型特征，除了保持传统某一金融属性外，还都采取了信托的法律结构，呈现证券投融资的功能属性。但是，这些具有“同质性”的不同金融产品归属于不同机构监管，适用不同的监管规则，由此出现“同质不同规”的法律情形，进而引起金融市场竞争不公和投资者权益保护不周的现象，存在大规模违约等潜在金融系统性风险。

如何治理上述金融复合型产品，消解相应法律适用困境，理论研究多以金融统合法的发展趋势等比较法经验，侧重从“功能监管”或“统一法律适用”等来检视该问题。譬如，扩大我国《证券法》中“证券”类型，将这些产品纳入证券法的规制范畴，采取信托的实质界定，以《信托法》作为金融复合型产品当事人的基本法。简言之,目前研究多从立法论、宏观视角等维度展开,无疑为金融复合型产品治理转型开出诸多良方。

本书另辟蹊径,从解释论、微观视角入手,以点带面、以小见大,选择投连险作为典型金融复合型产品为研究对象。该产品被称为“世界上最先进的险种”“最难理解的金融产品”“最佳投资工具”,涉及传统保险保障、证券融资、商事信托、银行销售等金融业务。由此可见,以投连险作为金融复合型产品的典型代表分析,能够更为细化深入地推进目前金融复合型产品的治理转型研究。基于此,本书主要从解释论视角,着重研究该类产品在现行规范体系下的适法困境和法律属性、私法层面当事人的权利义务关系、公权监管不足的成因和改进、金融统合法视角下投连险等同质产品的横向规制等内容。全书坚持问题导向,行文思路清晰,逻辑结构严谨,有效丰富了既有探讨,补充了理论研究不足,并兼具实务价值,是一部关于金融复合型产品治理研究的上乘作品。

李游 2016 年从西政考入清华,攻读商法专业博士学位,由我指导他的学业和学位论文。在读期间,李游学术兴趣浓厚,刻苦钻研,发表了多篇核心论文,顺利完成学业。李游踏实勤奋、品行端正,是一名品学兼优的学生,我欣赏这样的学生。本书是李游的博士学位论文,由我和周小明老师共同指导。周小明老师帮助李游确定选题方向,为他了解相应实务提供诸多机会。

与此同时,2017 年,李游通过清华 CNDC 项目,去往日本东北大学进行博士联合培养,并于 2021 年 3 月以优异成绩(summa cum laude)获得日本东北大学法学博士学位。这一经历既开阔了他的学术视野,也使他受到日本东北大学得津晶教授、森田果教授等老师们的悉心指导。在 2020 年清华博士学位论文和 2021 年日本东北大学博士学位论文答辩中,李游获得了评委的一致好评。李游博士毕业后,任教于北航法学院,并在博士学位论文基础上,进一步从金融统合法视角展开,延续相应研究。颇为欣慰。

在本书即将出版之际,李游邀请我为本书作序,我欣然为之。

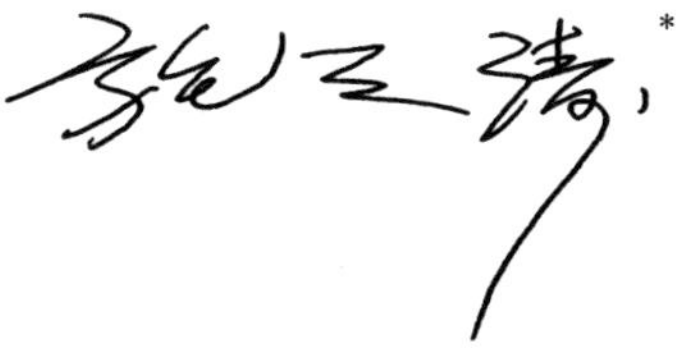[*]

清华大学法学院

2023 年 2 月

---

* 施天涛,清华大学法学院教授、博士研究生导师,中国法学会证券法学研究会常务副会长。

目　录

第一章
导　论

一、研究背景

随着金融交易模式的推陈出新，市场上不断出现新型金融复合型产品，这类产品的运作不局限在某一金融领域，而是涉及多个金融属性。其中，以投资连结保险（以下简称投连险）作为典型范例。在20世纪50年代左右，欧美国家相继推出变额年金、变额寿险、变额万能寿险等投资型保险产品。我国在本世纪之交，也引进了投连险、万能保险、分红保险等人身保险新型产品。[1] 该类人身保险新型产品具有不同程度的投资理财功能，

---

〔1〕 人身保险新型产品，是指投资连结保险、万能保险、分红保险以及原保监会认定的其他产品。参见《人身保险新型产品信息披露管理暂行办法》（保监会令〔2002〕6号，现已失效）第2条；《人身保险新型产品信息披露管理办法》（保监会令〔2009〕3号）第2条。

因而在我国也被称为投资型寿险。[1]

在这些投资型寿险产品中,[2]投连险,被誉为“世界上最先进的险种”,[3]同时也被称为“最难理解的金融产品”,[4]以及“最佳投资工具”,[5]其保险金给付数额直接与投资账户投资表现相关联,打破了传统寿险定额给付的特征,是一种金融复合型产品或传统金融的衍生商品。其中,投资账户是指“保险公司为投资连结保险产品设立的、资产单独管理的资金账户”。[6] 毋庸置疑,这是一款复杂的金融商品,对其作出准确的界定并不容易,至少目前理论上也缺乏对其有效的界定,基本上采用官方的定义,即原“中国保险监督管理委员会”(以下简称保监会)于2000年在《投资连结保险管理暂行办法》(保监发〔2000〕26号,现已失效)中对投连险进行明确界定,其是指包含保险保障功能并至少在一个投资账户拥有一定资产价值的人身

〔1〕 在理论上,“人身保险新型产品”是否等同“投资型寿险”的认识稍有分歧。有学者认为,“人身保险新型产品”事实上就是“投资型寿险”。参见杨晓灵:《投资型寿险产品的发展研究》,载《保险研究》2002年第10期;蒋晓虎、许霓、孙珍珍:《论投资型寿险的适用性与局限性》,载《保险研究》2001年第12期。也有学者认为,投资型寿险的定义,主要取决于寿险产品是否设有独立的投资账户,典型代表产品有变额寿险、变额年金及万能寿险等。参见符宁、于震:《投资型寿险产品发展现状及保险公司风险分析》,载《东北师大学报(哲学社会科学版)》2017年第5期。

〔2〕 在学理上,这些产品也会被称为“理财险”“现代人身寿险”“投资型人身保险”等。

〔3〕 参见郭雳:《投资型保险及其法律问题》,载《金融法苑》2001年第4期。

〔4〕 “one of the most difficult-to-understand products.” See Mary L. Schapiro, *The Consumer in the Financial Services Revolution*, https://www.sec.gov/news/speech/2009/spch120309mls.htm.

〔5〕 这种保单可以被形容为最佳的投资手段:它旨在对冲通胀的风险,能够促进经济发展并利用优秀的投资咨询服务,还可以使投资组合多样化,最重要的是,它能够在被保险人死亡时为受益人提供保障(原文为:The policy can be described as the best possible investment: it purports to serve as a hedge against inflation, it offers participation in the growth of the economy, utilization of excellent investment advisory service, plus diversification of investment, and, to top it all, protection for the beneficiaries in the event of premature death)。See Tamar Frankel, *Regulation of Variable Life Insurance*, 48 Notre Dame Law 1017, 1020 (1973).

〔6〕 “……本通知所称投资连结保险投资账户(以下简称投资账户)是指保险公司为投资连结保险产品设立的、资产单独管理的资金账户……”参见中国保监会《关于规范投资连结保险投资账户有关事项的通知》(保监发〔2015〕32号,已被修改)第1条。

保险产品。[1]

投连险作为一种舶来品,其所对应的英文翻译主要有"investment-linked life insurance""variable life insurance""unit-linked insurance""equity-linked life insurance"四种。[2] 在域外,投连险主要是从变额年金的设计理念发展而来,[3]如美国的变额年金是由美国教师保险年金协会(Teachers Insurance and Annuity Association of America)于1951年研究发表,[4]主要是为防止通货膨胀带来身故保险金的贬值,契合满足投资者的需求。[5] 而该产品背后的经济背景为:美国的经济增长早已被认为是其人寿保险发展最重要的决定因素之一,如19世纪40年代的经济扩张就解释了当时人寿保险的突然

---

〔1〕 "本办法所称投资连结保险(以下简称连结保险),是指包含保险保障功能并至少在一个投资账户拥有一定资产价值的人身保险产品。"参见原保监会《投资连结保险管理暂行办法》(保监发〔2000〕26号)第2条。保监会在《关于规范投资连结保险投资账户有关事项的通知》第2条对投连险的界定亦是如此。参见保监会《关于规范投资连结保险投资账户有关事项的通知》(保监发〔2015〕32号)。

〔2〕 这些翻译主要差异在于学者用语习惯,并不存在本质区别。其一,"investment-linked life insurance"是从字面上直接翻译。其二,"variable life insurance"是与fixed life insurance相对的概念,主要为美国等地方采用。"variable life insurance"从字面上来理解,并不能完全等同于投连险,因为分红保险(participating insurance)、万能保险(universal insurance)以及变额年金(variable annuity)等都是给付不固定的,但variable life insurance的法律结构及其设置等同我国的投资连结保险。其三,"unit-linked insurance"能够反映投连险独立账户资金计算方式,侧重该类险的单位份额特点,主要为英国等地方采用。其四,"equity-linked life insurance"反映投连险投资账户投资股票市场的特点。

〔3〕 变额年金是人寿保险公司的一款产品,它正处在发展的萌芽阶段(原文为:The variable annuity, as a life insurance company product, is in the earliest stages of development)。See J. Edward Day, *Variable Annuity Is Not a Security*, 32 Notre Dame Law 642, 646 (1957).

〔4〕 美国教育退休基金是美国历史上第一款变额年金,是由纽约立法机构根据一个由教育家和主要商人组成的委员会的建议于1952年创建的,旨在为美国教师保险年金协会中的教育家、投保人提供一款能够灵活应对经济波动的年金产品,从而保障其稳定而持久的购买力(原文为:The first variable annuity plan in this country, the College Retirement Equities Fund, was created in 1952 by the New York Legislature, acting upon the recommendation of a commission composed of educators and leading businessmen, for the purpose of providing educators, policyholders in the Teachers Insurance and Annuity Association of America, with an annuity which would respond more flexibly to changes in the economy and thus furnish constant purchasing power)。See J. Edward Day, *Variable Annuity Is Not a Security*, 32 Notre Dame Law 642, 662 (1957).

〔5〕 See Tamar Frankel, *Variable Annuities, Variable Insurance and Separate Accounts*, 51 Boston University Law Review 177, 177 (1971).

繁荣;[1]到了20世纪60年代出现了美国最长的经济扩张周期,从1961年2月一直持续到1969年12月,这种经济增长的同时也带来了较高的物价水平,如1963年开始的通货膨胀使在那之后的7年内货币贬值近700%。[2]

与国外不同的是,我国投连险的引进主要是因为20世纪90年代明显的利率波动,而当时保险公司并未及时意识到利率下调给经营带来的影响,导致保险公司承担了巨大的利率风险。[3] 为了走出这种困境,中国平安保险公司于1999年率先引进我国第一款投连险——平安世纪理财投资连结保险,拉开我国投连险的发展序幕;同时,我国居民生活水平的增长、财富的持续积累也刺激了广泛的融资和理财需求。譬如,城镇居民人均可支配收入,以及城乡居民储蓄存款余额大幅度增加。[4] 此外,就产品本身而言,投连险存在诸多的理财优势,满足中产阶层的理财需求。譬如,能抵消通货膨胀率所带来的贬值,[5]也可降低信托的投资门槛。[6] 基于上述背景和特点,我国投连险从2000年左右诞生以来,得到广泛开发和销售,[7]发展至今,已占

---

[1] 参见[美]维维安娜·泽利泽:《道德与市场:美国人寿保险的发展》,姚泽麟等译,华东师范大学出版社2019年版,第22页。

[2] 参见[美]杰瑞·马克汉姆:《美国金融史——从衍生品时代到新千年》(第3卷)(A Financial History of the United States: From the Age of Derivatives into the New Millennium,1970-2001),李涛、王湑凯译,中国金融出版社2018年版,第3页。

[3] 参见丁昶、李汉雄主编:《投连和万能保险的原理与监管》,中国财政经济出版社2009年版,第11页。

[4] 我国在1998~2002年,城镇居民收入与城乡储蓄存款增长较快。参见国家统计局《2002年国民经济和社会发展统计公报》,载国家统计局网,http://www.stats.gov.cn/statsinfo/auto2074/201310/t20131031_450865.html。

[5] See Tamar Frankel, *Variable Annuities, Variable Insurance and Separate Accounts*, 51 Boston University Law Review 177, 177 (1971).

[6] 譬如,投资一个信托计划的最低金额不少于100万元。参见《信托公司集合资金信托计划管理办法》(银监会令2009年第1号)第6条。

[7] 作为其他类型的投资公司证券,变额年金和变额人寿保单也变得非常流行。1994年变额年金的销售额预估达到510亿美元,预计到1996年这项数据将超过900亿美元(原文为:Variable annuities and variable life insurance policies, which are other types of investment company securities, have also become very popular. Sales of variable annuities in 1994 have been estimated at $51 billion and are expected to exceed $90 billion in 1996)。See Clifford E. Kirsch, Wendell M. Faria & W. Thomas Conner, *Mutual Fund and Variable Insurance Products Performance Advertising*, 50 Business Lawyer 925, 926 (1995).

据市场重要份额。

然而,投连险虽可以弥补传统寿险的短板,但也构成了对现有法律的挑战。有学者总结,这类产品会引起对其法律监管、是否有必要立法、经济风险以及税收考量等问题。[1] 事实上,我国这类兼具保险保障和证券投资双重属性的金融产品所带来的法律风险在实践中早见端倪,无论是早期平安保险集体退保事件,还是"宝万之争"中前海人寿万能险表决权争议,都指向同一个根源问题,即投资型寿险作为金融市场的创新产品,究竟具有何种法律属性。具体到投资型寿险中的投连险,其经济实质、法律属性等法律适用问题仍不明晰,相应投资权益无法获得有效保护。因此,本书主要以投连险作为研究对象,试图剖析其在法律属性上该被如何看待、如何监管,以及如何进行现有法律的适用等问题。

二、文献综述

(一)第一阶段:20 世纪 50 年代到 60 年代

美国对变额年金和变额寿险的主要探讨始于 20 世纪 50 年代美国证券交易委员会(Securities and Exchange Commission, SEC)诉变额年金人寿保险公司案(SEC v. Variable Annuity Life Insurance Company, 以下简称 VALIC 案)等,主要围绕变额产品为保险或证券的法律定性争议。

在美国联邦法院对 VALIC 案作出判决前,主流立场认为:变额年金为保险产品。譬如,乔治·约翰逊(George E. Johnson)在 1956 年认为一项理想的退休收益应满足以下四个要素:(1)a life income;(2)an adequate income;(3)an income that will vary with the cost of living;(4)an assured income。而变额年金符合这些要素,是一个比传统年金获取更优更安全的退休收益,故

---

[1] See Notes, *Variable Annuity: Security or Annuity*, 43 Virginia Law Review 699, 699 (1957).

变额年金的存在价值予以肯定。[1] 1957 年,J. 爱德华·戴(J. Edward Day)旗帜鲜明地指出,变额年金不是证券或者投资计划,不能如同共同基金在股票市场自由进出。[2] 同年,梅耶(Meyer Melnikoff)发文,主张变额保险存在采用生命表(life contingencies and mortality tables)等精算特征,是一种寿险设计(a life insurance device),只不过是将该产品的退休资金投资于股票市场。[3] 拉尔夫(Ralph E. Becker)在 1958 年指出,变额年金是非常恰当的保险产品而非证券产品(very properly an insurance product, not a security)。[4] 库克(C. Lee Jr. Cook)在 1958 年也认为,风险转移与风险分散同样存在变额年金中,应将变额年金界定为保险而非证券。[5]

但是,在这一时期,也有不少学者提出反对声音,主张变额年金应该被视为一种证券。譬如,1956 年,罗兰(Rowland H. Long)认为,变额年金的投资性质不应该被掩盖在"年金"名下(the contract's speculative character should not be hidden behind the word "annuity"),尤其是变额年金的独立账户,使变额年金的收益来自普通股的证券投资组合,应被视为普通股的投资计划(a common stock investment scheme)。[6] 又如,1956 年,亚瑟(Arthur H. Haussermann)主张,变额年金相较于保险,其更加接近于投资证券。[7]

这种泾渭分明的法律定性争议的缓和和转向直至 1959 年,即美国联邦

---

[1] See George E. Johnson, *The Variable Annuity: What It Is and Why It Is Needed*, 1956 Insurance Law Journal 357, 372 (1956).

[2] See J. Edward Day, *Variable Annuity Is Not a Security*, 32 Notre Dame Law 642, 669 (1957).

[3] See J. Edward Day & Meyer Melnikoff, *The Variable Annuity as a Life Insurance Company Product*, 24 Insurance Counsel Journal 16, 16 (1957).

[4] See Ralph E. Becker, *Variable Annuity Contracts: Insurance or Securities*, 1958 Insurance Law Journal 612, 613 (1958).

[5] See C. Lee Jr. Cook, *The Legal Barriers to the Variable Annuity*, 1958 University of Illinois Law Forum 466, 471 (1958).

[6] See Rowland H. Long, *The Variable Annuity: A Common Stock Investment Scheme*, 1956 Insurance Law Journal 393, 393, 397 (1956).

[7] See Arthur H. Haussermann, *The Security in Variable Annuities*, 1956 Insurance Law Journal 382, 392 (1956).

法院改判 VALIC 案一审、二审，最终判定变额年金为证券。[1] 尤其是，美国联邦法院在 SEC 诉联合福利人寿保险公司案(SEC v. United Ben. Life Ins. Co，以下简称 UBLIC 案)中再次将变额年金认定为证券，而非保险，并且有提及变额年金投资账户与基金存在诸多共同之处。[2] 理论上，主流观点也从变额年金的保险立场转向证券。譬如，1959 年，《美国变额年金的监管》(Federal and State Regulation of the Variable Annuity)一文对美国联邦判决后，简要探讨变额年金在《1933 年证券法》和《1940 年投资公司法》下的适用问题。[3] 理查德(Richard Aughenbaugh)进一步指出，变额年金合同应当接受 SEC 的监管。[4] 乔治在 1960 年又指出，变额年金里承担一些风险，符合保险的基本要素，但同时变额年金与共同基金十分类似，有明显的投资目的，因而变额年金具有复合性。[5] 1966 年，约瑟(Joseph W. Bartlett)认为，变额年金法律属性的争议可能无法最终得以解决，联邦法院从风险承担来解释，也只是部分阐释了变额年金的法律属性。[6] 1967 年，克莱伦斯(Clarence E. Galston)主要从效率、统一监管等监管视角来探讨可变年金，但并未给出明确答案，其认为该问题应交由时间来检验和解决。[7] 1969 年，马丁(Martin)认为，从变额年金的运作模式，以及其与共同基金呈现诸多共同特点的角度来看，赞成将变额年金认定为证券，但应该对其有联邦证券法

〔1〕 See SEC v. Variable Annuity Life Ins. Co., 359 U.S. 65, 65 (1959).

〔2〕 See SEC v. United Ben. Life Ins. Co., 387 U.S. 202, 202 (1967).

〔3〕 See Notes, *Federal and State Regulation of the Variable Annuity*, 44 Minnesota Law Review 289, 289-307 (1959).

〔4〕 See Richard Aughenbaugh, *Variable Annuity Contracts Subject to S. E. C. Regulation*, 20 Ohio State Law Journal 688, 688 (1959).

〔5〕 See George E. Johnson, *Variable Annuity—Insurance, Investment, or Both*, 48 The Georgetown Law Journal 641, 682 (1960).

〔6〕 See Joseph W. Bartlett, *Variable Annuities: Evolution and Analysis*, 19 Stanford Law Review 150, 151 (1966).

〔7〕 See Clarence E. Galston, *The Regulation of Variable Annuities*, 1967 American Bar Association. Section of Insurance, Negligence and Compensation Law. Proceedings 348, 395 (1967).

的适用例外。[1]

（二）第二阶段：20 世纪 70 年代到 90 年代末

经过美国联邦法院 VALIC 案和 UBLIC 案之后，变额年金的证券属性在联邦层面已然确定，故美国研究主要转至变额产品在联邦层面定性为证券后的具体法律适用，同时在研究对象和内容上，侧重于变额寿险及其投资账户的法律性质，以及在《1940 年投资公司法》中的适用问题。

1971 年，塔玛·弗兰科（Tamar Frankel）发表了《变额年金、变额保险和分离账户》（Variable Annuities, Variable Insurance and Separate Accounts）一文，该文对变额年金、变额寿险进行了非常详细的探讨，如指出了投资控制（control of investment）和投资风险承担（bearing the investment risk）是引起投资保护的两项关键因素，并重点对分离账户在《1940 年投资公司法》中的具体适用问题进行探讨，其是美国对变额产品法律问题探讨最为集中、深入的鸿篇大作。[2] 1972 年，肯尼思（Kenneth Kubczak）主张，基于变额寿险的复杂性，应对保险公司课以全面的信息披露义务。[3] 1973 年，塔玛·弗兰科又探讨了变额寿险在《1940 年投资公司法》下的法律适用，并指出分离账户是开放式投资公司（open-end investment companies），而不是定期支付计划（not periodic payment plan certificates）。[4] 1973 年，《变额寿险和联邦证券法》（Variable Life Insurance and the Federal Securities Laws）一文指出，联

---

〔1〕 See Boe W. Martin, *The Status of the Variable Annuity as a Security: A Lesson in Legal Line Drawing*, 30 Ohio State Law Journal 736, 772 (1969).

〔2〕 See Tamar Frankel, *Variable Annuities, Variable Insurance and Separate Accounts*, 51 Boston University Law Review 177, 177 – 401 (1971).

〔3〕 人寿保险行业有必要全面披露变额年金保险的信息，因为对于如此复杂的产品，公众必须清楚他们购买的是什么保险（原文为：Full disclosure by the life insurance industry for VLI will be mandatory because, with such a complex product, the public must know what it is buying）。See Kenneth Kubczak, *The Regulatory Problems of Variable Life Insurance in the United States*, 1972 Insurance Law Journal 450, 470 (1972).

〔4〕 See Tamar Frankel, *Regulation of Variable Life Insurance*, 48 Notre Dame Law 1017, 1035 (1973).

邦法律应该继续监管变额寿险等包含重大投资风险的产品，而州法应该继续监管传统的保险产品。[1] 1974年，罗伯特(Robert P. Blank)等对变额寿险在联邦证券法下的适用进行探讨，提出其适用还存在诸多不明确的地方，如SEC的监管权限问题。[2] 1975年，约瑟(Joseph F. Krupsky)认为，分离账户是不具有法人资格的实体，是一种投资工具，尽管其是州保险法的产物，但是独立账户的业务操作，即证券投资，应由联邦《1933年证券法》《1934年证券交易法》《1940年投资公司法》《1940年投资顾问法》规制。[3] 1977年，哥伦比亚特区律师协会(District of Columbia Bar)回顾了变额寿险的15年监管，认为美国保险业和SEC并未试图为变额产品建立一个监管结构。[4] 1978年，米尔顿(Milton P. Kroll)等指出，对于变额年金的法律属性不能将分离账户分开分析，要从整体出发，从主导性因素来进行检测，考量合同特点、运作特点以及产品吸引力三个判断因素。[5]

在20世纪80年代初，在研究对象上主要是针对万能保险。譬如，阿伦(Alan Lazarescu)等对万能险的产生意义、法律监管以及税收等问题进行了

---

〔1〕 联邦法律应该对高投资风险的产品的销售进行持续性规制，同时，各州法律应该对传统保险产品进行持续性规制(原文为：The federal laws should continue to govern the marketing of products that contain a substantial investment risk, and the state laws should continue to govern traditional insurance products)。See Notes, *Variable Life Insurance and the Federal Securities Laws*, 25 Maine Law Review 241, 294 (1973).

〔2〕 See Robert P. Blank & Gordon L. Jr. Keen et al., *Variable Life Insurance and the Federal Securities Laws*, 60 Virginia Law Review 71, 112 (1974).

〔3〕 这样一种独立而分离的法律实体的目的是为个人的投资决策提供投资工具(原文为：The purpose of such a separate unincorporated legal entity is to provide an investment vehicle for persons)。See Joseph F. Krupsky, *Federal Securities Law and Variable Annuity Contracts*, 24 Drake Law Review 839, 839-840 (1975).

〔4〕 回顾过往或许对我们有益：过去15年间美国保险业和SEC共同——至少是同时——致力于为从未考虑过的新产品构建一种监管结构(原文为：It may be useful to take a backward look over the last fifteen years to see how the industry and the Commission, working together-or at least working at the same time-have tried to develop a regulatory structure for new products that were not contemplated)。See A PANEL, *Fifteen Years of Federal Regulation of Variable Contracts-Evaluations*, 32 Business Lawyer 685, 685 (1977).

〔5〕 See Milton P. Kroll & Gary O. Cohen, *Insurance—Security Identity Crisis*, 46 George Washington Law Review 790, 805 (1978).

探讨。[1] 1984 年,北美精算学会(Society of Actuaries)关于变额产品的专题讨论,其中主要探讨了三方面问题,即州监管尤其是美国保险监督官协会(National Association of Insurance Commissioners, NAIC)的模范规定,SEC 的具体规则以及变额产品的税收问题。[2]

到了 20 世纪 90 年代,美国法对变额产品的法律研究热度明显下降,主要是对变额年金等产品本身的创新进行了反思。譬如,1995 年,克利福德(Clifford E. Kirsch)等探讨共同基金与可变年金的相似之处。[3] 1998 年,迈克尔(Michael F. Lane)等对变额年金的资产保护等优势进行了探讨。[4]

在该阶段,日本法也开始了对变额保险(variable insurance)的研究。日本在 20 世纪 80 年代推行变额寿险并没有太多的法律障碍,但却在如下两个议题上使法律框架的制定变得复杂:(1)该类产品应作为投资类产品受证券交易委员会监管,还是作为寿险产品由保险监管机构来负责,这一问题上存在诸多分歧;(2)探讨的焦点不是该产品的形态或管理方式,而是如何使该产品适用于已有的法律。[5]

不过,日本法对变额产品法律定性的探讨并没有美国早期对变额年金探讨得激烈。到了 20 世纪 80 年代末到 90 年代初,日本经济泡沫开始破灭,

---

[1] See Alan Lazarescu & Harold Leff, *Universal Life Insurance: Legal, Regulatory and Actuarial Aspects*, 17 Forum 1000, 1000 – 1011 (1981 – 1982).

[2] See "Variable Universal Life", *Record of Society of Actuaries*, 1984 Vol. 10 No. 4B., p. 2307.

[3] See Clifford E. Kirsch, Wendell M. Faria & W. Thomas Conner, *Mutual Fund and Variable Insurance Products Performance Advertising*, 50 Business Lawyer 925, 994 (1995).

[4] 五个最佳用途:(1)长期投资者的税后净值;(2)资产保护;(3)将变额年金作为一种基金工具;(4)保险保障;(5)《法典》第 10351 条规定,以降低现有年金的成本和提高预期收益为交换条件[原文为:Five best use: (1) net after-tax value for long-term investors, (2) asset protection, (3) use of a variable annuity as a funding tool for a net income makeup charitable remainder unitrust, (4) guaranteed income for life, and (5) the Code Sec. 10351 exchange for lowering cost and improving expected returns of existing annuities]。See Eleanor Blayney & Michael F. Lane, *Focus: The Pros and Cons of Variable Annuities*, 1 Journal of Retirement Planning 34, 34 – 38 (1998).

[5] 参见丁昶、李汉雄主编:《投连和万能保险的原理与监管》,中国财政经济出版社 2009 年版,第 43 页。

变额保险的业绩不佳,产品本身的复杂性和误导性销售等原因引发诸多诉讼,理论研究多主要聚焦在产品推介、销售过程中保险人义务的履行。譬如,变额保险具有投资性的一面,应与证券交易适用适当性原则,对该产品的投资劝诱,应该通过证券交易法来实现,如适用证券交易法中的适当性原则。[1]

(三)第三阶段:1999 年到现在

美国近年来对变额产品的法律研究并不像 20 世纪五六十年代那么激烈。最新的美国变额产品法律问题研究的成果,主要是由克利福德主编的《变额年金和变额寿险的监管》(*Variable Annuities and Variable Life Insurance Regulation*)(New York: Practising Law Institute, 2018)两卷文集。该文集主要由美国律师写作完成,其研究的主要内容侧重于美国变额产品的具体规则等适用等实务操作,包括在证券法、证券交易法、投资公司法以及税法等多部法律,进行专章分析,是研究美国法变额产品的重要文献。

除该文献研究外,2010 年,加里(Gary E. Jenkins)探讨了变额保险合同在《1940 年投资公司法》适用过程中的豁免问题,如分离账户登记为单位投资信托时,探讨在该法下董事选举和要求等规则豁免。[2] 2012 年,理查德(Richard J. Wirth)针对变额年金信息披露所存在的问题,指出简洁、朴实的披露有助于提高适用性管理,促进更明智的决策。[3]

我国对于投连险的研究,始于 21 世纪之初。起步阶段的研究主要是从经济学、金融学视角探讨投资型寿险,研究对象包括了投连险、万能险、分红

---

〔1〕 松井美知子「変額保険の裁判例にみる融資者の責任」千葉大学社会文化科学研究(創刊号)146 頁参照。

〔2〕 See Gary E. Jenkins, *Exemptive Rules for Variable Insurance Contracts under the Investment Company Act of* 1940: *Part* 2 *of* 2, 17 The Investment Lawyer 3, 3 - 12(2010).

〔3〕 通俗的英语披露必将有助于提高适应性管理,并使更多人知情决策行为[原文为:Plain English disclosures will surely help improve suitability and drive more informed decision-making]。See Richard J. Wirth, *What's Puzzling You is the Nature of Variable Annuity Prospectuses*, 34 Western New England Law Review 127, 157 (2012).

保险。这些研究主要是探讨投资型寿险作为一种金融创新产品的必要性和意义。譬如,2001 年,《论投资型寿险的适用性与局限性》一文介绍了投资型寿险适应消费者日益增长的投资需求,能给寿险公司带来经营管理、防范利率风险等多方面的效益,建议在我国大力发展分红保险,在经济相对发达地区可试点投连险和万能寿险。[1] 2002 年《投资型寿险产品的发展研究》一文进一步肯定投资型寿险产品的意义,认为保险业通过投资型寿险产品涉足更广阔的金融领域,向多元化经营的方向发展,拓展了自己的生存空间。[2] 2004 年,针对不少人质疑我国现阶段是否有再发展新型人身保险产品的必要,有学者认为需要重新反思人身险新型产品,其是重要的产品创新和制度创新,寿险产品的创新不可能一帆风顺。[3]

上述研究为投资型寿险作为一种金融创新品种发展提供了合理性的理论支持。但是,于法律层面而言,法律该如何回应这种产品,特别是法律定性的问题,则存在明显分歧。2001 年《投资型保险及其法律问题》一文中指出有关投资型保险的四点疑问,即"投资型保险账下的资金能否真正做到专户管理?""保护投资者的权利能否得到切实的保护?""监管机关能否实施有效的制约?""保户是不是就一定会获得丰厚的回报?"[4]

对于投连险法律属性的具体探讨,2003 年《投资连结保险:证券乎?》是早期从比较法视角来探讨投连险性质的文章,该文通过对美国变额年金的法律定性对投连险做了一些介绍,并分析我国投连险被视为证券更有利于投资者,法律适用更方便,但这个结果也不太可能实现,在我国投连险就是

---

〔1〕 参见蒋晓虎、许霓、孙珍珍:《论投资型寿险的适用性与局限性》,载《保险研究》2001 年第 12 期。

〔2〕 参见杨晓灵:《投资型寿险产品的发展研究》,载《保险研究》2002 年第 10 期。

〔3〕 参见庹国柱、朱俊生:《重新反思人身险新型产品》,载《中国保险》2003 年第 8 期;庹国柱、朱俊生:《论当前保险发展与风险防范——从"保险泡沫论"说起》,载《保险研究》2004 年第 12 期。

〔4〕 参见郭雳:《投资型保险及其法律问题》,载《金融法苑》2001 年第 4 期。

一种保险产品，而不是证券。[1] 2005年《投资连结保险：法律属性及与现行保险法的冲突》一文认为投连险作为新型的人身保险产品，有别于传统保险，在法律属性上应将其定位为"保险＋信托"。[2] 2010年《投资型保险：保障抑或投资》一文进一步指出，该产品除了不采用基金单位、不在公开市场交易以外，几乎无异于基金管理公司旗下的证券投资基金。[3] 2020年《美国投资型保险资金运用监管及其借鉴》一文从比较法视野，探析美国对投资型保险资金运用的监管对我国保险资金运用监管体系的完善具有借鉴意义，且从产品属性上看，我国的投连险与异化了的万能险，本质上均具有"证券"的投资属性，而且投连险独立账户资金以及万能险单独账户资金的具体运作与证券投资基金无异。[4]

上述研究从不同视角探究投连险产品的法律属性，尽管基本法并未对投连险进行回应，但经过理论上的探讨，学者对该产品的投资属性有了一定共识。理论上开始侧重于倡导该产品投资权益保护的重要性及其一些具体的法律适用问题。譬如，2010年《投资连结保险中投资利益保护问题研究》一文侧重研究投连险的投资权益保护问题，在对投连险的保险属性、信托属性、证券属性进行分析后，认为投连险的本质是一种金融复合型产品，兼具保险、信托、证券的属性，并提出通过私权利和公权力两个方面构建投连险投资利益保护体系，其中私权利体系包括权利、义务和责任三个方面，而公权力体系则侧重于行政权力对投资利益的间接保护。[5] 2013年《证券投资服务消费者保护法律问题研究》一文第七章"保险公司之证券投资服务消费者保护"中，认为投资型保险的监管与法律适用应不同于一般保险消费者的

---

〔1〕 参见罗彧：《投资连结保险：证券乎？》，载《金融法苑》2003年第6期。
〔2〕 参见李理：《投资连结保险：法律属性及与现行保险法的冲突》，载《河北法学》2005年第4期。
〔3〕 参见叶林：《投资型保险：保障抑或投资》，载《月旦民商法杂志》2010年第27期。
〔4〕 参见李敏：《美国投资型保险资金运用监管及其借鉴》，载《华东政法大学学报》2020年第6期。
〔5〕 参见管人庆：《投资连结保险中投资利益保护问题研究》，吉林大学2010年博士学位论文。

法律保护,并提出了投资型保险"类证券化"规制的建议。[1] 2015年《投资型保险风险分担的法律规制》一文认为,投资型保险的产生在风险分担功能上较传统保险发生了新的变化,其在原有的风险基础上增加了投资风险。因此,可以重新对我国现行保险基本法律制度中的风险分担分配体系进行适当的调节,重新平衡投资型保险投保人与保险人之间的权利义务,如保单合同中保险人的说明义务发生了扩张。[2]

三、研究问题与主要观点

(一)主要研究的法律问题

对于投连险的法律适用,可以从三个层面展开:其一,该产品的法律属性如何认定?其二,该产品在解释论下应如何回归现行法律下的调整?其三,该产品的法律适用在立法论上该如何改进?从上述研究综述的分析来看,每个阶段的研究重点、争议、推进,也正呼应投连险法律适用三个主要问题。因此,本书的研究也试图从这些方面展开。

其一,投连险是一款金融复合型产品,呈现多重法律属性。那么,该产品的法律属性在现有法律体系下,该如何回应?这是一个绕不过的困惑与难题,既是一个起点问题又是一个终点问题,更是研究其整个法律适用过程中不断追问的问题。其中,所涉主要研究的具体问题包括:保险与证券的判断因素和标准?投连险的法律属性该如何分析?法律定性是根据其中的保险部分还是证券部分占主导来判断?域外法域对该类险是如何界定及其判定背后的思路与背景?投连险在现有法律体系下该如何进行有效规范,遵循什么样的法律规范思路较为合适?

其二,投连险的证券属性是由投资账户作为载体而体现,也是投连险主要特性所在。那么,在本书倡导的"实质重于形式"思路下,如何进一步解释

---

[1] 参见郑青:《证券投资服务消费者保护法律问题研究》,清华大学2013年博士学位论文。
[2] 参见李溪鹏:《投资型保险风险分担的法律规制》,载《求索》2015年第4期。

投资账户的私法关系及其内容？所涉具体问题，例如，投资账户上所表现的委托理财关系并非现行法下的有名合同，对该种法律关系应如何解释，投连险的合同性质该如何解释，当事人的权利义务责任该如何平衡，尤其是在金融消费者保护理念下，保险人义务该怎么认定和解释？

其三，投连险在“实质重于形式”思路下，公权监管存在哪些不足，以及该如何改进？尤其是，2018 年银监会和保监会职责整合，合并为银保监会，2023 年又在银保监会基础上组建国家金融监督管理总局，统一负责除证券业之外的金融业监管。显然，金融机构监管权力在这两轮改革中的调整或重新分配，无疑会影响投连险等金融复合型产品的法律监管。那么，在该背景下，如何从学理上分析，对投连险该采取何种监管理念？同时，近年来，金融监管出现的“穿透式”监管是否契合投连险的监管？此外，在监管方面，监管者应主要监管投连险的哪些方面，如在产品销售、偿付能力、信息披露、反欺诈等内容，以及监管者之间的分工与侧重。

其四，投连险如何适用现有金融法律是一个重要且亟待解决的问题。显然，简单将投连险归类于传统保险或证券并不能有效解决其法律适用问题。该产品的复合属性决定其法律适用涉及多重法律，主要有《保险法》《证券法》《证券投资基金法》《信托法》等。但是，投连险又并非完全适用这些法律，存在一些规范侧重和豁免适用的情形。因此，探究投连险法律属性及其规范路径之后，厘清投资账户私法关系和公权的应然监管方式，本书将以反欺诈规则作为主要分析内容，进一步探究现有法律该如何适用、怎么适用，以及从比较法的视角，探讨立法论上该如何改进。

（二）主要观点及其创新

投连险作为一种金融复合型产品，既不是传统意义上的保险，也不是严格意义上的证券类型。将投连险定位于证券，不能否认其保险属性；而定位于保险，亦不能否认其证券属性。

在解释论上，投连险回归现有法律的制度安排上，于保险或证券都是可行的。关键在于,在法律定性之后,如何展开对其有效的法律监管,以及如何适用现有法律,使其得到相应合乎逻辑的规范,避免监管漏洞和投资者保护的缺失。为此,本书主张,应当采取"实质重于形式"的适用思路,对投连险进行相应私法适用和公权监管。与此相应的内容涉及《保险法》《证券法》《证券投资基金法》《信托法》等多重法律的适用。在私法内容上,需要强调保险人作为资产管理人时的受信义务和适当性义务的适用。在投连险的公权监管上,传统严格的"分业经营、分业管理"原则应该被打破,对其监管应是以功能监管和行为监管为导向,实现国家金融监督管理总局与证监会的共同监管或者是国家金融监督管理总局对证券法的适用。

在立法论上,未来金融法制改进中,应顺应金融统合法的趋势,引入"金融投资商品"的法律术语,并对其进行抽象界定。而投连险等金融复合型产品则相应地被界定为金融投资商品,实现同质产品的横向规制。

对于投连险法律属性复合性的观点,并非本书的创新点。事实上,投连险的复合属性,在我国学理上,应该是一种主流认识。本书的研究亦是持此观点。但是,不同以往的研究,本书采取了从实务典型案例入手,剖析其裁判思路,进而提炼出保险、证券的评判因素,为投连险等产品进行属性测评,进而提出"实质重于形式"的规范思路。也就是说,对于该项具体问题,本书的研究路径、方法具有创新,于法律层面论证其法律属性的复合性。所以,本书在投连险研究的内容和方法上有了较为明显的推进。

四、思路结构、研究方法与意义

(一)思路结构

遵循法学研究的一般思路("提出问题""分析问题""解决问题"),本书篇章结构由 8 章内容构成,如图 1 所示。

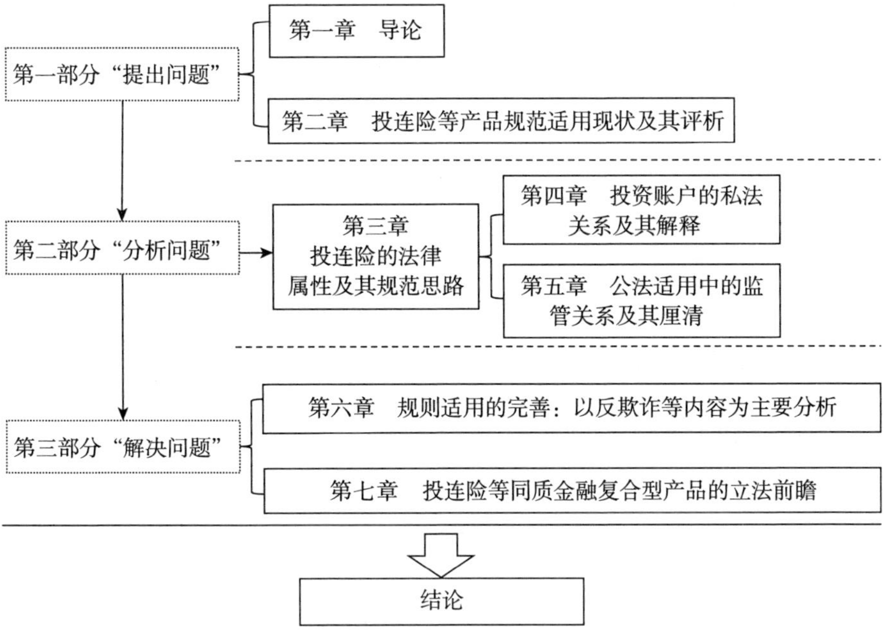

图1　行文思路和结构

(二)研究方法

为了能够使上述观点得以有效论证和展开,本书主要采取如下研究方法。

首先,规范分析与法解释学方法。投连险涉及《保险法》《证券法》《信托法》《证券投资基金法》等多部法律,尤其是,监管层颁布了一系列的部门规章较为零散,而这些规章在目前文献研究中,缺乏分析和梳理,对监管层的监管理念、规则缺乏探讨。同时,投连险合同作为非典型合同,该如何进行相应的法律适用,则需要运用法解释学方法。譬如,将该合同解释为混合合同还是合同联立,进而采取“吸收说”或“类推适用说”来分析其法律适用。

其次,以司法案例研究为主的实证分析方法。该方法可以为本书提供诸多有益素材和视角。譬如,有些法院对投连险争议进行有效的法律回应,如认为保险人说明义务应进行扩大解释;有些法院将投连险的法律适用限于保险法适用,但投资账户又采纳买者自负的风险承担原则。因此,本书分析诸多关于投连险的司法案例,总结当下的裁判特点及其不足,进而促进投连险的规范完善。

最后,比较研究方法。比较研究方法主要从如下两个维度展开:其一,与类似金融产品的对比研究,挖掘金融理财产品在经济和法律层面的共性与差异,从而寻求投连险的最佳法律规范方式。譬如,投连险与传统寿险、投资账户与证券投资基金之间的比较,从而探求投连险的经济特征和法律表现。其二,从比较法视角展开,主要选择美国、日本等法域进行分析。譬如,美国变额年金作为一种典型的金融复合型产品,自在美国市场推出以来,对该产品的法律属性、归属各州或联邦监管等问题上饱受分歧。经过长期的探讨以及一系列的司法裁判和规范演进,美国对该金融产品已形成较为完善的规范体系。故本书选取美国变额年金,以其在美国的规范演进为研究对象,试图通过对个案的研究,挖掘其背后的规范逻辑以及制度成因。

(三)研究意义

本书的研究意义主要体现在如下几方面:

首先,就投连险的法律属性而言,投连险自从诞生后,历经多次起伏。当股市上涨而投资表现良好时,投连险成为一种"明星产品",备受追捧;当股市低迷而投资表现不佳时,其则作为"问题产品",犹如过街老鼠,人人喊打。这种现象的背后,实质上反映的是,人们并没有对投连险有一个清晰的法律认识。本书的研究能够有助于厘清这种"雾里看花"的现状。

其次,就投连险的私法适用而言,主要通过解释论来分析投资权益保护的路径,从而实现私法救济的目标。我国历来重视公权执行而忽视私法救济,投连险投资权益尽管在部门规章层面明确得到保护,但在金融私法层面仍属于空白。故本书研究为投连险投资权益私法保护提供一个适用路径。

最后,就投连险的公权监管而言,我国历来就存在"一放就乱,一管就死"的金融监管现象。我国投连险的发展即这一印象的有力写照。监管机构并非没有意识到投连险法律属性的复合性，但仍采取“堵而不疏”的做法，实际上是停留在传统的监管理念，偏向强调宏观审慎，而忽视行为监管。本书研究通过对当下投连险监管的经验、不足进行反思，也提出了合理的监管范式，有助于当下监管的改进。

此外，本书虽是通过某个具体金融复合型产品的研究，但本书研究的意义并不局限于投连险法律适用本身，其作为一种典型的金融复合型产品，对其他金融复合型产品的法律适用同样具备参考意义。本书以“投资连结保险”作为研究对象，其在法律上的规范路径、私法适用、公权监管等问题上都具有参照意义。

五、几个行文术语说明

其一，“公私法”。

自从古罗马法学家乌尔比安提出公私法的划分后，理论上对于公私法划分的具体标准历来争议不止。譬如，“利益说”（调整公共利益为公法，调整私人利益为私法）或“法律主体说”（法律关系中一方主体是否代表公共权力）等。本书不探讨公私法的具体划分标准，因为尽管认识不一，但都不可否认公私法划分本身的非凡意义。所以，本书采取“通说”，即公私法划分的直接依据是法律所调整的法律关系。例如，在《保险法》中，“保险合同法”部分调整投保人与保险人之间的法律关系，为私法；“保险业监管法”部分调整监管者与保险公司之间的法律关系，为公法。

其二，“金融法律”。

“金融法律”是理论和实务中常用的一个概念术语，但并非一个基本法术语。为明确范围，参照理论认识，本书所指的金融法律主要是《保险法》《证券法》《证券投资基金法》《信托法》等典型金融商事法律，[1]不包括《民

[1] 商事关系可划分为普通商事关系、金融商事关系、特殊商事关系。详细探讨可参见施天涛：《商事关系的重新发现与当今商法的使命》，载《清华法学》2017年第6期。

法典》等一般民事法律。

其三,“保监会”、“原保监会”、“银保监会”或“国家金融监督管理总局”。

2018 年 3 月,为深化金融监管体制改革,组建中国银行保险监督管理委员会,不再保留中国银行业监督管理委员会、中国保险监督管理委员会。2023 年 3 月,持续深化金融体制改革,推进完善现代金融监管,再次进行新一轮政府机构改革,不再保留中国银行保险监督管理委员会,在其基础上组建国家金融监督管理局。在本书表述中,如果涉及监管机构合并或组建之前的规章等内容,一般保留原机构的称呼,以便更好区分不同时期监管机构颁布的规范性文件。

其四,“投资账户”和“分离账户”(或独立账户)。

本书对于“投资账户”和“分离账户”(或独立账户)仅是表述差异,二者实质上是等同的。“投资账户”是原保监会官方采纳的表述;分离账户(或独立账户)是对“separate account”的直译,为美国等域外国家采用。二者表述,各有千秋,“投资账户”直接表述该账户的功能,而“分离账户”能够描述账户的独立性。故本书在分析美国等比较法上的内容时,主要以“分离账户”行文,以示区分。

其五,“反欺诈”。

“诚信”与“欺诈”是评价某一法律行为的正反两面。一般而言,“反欺诈”一词多用于证券法领域,但不限于证券法领域,在保险法上亦采用“反欺诈”。譬如,为了防范保险欺诈风险,原保监会专门颁布《反保险欺诈指引》(保监发〔2018〕24 号)。投连险的法律探讨会涉及多个部门法的评价。譬如,投保人未如实履行告知义务、保险人未尽说明义务等有违保险法上诚实信用原则,或者违反信息披露义务。本书以“诈欺行为”作为这些行为的统摄用语或上位概念,并以“反诈欺”作为相应具体规则适用改进时的一般用语。

第二章
投连险等产品规范适用现状及其评析

商事交易模式的推陈出新和金融产品推进的“新新不已”成为当下市场经济中活跃领域的表现。投连险即作为一种新型的交易模式和金融创新产品的代表,其既有保险保障的守成,又有投资理财的拓新。不过,虽然投连险在法律形式上表现为人寿保险合同,但当一种强烈的投资属性嵌入传统寿险后,涉及保险、投资等不同理念的重要合同要素,使之明显不同于传统寿险和其他理财产品,存在诸多与现有规范(基本法、行政法规、部门规章)冲突与困境之处。对此,本章主要探讨四方面内容:投连险与相近产品的比较、金融产品的规范逻辑及其规则、投连险法律适用的现况,以及对相应司法裁判的反思。

第一节 投连险的守成与拓新:与相关产品比较

原保监会在2000年《投资连结保险管理暂行办法》明确,投连险是“包含保险保障功能并至少在一个投资账户拥有一定资产价值的人身保险产品”。可见,该界定中至少包含了“保险保障”“投资账户”“人身保险”三项要素。但是,该定义并未揭示出投连险的特质。因为人身保险作为保险产品,具备保险保障的功能是其应有之义。同时,该定义未对投资账户的独立性和投保人风险承担的特征进行描述。譬如,万能保险也存在投资账户,也是作为一种人身新型保险产品,故原保监会的界定并未揭示投连险和万能保险等产品的差异。[1]

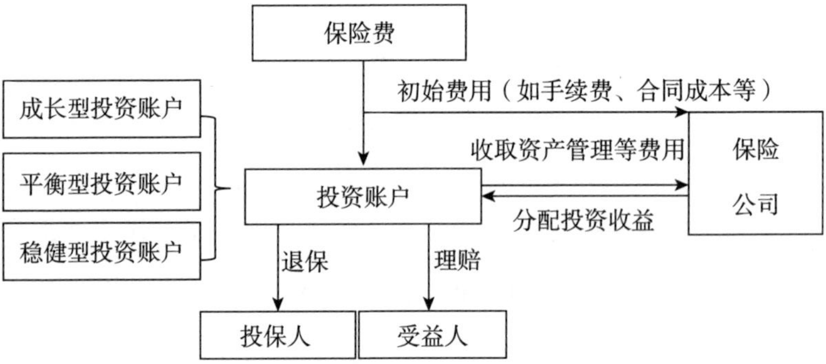

图2 投连险的典型结构

本书认为,从运作模式和产品结构(见图2)来看,投连险的界定至少应强调“提供死亡或生存保险保障”“专设独立的投资账户”“投保人完全承担投资风险”三要素。下述内容将通过投连险与相关产品的比较,探讨这些关

[1] 在原保监会颁布关于分红保险、万能保险、投资连结保险等规范文件中,有对分红保险、投连险作出界定,并未对万能保险作出界定。如“本办法所称分红保险,是指保险公司将其实际经营成果优于定价假设的盈余,按一定比例向保单持有人进行分配的人寿保险产品”。参见《分红保险管理暂行办法》(保监发〔2000〕26号,已失效)。

键要素。

一、定额给付的传统寿险与不定额给付的投连险

投连险能够“提供死亡或生存保险保障”，说明该险具有传统保险保障的本质特征和功能，这也是区别于保险之外的金融产品最重要的特征。其缘由在于，投连险从传统寿险发展而来，并设计、发行在传统寿险名下，故保险保障作为其一项必要条件，即保险人必须承担一定的保险责任。原保监会将投连险的保险责任范围限制在人身保险。在实务中，投连险保险标的主要以生命作为承保标的。譬如，投连险合同通常约定，投保人通过趸交或期交保险费的方式投保，保险人在被保险人身故时向受益人履行保险金给付义务，或者在被保险人生存到达约定年限而给付保险金。[1] 因此，投连险具有传统寿险的守成因素，即“提供死亡或生存保险保障”。但是，较之于传统寿险，投连险在保险给付金额、保费运作方式等方面表现不同。

理论上，根据保险标的的不同，人身保险划分为健康保险、意外伤害保险、人寿保险。其中，人寿保险依不同标准可以再划分不同的类型。如以保险事故为标准，寿险可分为死亡寿险（保险期间死亡）、生存寿险（约定期间届满后仍生存）和生死两全寿险（保险期间内死亡和届满仍生存）。[2] 在这些寿险类型中，[3] 以死亡保险给付金和现金价值是否确定，可以分为两类

---

〔1〕 少部分投连险也承担以外伤残等保险保障。譬如，“友邦双盈人生Ⅱ终身寿险（投资连结型）”，友邦保险〔2012〕终身寿险 021 号。

〔2〕 以保险经营方式为标准，可分为普通人寿保险和简易人寿保险；以被保险人人数为标准，可分为个人保险、联合保险、团体保险；以保险契约中利益归属为标准，可划分为自己利益之保险和为他人利益之保险；等等。参见梁宇贤：《保险法新论》，中国人民大学出版社 2004 年版，第 229～231 页。

〔3〕 人寿保险和年金是许多保险公司的基本产品，但二者的目的并不相同。人寿保险试图在死亡时创造一笔财富，而年金是通过逐步变现一笔资产来确保受益人在存活期间获得一定的收入。参见［美］杰瑞·马克汉姆：《美国金融史——从衍生品时代到新千年》（第 3 卷）（A Financial History of the United States: From the Age of Derivatives into the New Millennium, 1970－2001），李涛、王湑凯译，中国金融出版社 2018 年版，第 39 页。

型:定额寿险和变额寿险。定额寿险为保险金固定给付的传统寿险,而变额寿险与之相对,死亡保险给付金和现金价值不固定。传统寿险之所以强调是“定额保险”,其原因主要有:

其一,寿险保险给付金金额是基于人身保险保险标的的人格性而提前协商、确定的。[1] 基于该特征,立法上一般区分人身保险和财产保险,并实行不同规则要求。譬如,我国《保险法》第 12 条将保险分为人身保险和财产保险两种类型。[2] 财产保险的目的是填补保险标的的实际损失,其保险金给付金额不超过保险标的的保险价值。即财产保险适用损害填补原则,而人身保险不适用该原则。其法理就在于,人身保险的标的(人的寿命和身体)具有强烈的人格属性,是无价的、不能被计算的。[3]

---

[1] 譬如,人身保险,也称“定额保险”,是基于生命身体之无价性,保险契约当事人可自由约定保险金额,于保险事故发生时,直接以之为赔偿额而支付之。参见江朝国:《保险法基础理论》,中国政法大学出版社 2002 年版,第 82 页。

[2] 人身保险是以人的寿命和身体为保险标的的保险。财产保险是以财产及其有关利益为保险标的的保险。参见《保险法》第 12 条。

[3] 对于人身保险标的的人格性、无价性特征并非绝对的,尤其是在一些损害补偿性的意外医疗保险中,约定被保险人的损害范围以实际受损而给付保险金,适用损害填补原则,而非定额给付,从而打破了人身标的不能用金钱衡量的绝对性。可见,将保险划分为人身保险和财产保险的做法在当下并不十分严谨、合理,所以这种划分被日本等大陆法系国家所抛弃,而采纳定额保险(也称给付性保险,fixed-sum insurance)和补偿保险(也称评价保险,indemnity-insurance)的类型划分。前者为保险契约事先约定了固定的保险金给付金额,后者是基于保险事故发生时的实际损害为评估保险金的给付金额。因此,补偿保险包括了财产保险和某些人身保险(主要为“健康保险”和“费用补偿型的意外医疗险”,统称为“中间保险”)。同时需注意的是,在保险的分类中,“定额保险—补偿保险”类型与“定额保险—变额保险”类型中的“定额保险”都为同样的内涵,都是基于保险金在合同签订时已经确定。不过,尽管“补偿保险”和“变额保险”也存在一定共同之处,都是要在保险事故发生时才能确定具体的保险金给付金额,但两者存在不同的侧重点和内涵。其一,类型依据和产生背景不同。“定额保险—补偿保险”是基于人身保险和财产保险分类缺陷而进行改进的分类,其区分依据主要是基于保险标的是否可以表现为一种经济利益,从而以金钱来进行衡量,即是否适用损害填补原则。而“定额保险—变额保险”的划分依据是直接基于人身保险金给付金额与现金价值在合同签订时是否确定,其适用范围通常限于人身保险。其中“变额”所针对的是与传统人身保险“定额给付”和现金价值确定的概念,强调人身保险最终给付数额的不确定。其二,补偿保险和变额保险实际评估的因素不同。补偿保险的给付金额的不确定性是因为保险事故发生时的实际损害无法提前知悉,而变额保险给付金额不确定性是因为投保人所交纳的部分保险参与投资,基于投资收益的不确定而引起最终保险给付金的不固定。因此,投连险作为变额寿险,其针对的是“定额保险—变额保险”的划分,而非“补偿保险—定额保险”的类型划分。

其二,传统寿险以“保费”为对价,投保人交纳保费,获得固定保险金给付的承诺。从保险费的运作来看,传统定额寿险的保费可以分为风险保费(保险人对承保事件评估后收取的费用)和附加费用(如佣金、合同成本费、手续费等)。无论是死亡寿险,还是生存寿险,或生死两全寿险,投保人将所交纳的保险费都全部存入保险人的一般账户,由保险人对这些保费全权打理,投保人无权也无法介入保险费的运用。因此,投保人通过交纳保费作为对价后,无须承担保险费运作的风险,而是由保险公司对此承担保障范围内的全部风险,承担约定的“定额”的保险金给付义务。

与上述描述的“定额”寿险不同的是,投连险是一种典型的“变额”寿险,其“变额”特点主要体现在保险给付金和现金价值的不固定。[1]

投连险的保险费改变传统寿险“保费”的结构,仅以其中部分作为风险保障的对价。投连险的保险费所包括的费用较为复杂,主要有初始费用(支付佣金、市场推广费等成本,一般在前5个保单年度收取较高,5年之后一般不再收取)、买卖差价(保险费进入投资账户买入投资单位,赎回变现卖出时,一般存在5%的买卖差价费)、死亡风险保费(在投资账户中扣除与保险责任相应的保险成本)、保单管理费(维持保单有效而收取的服务管理费用)、资产管理费(投资账户资产越复杂,管理费用越高,一般每年每个账户不超过2%)、手续费(投资账户资金转换时收取的管理费)、退保费用(中途退保或部分领域时收取的费用),等等。[2] 投连险的保险费在扣除一些初始费用后,全部进入投资账户;之后,保险人会定期在投资账户中扣除死亡风险保险费及其他一些费用(如保单管理费)。因此,投连险的保费中包括了

---

〔1〕 变额年金亦是如此。这种年金的保险金不是固定的美元数额。它们根据基金的投资表现而变化,因此被称为“变额”,有别于“定额”年金(原文为:Benefits under this annuity are not fixed-dollar amounts. They vary according to the investment performance of a fund; hence the name “variable” as distinguished from “fixed” annuity)。See Tamar Frankel, *Variable Annuities, Variable Insurance and Separate Accounts*, 51 Boston University Law Review 177, 177 (1971).

〔2〕 参见陶存文编著:《人寿保险理论与实务》,高等教育出版社2011年版,第55~56页;丁昶、李汉雄主编:《投连和万能保险的原理与监管》,中国财政经济出版社2009年版,第23~24页。

风险保障费用,但并非向传统寿险保费直接作为风险保障的对价,其大部分保费用于投资。而投资带来保险金给付金额的不确定性。

对于投保人所交纳的保费,投保人根据自己风险承担能力,自行决策其所交纳保险费在不同风险类型投资账户中的比例,进而通过保险人的专业理财,再投向资本市场的股票、债券等。[1] 投连险投资账户价值会随着保险人对投资账户的投资业绩而波动,故保单价值、保险金给付也会随着投资账户价值而波动。[2]

申言之,对于投连险保险金的给付,实践中一般存在两种设计。其一,保险金额和投资账户价值中的较大者(或其一定百分比);该方法的死亡给付金额在保单前期是不变的,当投资账户价值超过死亡给付金后,死亡给付金就随投资账户价值的变化而波动。这种做法使死亡给付金不会低于预先确定的金额,尤其到了后期,风险成本会降低,不需要在高年龄段时支付过高的风险成本。其二,保险金额和投资账户价值之和;该方法死亡给付金随着投资账户价值变化而变化,但到后期,风险成本可能随着被保险人的年龄增长而增加,可能导致投资账户上的资金不足以支付风险保费。[3]

---

[1] 操作方式和变额年金相同。标准的变额年金合同规定,合同持有人可以选择在缴费期内将其积累份额兑现(原文为:The standard variable annuity contract provides that the contract holder has an option to cash in his accumulation units during the pay-in period)。See Tamar Frankel, *Variable Annuities*, *Variable Insurance and Separate Accounts*, 51 Boston University Law Review 177, 185 (1971).

[2] 由于对价单位的价值会根据投资经验而变化,因此有必要定期确定价值(原文为:Since the value of a consideration unit would change, in accordance with investment experience, it would be, necessary to make periodic determinations of value)。See J. Edward Day, *Variable Annuity Is Not a Security*, 32 Notre Dame Law 642, 648 (1957). 作为美国的变额年金,合同持有人完全依赖于相关基金(或独立账户)组合的管理[原文为:As the US's variable annuity, the contract holder is entirely dependent upon the management of the underlying fund (or separate account) portfolio]。See Christopher S. Petito, *Status of Insurance Product under the Securities Act of* 1933, in Clifford E. Kirsch ed. s Variable Annuities and Variable Life Insurance Regulation, Practising Law Institute, 2018, p. 42 (Chapter 2).

[3] 参见陶存文编著:《人寿保险理论与实务》,高等教育出版社 2011 年版,第 54 ~ 55 页;丁昶、李汉雄主编:《投连和万能保险的原理与监管》,中国财政经济出版社 2009 年版,第 3 页。

由上可知,较之于传统寿险的定额给付,投连险属于一种变额保险。[1] 除此特征之外,二者还存在诸多差异(见表1)。譬如,在保险公司的收益来源方面,传统寿险的利润来源主要是基于利差、死差和费差(简称“三差”),但投连险的利润受“三差”影响较小。因为投连险的主要保费流向投资账户,而投资账户的投资风险由投保人自行承担,也就意味着,保险公司对投资账户的资金只是承担资产管理的义务,故对于投连险,保险公司获得较少的承保利润,其收益来源为资产管理费,而非“三差”。

表1　投连险与传统寿险的比较

比较项	传统寿险	投资连结保险
合同特征	要式合同	要式合同
产品功能	保险保障	保险保障+投资理财
保费结构	附加费用(手续费、佣金、保单管理费等)+风险保费	附加费用(初始费用、资产管理费用、保单管理费、手续费、佣金)+风险保费
保费运作透明度	不透明	透明(信息披露)
交费方式	定期、定额	灵活缴费
宽限期(60日)	宽限期内未交费,保单效力中止	超过宽限期,保单效力不中止
产品结构	无投资账户	有独立的投资账户
保费运用权限	保险人运作	投保人自行决定保费投资账户的比率

[1] 变额年金亦是如此。变额年金是传统固定金额年金的一种变体(原文为:The variable annuity is a variation of the conventional fixed-dollar annuity)。See Tamar Frankel, *Variable Annuities, Variable Insurance and Separate Accounts*, 51 Boston University Law Review 177, 182 (1971).

续表

比较项	传统寿险	投资连结保险
保单价值、保险金给付金额	定额(依预定利率确定)	变额(依投资账户业绩确定)
保费投资风险承担	保险人	投保人承担投资账户上的风险
保险人的主要利源	承保利润、投资利差等	资产管理费、投资收益等
共同之处:都承担死亡风险;都有保险利益的要求;都为诺成、射幸、有偿、双务的保险合同;①等等		

① 根据《保险法》第13条、第14条规定,保险人与投保人之间是存在对价关系,为双务有偿合同。此外,由于保险人承担的保险责任具有不确定性,为一种射幸合同。

二、投连险与分红保险、万能险

如果仅从“保险金额给付是否固定的”来判断,某一险种是否为变额寿险,那么,除了投连险,变额寿险还包括了分红保险、万能保险等人身新型保险。这些新型寿险产品解决了传统寿险交费方式的不灵活、保险金额不可变、预定利率固定、保单不透明等问题,正是因为这些特点,使这些产品存在偏离保险本源的可能,事实上,个别保险公司也将这些产品演化成单纯的理财产品。[1] 同时,尽管投连险与分红保险、万能保险都具有投资功能,在保险金给付上都存在不固定的特征,但是三者在产品结构、投资功能实现方式等方面仍存在明显差异(见表2)。

〔1〕 参见万峰主编:《寿险公司经营管理》,中国金融出版社2018年版,第15页。

表 2　非传统寿险产品的一般特征比较

<table>
<tr><th>比较项</th><th>分红保险</th><th>万能保险</th><th>投连险</th><th>比较依据</th></tr>
<tr><td>结构差异</td><td>无投资账户</td><td>投资账户（不独立的）</td><td>至少有一个独立的投资账户</td><td rowspan="5">《保险法》、《分红保险管理暂行办法》、《投资连结保险管理暂行办法》（保监发〔2000〕26号）、《人身保险新型产品信息披露管理办法》（保监会令 2009 年第 3 号）、《关于规范投资连结保险投资账户有关事项的通知》（保监发〔2015〕32 号），等等</td></tr>
<tr><td>风险特征</td><td>预定利率＋经营红利（分红不确定）</td><td>依赖投资收益，有最低保证利率</td><td>依赖投资收益，无最低保证收益</td></tr>
<tr><td>主要利源</td><td colspan="2">投资利差</td><td>资产管理费</td></tr>
<tr><td>资金运作</td><td>不透明</td><td colspan="2">透明（信息披露）</td></tr>
<tr><td>不足之处</td><td>保费给付固定、灵活度差、资金运作不透明</td><td colspan="2">变现能力差、手续费用高，适用长线理财（5 年以上）</td></tr>
</table>

投连险与分红保险主要存在如下差异。首先，在产品设计原理上，分红保险是通过分享公司经营红利，即保险公司将其实际经营成果优于定价假设的盈余，按一定比例向保单持有人进行分配。[1] 分红保险一般实行较低的保证利率、强调保单储蓄性、限制缴费期限、强调可分配盈余的共享、保险费率高于非分红保险。[2] 而投连险是通过设立独立的投资账户，使投保人参与保费的运作，从而根据投资账户的投资表现进而可能获得投资收益。其次，在产品的主要利源上，分红保险主要是依靠投资利差来获利，而投连险则是通过收取资产管理费等方式获利。再次，在资金运作上，分红保险并不透明，但在投连险中，初始费用、保单管理费、资产管理费等都需要向投保人进行披露，资金运作透明。最后，在保费的交纳上，分红保险是固定时间交纳固定费用，但投连险存在灵活的交费方式。投连险允许不按照固定日期交费，即使超过了 60 日的宽限期，保单依然有效，有些投连险甚至规定投

〔1〕 参见《分红保险管理暂行办法》第 2 条。
〔2〕 参见陶存文编著：《人寿保险理论与实务》，高等教育出版社 2011 年版，第 52 页。

保人可随时交付任意数额(有最低数额的限制)的保险费。[1]

对于万能保险,原保监会的规范中并未明确对其界定。通常而言,万能保险是指可以任意支付保险费以及任意调整死亡保险金给付金额的人寿保险。[2] 从投连险与万能保险的比较来看,两者都是投资功能非常明显的金融产品。两者主要存在如下差异。

首先,两者都设有投资账户,但投连险的投资账户是单独管理,而万能险的投资账户资金和其他险种资金共同运作,并不单独管理。即后者并未实现资产隔离的法律效果。其次,在投资风险承担上,万能险会提供最低保障收益的承诺,投保人最差的投资收益即为保险人的最低保障,但投连险禁止提供保底收益。[3] 再次,同一投连险通常存在多个不同风险类型的投资账户,比万能保险投保人存在更多投资选择。最后,在投资账户价值计算上,投连险通过划分投资单位,投资账户价值等于投资单位数量乘以投资单

---

〔1〕 参见陶存文编著:《人寿保险理论与实务》,高等教育出版社2011年版,第55页。

〔2〕 参见周妙燕、王紫薇:《万能险成为股市配资新模式的情况及案例分析》,载《浙江金融》2016年第10期。万能险从一开始就被设计为终身寿险(原文为:Universal life is designed to be whole life insurance)。See Alan Lazarescu & Harold Leff, *Universal Life Insurance: Legal, Regulatory and Actuarial Aspects*, 17 Forum 1000, 1001 (1981 - 1982).

〔3〕 投连险、分红保险、万能险等投资型寿险产品与其他金融产品相较,有明显的理财优势,符合大众需求。如就保底收益条款而言,金融领域保底条款的不同调整规范,主要存在三种情形。其一,禁止保底。主要规定在证券和信托规范中,《证券法》规定证券公司不得以任何方式对客户证券买卖收益或者赔偿证券买卖的损失作出承诺,证监会规章规定从事资产管理业务,不得向客户承诺最低收益、禁止签订保底协议。《证券投资基金法》第20条也规定,不得向基金份额持有人违规承诺收益或者承担损失。对于信托行业而言,原银监会规定信托公司开展信托业务,不得以任何方式承诺信托资金的最低收益。其二,允许附条件保底。主要规定在原银监会规范中,如原银监会对保证收益理财计划与保本浮动收益理财计划允许附条件保底。其三,允许保底。主要在原保监会规章中,原保监会对于分红保险、万能险、变额年金允许保底。需注意的是,对于投资连结保险的投资账户风险完全由投保人承担,禁止保底。

位价格，而万能保险投资账户价值根据保险人定期公布的结算利率计算。[1]

三、投资账户与证券投资基金、集合理财计划

（一）投资账户与证券投资基金

从上述比较可知，投连险提供被保险人死亡或生存的保险保障，但其所呈现的特点、运作方式等方面与传统寿险明显不同。而使投连险具备这些差异的主要原因在于投资账户的设计。该账户具有独立性、风险自担性，以及集合理财等特点。这些特征又契合证券投资基金的诸多特征。[2] 所谓证券投资基金是“通过发行基金单位，集中投资者的资金，由基金托管人托管，由基金管理人管理和运用资金，从事股票、债券等金融工具投资”，[3]具有“集合理财、专家理财、组合投资、分散风险、利益共享、风险共担”特征。[4]

---

〔1〕 至于万能险，在刚才的产品描述中，利率的声明由保险公司自行决定。由于有可能会出现不利的税务裁决的顾虑，一些保险公司保证他们的声明将基于外部的利率指数，如13周国库券或最优惠利率（原文为：As for the Universal life insurance, “In the product description just given, interest rates are declared at the insurer’s discretion. Because of concern over possible adverse tax rulings, some insurers guarantee that their declarations will be based on an outside interest rate index, such as thirteen-week treasury bills or the prime rate”）。See Alan Lazarescu & Harold Leff, *Universal Life Insurance: Legal, Regulatory and Actuarial Aspects*, 17 Forum 1000, 1005 (1981 – 1982).

〔2〕 比如，保单持有人承担部分投资风险；保单下的付款自动受到账户投资结果的影响；现金价值与赎回价格一样，取决于账户中基础证券的价值；毫无疑问，账户的投资业绩将成为与共同基金竞争的重要销售特征（原文为：Policyholders bear part of the investment risk; payments under the policies are automatically affected by the investment results of the account; cash values, like the redemption price, depend on the value of the underlying securities in the account; the investment performance of the account will, no doubt, serve as an important sales feature in competition with mutual funds）。See Tamar Frankel, *Regulation of Variable Life Insurance*, 48 Notre Dame Law 1017, 1034 (1973).

〔3〕 参见国务院证券委员会《证券投资基金管理暂行办法》（证委发〔1997〕81号，现已失效）第2条将证券投资基金界定为“本办法所称证券投资基金（以下简称基金）是指一种利益共享、风险共担的集合证券投资方式，即通过发行基金单位，集中投资者的资金，由基金托管人托管，由基金管理人管理和运用资金，从事股票、债券等金融工具投资”。

〔4〕 参见郭锋、陈夏等：《证券投资基金法导论》，法律出版社2008年版，第7页。

因此,通过对比投资账户与证券投资基金,[1]可进一步明晰投资账户的特征。就两者的共同之处而言,主要表现如下。

1. 投资账户与证券投资基金均具有独立性特征[2]

投资账户的独立性主要表现在三方面内容。首先,保险人需单独设立投资账户,从而与其他险种资金账户相区分。其次,投资账户单独管理、运作。投资账户资金不得和其他险种资金混合投资、运作;同时,投连险中不同类型的投资账户资金也不能混合运用。[3] 最后,投资账户单独核算。保险人对投资账户的财务状况单独核算,不参与保险公司的破产清算,[4]须具有满足投资账户单独管理、独立核算要求的投资管理系统和会计核算系统。[5]

相较于投资账户独立性的程度,投资基金的独立性是有过之而无不及。首先,证券投资基金不仅是一个独立的会计主体,还是一个独立的法律主

---

〔1〕 基金根据投资对象的不同,可以划分为证券投资基金、股权投资基金、资产配置投资基金、其他私募投资基金、产业投资基金。由于投连险投资账户与证券投资基金存在明显的比较意义,其他类型基金与投资账户存在明显差别,故该部分择取证券投资基金与投资账户进行比较。

〔2〕 这种功能多样的合同账户将成为保险发行公司的一个独立账户,其投资和负债可明确识别,并与公司的其他投资和负债区别开来(原文为:The variable contract account would be a separate account of the issuing insurance company, with the investments and liabilities clearly identifiable and distinguishable from the other investments and liabilities of the company)。See J. Edward Day, *Variable Annuity Is Not a Security*, 32 Notre Dame Law 642, 647 (1957).

〔3〕 具体要求需要满足:投资账户与保险公司管理的其他资产之间、投资账户之间,不得存在债权债务关系,也不得承担连带责任;投资账户与保险公司的其他资产之间、投资账户之间,不得发生买卖、交易、财产转移和利益输送行为。投资账户建立初期,为建立该账户而发生的现金转移,不受此限制;投资账户的管理人员不得自营或者代人经营与该投资账户同类的业务,不得从事任何损害该投资账户利益的活动,不得与该投资账户进行交易;投资账户的资产应全部进行托管。资产托管机构的市场准入、资格条件、服务范围等应符合相关监管规定。参见中国保监会《关于规范投资连结保险投资账户有关事项的通知》(保监发〔2015〕32 号)第 7 条。

〔4〕 原保监会在《保险公司偿付能力报告编报规则第 7 号:投资连结保险(征求意见稿)》中也明确指出投资账户独立管理的三层含义。

〔5〕 正因为投连险投资账户的独立性,域外对投资账户称为分离账户(separate account),而不是称为"investment account"。

体。譬如，证券投资基金依组织形式的不同，可分为公司型基金和契约型基金。前者具有法律主体地位，而后者并不具备法律主体资格。而投资账户在我国仅是一个独立的会计主体，并无法律主体资格。[1] 其次，对于投资基金的设立、管理，比投资账户的设立更加严格、规范。譬如，我国《证券投资基金法》第 2 条采取的是以募集方式为标准，将基金可以分为公开募集基金（公募基金）和非公开募集基金（私募基金）。[2] 公募基金的设立需要向证监会登记注册，私募基金的设立需要向基金行业协会办理登记手续。[3] 同时，每只基金都是单独管理，并有明确的基金管理人。而且，我国《证券投资基金法》对基金管理人资格有严格的要求。譬如，管理公募基金的基金管理公司实缴货币资本的注册资本不低于 1 亿元，以及须具有良好业绩、良好的财务状况和社会信誉，等等。[4] 最后，从投资基金资产独立性来看，该法第 5 条、第 6 条、第 7 条规定基金资产独立于基金管理人、基金托管人的固有资产，[5]不能以自己拥有对基金份额持有人债权与基金资产抵销，[6]并且非因基金财产本身承担的债务，不得对基金财产强制执行。[7]

2. 投保人完全承担投资账户的投资风险

一方面，投保人自行决定保费在投资账户的分配比例，保险人对投资账户资金运作产生的收益由投保人分享；另一方面，投资账户投资所产生的亏

---

〔1〕 在美国投资公司中，将分离账户认定为《1940 年投资公司法》下的投资公司。See Prudential Ins. Co. of America v. Securities and Exchange Commission, 326 F. 2d 383 (1964).

〔2〕 "在中华人民共和国境内，公开或者非公开募集资金设立证券投资基金（以下简称基金），由基金管理人管理，基金托管人托管，为基金份额持有人的利益，进行证券投资活动，适用本法；本法未规定的，适用《中华人民共和国信托法》、《中华人民共和国证券法》和其他有关法律、行政法规的规定。"参见《证券投资基金法》第 2 条。

〔3〕 参见《证券投资基金法》第 50 条、第 89 条。

〔4〕 参见《证券投资基金法》第 13 条。

〔5〕 "基金财产独立于基金管理人、基金托管人的固有财产。基金管理人、基金托管人不得将基金财产归入其固有财产。"参见《证券投资基金法》第 5 条第 2 款。

〔6〕 "基金财产的债权，不得与基金管理人、基金托管人固有财产的债务相抵销；不同基金财产的债权债务，不得相互抵销。"参见《证券投资基金法》第 6 条。

〔7〕 "非因基金财产本身承担的债务，不得对基金财产强制执行。"参见《证券投资基金法》第 7 条。

损,并非保险公司保障范围,投保人需自行承担损失。投保人对其投入投资账户的“保费”的投资风险承担是“完全的”,即投保人和保险人不能按照一定分配比例承担风险,也不能如同万能险有最低保障收益的承诺。不过,需注意的是,由于投资账户最终汇聚众多投保人的保费资金,故呈现了“分散风险、风险共担”的特点。但与传统保险“损失分摊”的概念是不一样的。投连险的“损失分摊”描述的是通过风险转移方式,集合偶然性风险产生的损失由保险人承担,并负担对被保险人损害填补或提供其他风险服务的责任的风险防范制度。[1] 这一目的可以借助大数法则等数理技术来实现。但是,对于投资账户而言,其“分散风险、风险共担”所表达的是通过集合资金优势,通过组合投资来降低投资风险。因为单个投保人所投入的保费往往有限,投资范围有限,并且容易受到所投证券或资产业绩影响。而投资账户能够集合众多投保人的保费,这种集合资金能够降低单个投保人投资的风险。其“风险共担”只是在其所投资范围内的共担。

证券投资基金也是一种集合不特定投资者资金形成的资金池,投资者也是按照其持有的基金份额来享有投资收益或承担亏损。证券投资基金通过科学的投资组合和投资限制,实行分散化投资,实现资产组合的多样化,并通过不同资产和不同证券的相互补充,达到降低投资风险和提高收益的目的。[2]

同时,投资账户和证券投资基金在风险承担上的计算原理也是共通的。投资账户划分若干等额的投资单位,投保人以其持有投资单位数作为享有或承担各个投资账户的投资收益或亏损的计算依据。证券投资基金亦是发行基金份额,以持有的份额来计算收益或承担亏损。因此,从风险承担角度而言,投保人承担投资账户收益或损失风险与证券投资基金投资人承担其

---

〔1〕 See George E. Rejda & Michael J. McNamara, *Principles of Risk Management and Insurance*, Pearson Education Inc., 2014, p.5.

〔2〕 参见郭锋、陈夏等:《证券投资基金法导论》,法律出版社2008年版,第9页。

投资风险并无差异，都是承担所投资资金的全部风险。

3. 投资账户的运作模式、法律结构等方面类似于证券投资基金

投资账户和证券投资基金都是一种委托专业机构的间接投资方法。[1] 在法律结构上，证券投资基金的本质是信托，委托人是基金份额持有人，受托人是基金管理人与基金托管人，受益人是基金份额持有人。[2]《证券投资基金法》第2条也对投资基金信托关系进行了确认。[3] 投资账户虽非名义上的信托，但其实质上表现为信托的法律结构（后文会对该特点进行论证）。

此外，在理财目的上，购买者都是期待从专业机构理财的专业技能上寻求资金账户价值的增加，获得投资收益。

但是，投资账户与证券投资基金也存在一些差异，除了上述论及投资账户无法律主体的特征之外，两者还有如下差异。[4]

1. 证券投资基金中的公募基金份额可以申请上市交易

《证券投资基金法》第六章“公开募集基金的基金份额的交易、申购与赎回”中规定，在公募基金的基金份额可以由基金管理人向证券交易所申请上市交易，经审核同意后，签订上市协议，可以上市交易。而投资账户中的投资单位是不能上市公开交易的。

---

〔1〕 投资基金形成于分散的公众资金，即众多的公众投资者将资金交由专业的管理公司来管理和运作资金。参见施天涛：《商事关系的重新发现与当今商法的使命》，载《清华法学》2017年第6期。

〔2〕 郭锋、陈夏等：《证券投资基金法导论》，法律出版社2008年版，第64页。

〔3〕 比如，该条规定：“……本法未规定的，适用《中华人民共和国信托法》、《中华人民共和国证券法》和其他有关法律、行政法规的规定。”

〔4〕 美国塔玛·弗兰科教授对变额年金与共同基金比较后，总结为：在缴费期，变额年金和共同基金的份额几乎是一样的。它们都是投资组合的安排，尽管可变年金倾向于强调长期储蓄。变额年金中的死亡率保证引入了保险元素，这构成了这两种安排之间的唯一显著区别（原文为：To sum up: in the pay-in period a variable annuity and a share in a mutual fund are virtually the same. They are investment arrangements, though variable annuities tend to emphasize long-term savings. The mortality guarantee in the variable annuity introduces an insurance element that constitutes the only significant difference between the two arrangements）。See Tamar Frankel, *Variable Annuities, Variable Insurance and Separate Accounts*, 51 Boston University Law Review 177, 182 (1971).

2. 在成员权利上存有差异

投资账户中投资单位目前只是作为账户价值的计算单位,仅作为一种收益权(自益权),目前并无表决权(共益权)等规定。而在证券投资基金中,尤其是在公募基金中,《证券投资基金法》第46条规定了基金份额持有人对基金份额持有人大会审议事项行使表决权等权利。除此之外,公司型基金发行的是股票,其针对的权利性质为股权,包括自益权和共益权(主要为表决权),不限于收益权。

3. 投资账户尽管具有独立性,但又存在一定的从属性

该特点表现在如下:其一,前已述及,欧美国家的变额年金和变额寿险设计动机是为防止通货膨胀所带来的贬值,[1]我国投连险的出现主要是因为传统寿险产品高定价利率给保险公司带来巨大的利差损,[2]故从产生背景来看,无论欧美还是我国,都反映出投连险的投资功能是服务于保险发展。其二,投资账户的成立、生效、变更、终止等合同效力依附于保险部分的内容,即合同投资部分并不能够完全独立于合同保险部分内容而存在。[3]譬如,投保人提出保险申请,保险人同意承保,投连险合同即成立;再如,"被保险人身故"作为合同效力终止的必备条款;若仅是投资部分内容的违反,如信息披露的违反则并不构成根本违约,并不能影响到合同的整体效力。[4]

投连险投资账户与证券投资基金的一般特征比较如表3所示:

[1] See Tamar Frankel, *Variable Annuities*, *Variable Insurance and Separate Accounts*, 51 Boston University Law Review 177, 177 (1971).

[2] 参见丁昶、李汉雄主编:《投连和万能保险的原理与监管》,中国财政经济出版社2009年版,第11页。

[3] 此方面内容可参见实务中各种投资型寿险产品的说明书,如"友邦双盈人生Ⅱ终身寿险(投资连结型)"中明确"投保人与保险人对于投资部分的成立生效依附是保险部分成立、保险人收取保险费并签发保险单的次日零时起本主险合同生效",等等。

[4] 参见《黄某诉中国平安人寿保险股份有限公司等人身保险合同纠纷案》,载上海法院网,http://shfy.chinacourt.org/article/detail/2016/01/id/1783485.shtml。

表 3　投连险投资账户与证券投资基金的一般特征比较

<table>
<tr><th>比较项</th><th>投资账户</th><th>证券投资基金</th><th>比较依据</th></tr>
<tr><td>共同特征</td><td colspan="2">独立性、自行承担风险、集合投资、专家理财、组合投资、不确定的多数投资者、投资目的、收益分享按出资比例、管理费用，等等</td><td rowspan="2">《证券法》、《证券投资基金法》、《关于规范投资连结保险投资账户有关事项的通知》（保监发〔2015〕32 号），等等</td></tr>
<tr><td>单独特征</td><td>具有一定的依附性</td><td>法律主体资格、可申请公开交易、成员权利（表决权）</td></tr>
</table>

由表 3 可知，投资账户与证券投资基金之间存在诸多共同之处，使理论或实践中常对投资账户的介绍采取“类似于证券投资基金”的描述。[1] 事实上，基于投连险与证券投资基金在经济特征、运作模式等方面的共同之处，投连险的法律规制方式实质上也有不断向证券投资基金规范方式靠近的表现。譬如，早期原保监会的部分规章并没有要求投连险投资账户的资金托管，但在《人身保险新型产品信息披露管理办法》（保监会令 2009 年第 3 号）规定：“委托商业银行进行资产托管的投连产品，还应当披露资产托管银行名称。”可见，原保监会开始关注投资账户资金的托管要求，但此时投资账户资金的托管并非一种硬性要求。《中国保监会关于规范投资连结保险投资账户有关事项的通知》第 7 条明确规定，“投资账户的资产应全部进行托管”。这表明，原保监会对投资账户资金的托管规则已经转换成一种硬性要求。而对于证券投资基金，无论是私募还是公募基金，《证券投资基金法》都要求基金必须进行托管，并对基金托管人的权利、义务、责任都有明确规定。

---

〔1〕 例如，将分离账户定位为“类似共同基金”之投资基金，绝非无的放矢。参见张冠群：《台湾投资型保险商品分离账户法律规范之检验——理论与比较法之观察》，载《政大法学评论》2009 年第 109 期。再如，除了不采用基金单位、不在公开市场交易以外，几乎无异于基金管理公司旗下证券投资基金。参见叶林：《投资型保险：保障抑或投资》，载《月旦民商法杂志》2010 年第 27 期。人们还应该牢记，可变人寿保单似乎是共同基金份额的一个有吸引力的替代方案（原文为：One should also bear in mind that the variable life insurance policy seems like an attractive alternative to a mutual fund share）。See Tamar Frankel, *Regulation of Variable Life Insurance*, 48 Notre Dame Law 1017, 1020 (1973). 事实上，所谓的变额年金与投资证券的关系远比其与保险的关系更为密切（原文为：In fact, it seems to me that so-called variable annuities are far more closely related to investment securities than to insurance）。See Arthur H. Haussermann, *The Security in Variable Annuities*, 1956 Insurance Law Journal 382, 382 (1956).

此外，投资账户类似于证券投资基金规范方式还体现在信息披露等法律规制方面（后文将对此详述）。

（二）投资账户与金融集合理财计划

2008 年金融危机后，我国金融业遭遇发展“瓶颈”。为了克服传统分业经营模式的缺陷和谋求新的业务增长，金融复合型理财产品成为我国金融机构发展的突破口，主要表现为保险公司发行的投连险、信托公司发行的集合资金信托计划、商业银行的综合理财计划、证券公司的集合资产管理计划。这些产品不断迅速发展，占据市场重要份额（见表 4），而且这些产品在交易基本模式（见图 3）和法律特征上存在一致性。也就是说，投资账户也与金融集合理财计划存在共性，主要表现在交易结构采取信托结构。

表 4　2013～2018 年典型金融复合型产品的发展

单位：十亿元

年份	投资连结保险①	集合资金信托计划②	集合资产管理计划③	商业银行综合理财④
2013	8.32	2716.59	358.80	10,240.00
2014	28.95	4003.28	655.45	15,020.00
2015	67.79	5343.64	1557.40	23,500.00
2016	93.90	7335.33	2193.84	29,050.00
2017	47.04	9906.75	2112.50	29,540.00
2018	33.29	9110.0	1913.73	22,040.00

① 资料来源：原保监会官网，http://bxjg.circ.gov.cn/web/site0/tab5203/。
② 资料来源：中国信托业协会官网，http://www.xtxh.net/xtxh/statistics/index.htm。
③ 资料来源：中国证券投资基金业协会官网，http://www.amac.org.cn/tjsj/xysj/zqqhjyjgz-cglywtjsj/。
④ 资料来源：中国理财网，https://www.chinawealth.com.cn/zzlc/sjfx/hgsj/list.shtml。

前文已述，投资账户上的交易模式为投保人作为委托人，将保费投入投资账户，而保险人作为受托人管理投资账户上的资金，同时，受托人须将这些资金进行托管。这种模式在金融集合理财计划中亦被采用，如信托公司集合资金信托计划、商业银行综合理财、证券公司集合资产管理计划。[1]

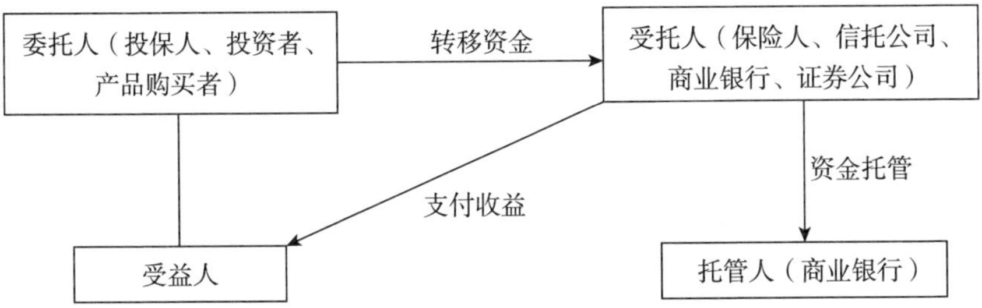

图 3　投资账户与集合理财计划的一般交易模式

若对上述产品的运作模式进一步分析，可发现这些产品结构具有同质性，实质上都是采纳了信托的法律结构。《信托法》第 2 条[2]对信托作出界定。下述内容将以该条文为依据，并且以投资账户为例，分析产品的信托结构。[3]

其一，“委托人基于对受托人的信任”是指信托的“信任”要件。投保人通过投资账户来进行投资理财，主要是信赖保险人具有专业理财能力，期待通过专家理财，达到获取收益的目的。它的核心内容就是“受人之托，代人理财”，这种托付是以信任为基础的，有信任才有托付。[4]

其二，“将财产权委托给受托人”。我国《信托法》第 2 条对于信托财产采纳的是“委托给”而非“转移”，因而给信托财产权的归属留下了争议。但随着信托概念的推广，时至今日，信托财产所有权须从委托人转移到受托人

〔1〕参见《信托公司集合资金信托计划管理办法》（银监会令 2009 年第 1 号）第 2 条；《商业银行理财业务监督管理办法》（银保监会令 2018 年第 6 号）第 3 条；《证券公司客户资产管理业务管理办法》（证监会令第 93 号，现已失效）第 13 条。

〔2〕《信托法》第 2 条规定：“本法所称信托，是指委托人基于对受托人的信任，将其财产权委托给受托人，由受托人按委托人的意愿以自己的名义，为受益人的利益或者特定目的，进行管理或者处分的行为。”

〔3〕已有学者对信托公司发行的集合资金信托计划、商业银行的综合理财计划、证券公司的集合资产管理计划进行了分析。参见季奎明：《论金融理财产品法律规范的统一适用》，载《环球法律评论》2016 年第 6 期。

〔4〕参见《中华人民共和国信托法释义》，载中国人大网，http://www.npc.gov.cn/npc/flsyywd/jingji/2003-11/14/content_324178.htm。

并不存在争议。因为信托的本质就是信托财产在委托人与受托人之间管理和分配的交易合同,[1]所有权与利益相分离、信托财产的权利主体与利益主体相分离,正是信托区别于类似财产管理制度的根本特质。[2] 在投连险中,投资账户资产为保险费,遵循“金钱占有即所有”规则,即保险费从投保人转移至保险人后,保险人就占有、管理该账户资产,投保人享有投资账户上的收益,但不享有账户资产的所有权,从而实现了投资账户资产所有权和受益权的分离。同时,该特点进一步反映在投资账户资产隔离的法律效果上,前已述及,投资账户具有独立性,单独设立、管理、核算,而这一特点正是信托最为重要的要素。

其三,对于“由受托人按委托人的意愿以自己的名义,为受益人的利益或者特定目的,进行管理或者处分的行为”,可以细分为“为受益人利益从事信托事务”“按委托人的意愿以自己的名义,进行管理或者处分的行为”,即信托的“为受益人最大利益从事信托事务”要件,以及“以自己的名义管理、处分信托财产”。在投连险中,保险人以自己名义对外运用投资账户资金,并与投资标的公司发生交易。同时,保险人管理投资账户资金的目的在于获得账户资产的增值,即本着为投保人的利益进行资产管理。为此,保险人也接受投保人的监督,定期为投保人提供相关资料,披露投资信息,让投保人充分了解其所交保费的分配过程和结果。因此,投资账户的法律结构实质上表现为信托的特点。[3]

---

〔1〕 See John H. Langbein, *The Contractarian Basis of the Law of Trusts*, 105 Yale Law Journal 625, 627 (1995).

〔2〕 参见周小明:《信托制度比较法研究》,法律出版社 1997 年版,第 12 页。

〔3〕 尽管委任合同或是代理合同抑或信托合同的基础关系都是信赖关系而产生代为处理交易事宜的合同法律关系,存在诸多共性,但是分离账户是信托结构,具有信托的资产隔离的效果,而委任或代理合同下并无该特点,由此所产生的权利义务关系如受托人权限存在明显差异。尽管信托合同也是委托合同的一种表现形式,都有代为处理交易事务的事实共性,但信托关系表现所有权与收益分离,而一般委托合同并不具有这种特征,从而使其相较于传统委托,在实现财产转移和管理上更加有效,即信托制度功能的优越性。

综上而言,通过对投连险与相关产品的比较、分析,投连险是一款既具有传统保险保障守成,又具有投资功能拓新的金融理财产品;[1]同时,投连险实质上采纳了信托的法律结构,从而使其成为一款横跨保险、证券、信托三大领域的新型金融复合型产品。

第二节 金融产品的规范逻辑与规则配置

现代金融法对不同的金融产品,提供了不同的规则。而这些不同的规则设置,追本溯源,其都是从产品的不同融资模式而延伸出来的。

一、直接融资与间接融资的规范逻辑差异

(一)风险分配与规范逻辑

金融,顾名思义,即为"资金的融通",其主要目的是为企业的发展提供融资服务。因为在某一企业发展过程,可能因扩大经营生产,或者继续资金周转等情形而存在资金需求,而这些情形可能无法基于自身经营产生的收入得到以实现(内部融资),故需要从外部获得融资。[2] 在外部融资中,通常以是否存在金融中介机构而区分为直接融资和间接融资两种模式。[3] 需明确的是,此处所谓"是否存在金融中介机构"的标准仅限于以银行作为信

---

〔1〕 变额年金亦是金融复合型产品(原文为:Variable annuities are hybrids of insurance and investment)。See Tamar Frankel, *Variable Annuities*, *Variable Insurance and Separate Accounts*, 51 Boston University Law Review 177, 187 (1971).

〔2〕 参见彭冰:《中国证券法学》(第2版),高等教育出版社2007年版,第3页。

〔3〕 中国直接融资比重约为40%,而成熟市场体制的国家如英美等发达国家已经达到80%~90%的水平,日本、德国为60%~70%。参见修军:《新监管格局下直接融资与资管行业的发展趋势》,载《清华金融评论》2017年第12期。

用的中介机构,并非直接融资中没有其他金融中介机构。[1]

直接融资是指资金的提供方和资金的需求方没有银行中介信用机构,双方直接通过证券市场发生的信用交易,通常由企业直接向社会公众募集资金,从而获得其融资,满足其发展需要。譬如,上市公司发行证券产品。间接融资是资金的提供方与资金的需求方不直接发生交易,而是银行中介信用机构在其中充当资金周转的角色,由其从社会上吸收闲散资金(资金的提供方),然后再将这些资金提供给资金的需求方(如企业、个人),从而间接实现资金的供方和需方的交易。典型范例为商业银行吸收存款、发放贷款,保险公司发行保险产品。基于直接融资和间接融资运作差异,从而产生了诸多的差异。譬如,在直接交易成本上的差异,银行信用的直接交易成本为存贷利差,证券市场上的直接交易成本包括发行和交易证券时的佣金、手续费和为公开企业内部信息而增加的会计成本。[2] 不过,二者的本质差异在于两者之间的风险分配与承担方式不同。

在直接融资方式中,企业向社会公众发行股票融资时,会承诺根据经营业绩而支付一定的收益,而社会公众则需要根据自身对该企业的了解而作出是否需要购买其融资产品的决定。譬如,证券是支付或远期支付的允诺,其价值取决于支付量的预期,以及对证券涉及风险的评估,而这种预期完全取决于投资者根据可获得的全部信息所作出的判断。[3] 然而,若公众对该企业的资质、信用等信息了解不充分,则存在一定的投资风险。例如,企业在获得相应融资后,可能并未达到预期的经营业绩,不能实现所承诺的投资回报,从而使社会公众(资金的提供方)出现亏损。而对于间接

〔1〕 金融市场中介机构可以划分为两类:其一,以传统商业银行为代表的机构,在投资者和融资者之间起到"信用中介"作用;其二,其他金融中介机构,如投资银行、投资公司、信用评级机构等,这些是为了投资者和融资者提供各种服务使二者直接确立某种信用关系。参见邵东亚:《金融业的分与合:全球演进与中国实践》,北京大学出版社2003年版,第109~110页。

〔2〕 参见邵东亚:《金融业的分与合:全球演进与中国实践》,北京大学出版社2003年版,第121页。

〔3〕 参见吴志攀:《金融法概论》(第5版),北京大学出版社2011年版,第17页。

融资方式,资金的提供方并不需要对资金最终的需求方(企业或个人)的风险作出判断,对资金风险的判断是由商业银行、保险公司作出的。这些机构凭借本身的专业能力,以负债方式募集资金,再将其吸收社会公众的资金发放给其认为可靠的企业或个人,并在这种"吸收资金—发放资金"中获取利差。如在保险产品中,保险人通过收取投保人保费的方式,形成巨大的资金池,然后,保险人可依法运用这些保险资金,从而达到资金融通的目的。因此,在间接融资中,资金的提供方只需将资金投入商业银行、保险公司等金融机构,即可获得比较有保障的回报,无须承担资金需求方的风险。

上述直接融资和间接融资风险分配的差异,也决定了二者在法律上完全不同的规范逻辑和规则配置。就直接融资而言,即以证券交易为主的资本市场,立法主要是为了确保投资者(资金的提供方)和融资方能够平等、公平地交易,投资者能够基于自主意愿进行投资决策。但是,投资方与融资方不可避免存在诸多信息不对称,因为发行人掌握其所发行股票、债券等证券所承载的真实信息,而投资人可能基于专业背景、投资能力等因素,掌握的证券信息远不如发行人,处于信息不对称的弱势方。为了能够使融资方如实提供自己的经营情况、可能涉及的风险等信息,现代法上主要是贯彻披露(disclosure)的规范理念,建立以信息披露为核心的规则体系,实现市场的公开、透明,以便投资者具备自主决策的信息基础。典型范例为,美国在1929年经济危机之后,美国罗斯福总统宣布证券法应以信息披露作为证券的立法哲学,[1]即"公开是解决社会与行业痼疾的良方,阳光是最好的防腐剂,灯

---

〔1〕 See Franklin D. Roosevelt, *Statement on Signing the Securities Bill*, May 27, 1933, http://www.presidency.ucsb.edu/ws/index.php? pid = 14654.

光是最好的警察”。[1] 因此,美国陆续颁布了《1933 年证券法》《1934 年证券交易法》《1940 年投资公司法》《1940 年投资顾问法》等法律,建立了现代证券法以信息披露为核心的规范体系。

就间接融资的规范逻辑而言,由于商业银行、保险公司采取负债的融资方式,天生具有杠杆性,且通常时限较长,容易出现经营风险,故为了确保商业银行、保险公司能够实现其对资金提供方的承诺要求,立法通常对商业银行、保险公司的偿付能力、资金的安全运用、资本充足率等方面作出了严格的限制和要求。譬如,保险业的监管主要是以偿付能力为核心的规则体系。尽管在偿付能力上存在不同模式,如欧盟偿付能力 Solvency Ⅱ、美国 NAIC 推出的风险资本要求(Risk-based Capital Requirement)等不同模式,但都是以偿付能力监管为核心,对保险业经营的全面风险管理、风险量化的监管手段。[2] 再如,现代银行监管更多地采用资产负债比例监管的方式,要求银行为其风险业务配置充足的资本金或采取其他保障措施,以吸收风险,防范银行经营损失对存款人的不利影响。[3] 银行业 Basel Ⅲ 的原理就是如此,用充足的资本率来防范银行高负债的经营风险。

(二)域外融资模式的规则表现

在直接融资模式中,美国《1933 年证券法》以公开信息披露作为证券立法哲学理念,这对日本等国家产生了深远的影响。譬如,日本《金融商品交易法》在第 1 条立法目的中,首先明确的是通过企业信息披露来实现市场的

---

〔1〕 美国联邦最高法院大法官布兰代斯(Brandeis)关于证券信息公开披露的观点对美国联邦证券监管的披露理念产生重大影响,其主张:“阳光是最好的防腐剂,灯光是最好的警察”(原文为:Publicity is justly commended as a remedy for social and industrial diseases. Sunlight is said to be the best of disinfectants, electric light the most efficient policemen)。See Louis D. Brandeis, *Other People's Money and How the Bankers Use It*, Frederick A. Stokes Company Publishers, 1914, p. 92.

〔2〕 参见江先学、吴岚等编著:《保险公司偿付能力监管研究》,上海交通大学出版社 2013 年版,第 32~33 页。

〔3〕 参见吴志攀:《金融法概论》(第 5 版),北京大学出版社 2011 年版,第 56 页。

公开透明，[1]并在该法第二章专章来规定"企业信息披露"；[2]不过，在信息披露内容审查上，各国存有差异。譬如，在美国等法域实行的是证券发行的注册制，政府不审核企业发行的证券信息的真实性，由投资者判断证券是否具有购买价值；而有的法域实行证券发行的审批制或核准制，即政府实质审核企业发行证券信息的真实性。

就保险而言，立法以保险人的偿付能力为监管核心，[3]但具体测试的标准不同。之所以强调偿付能力对保险的重要性，是因为投保人或被保险人是交纳保费获得保险人于保险事故发生时保险金的给付，"保费的交纳"到"保险金的给付"中间存在较长时差，而在这期间，保险人可能存在运营等风

〔1〕 本法的目的是确保证券发行和金融工具等交易的公平性，促进证券的顺利发行，并通过充分利用资本市场的功能，使金融工具形成公平价格，其中，其通过简化公司事务的披露制度，规定与从事金融工具业务的人相关的必要细节，并确保金融工具交易所的适当运作，从而促进国民经济的健康发展并保护投资者（原文为：The purpose of this Act is to ensure fairness in, inter alia, the issuance of Securities and transactions of Financial Instruments, etc. and to facilitate the smooth distribution of Securities, as well as to achieve fair price formation for Financial Instruments, etc. through the full utilization of the functions of the capital markets, by, inter alia, streamlining systems for the disclosure of corporate affairs, specifying the necessary particulars relevant to persons conducting Financial Instruments Business, and ensuring the appropriate operation of Financial Instruments Exchanges, thereby contributing to the sound development of the national economy and the protection of investors）。参见日本《金融商品交易法》第1条，http://www.japaneselawtranslation.go.jp/law/detail/?ft=2&re=02&dn=1&yo=Financial+Instruments+and+Exchange+Act&x=47&y=18&ia=03&ja=04&ph=&ky=&page=1。

〔2〕 See "Chapter Ⅱ　Disclosure of Corporate Affairs"，参见日本《金融商品交易法》第2章，http://www.japaneselawtranslation.go.jp/law/detail/?ft=2&re=02&dn=1&yo=Financial+Instruments+and+Exchange+Act&x=47&y=18&ia=03&ja=04&ph=&ky=&page=1。

〔3〕 譬如，我国偿付能力监管指标包括：（1）核心偿付能力充足率，即核心资本与最低资本的比值，衡量保险公司高质量资本的充足状况；（2）综合偿付能力充足率，即实际资本与最低资本的比值，衡量保险公司资本的总体充足状况；（3）风险综合评级，即对保险公司偿付能力综合风险的评价，衡量保险公司总体偿付能力风险的大小。保险公司同时符合以下三项监管要求的，为偿付能力达标公司：（1）核心偿付能力充足率不低于50%；（2）综合偿付能力充足率不低于100%；（3）风险综合评级在B类及以上。不符合这三项中的任意一项要求的，为偿付能力不达标公司，银保监会将采取监管措施。比如，对于核心偿付能力充足率低于50%或综合偿付能力充足率低于100%的保险公司，银保监会应当采取以下第（1）项至第（4）项的全部措施：（1）监管谈话；（2）要求保险公司提交预防偿付能力充足率恶化或完善风险管理的计划；（3）限制董事、监事、高级管理人员的薪酬水平；（4）限制向股东分红。参见《保险公司偿付能力管理规定》（中国银行保险监督管理委员会令2021年第1号）。

险,故为了使保险人的给付承诺得到实现,其前提在于保险人有能力来给付,故偿付能力是保险法下监管的核心。美国法各州在发放经营保险许可证时,就要求这些公司获得许可证的前提中包含了偿付能力充分的要件。对于保险人偿付能力的监管,各州立法通常要求3~5年审查一次,主要是采取NAIC的保险监管信息系统(insurance regulation information system),对保险人每年提交的财务数据进行测试,如保费/盈余比例是针对保险人在兑现赔付义务时可用资本额度的测试,这一比例越高,则财务风险越大。[1]

尽管美国和日本等比较法在直接融资和间接融资规范理念上存在共性,但在具体规则展开却存在诸多不同(见表5)。下述内容择取典型差异展开分析。

表5　美国和日本保险、证券法律规则主要比较

项目		保险法律规则(间接融资)		证券法律规则(直接融资)	
		美国	日本	美国	日本
一般规定	立法特点	无全国适用的保险法,保险的立法监管权限主要在各州;但NAIC的模范规定对各州影响很大	日本采取的是民商分离(Separation of Civil & Commercial) 1890年《商法典》"第2编商行为的第10章保险"为保险合同法;"第3编海商的第6章保险"为海上保险;1939年《保险业法》;2008年《保险法》保险合同法部分从《商法典》分离	1933年前各州蓝天法;1933年后,催生了全国统一适用的证券法(《1933年证券法》调整公开发行,《1934年证券交易法》调整证券交易);等等	《金融商品交易法》调整投资性强的金融产品,是一个横向、统合的投资者保护规范体系;同类金融产品,受到相同法律保护,是对传统证券法等金融法制的重大调整和变革

〔1〕参见[美]肯尼斯·S.亚伯拉罕:《美国保险法原理与实务》,韩长印等译,中国政法大学出版社2012年版,第107页。

续表

<table>
<tr><th colspan="2" rowspan="2">项目</th><th colspan="2">保险法律规则(间接融资)</th><th colspan="2">证券法律规则(直接融资)</th></tr>
<tr><th>美国</th><th>日本</th><th>美国</th><th>日本</th></tr>
<tr><td rowspan="4">一般规定</td><td>法系</td><td>英美法系</td><td>大陆法系;在外来影响上,日本《保险法》主要受德国、法国的影响</td><td>英美法系</td><td>大陆法系;但日本证券法律规则受美国法影响大</td></tr>
<tr><td>公私法性质</td><td>无公私法划分</td><td>保险合同法属于私法,保险业法属于公法</td><td>无公私法划分</td><td>证券交易规则多属于私法,证券监管多属于公法</td></tr>
<tr><td>主要法律渊源</td><td>法院判例法、各州保险法、NAIC 规则</td><td>《商法典》《保险法》《保险业法》《保险业法的施行令》《保险业法的施行规则》,等等</td><td>法院判例、《1933 年证券法》等法律;SEC 各项规则;各州蓝天法;等等</td><td>《金融商品交易法》</td></tr>
<tr><td>立法目的</td><td colspan="2">日本《保险法》第 1 条主要是明确调整对象为保险合同的成立、履行、变更等,主要目的在于保护当事人合法权益。美国法存在多重目标,除保护当事人利益之外,还明确了维护市场秩序,促进经济发展等目标</td><td>投资者保护、公平有序的市场、防范系统风险、有序竞争</td><td>通过完善企业信息披露等确保市场的健全性,以及保护投资者权益(《金融交易法》第 1 条)</td></tr>
</table>

续表

项目		保险法律规则(间接融资)		证券法律规则(直接融资)	
		美国	日本	美国	日本
一般规定	基本原则	合理期待原则、保险利益原则、损害补偿原则、诚实守信、平等原则,等等。在人身保险利益的判断上,美国法主要采取利益主义,日本法采同意主义(《保险法》第38条)		公开原则,信息披露,禁止欺诈;但是,美国法和日本法上规定了金融机构的受信义务,包括适当性原则	
交易规则	调整对象	主要是保险的一级市场,即保险发行人与保险购买人之间(投保人和保险人),保险的二级市场(再保险)不是保险法调整的重点。具体产品对象上,美国法上存在财产保险、人寿保险、健康保险、火灾保险、责任保险等多个险种;尽管日本也存在这些险种,但是,在此之上,日本还有生命保和损害保险(财产保险、意外保险和健康保险)的划分		主要是证券的二级市场,即投资者之间,而证券的一级市场(发行人与投资者)不是证券法的调整的重点。具体产品范围上,美国法证券法定类型达30余种;日本法上有《金融商品交易法》规范对象为投资性的金融商品,如国债、股票、投资信托等多种,尤其是以集团投资方案(collective investment scheme)作为概括性定义	
	合同当事人	被保险人和保险人	投保人与保险人;被保险人和受益人为合同关系人	投资者、经纪人、中介机构等多个参与者;日本法对投资者进行分类,区分一般投资者和专业投资者,后者主要为特定投资者(《金融商品交易法》第34条)和合格机构投资者(《金融商品交易法》第63条)	
	合同或交易内容	尽管采取的是格式合同,但立法也注重合同内容的实质公平,并对保单持有人弱势地位进行倾斜保护。譬如,合同释义存疑时,对保险人的不利解释。合同权义上存有差异,日本《保险法》第58条规定了寿险中被保险人的解除请求权3种情形("失去信赖关系");在受益人的变更上,日本《保险法》第43条规定,投保人在保险事故发生之前,可以变更保险金受益人;第45条变更死亡保险合同的保险金受益人必须有被保险人的同意		交易内容主要是围绕公开的理念,使证券能够在投资者之间有效流通,为此,建立信息披露、设立专门的交易所等配套规则。立法所保护的是投资者购买产品能够具备所需的信息,达到公平交易的目的,至于证券本身的质量是否真实,则需要投资者自行判断。在交易行为效力上,实行的是严格的外观主义,几乎不会考量投资者的真实意思表示	

续表

<table>
<tr><td colspan="2" rowspan="2">项目</td><td colspan="2">保险法律规则(间接融资)</td><td colspan="2">证券法律规则(直接融资)</td></tr>
<tr><td>美国</td><td>日本</td><td>美国</td><td>日本</td></tr>
<tr><td>交易规则</td><td>金融机构义务</td><td colspan="2">受信义务、说明义务、适当性义务,等等</td><td colspan="2">信息披露义务、受信义务、适当性义务,等等</td></tr>
<tr><td rowspan="4">监管规则</td><td>监管者</td><td>各州</td><td>金融厅</td><td>联邦 SEC、自律型组织</td><td>金融厅、证券交易等监督委员会</td></tr>
<tr><td>组织形式</td><td>股份公司和互助保险公司</td><td>股份有限公司(株式会社)、相互保险公司(相互会社)、外国保险业者(外国保险业者)</td><td>主要为股份公司</td><td>股份公司(《金融商品交易法》第 156 条)</td></tr>
<tr><td>自律组织</td><td>NAIC</td><td>生命保险协会、损害保险协会</td><td>纽交所、全国证券交易商协会(NASD)</td><td>金融商品交易业协会(Self-Regulatory Organization)</td></tr>
<tr><td>监管内容</td><td colspan="2">偿付能力为监管的首要任务;同时在准入门槛、费率、销售等方面监管</td><td colspan="2">主要在信息披露和受托人义务两方面,前者包括发行时的披露和持续的披露;后者包括勤勉义务和忠实义务</td></tr>
<tr><td rowspan="2">救济</td><td>诉讼时效</td><td>合同可以约定时效,通常为 1 年</td><td>3 年(日本《保险法》第 95 条)</td><td>发现违法行为后 2 年或发生后 5 年[《美国法典》第 1658(b)条]</td><td>《金融商品交易法》第 20 条区分 3 年和 7 年的情形</td></tr>
<tr><td>民事责任</td><td colspan="2">主要是合同责任,如保险人违约,可主张保险金给付和可预见的损失赔偿;但在美国法上,保险人恶意违约,也可构成侵权之诉,要求惩罚性赔偿</td><td colspan="2">在证券民事纠纷中,美国法主要以集团诉讼为主,日本在《金融商品交易法》第 79 条建立了金融 ADR,认定投资者保护团体制度,以及“股东巡视员”(kabunushi ombudsman)等民间组织具有重要作用</td></tr>
</table>

首先,就立法背景而言,日本建立了中央集权的统一立法权,对全国保险、证券等金融行业实行统一监管,而美国的证券监管权由联邦政府行使,但保险监管权限却属于各州。美国形成了州监管保险和联邦监管证券的格局,从历史演进的角度来看,美国保险业的公权组织监管(organized regulation)始于19世纪中期的美国各州立法,各州在其领土范围内建立独立的保险监管机构。[1] 保险公司在各州的建立与保单销售等行为须遵循相应各州的保险法,但随着保险业的发展,各州不统一的规范对保险公司在其他州业务拓展形成障碍,也因此产生纠纷。最具有影响力的判例为保罗诉弗吉尼亚州案(Paul v. Virginia)。

在该案中,保罗是弗吉尼亚州的公民,也是纽约州几家火灾保险公司的代理人。根据弗吉尼亚州1866年保险法规定,在本州开展保险业务必须先取得本州的保险营业执照(license)。为了能够在弗吉尼亚州展开保险业务,保罗根据该州保险法规定,提交了相应材料。但他由于缺失关于公司保证金(deposit)方面的材料而未获得营业执照。尽管如此,保罗仍在弗吉尼亚州销售保险,最终被起诉而被处以50美元的罚款。保罗以此起诉弗吉尼亚州,认为其违反宪法所规定的"美国各州公民(citizens)被赋予相同的特权和豁免权(privileges and immunities)",以及"国会有权规定外国和其他州的商业活动"。最后,联邦最高法院认为,"宪法条款中的公民概念仅仅适用于自然人(natural persons),是一种忠于国家(owing allegiance to the State)的政治成员身份(members of the body politic),不包括由法律创造的拟制人(artificial persons created by the legislature),这种拟制人只享有立法确定的属性"。[2] 也就是说,基于各州规定公司享有权限不一,如果将公司视为公

---

〔1〕 See Susan Randall, *Insurance Regulation in the United States: Regulatory Federalism and the National Association of Insurance Commissioners*, 26 Florida State University Law Review 625, 630(1999).

〔2〕 See Paul v. Virginia, 75 U.S. (8 Wall.) 168, 169(1868).

民,则与原本宪法规定各州公民享有相同的特权和豁免权矛盾。对于保罗的第二项主张,法院认为,弗吉尼亚州的保险法是建立在联邦宪法上,具备合法性(validity)。尽管国会享有权力对商业活动进行监管,但发行某份保单并不是一项商业交易(issuing a policy of insurance is not a transaction of commerce),它们并非市场上交易的对象,不能和一般商品在各州之间流通。这些保单如果未经本州的许可、销售,是不能发生法律效力的。[1] 在美国联邦最高法院的判决指引下,保险被视为一项公共利益,保险的监管权直接由各州行使。

在美国判例法遵循先例的原则下,该案为后来的案件所坚持和进一步确认。如1913年,有法院认为,保险合同根本不属于商业范畴(contracts of insurance are not commerce at all)。[2] 因此,在美国金融监管领域形成各州监管保险的格局,并在1945年《麦卡伦－弗格森法》(McCarran-Ferguson Act)进一步明确保险由各州法律加以监管。[3] 同时,各州对于保险的监管,长期以来均是有效的,不同于早期各州蓝天法的无效,[4] 1933年大危机后,

---

〔1〕 See Paul v. Virginia, 75 U. S. (8 Wall.) 168, 183(1868).

〔2〕 See New York Life Ins. Co. v. Deer Lodge County, 231 U. S. 495, 510 (1913).

〔3〕 美国1945年《麦卡伦－弗格森法》第1012(a)条规定,"保险业及其从业人员应受各州关于该业务的监管或税收规定"。See 15 U. S. C. §1012(a) (1988). 也就是说,不同于证券的立法,美国的保险立法权属于各州,不在联邦议会,故美国各州都有自己的保险法,其中以纽约州的保险法最具代表性,没有全国统一适用的保险法,但是,NAIC有重要影响。尽管NAIC是由美国各州保险监理官组成的非官方组织,但在大部分情况下,NAIC在美国保险监管系统中起主要作用,尤其是NAIC颁布的一些模范法对美国各州保险法律具有重要参照作用。若被各州所采纳,则可直接引用作为本州的法律。See Susan Randall, *Insurance Regulation in the United States: Regulatory Federalism and the National Association of Insurance Commissioners*, 26 Florida State University Law Review 625, 630 (1999).

〔4〕 美国早期蓝天法无效的主要原因有:其一,早期缺乏专业能力的政府官府人员审查证券的相关信息;其二;州政府的财政也不能提供充足的款项来支持证券调查和补救措施;其三,许多州又以放松监管,引起其他州的公司进入;其四,大多数州法规定,在纽交所上的证券免于州法监管,因为上市要求比州法更加严格,而州政府又尝试在其他交易所提供证券豁免,使一旦发行人在一个被豁免的次级监管要求的交易所上市,则免于州法的监管。参见[美]哈威尔·E. 杰克逊、[美]小爱德华·L. 西蒙斯编著:《金融监管》,吴志攀等译,中国政法大学出版社2003年版,第634～635页。

催生了全国性的证券立法和监管机制,所以,美国至今保持各州监管保险和联邦监管证券的大体格局。[1]

其次,交易层面,立法赋予金融机构的义务存在差异。美国法和日本法都明确了受信义务(fiduciary duty)和适当性原则,但这些义务内容并非确立在中国的基本法中。美国法确立了受托人受信义务为核心的行为标准。譬如,在库尔思诉范霍恩案(Kurth v. Van Horn)中以此认为银行与客户之间存在受信关系,负有受信义务。[2] 美国法传统上区分投资顾问和证券商的不同身份与客户之间的关系调整,[3] 但《多德 – 弗兰克法》(Dodd-Frank Wall Street Reform and Consumer Protection Act)将受信义务扩张至金融机构,该法案第 913(g)条规定,所有证券商、经纪人对客户负有受信义务(authority to establish a fiduciary duty for brokers and dealers)。日本 2006 年《金融商品交易法》(Financial Instruments and Exchange Act)也规定了金融机构的受信义务。譬如,对客户的诚信义务(第 36 条),事前明示义务(第 37 条)、最良执行义务(第 40 条之 2)。[4] 同时,美国法和日本法要求金融商品"卖者"也必须遵循适当性原则(suitability principle),充分揭示风险。该原则要求向客户推荐或销售证券时考虑客户的风险阈值(risk threshold),使客户自己决定是否适合购买。[5] 日本 2006 年《金融商品交易法》第 40 条规定了金融商品交易者需要考量客户的指示、经验、财产等因素,确立了适当性

---

〔1〕 参见李游:《金融复合型产品的定性与监管转型:美国变额年金的借鉴与启示》,载《经贸法律评论》2023 年第 1 期。

〔2〕 该案法院认为,只要对他方的信赖存在,并且支配和影响他人,就会产生受信关系。See Kurth v. Van Horn, 380 N. W. 2d 693 (1986).

〔3〕 《1940 年投资顾问法》第 206 条规定以投资顾问身份与客户之间发生的法律关系是一种受信关系,而该法第 202(a)(11)(c)条,在以证券商身份与客户之间的法律关系仍是以属于传统的委托代理关系,并没有将其认定为受信关系。

〔4〕 参见日本《金融商品交易法》第 36 条、第 37 条、第 40 条,载 http://www. japaneselawtranslation. go. jp/law/detail/? ft = 2&re = 02&dn = 1&yo = Financial + Instruments + and + Exchange + Act&x = 47&y = 18&ia = 03&ja = 04&ph = &ky = &page = 1。

〔5〕 See Robert H. Mundheim, *Professional Responsibilities of Broker-Dealers: The Suitability Doctrine*, 1965 Duke Law Journal 445, 449(1965).

原则。[1]

再次，就监管层面上，除了监管权分配的差异，美国和日本在监管原则、理念存在明显差异。比如，对于金融"分业经营、分业管理"原则，美国、日本等国家以前也采纳该原则，但在后来法律修改中将该原则废除。美国传统金融分业监管是总结1929～1933年经济危机教训，于《1933年格拉斯－斯蒂格尔法》(Glass-Steagall Act of 1933)所确立的。该法案对金融行业分权进行立法，金融行业不允许跨行从业，实行分业经营、分业监管。后来，基于金融混业经营是金融发展不可避免的趋势，美国在《1999年格拉姆－里奇－布利法》(Gramm-Leach-Bliley Act of 1999)废除该原则，建立了混业经营的金融体系。曾获诺贝尔经济学奖的默顿(Robert C. Merton)对此金融混业经营背景下提出"功能监管"的法律应对，即在混业经营下，金融产品的监管以其功能为导向。[2] 美国在2010年《多德－弗兰克法》中，金融稳定监察委员会、沃尔克规则、对金融衍生品监管改革等一系列举措，形成了联邦、各州都有监管权和多个监管机构负有监管职责"双重多头"的监管格局。就日本法而言，日本在1948年颁布《证券交易法》，其第65条规定，商业银行与证券公司分业经营，奠定了银行业与证券业分业的法律基础。1997年6月，日本大藏省公布"金融改革方案"，取消金融分业经营的限制。同时，日本早期

---

[1] 金融商品经营者等在开展业务时，应保证其业务经营状况不属于下列项目之一：根据客户知识、客户经验、客户资产状况或签订金融商品交易合同的目的，发现构成金融商品交易的行为不适当，导致或可能导致对投资者的保护不足等，而发出招标(原文为：A Financial Instruments Business Operator, etc. shall conduct its business in such a manner that the state of its business operations does not fall under one of the following items: its issuance of a solicitation in connection with an act that constitutes a Financial Instruments transaction which is found to be inappropriate in light of customer knowledge, customer experience, the state of customer assets, or the purpose for which a Financial Instruments Transaction Contract is concluded, results in or is likely to result in insufficient investor protection, etc)。参见日本《金融商品交易法》第40条，载 http://www.japaneselawtranslation.go.jp/law/detail/?ft=2&re=02&dn=1&yo=Financial+Instruments+and+Exchange+Act&x=47&y=18&ia=03&ja=04&ph=&ky=&page=1。

[2] See Robert C. Merton, *A Functional Perspective of Financial Intermediation*, 24 Financial Management 23, 23-41(2009).

的金融监管体系以大藏省为中心，并对所有金融机构进行监管。后来，1998年日本成立金融监督厅，将对民间金融机构的监督职能从大藏省分离出来，2000年进一步将金融行政立案权限等职能从大藏省剥离，并将金融监督厅更名为金融厅，建立了以金融厅为核心的新的金融监管格局。

最后，私人救济方式上，美国和日本对保险民事责任主要表现为合同责任，但在美国法上，保险人恶意违约，也可构成侵权之诉，要求惩罚性赔偿。[1] 对于证券民事责任救济，美国证券法侧重私人执行(private enforcement)，其证券私人执行依赖集团诉讼(class action)得以实现。这是不同于传统民事诉讼法中的“代表人诉讼”的。[2]

(三)我国现行法对金融产品的规范配置

我国将金融业划分为银行、保险、证券、信托四个行业，并分别立法。同时，在立法技术上，采取金融合同法与金融监管统一立法模式，如《保险法》

---

[1] See Ingalls v. Paul Revere Life Insurance Group, 1997 N.D. 43, 561 N.W. 2d 273 (1997).

[2] “当事人一方为众多的共同诉讼，可以由当事人推选代表人进行诉讼”(美国《民事诉讼法》第54条)。但是，二者存在诸多不同。其一，诉讼发起方式不同，“集团诉讼”采取的是“明示退出，默示同意”，而“代表人诉讼”采取的是“明示加入、默示反对”，遵循传统民事诉讼的不告不理原则；其二，代表人的选定方式和权利不同，“集团诉讼”的代表人通常由提起诉讼的原告为代表人，对于“和解”等程序，无须取得其他当事人同意，而“代表人诉讼”的代表人由其他当事人授权或法院指定，进行“和解”等程序需要取得其他人同意；其三，在判决的适用效力上，“集团诉讼”可直接适用于没有明示退出的成员，而对于“代表人诉讼”，如果没有明示加入诉讼，自己单独起诉，则法院可直接裁定适用原代表诉讼的判决。可见，对于投资者保护而言，“集团诉讼”在制度设计上，更加有利于保护投资者。值得注意的是，我国证券法律责任偏向公共执法。有学者分析其中原因。事实上，在处于经济转型大环境之下的中国证券市场上，是国家的政治性资源调动而非监管者的依法监管活动作为一项替代机制承担了“司法失灵”条件下的投资者权益保护的职能(参见黄韬：《为什么法院不那么重要——中国证券市场的一个观察》，载《法律和社会科学》2012年第9卷，第63页)。与此同时，证券的民事救济曾也存在一些障碍。譬如，最高人民法院在2001年颁布《关于涉证券民事赔偿案件暂不予受理的通知》(现已失效)，明确规定，对如内幕交易、欺诈等行为引起的民事赔偿案件，暂不予受理。社会各界对此猛烈批判。之后，最高人民法院对此进行修改，颁布《关于受理证券市场因虚假陈述引发的民事侵权纠纷案件有关问题的通知》(现已失效)，对“证券市场因虚假陈述引发的民事侵权纠纷案件”进行受理，但只是限于证券市场因虚假陈述引发的民事赔偿案件，并且在最高人民法院《关于审理证券市场因虚假陈述引发的民事赔偿案件的若干规定》(现已失效)中设置了严格的受理条件，即“有关机关的行政处罚决定或者人民法院的刑事裁判文书”。

中包括了“保险合同法”和“保险业法”。[1] 因此,不同金融产品的具体规则也呈现在各自的基本法上,主要的具体内容可通过表6呈现。[2]

表6　金融产品之间的调整规则比较

项目	保险公司	证券公司	基金公司	信托公司	商业银行
产品类型	保险产品	证券产品	证券投资基金产品	名义信托产品	银行产品(存款、贷款)
适用规范	《保险法》和原保监会、银保监会、国家金融监督管理总局颁布的部门规章	《证券法》和证监会颁布的部门规章	《证券投资基金法》和证监会颁布的部门规章	《信托法》和原银监会、银保监会、国家金融监督管理总局颁布的部门规章	《商业银行法》和原银监会、银保监会、国家金融监督管理总局颁布的部门规章
调整关系	投保人与保险人;保险人与国家金融监督管理总局/银保监会	投资者与发行人;发行人与证监会	基金持有人与基金管理人;基金管理人、托管人与证监会	委托人与受托人;受托人、托管人与国家金融监督管理总局/银保监会	存款人(贷款人)与银行;① 银行与国家金融监督管理总局/银保监会
法律关系性质	债权债务关系	权益关系	权益关系	信托关系	债权债务关系

〔1〕 立法例上存在分别立法制,即分别指定保险合同法和保险业法。将“保险合同法”定位于私法性质,而将“保险业法”定位于公法性质。我国采取这种立法例主要是,在立法宗旨上同时体现出制定和实施保险合同法和保险业法两方面规则的目的,既为保护投保人与保险人的合法权益提供基本保障,同时也为保险企业的自主经营和监管机构的职责履行设定基本规则。参见吴定富主编:《〈中华人民共和国保险法〉释义》,中国财政经济出版社2009年版,第1~2页。

〔2〕 表格内容是根据《保险法》《证券法》《证券投资基金法》《信托法》《商业银行法》等基本法的规则比较而得出的。

续表

项目	保险公司	证券公司	基金公司	信托公司	商业银行
监管机构	国家金融监督管理总局/银保监会(保监会)	证监会	证监会	国家金融监督管理总局/银保监会(银监会)	
遵循原则	公平、自愿原则,保险利益原则	公开、公平、公正原则,自愿、有偿、诚信原则	自愿、公平、诚信原则	自愿、公平、诚信原则	平等、自愿、公平、诚信原则
交易一般程序	投保人提出投保要约、保险人审核,并同意承保	开立账户、委托交易、清算交割程序	投资人交纳认购的基金份额的款项时,基金合同成立	委托人提出信托要约,受托人承诺信托时,信托成立	商业银行贷款,应当与借款人订立书面合同
合同终止(赎回)	保险人享投保人如恶意制造保险事故,故意或重大过失违反告知义务等情形的法定解除权	依法发行的股票、公司债券及其他证券,法律对其转让期限有限制性规定的,在限定的期限内不得买卖	基金份额持有人递交赎回申请,赎回成立;基金份额登记机构确认赎回,赎回生效	发生约定的终止事由、信托存续违反信托目的、信托目的已经实现或不能实现、当事人协商同意、信托被撤销、信托被解除	存款自愿、取款自由
营销方式	无限制	私募证券,不得公开宣传	私募基金不得公开宣传、推介	无限制	无限制
购买者主要权利	保险金给付请求权;投保人享有单方任意解除权	收益权、信息查阅权	分享收益、参与剩余财产分配、依法转让、赎回、参与表决、查阅或者复制公开披露的信息资料	了解信托财产的管理运用、处分及收支情况,查阅、复制信托账目	存款人的合法权益不受任何单位和个人的侵犯、存款有息

续表

项目	保险公司	证券公司	基金公司	信托公司	商业银行
购买者主要义务	告知义务、保险费的给付、危险增加通知义务、施救义务、保险事故发生时的通知义务、损失的证明义务	证券本身是表彰权益的凭证,本身不附有民事义务。但是,投资人若参与证券交易,则需要申请开立证券账户;禁止内幕交易等违法行为	基金份额持有人大会及其日常机构不得直接参与或者干涉基金的投资管理活动	转移合法的财产至受托人	不得采取欺诈手段骗取贷款
金融机构主要权利	投保人未如实履行告知义务时,合同解除权;请求交纳保费,但对人寿保险的保险费,不得用诉讼方式	发行人有权依法自主选择承销的证券公司、证券公司依法享有自主经营的权利,其合法经营不受干涉	获得管理报酬	受托人有权依照信托文件的约定取得报酬	商业银行依法开展业务,不受任何单位和个人的干涉
金融机构(保险人、证券公司、基金公司、信托公司、商业银行)主要义务	说明义务、保险金给付义务、承担必要的合理费用的义务、签发保险单或者其他保险凭证的义务、保密义务	信息披露义务、为客户开立的账户保密	谨慎勤勉义务;依法披露基金信息,并保证所披露信息的真实性、准确性和完整性	受托人须恪尽职守,履行诚实、信用、谨慎、有效管理的义务;信托财产与受托人固有财产分别管理、分别记账;报告义务;支付信托利益	保密义务、保证存款本金和利息的支付,不得拖延、拒绝支付存款本金和利息、对贷款人偿还能力严格审查义务

续表

项目	保险公司	证券公司	基金公司	信托公司	商业银行
受益人	人身保险受益人的指定、变更须被保险人同意;无法确定受益人时,保险金将作为被保险人的遗产	无规定	无规定	自信托生效之日起,享有信托受益权、信托受益权可以依法转让、继承	无规定
购买者的补偿机制	保险保障基金	证券投资者保护基金	基金管理人应当从管理基金的报酬中计提风险准备金	无规定	存款保险②
资金运用	遵循安全性原则,提取20%保证金;责任准备金;公积金;最低偿付能力	依法拓宽资金入市渠道,禁止资金违规流入股市	基金财产可用于上市的股票、债券;不得用于承销证券、违规提供担保、从事承担无限责任的投资	受托人管理运用、处分信托财产所产生的债权,不得与其固有财产产生的债务相抵销	以安全性、流动性、效益性为经营原则
禁止行为	欺骗投保人、承诺合同之外的保险费回扣、挪用侵占保险费等12种行为	禁止内幕交易、禁止操纵市场、禁止欺诈客户	虚假记载、误导性陈述或者重大遗漏、违规承诺收益或者承担损失	不得利用信托财产为自己谋利	禁止伪造、转让、出租、出借经营许可证;不得违规调整利率

续表

<table>
<tr><th>项目</th><th>保险公司</th><th>证券公司</th><th>基金公司</th><th>信托公司</th><th>商业银行</th></tr>
<tr><td>主要共同点</td><td colspan="5">(1)立法目的都是维护社会经济秩序和社会公共利益,促进经济发展;都是采取交易法与监管法的统一立法;
(2)基本原则都遵循平等自愿、诚实信用原则;都坚持分业经营、分业管理的原则;
(3)在交易规则上,都有反欺诈、利益冲突处理等规范;都会涉及多个法律主体,都会涉及中介服务机构;
(4)在监管上,都属于特许经营,实行市场准入制度,须达到法定条件;都对金融机构实行稳健的内控制度;都采取现场检查等多种监管方法;
(5)都以刑事责任、行政责任和民事责任构成法律责任体系,且民事责任和刑事责任规定笼统,行政责任规定详细;等等</td></tr>
</table>

① 商业银行关系以存贷款关系为主,同时也包括中介关系,如结算关系和其他诸如代收款项、代理买卖等关系。参见施天涛:《商事关系的重新发现与当今商法的使命》,载《清华法学》2017 年第 6 期。

②《商业银行法》并没有明确规定存款保险制度。但是,为保护存款人合法利益,国务院在 2015 年实施《存款保险条例》(国务院令第 660 号),要求商业银行等机构投保存款保险,自此正式确立了存款保险制度。

二、保险法和证券法规范目的差异:以产品购买者保护为例分析

法律规则背后反映的是立法目的,而一部法律通常具有多重的规范目的。譬如,《保险法》第 1 条和《证券法》第 1 条在立法目的上都存在"规范当事人行为""维护社会经济秩序和社会公共利益""促进经济的发展""保护当事人合法权益"等多重目标(见表 7)。

表 7　《保险法》和《证券法》的立法宗旨

序号	《保险法》	《证券法》
1	规范保险活动	规范证券发行和交易行为
2	保护保险活动当事人的合法权益	保护投资者的合法权益
3	加强对保险业的监督管理	维护社会经济秩序和社会公共利益
4	维护社会经济秩序和社会公共利益	促进社会主义市场经济的发展
5	促进保险事业的健康发展	—

在上述的多个目标中,"规范保险活动"或是"规范证券发行和交易行

为”是《保险法》和《证券法》因不同的调整对象而产生的差异;而对于“维护社会经济秩序和社会公共利益”“促进经济的发展”等目标也是《保险法》和《证券法》作为调整保险业和证券业在国家经济发展中应有之义。因此,我国《保险法》和《证券法》的主要目的在于保护产品购买者的合法权益。[1]但是,在证券投资者和保单持有人的权益保护上,《证券法》和《保险法》存在不同的理念和路径。

(一)产品购买者保护理念与方式的差异

在证券交易合同中,投资人一般只享有证券权利,不伴随义务。因为证券本身只是一种表彰证券权益(无义务)的权利凭证。所以,投资者转让证券权利时,是对其权利的处分,无须取得发行人的承诺,即可转让给交易的相对人。该特点有别于其他的民事权利转让。因为我国《民法典》第 546 条规定,债权人转让债权,未通知债务人的,该转让对债务人不发生效力。债权转让的通知不得撤销,但是经受让人同意的除外。[2]《保险法》第 49 条也规定,保险标的转让的,被保险人或者受让人应当及时通知保险人。可见,证券交易与保险交易的转让存在明显差异。事实上,这种差异背后反映的是证券流通性特点。在证券交易中,证券作为直接融资,是一种表彰权益的标准化的权利凭证。也就是说,证券是金额均等的标准化的权利凭证,每份证券的金额,代表权利是等同的,存在替代性。所以,发行人面向不特定的多数投资者发行证券,使市场上存在持有该证券的众多买方和卖方,形成证

[1] 《保险法》则表述为“保护保险活动当事人的合法权益”,而保险活动当事人是一个宽泛的法律主体概念,包括了合同当事人(投保人、保险人)、合同关系人(被保险人、受益人)以及合同辅助人(保险代理人、保险经纪人、保险评估人)。《保险法》在立法宗旨上没有特别突出对投保人、被保险人和受益人的保护,其原因在于,保险作为合同关系,遵循契约自由,应平等保护当事人的合法利益。但是,较之于保险人,投保人、被保险人、受益人在专业能力等方面处于弱势,现代法上更加追求实质平等和公平,强调对投保人等合同弱势方的倾斜保护。尽管《保险法》立法目的没有强调对投保人的特别保护,但在具体规则上却是贯彻了对投保人等合同弱势方的倾斜保护,如不利解释规则。

[2] 原《合同法》第 80 条第 1 款规定,债权人转让权利的,应当通知债务人。未经通知,该转让对债务人不发生效力。

券交易“多对多”的交易特点,并以集中竞价的方式完成证券买卖。

但是,在保险交易中,保险合同承载了投保人和保险人的权利义务,尽管保险合同采取格式合同形式,但并非标准化的权利凭证。保险的合同权利义务需要投保人和保险人协商确定,尤其是合同上的义务需要合同相对方的履行来实现,否则合同上的权利无法实现。这种权利义务是差异化的,如可能因保险标的的不同危险状态而收取不同的保险费,使保险合同的权利义务无法以一种标准化的模式向社会公众转让,故保险交易一般需要采取“一对一”的交易模式。

此外,保险产品的流通性也受到产品本身因素的限制。譬如,人身保险通常具有长期性,可能长达 10 年、15 年,甚至是终身的。虽然投保人享有任意解除权,但提前解除合同,保单的现金价值(折现价值)通常不会很高。同时,立法对保险合同的转让也存在一定限制。[1] 譬如,《保险法》第 34 条规定,以死亡为给付保险金条件的合同所签发的保险单,未经被保险人书面同意,不得转让或者质押。与此不同的是,在证券交易中,投资者虽无对发行人的任意解除权,如投资者在认购股份时,成为公司股东后,通常不能请求公司或发行人将其所投资本返还,但投资者可以向第三人转让股份,从而达到收回资金的目的。[2] 而投资者能够顺利向第三人转让其证券,相互买卖,即证券的流通性,则有赖公开透明的市场,实现资金的有效配置。

上述交易模式的差异,《证券法》和《保险法》于交易层面对产品购买者提出不同的保护方法。《证券法》并没有对交易合同的内容进行过多介入,其规范理念仍是信息的“公开”的理念,围绕信息披露制度而展开。[3] 投资

---

〔1〕 美国法上,财产保险保单转让需要具备两项条件:其一,受让人必须对承保财产具有保险利益;其二,需要征得保险人同意。人身保险的转让,如果保单持有人是以自己为被保险人,转让不受限制,如果是以他人为被保险人,则只能转让给对被保险人享有保险利益的人。参见[美]小罗伯特·H. 杰瑞、[美]道格拉斯·R. 里士满:《美国保险法精解》,李之彦译,北京大学出版社 2009 年版,第 184~185 页。

〔2〕 当然,在某些情形下,可以请求公司回购。

〔3〕 信息的公开不等同于信息披露制度,信息披露制度只是公开的具体内容。

者依赖信息而决策证券的购买,因而对投资的目标企业相关信息特别关心,所以,发行人必须全面披露与证券价值有关的重要信息,而且,这种信息披露的主体并不限于发行人,发行人的董事、高管、证券交易所、证券服务机构、监管者等主体都是信息披露义务的承担者;[1]同时,明确证券典型的违法行为,并严厉打击。因为《证券法》基于证券对信息的敏感性特点,具有明显的投机性和风险性,且容易受供求关系影响,容易诱发各种证券违法行为,故立法禁止投资人从事内幕交易,发行人虚假披露等违法行为,否则将承担严厉的法律责任。因此,《证券法》构建严格的信息披露规制,其目的是确保投资人投资决策能够建立在充分信息基础之上,实现公平交易。虽然《证券法》有对部分弱势投资者的倾斜保护规则,但这并非《证券法》的主要理念。此外,为了增强证券的流通性,在证券交易行为效力的认定上,实施严格的外观主义,几乎不会考量投资者的真实意思表示。

在保险交易中,投保人的告知义务和保险人的说明义务亦是信息披露的一种方式,但这种义务并非保险规则的主要内容或交易规则的原理。在保险"一对一"的交易模式下,基于保险人的强势地位,《保险法》秉承了对投保人、被保险人、受益人倾斜保护的理念,且权义规则是以"被保险人权利本位"为中心而展开的,体现一种"父爱主义精神"。[2] 这主要表现对保险合同上一系列的配套机制,防止保险人对投保人的欺压。其一,对合同条款的设置实行审批制。《保险法》第 135 条规定,对于关系社会公众利益的保险险种、依法实行强制保险的险种和新开发的人寿保险险种等的保险条款和保险费率,应报国家金融监督管理总局(原银保监会)批准。其二,对于格式

---

[1] 当投资者收购上市公司时,其也需要承担信息披露义务。譬如,《证券法》第五章"信息披露"中就包含了诸多投资人的信息披露义务。

[2] 美国法亦是如此。州级保险监管和联邦证券监管在技术和理念上存在基本差异。保险监管是家长式的、秘密的(原文为:There are basic differences in techniques and philosophies between state insurance regulation and federal securities regulation. Insurance regulation is paternalistic and secretive)。See Tamar Frankel, *Regulation of Variable Life Insurance*, 48 Notre Dame Law 1017, 1082 (1973).

条款,《保险法》第 17 条也明确了保险人的提示义务,否则该条款不产生效力。其三,规定某些格式条款无效的法定情形。如《保险法》第 19 条规定"免除保险人依法应承担的义务或者加重投保人、被保险人责任的"和"排除投保人、被保险人或者受益人依法享有的权利的"两种合同条款无效。其四,对于合同存疑时,作出不利于保险人的解释。《保险法》第 30 条规定,对合同条款有两种以上解释的,人民法院或者仲裁机构应当作出有利于被保险人和受益人的解释。此外,限制保险人合同解除权,约束保险人的抗辩权,明确保险人理赔的程序和实现等都是反映立法对被保险人弱势地位的保护。[1] 因此,《保险法》贯彻投保人处于合同弱势地位的立法倾斜保护理念。[2] 这与《证券法》以信息披露(disclosure)为规范理念存在明显差异。

就监管层面而言,《证券法》和《保险法》都是通过政府的干预来实现公权的监督和管理。[3] 对于产品购买者保护的监管,法律都设立了特别保护的基金,如《证券法》第 126 条的"证券投资者保护基金"[4] 和《保险法》第 100 条的"保险保障基金"[5]。但在以公权监管来保护产品购买者的实现方式上,仍有不同的方法。申言之,基于保险经营的主要特点在于其资产负债性、功能保障性、参与主体广泛性,《保险法》在监管层面遵循的是强化保险

〔1〕 参见吴定富主编:《〈中华人民共和国保险法〉释义》,中国财政经济出版社 2009 年版,第 2 页。

〔2〕 美国法中,对于普通合同法中,帮助信息弱势群体一向都是令人信服的主题和理由。尤其是在保险业里更显必要,因为被保险人的力量太过于弱小。参见[美]小罗伯特 · H. 杰瑞、[美]道格拉斯 · R. 里士满:《美国保险法精解》,李之彦译,北京大学出版社 2009 年版,第 2 页。

〔3〕 政府干预的必要性在于防止市场的过度竞争、不对称的客观现象、当事人之间不平等的议价能力、维护公共利益等。参见[美]小罗伯特 · H. 杰瑞、[美]道格拉斯 · R. 里士满:《美国保险法精解》,李之彦译,北京大学出版社 2009 年版,第 1 ~3 页。

〔4〕 《证券法》第 126 条规定:"国家设立证券投资者保护基金。证券投资者保护基金由证券公司缴纳的资金及其他依法筹集的资金组成,其规模以及筹集、管理和使用的具体办法由国务院规定。"

〔5〕 《保险法》第 100 条规定:"保险公司应当缴纳保险保障基金。保险保障基金应当集中管理,并在下列情形下统筹使用:(一)在保险公司被撤销或者被宣告破产时,向投保人、被保险人或者受益人提供救济;(二)在保险公司被撤销或者被宣告破产时,向依法接受其人寿保险合同的保险公司提供救济;(三)国务院规定的其他情形。保险保障基金筹集、管理和使用的具体办法,由国务院制定。"

公司的偿付能力,用充足的资本防范负债风险,从而达到保护投保人、被保险人、受益人权益。[1] 也就是说,投保人先交纳保费,获得保险人在未来于约定保险事故发生时的保险金给付承诺,这中间存在严重的合同当事人给付义务的时间差。为了使投保人的权益保护不落空,《保险法》以偿付能力作为保险人的监管核心。所以,在风险承担上,投保人无须承担保险人一般的投资风险,只是在理论上仍可能承担保险人破产的风险。即如果保险人发生破产情形,投保人可能无法获得保险人在合同签订时承诺的保险金给付。其实,即使保险人破产,《保险法》第 92 条也规定了接管等措施来维护投保人的利益。[2] 与此不同,在证券法律关系中,投资人承担的法律风险不仅是其投入的资金风险,还可能承担所投资的目标公司或证券公司的破产风险。[3] 《证券法》对投资者保护坚持的监管原理为"公开",[4] 以法定义务的方式要求发行人在证券发行前,以及发行后进行一系列的信息披露,其主要目的在于确保投资者的知情权,解决信息不对称,使其自行识别投资风

---

〔1〕 换言之,保险监管的主要目的是确保保险公司财务状况的完整性(原文为:The main purpose of insurance regulation is to insure integrity of the financial condition of insurance companies)。See Tamar Frankel, *Regulation of Variable Life Insurance*, 48 Notre Dame Law 1017, 1082 (1973).

〔2〕 《保险法》第 92 条规定,经营有人寿保险业务的保险公司被依法撤销或者被依法宣告破产的,其持有的人寿保险合同及责任准备金,必须转让给其他经营有人寿保险业务的保险公司;不能同其他保险公司达成转让协议的,由国务院保险监督管理机构指定经营有人寿保险业务的保险公司接受转让。转让或者由国务院保险监督管理机构指定接受转让前款规定的人寿保险合同及责任准备金的,应当维护被保险人、受益人的合法权益。

〔3〕 在国外,保险公司可能常出现破产,但在我国的金融机构中,目前没有保险公司破产的,只有一家银行破产,即海南发展银行;但有许多证券公司破产,如鞍山证券、大连证券、富友证券、佳木斯证券等证券公司。

〔4〕 需注意的是,证券法以信息披露为核心构建规则体系,并非意味着保险法上没有信息披露制度。事实上,保险法也强调保险公司需要向投保人披露信息,以便投保人发现更多更适合的保险产品。譬如,在美国法上,美国大部分州的保险监管局都设有公众信息处,专门致力于向公众发布信息。参见[美]小罗伯特 · H. 杰瑞、[美]道格拉斯 · R. 里士满:《美国保险法精解》,李之彦译,北京大学出版社 2009 年版,第 2 页。

险,投资决策建立在充分的信息基础之上,使其能更公平地自担风险。[1]

(二)私法救济规则的差异

“无救济则无权利”是古老的法谚。《保险法》第七章专章规定法律责任,第175条概括性地规定了民事责任,即“违反本法规定,给他人造成损害的,依法承担民事责任”,第179条规定“违反本法规定,构成犯罪的,依法追究刑事责任”;《证券法》亦是如此,该法第十三章规定的法律责任中,除第219条概括性地规定刑事责任、第220条规定民事责任外,其他条款均为行政责任及其处罚规定。因此,我国《保险法》与《证券法》都以民事责任、行政责任和刑事责任构成法律责任体系,而且都是以行政责任为主的法律责任体系。[2] 同时,在这种法律责任体系中,尽管法律规定以行政责任为主,但《证券法》第220条确立了民事责任优先的原则。[3]

尽管《证券法》法律责任章节中对民事责任规定笼统,但也有部分涉及民事责任的条文散落在《证券法》其他章节,如第六章“投资者保护”中确立了集团诉讼。结合这些条文,分析《保险法》和《证券法》下产品购买者在私法救济方式上,存在不同。

《保险法》上的民事责任是保险合同当事人不履行其民事法律义务而承担的法律后果,主要有如下民事责任:其一,缔约过失责任。在保险合同订立前,投保人违反告知义务和保险人违反说明义务。其二,违约责任。《保险法》上的违约责任主要是指合同当事人违反保险合同内容的行为所承担

---

〔1〕 美国法亦是如此,证券监管将评估和投资决定权完全交给了消费者,并试图为其争取充分的信息(原文为:securities regulation places the evaluation and investment decision squarely on the consumer and attempts to secure for him adequate information)。See Tamar Frankel, *Regulation of Variable Life Insurance*, 48 Notre Dame Law 1017, 1082 (1973).

〔2〕 民事责任和刑事责任规定原则化,而在行政责任上,《保险法》《证券法》对不同情形作出了详细的规定。譬如,《保险法》(2015年修正)第175条规定:“违反本法规定,给他人造成损害的,依法承担民事责任。”

〔3〕 《证券法》第220条规定:“违反本法规定,应当承担民事赔偿责任和缴纳罚款、罚金、违法所得,违法行为人的财产不足以支付的,优先用于承担民事赔偿责任。”

的责任。譬如,《保险法》第23条规定,保险人未及时履行保险金给付义务,除支付保险金外,还应当赔偿被保险人或者受益人因此受到的损失;第27条规定,投保人、被保险人故意制造保险事故的,保险人有权解除合同,不承担赔偿或者给付保险金的责任。其三,不当得利返还责任。《保险法》第27条规定,投保人、被保险人或者受益人存在故意制造保险事故等保险欺诈行为,致使保险人支付保险金或者支出费用的,应当退回或者赔偿。其四,侵权责任。该责任主要是民事主体基于自己的过错,给他人的人身或财产造成损害而承担的责任。譬如,《保险法》第128条规定,保险经纪人因过错给投保人、被保险人造成损失的,依法承担赔偿责任。

上述保险民事责任的举证一般遵循"谁主张,谁举证"的规则。譬如,《保险法》第16条规定,投保人违反如实告知义务时,需要区分投保人主观归责的故意或重大过失,并由保险人承担举证责任。最高人民法院在《关于适用〈中华人民共和国保险法〉若干问题的解释(二)》(法释〔2020〕18号,以下简称《保险法司法解释(二)》)第6条进一步明确,"投保人的告知义务限于保险人询问的范围和内容。当事人对询问范围及内容有争议的,保险人负举证责任"。不过,也有部分情形实行举证责任倒置。譬如,为了降低投保人的举证负担,对保险人说明义务的履行举证,则是不需要依据"谁主张、谁举证"。因为《保险法司法解释(二)》第13条规定,保险人对其履行了明确说明义务负举证责任。〔1〕

《保险法》中"保险合同"一章主要内容为规范合同当事人的权利义务,请求权基础主要基于保险合同,故保险民事责任主要表现为合同责任。但

〔1〕《保险法司法解释(二)》第13条第2款规定:"保险人对其履行了明确说明义务负举证责任。投保人对保险人履行了符合本解释第十一条第二款要求的明确说明义务在相关文书上签字、盖章或者以其他形式予以确认的,应当认定保险人履行了该项义务。但另有证据证明保险人未履行明确说明义务的除外。"

是,《证券法》上的民事责任主要表现为一种侵权责任。[1] 因为在“多对多”交易模式下,《证券法》上的义务表现为普遍性的遵循要求,这种义务并非基于合同的约定,而是《证券法》所作出的法定要求,若违反,侵犯的是不特定的多数投资者的权利或损害公共利益,请求权规范基础主要为《证券法》。

同时,《证券法》上民事救济规则也比《保险法》更为复杂,通常采取“代表人诉讼”(2020 年 3 月前)或“集团诉讼”(2020 年 3 月始)。[2] 因为在证券民事诉讼中,受害投资者众多,且分布广泛;更重要的是,在证券交易非面对面交易中,诸多交易规则与合同的一般规则存在差异,如几乎没有合同交易的磋商空间,为“要么选择,要么离开”的购买选择;证券法一般没有返还财产的救济措施,而是着重损害赔偿的救济。因此,《证券法》上的民事救济呈现一定的特殊性和复杂性特征。譬如,区分不同责任主体的主观过错[3]

---

[1] 证券法中的民事责任主要是侵权责任,因为违反的多为《证券法》上的法定义务。目前司法解释亦是明确定性为侵权责任。譬如,“信息披露义务人在证券交易场所发行、交易证券过程中实施虚假陈述引发的侵权民事赔偿案件,适用本规定”。参见最高人民法院《关于审理证券市场虚假陈述侵权民事赔偿案件的若干规定》(法释〔2022〕2 号)第 1 条。

[2] 《证券法》第 95 条规定:“投资者提起虚假陈述等证券民事赔偿诉讼时,诉讼标的是同一种类,且当事人一方人数众多的,可以依法推选代表人进行诉讼。对按照前款规定提起的诉讼,可能存在有相同诉讼请求的其他众多投资者的,人民法院可以发出公告,说明该诉讼请求的案件情况,通知投资者在一定期间向人民法院登记。人民法院作出的判决、裁定,对参加登记的投资者发生效力。投资者保护机构受五十名以上投资者委托,可以作为代表人参加诉讼,并为经证券登记结算机构确认的权利人依照前款规定向人民法院登记,但投资者明确表示不愿意参加该诉讼的除外。”

[3] 《证券法》第 85 条规定:“信息披露义务人未按照规定披露信息,或者公告的证券发行文件、定期报告、临时报告及其他信息披露资料存在虚假记载、误导性陈述或者重大遗漏,致使投资者在证券交易中遭受损失的,信息披露义务人应当承担赔偿责任;发行人的控股股东、实际控制人、董事、监事、高级管理人员和其他直接责任人员以及保荐人、承销的证券公司及其直接责任人员,应当与发行人承担连带赔偿责任,但是能够证明自己没有过错的除外。”

及其免责事由[1]、违法行为与损害后果之间采取推定的因果关系。[2]

上述所呈现的我国对金融产品的法律规则,尽管都存在采取严格市场准入制度等共同特征,但又基于不同的融资模式产生不同的规范逻辑和规则设置。保险的规范方式主要是以强化保险人的偿付能力为核心,贯彻投保人作为一种合同弱势群体的立法倾斜保护理念;而证券法主要是贯彻公开的哲学,禁止欺诈,防范利益冲突等规范方法,故也为保险或证券产品的购买者提供不同的保护方式和救济规则。[3] 据此,如果某种金融产品被界定为保险或证券等不同的金融属性,则其规则适用应遵循既定的金融规范逻辑。这对于功能单一、确定的金融产品,如传统寿险、股票等金融产品的法律适用在现有法律体系下,并不存在多大争议。但是,在"分业经营、分业管理"的原则下,若某种金融产品具有多种法律属性,则其法律适用是存在争议和困境的。投连险便是如此。

---

[1] 譬如,最高人民法院《关于审理证券市场虚假陈述侵权民事赔偿案件的若干规定》(法释〔2022〕2 号)第 16 条规定:"独立董事能够证明下列情形之一的,人民法院应当认定其没有过错:(一)在签署相关信息披露文件之前,对不属于自身专业领域的相关具体问题,借助会计、法律等专门职业的帮助仍然未能发现问题的;(二)在揭露日或更正日之前,发现虚假陈述后及时向发行人提出异议并监督整改或者向证券交易场所、监管部门书面报告的;(三)在独立意见中对虚假陈述事项发表保留意见、反对意见或者无法表示意见并说明具体理由的,但在审议、审核相关文件时投赞成票的除外;(四)因发行人拒绝、阻碍其履行职责,导致无法对相关信息披露文件是否存在虚假陈述作出判断,并及时向证券交易场所、监管部门书面报告的;(五)能够证明勤勉尽责的其他情形。独立董事提交证据证明其在履职期间能够按照法律、监管部门制定的规章和规范性文件以及公司章程的要求履行职责的,或者在虚假陈述被揭露后及时督促发行人整改且效果较为明显的,人民法院可以结合案件事实综合判断其过错情况"。

[2] 最高人民法院《关于审理证券市场虚假陈述侵权民事赔偿案件的若干规定》(法释〔2022〕2 号)第 11 条规定:"原告能够证明下列情形的,人民法院应当认定原告的投资决定与虚假陈述之间的交易因果关系成立:(一)信息披露义务人实施了虚假陈述;(二)原告交易的是与虚假陈述直接关联的证券;(三)原告在虚假陈述实施日之后、揭露日或更正日之前实施了相应的交易行为,即在诱多型虚假陈述中买入了相关证券,或者在诱空型虚假陈述中卖出了相关证券。"

[3] 证券法采取了披露的方法,这使它并不适用于传统的保险(原文为:The securities acts, using the device of disclosure, were not applied to traditional insurance)。See Tamar Frankel, *Variable Annuities, Variable Insurance and Separate Accounts*, 51 Boston University Law Review 177, 212 (1971).

第三节　投连险交易规则的适用现状及其评析

原保监会将投连险界定为保险，且限于《保险法》和相应监管规则的适用。本节内容主要是针对投连险主要的交易规则适用进行评析。

一、《保险法》第 2 条：保险保障与投资风险承担

（一）投连险投资功能及其投资风险的不可保性

投连险被界定为保险产品，保险保障是其必备要素，无疑适用《保险法》的规则。譬如，就保险利益原则而言，由于投连险一般是以被保险人的寿命和身体为保险标的，故投保人如购买该险种，必须对被保险人享有人身保险利益，解决其为被保险人的投保资格问题。[1] 我国《保险法》第 12 条、第 31 条明确保险利益原则及投保人具有保险利益的类型。也就是说，投连险投保人对被保险人的关系须符合《保险法》所列举的类型，否则其无法购买投连险。不过，尽管投连险具有风险保障的因素，其适用《保险法》本身没有争议。但是，投连险存在明显异于传统寿险的特征，故在具体法律条文的适用上存在诸多不吻合。首要问题是，投连险并不完全契合现行《保险法》第 2 条的“保险”内涵和范畴。因为投连险具备的投资特点超出了传统寿险的功能。需明确的是，就“投资”概念本身而言，其具有广义和狭义两层含义，任何为获取收益的资金投入安排都可以称为广义上的投资。[2]

从传统寿险本身来看，就具有一定的投资性质，如现金价值、固定给付、

---

〔1〕 该原则目的在于防范道德风险，以防投保人为了谋求保险金而迫害被保险人的生命、身体；人身保险利益是一种带有明显传统伦理特征，并具有人身依附属性（如血缘）的利害关系。参见李游：《人身保险利益的内涵界定与制度定位——基于 296 份司法判决书的分析》，载《政治与法律》2017 年第 6 期。

〔2〕 See Tamar Frankel, *Variable Annuities, Variable Insurance and Separate Accounts*, 51 Boston University Law Review 177, 196 (1971).

储蓄功能等合同条款反映传统寿险具有广义投资性质的一面。[1] 但是,狭义上的投资为权益投资(equity investment),投资者承担投资风险和分享收益。[2] 我国现行《证券法》等法律中的"投资"主要针对的是狭义上的"投资"。由于传统寿险中投保人不承担保险人的投资风险,故不属于狭义"投资"的范畴。投连险不完全契合《保险法》"保险"内涵,主要表现如下两方面。

其一,投连险的功能范畴并不限于保险保障。《保险法》第2条对保险作出明确的界定。[3] 依据该条规定,投保人以保险为对价,获得保险人于约定保险事故给付保险金的承诺,以此达到风险转移、保障的效果。这种界定是人们对保险的一种普遍共识,理论上对于保险的理解,也多有参照该条文的界定。譬如,有学者在其保险法著作中直接引用[4]或者间接借鉴[5]我国《保险法》对保险的定义,又或者基于保险为合同行为,进一步强调了保险

[1] 这些条款性质不视为狭义上的投资行为,其原因在于这些条款本身作为人寿保险的一部分,是建立在死亡风险池以及大数法则等数理技术基础之上的。

[2] See Tamar Frankel, *Variable Annuities, Variable Insurance and Separate Accounts*, 51 Boston University Law Review 177, 196 (1971).

[3] 《保险法》第2条规定:"本法所称保险,是指投保人根据合同约定,向保险人支付保险费,保险人对于合同约定的可能发生的事故因其发生所造成的财产损失承担赔偿保险金责任,或者当被保险人死亡、伤残、疾病或者达到合同约定的年龄、期限等条件时承担给付保险金责任的商业保险行为。"

[4] 未直接界定保险,直接引用《保险法》对保险的界定。如贾林青:《保险法》,中国人民大学出版社2014年版,第3页;王雨静主编:《保险法基础与实务》,中国政法大学出版社2014年版,第2页;柳经纬主编:《保险法》,厦门大学出版社2010年版,第3页。

[5] 虽然未直接照搬《保险法》对保险的界定,但从表述上来看,都是强调的保险的合同行为,与《保险法》的定义无异。例如,"保险是指一方当事人依据合同约定向另一方当事人支付费用,另一方当事人对于合同约定的可能发生的事故造成的损失承担赔偿责任,或者当指定的人死亡、伤残、疾病或生存到合同约定的年龄、期限时承担给付责任的行为"。参见邹海林:《保险法教程》,首都经济贸易大学出版社2004年版,第1页。"保险是指投保人根据合同约定,向保险人支付保险费,保险人对于出现的合同约定情事承担给付保险金责任的商业保险行为。"参见王卫国:《保险法》,中国财政经济出版社2009年版,第2页。"保险是根据法律规定或当事人双方的约定,一方以承担支付保险费的义务为代价换取另一方对于对方可能发生的危险提供经济保障的权利的一种契约行为。"参见彭虹、豆景俊主编:《保险法》,中山大学出版社2003年版,第2页。

“互助共济”作用或分散风险的特征。[1] 可见,当下对保险的认识,尽管存在对保险概念表述上的差异,但并未有实质分歧。即以《保险法》第 2 条为基础,认为保险为一种合同法律行为,并且在功能上具有分散风险、经济保障的作用。对于投连险而言,其“提供死亡或生存保险保障”,在产品功能上无疑也具有一定的经济保障的作用。但是,投连险并非单一的保险保障的产品。尤其是,实践中投连险产品往往偏重投资理财的设计,其最终保险金的给付金额取决于投资账户上的投资表现,并承担了投资账户上全部的投资风险,事实上已经难以契合《保险法》第 2 条对保险风险保障的要求。

其二,投连险中的投资风险通常被认为是一种不可保风险。无风险则无保险,客观风险的存在是保险制度产生的客观基础。[2] 投连险的“投资风险”亦是一种风险,是否可以纳入《保险法》第 2 条的可保风险范畴,达到风险保障目标呢?《保险法》第 2 条并未明确何种风险才是可保风险,并未解决风险与保险的实质关系,未明确究竟什么样的风险才需要保险制度来提供保障。换言之,如果投连险的投资风险亦是属于保险的可保风险范畴,则该险也在保险的保障功能范畴之内,并未偏离《保险法》第 2 条对保险的界定。

---

〔1〕 如有学者认为,保险的概念应从两方面来分析:第一,从社会角度来看,保险是分散危险、消化损失的一种经济制度。第二,从法律角度来看,保险是一种契约或是因契约而产生的权利义务关系,并认为保险必须以特定的危险为对象、必须以多数人的互助共济为基础、必须以对特定事故所致损失进行补偿为目的。参见李玉泉主编:《保险法学案例教程》,知识产权出版社 2005 年版,第 1 ~2 页;李玉泉主编:《保险法学——理论与实务》,高等教育出版社 2007 年版,第 5 页。保险是通过集中危险和分散危险而实现经济补偿的商业行为。参见黎建飞:《保险法新论》(第 2 版),北京大学出版社 2014 年版,第 8 页。保险是受同类危险威胁的成员为分散危险而通过双务有偿合同组成共同团体,在危险发生受有损失或符合给付条件时,有权向保险人请求给付的危险处理方式,在微观上体现为保险合同,在宏观上表现为一种经济安全制度。参见高宇:《中国保险法》,高等教育出版社 2015 年版,第 9 页。

〔2〕 风险事故(peril)是损失发生的原因,危险因素(hazard)是引起或增加危险事故发生的事项,尽管二者都包含风险因素,但风险是一个更为宽泛的概念。See Erik Banks, *Alternative Risk Transfer: Integrated Risk Management through Insurance, Reinsurance, and the Capital Markets*, John Wiley & Sons, Ltd,2013, p. 3.

目前,对于风险的处理主要有回避、控制、自留、中和、转移等多种方式。[1] 危险喜好和危险漠然的人通常会选择风险自留;危险厌恶的人则通常会选择危险回避和危险转移。[2] 理性的投保人是风险厌恶的决策者,追求期望效用最大化,因而愿意支付超过期望损失的保费获得保险保障。[3] 随着社会的发展,保险制度成为风险承担的一种方式,但并非所有风险都能成为保险制度中的可保风险。保险中的风险往往仅局限于纯粹风险;[4] 同时,还要具备风险的不确定性、同质性、未来性等特征。[5] 尤其是,这种风险是客观存在、基于有一定的发生概率而可以测定的。[6] 因为对于可保风险的测定主要是基于保险制度对数理统计方法的运用,从而实现风险分担目的,即数理统计的三大来源为概率论、推测理论和大数定理。[7] 但是,投资风险作为投机性风险,通常被认为是不可保风险。其投机之所以被认为是不可保风险,[8] 是因为在技术上评估投机性风险的未来损失是困难的,而保

---

〔1〕 参见张洪涛、郑功成主编:《保险学》,中国人民大学出版社 2000 年版,第 18 ~ 20 页。

〔2〕 参见韩长印、韩永强编著:《保险法新论》,中国政法大学出版社 2010 年版,第 3 页。

〔3〕 参见张庆洪、葛良骥、凌春海:《巨灾保险市场失灵原因及巨灾的公共管理模式分析》,载《保险研究》2008 年第 5 期。

〔4〕 根据风险的发生是否有损失发生的可能性及有无获利的机会区分纯粹风险与投机风险。See Erik Banks, *Alternative Risk Transfer: Integrated Risk Management through Insurance, Reinsurance, and the Capital Markets*, John Wiley & Sons, Ltd., 2013, p. 4.

〔5〕 对于这些可保风险的特征,存在不同的归纳。有的学者认为需具备不确定性、偶然性或意外性(交通事故、两年后自杀)、未来性、同质性等条件。参见谢家智、陈利:《我国巨灾风险可保性的理性思考》,载《保险研究》2011 年第 11 期;韩长印、韩永强编著:《保险法新论》,中国政法大学出版社 2010 年版,第 7 ~ 8 页。也有的学者认为危险须具备"不确定性、偶然、可能、将来、能测定、范围经约定、适法"七要件。参见梁宇贤:《保险法新论》,中国人民大学出版社 2004 年版,第 17 ~ 18 页。也有学者指出,风险的显著性特征在于其不确定性,即损害发生的可能性与不确定性。See John Haynes, *Risk as an Economic Factor*, 9 The Quarterly Journal of Economics 409, 409 (1895).

〔6〕 参见王国军:《保险经济学》,北京大学出版社 2014 年版,第 20 页。

〔7〕 参见霍萨克、波拉德、策恩维茨:《非寿险精算基础》,王育宪、孟兴国等译,中国金融出版社 1992 年版,第 349 页。

〔8〕 See Erik Banks, *Alternative Risk Transfer: Integrated Risk Management through Insurance, Reinsurance, and the Capital Markets*, John Wiley & Sons, Ltd., 2013, p. 4.

险原理大数法则在纯风险上的运用比投机风险更容易。[1] 在投连险中，投资账户上的投资收益并不确定，无法基于数理技术来测定，故投资账户上的投资风险并不属于可保风险范围，也难以包含在《保险法》第 2 条对保险界定的范畴之内。

（二）投资账户的规范适用及其分析

由于投连险并不完全符合《保险法》的“保险”定义，该险存在事实层面与司法适用层面的偏差，造成“买者自负”的不合理适用。

前已述及，保险是作为一种间接融资的规范逻辑，由保险人承担投资风险，即“卖者自负”，而证券作为一种直接融资，则是投资人承担投资风险，即“买者自负”（caveat emptor），[2]强调买者在商品交易中应当谨慎，否则交易标的的商品质量等风险和责任由自己承担。譬如，《证券法》第 25 条规定股票投资风险自行负责。[3] 虽然该条以股票作为调整对象，但在司法实践中却不限于股票，也包括对其他金融商品的普遍适用。以金融理财合同纠纷为例，司法上常以“买者自负”作为投资风险分配和责任承担的依据，驳回购买者的诉讼请求。譬如，不少法院认为，“应当对自己所签订的一系列文件予以极大的关注，充分了解自己所购买理财产品的内容、投资风险、收益率、赎回及到期投资等重要事项”。[4] “在签署协议时理应明知涉案理财产品存在风险的可能，且预期收益并不等于实际收益或保证收益。”[5]

---

[1] See George E. Rejda & Michael J. McNamara, *Principles of Risk Management and Insurance*, Pearson Education, Inc., 2014, p. 5.

[2] 也称“买者留心”（let the buyer beware）。

[3] “股票依法发行后，发行人经营与收益的变化，由发行人自行负责；由此变化引致的投资风险，由投资者自行负责。”参见《证券法》第 25 条。该原则也反映在一些部门规章和市场自律规范中，如《首次公开发行股票并上市管理办法》（2022 年修正）第 7 条。证监会对发行人首次公开发行股票的核准，不表明其对该股票的投资价值或者投资者的收益作出实质性判断或者保证。股票依法发行后，因发行人经营与收益的变化引致的投资风险，由投资者自行负责。

[4] 林某某与渣打银行（中国）有限公司等委托理财合同纠纷上诉案，上海市第一中级人民法院民事判决书（2009）沪一中民三（商）终字第 569 号。

[5] 庞某某与华夏银行股份有限公司上海长宁支行等委托理财合同纠纷上诉案，上海市第一中级人民法院民事判决书（2010）沪一中民六（商）终字第 24 号。

尽管投连险被原保监会界定为保险,但该险在事实层面具有的投资属性则是客观存在的。所以,在司法层面上,不少法院在投连险相关纠纷中,采纳“买者自负”规则。譬如,在“龚某某与中国工商银行股份有限公司上海市张江支行财产损害赔偿纠纷上诉案”中,上诉人主张,在银行工作人员保证收益的承诺下,购买了“生命智赢天下终身型投资连结保险”,要求被上诉人承担其购买系争投连险的损失;被上诉人辩称,上诉人购买系争产品是自愿的行为。法院最终判定,上诉人所主张,被上诉人工商银行在代理产品销售过程中存在过错,缺乏证据证明,相应的投资风险应当自行承担。并且,对于产品说明书内容中,“实际收益有可能出现负值”等合同条款,上诉人作为完全民事行为能力人,应当知晓签名的意义及重要性。[1] 该案并未明确引用“买者自负”术语,但法院裁判背后的法理依据仍是“买者自负”。再如,有法院“对于所投的分红保险、万能保险和投资连结保险产品,本人已阅读保险条款,人身保险投保提示和产品说明书,了解本产品的特点和保单利益的不确定性,愿意承担相关风险”持肯定态度,其背后亦都是反映投资的“买者自负”原则。[2]

由于投连险本身的设计,投保人承担投资账户上的投资风险,故司法上对投连险适用“买者自负”,本无可厚非。因为“买者自负”作为一项市场经济下的风险分配原则,是一个理性的经济人对自己投资行为的风险承担。证券投资必然伴随着风险,收益是风险的补偿,而风险则是收益的代价。[3] 然而,当下投连险的司法实践中倾向强调“买者自负”作为投保人对投资风险承担的归责事由,而忽视该项原则的适用条件。

有学者指出,“买者自负”的前提在于信息的对称性、投资者适当性、监

---

〔1〕 参见龚某某与中国工商银行股份有限公司上海市张江支行财产损害赔偿纠纷上诉案,上海市第一中级人民法院民事判决书(2017)沪01民终1910号。

〔2〕 参见麦某某与中国人民人寿保险股份有限公司广东省分公司保险合同纠纷上诉案,广东省广州市中级人民法院民事判决书(2017)粤01民终8898号。

〔3〕 参见陈洁:《投资者到金融消费者的角色嬗变》,载《法学研究》2011年第5期。

管的正当性。[1] 但是,这些前提条件对于投连险而言,是值得进一步商榷的。首先,证券投资的规范主要采取信息披露制度来降低交易中信息不对称,但目前投连险无法适用证券法,其在基本法层面依赖保险人的说明义务,信息供给上存在不足。其次,投连险中投资账户采取信托结构,[2]规避了自然人100万元的信托投资门槛,[3]与诸多投保人自身投资风险承担能力不匹配。最后,我国传统金融监管体制容易固化监管者与被监管者之间的领域,使投资账户常游走于法律监管的真空地带。[4] 可见,投连险司法中存在不合理适用"买者自负"的倾向,由此也反映出,需要重视投连险投资权益的保护。[5]

二、《保险法》第5条、第16条:诚实信用原则与告知义务的履行

我国1995年《保险法》第4条规定"遵循自愿和诚实信用的原则",在2002年修改《保险法》中将该条的诚实守信原则分离,增加条文专门规定该原则(第5条),"保险活动当事人行使权利、履行义务应当遵循诚实信用原

---

〔1〕 参见徐明、卢文道:《证券交易"买者自负"原则的司法适用及法制化初探》,载《证券法苑》2011年第1期。

〔2〕 如"泰康e理财投资连结保险产品说明书""光大永明金保来A投资连结保险说明书"。

〔3〕 参见《信托公司集合资金信托计划管理办法》(银监会2009年第1号)第6条。合格投资者,是指符合下列条件之一,能够识别、判断和承担信托计划相应风险的人:(1)投资一个信托计划的最低金额不少于100万元人民币的自然人、法人或者依法成立的其他组织;(2)个人或家庭金融资产总计在其认购时超过100万元人民币,且能提供相关财产证明的自然人;(3)个人收入在最近3年内每年收入超过20万元人民币或者夫妻双方合计收入在最近3年内每年收入超过30万元人民币,且能提供相关收入证明的自然人。

〔4〕 这不仅限于投连险,万能险亦是如此。近年来,万能险在资本市场掀起的轩然大波就是其中写照。

〔5〕 与保险的购买者不同,共同基金的投资者本质上是在为了获取投资咨询服务和投资多元化的优势而签订合同(原文为:Unlike buyers of insurance, investors in mutual funds are essentially contracting for investment advisory services and the advantages of diversified investments)。See Tamar Frankel, *Regulation of Variable Life Insurance*, 48 Notre Dame Law 1017, 1082 (1973).

则”,以此强调诚实守信于保险活动中的角色和地位。[1] 与民法上诚实守信原则稍有不同的是,保险法上的诚实信用在学理上往往被称为“最大诚信原则”。[2]

在诚实守信适用主体上,该原则并不限于保险合同当事人、关系人,尤其是,还对保险代理人等人员也提出禁止欺诈销售的要求。譬如,《保险法》第131条规定保险代理人、保险经纪人及其从业人员在办理保险业务活动中的禁止行为,其中包括欺骗保险人、投保人、被保险人或者受益人,隐瞒与保险合同有关的重要情况等情形。实践中,保险代理人销售是保险产品销售的主要渠道,[3]截至2016年年底,整个保险业营销员达657.28万人。[4] 但是,我国保险营销员制度不规范。不少保险代理人不完全履行说明义务,通

---

〔1〕 一般认为,保险法中的最大诚信原则(utmost good faith)最早追溯到英国1766年卡特诉鲍曼案(Carter v. Boehm),该案大法官曼斯菲尔德(Mansfield)认为:“保险是基于一项投机的合同。依靠计算事故概率的特殊事实于通常情况下仅为被保险人知悉。承保人相信他的陈述,同时其收益也使其相信被保险人不会隐瞒事实,相信被保险人误导情况不存在,不会诱导其评估不存在风险。善意禁止任何一方在隐瞒其只有自己知道事实的情况下使得另一方参与合同,并且其相信的事实是相反的。”See Carter v. Boehm, (1766) 97 Eng. Rep. 1162 (C). 曼斯菲尔德的观点影响深远,英国《1906年海上保险法》(Marine Insurance Act 1906)第17条明文确定了最大诚信原则。即“海上保险合同是基于最大诚信原则的合同,如果任何一方不遵守最大诚信原则,合同可由另一方宣告无效”(A contract of marine insurance is a contract based upon the utmost good faith, and, if the utmost good faith be not observed by either party, the contract may be avoided by the other party)。See Marine Insurance Act 1906, 6 Edw. 7, c. 41, § 17 (Eng.). 该项原则被诸多国家、地区保险法所借鉴。

〔2〕 之所以在保险法中特别倡导该原则,而非遵循一般合同所要求的诚信原则,有学者总结为“保险合同的高度信息不对称、射幸性、格式性以及保险功能的需要”四方面原因。参见任自力:《保险法最大诚信原则之审思》,载《法学家》2010年第3期。也有观点分析强调“最大”是因为当事人的精诚合作是保险关系成立前提,是维系保险业的良好信誉,行使权利履行义务和保险资金运用安全性要求以及保险经营安全等原因。参见孙积禄:《保险法最大诚信原则及其应用》,载《比较法研究》2004年第4期。

〔3〕 1992年,“保险代理人”营销模式在我国得到迅速发展,成为我国寿险业营销的主要渠道。1992年之前,我国的保险营销模式是以保险公司员工直接销售为主的直销模式。参见方有恒:《保险需求特征与保险营销模式演变》,载《经营与管理》2007年第11期;许闲:《保险大国崛起:中国模式》,复旦大学出版社2019年版,第22页。

〔4〕 参见《全国保险业营销员超650万主动离职率高达34.25%》,载网易财经网,http://money.163.com/17/0405/08/CH8CL0MG0025816D.html。

过误导性陈述、不完整陈述甚至虚假宣传诱导客户，[1]由此体现出诚实信用原则对约束保险代理人，以及规范整个保险活动的重要性。

诚实守信原则的内容表现在很多方面，下文主要以告知义务来说明该原则在投连险中的适用。保险合同是一种特殊的法律关系，合同当事人之间存在信息不对称，各有强弱之处。譬如，对于保险标的，投保人所掌握的信息往往要多于保险人，而保险人又依赖合同格式条款，在经济地位、实力等方面又胜于投保人。所以，为了平衡当事人权益，基于诚实信用原则，《保险法》课以投保人的告知义务和保险人的说明义务。[2] 在投连险司法实务中，违反诚实守信原则是诉讼中的主要诉由。譬如，在"赵某与中国平安保险股份有限公司上海分公司人身险营业部人身保险合同保险金纠纷上诉案"，当事人签订"平安世纪理财保险"人身保险合同，诉讼争议点主要在于是否违反说明义务、是否故意不履行如实告知义务。法院明确以诚信原则作为该案的裁判依据，认为诚信原则为保险合同的基本原则，要求保险合同的各方当事人均应遵循此原则，具体反映在保险人的说明义务和投保人的告知义务。[3] 下述内容将分析告知义务在投连险法律适用过程中的困境，主要表现在告知义务的内容及其法律后果。

就告知义务的内容，在最大诚信原则要求下，投保人须向保险人告知所

---

〔1〕关于被保险代理人诱骗的报道不绝于耳，参见《保险代理人携款"人间蒸发"两位受害者的经历令人，同情带来警示》，载新浪新闻网，http://news. sina. com. cn/o/2006 - 04 - 17/09448716237s. shtml;《保险代理人"两头骗"擅改合同条款赚取代理费》，载网易财经网，http://money. 163. com/13/1217/09/9G9M38S70025335M. html#from = relevant#xwwzy_35_bottomnewskwd;《泛鑫事件曝光保险中介"庞氏骗局"》，载搜狐新闻网，http://stock. sohu. com/20130824/n384947543. shtml。

〔2〕在学理上，诚实信用原则还体现在保险人的保险弃权制度和投保人的保证制度。参见邹海林：《保险法学的新发展》，中国社会科学出版社2015年版，第65页。

〔3〕参见赵某与中国平安保险股份有限公司上海分公司人身险营业部人身保险合同保险金纠纷上诉案，上海市第二中级人民法院民事判决书(2003)沪二中民三(商)终字第85号。

有影响风险测定的事实。[1] 我国《保险法》第16条规定,订立保险合同,保险人就保险标的或者被保险人的有关情况提出询问的,投保人应当如实告知。从该条第2款对故意和重大过失认定是未告知"足以影响保险人决定是否同意承保或者提高保险费率的"事项。[2] 可见,我国《保险法》以"有关情况"作为"重要事项"的表述,采纳有限告知而非无限告知的模式。然而,对于有限告知范围限于"影响保险人是否同意承保或者提高保险费率"的"有关情况"的判断是依投保人还是保险人来判断,则是不明确的,也存在争议。《保险法司法解释(二)》第6条对《保险法》第16条第1款告知义务的"有关情况"限定为"保险人询问的范围和内容",[3]这反映出"有关情况"依靠保险询问的范围来确定,即由保险人来判断。但是,原保监会曾表明,即使保险人没有进行明确询问,投保人明知或应当知道某些重要事项涉及保险标的风险,也应进行适当说明或者告知。[4] 在该复函要义下,只要"有关情况"为客观上的重要事项,投保人就应如实告知,否则就违反该义务。

在"周某等诉中国平安人寿保险股份有限公司北京分公司保险合同纠纷案"中,原告周某于2001年以粟某为被保险人、受益人向中国平安寿险公司购买了实际理财投连险,平安寿险同意承保并签发保险单。2005年,被保险人粟某被诊断为小肠坏死后,周某向保险人请求给付保险金,但保险人拒绝承担保险责任,并通知周某解除合同。保险人主张,周某在签订合同后,并未按照约定时间交纳保险费导致合同效力中止,后经周某申请、补交保

---

〔1〕 英国《1906年海上保险法》第18条便是如此,该条规定,在合同订立前,被保险人需向保险人披露(disclosure)他知道的所有重要事实(every material circumstance),并且假定被保险人在普通商业范围内应该知道这些事项,即无限告知模式。但是,现代保险法告知义务范围已从无限告知转向有限告知的模式,只需要向保险人告知重要事项。而所谓重要事项是一切有关影响保险费和保险合同缔结的事项。

〔2〕 参见梁鹏:《保险法上的"重要事实"研究》,载《保险研究》2007年第8期。

〔3〕 "订立保险合同,保险人就保险标的或者被保险人的有关情况提出询问的,投保人应当如实告知。"

〔4〕 参见《中国保险监督管理委员会关于保险合同纠纷案件有关问题的复函》(保监厅函〔2006〕36号)。

费，并经保险人同意，使合同效力得以恢复。但在恢复合同效力过程中，保险人曾对粟某的健康状况进行询问，周某和粟某均在健康告知书中，对“是否有过住院或门诊检查或者手术治疗”等选项填无。后保险人查明，粟某曾在恢复合同效力前，去医院就诊。故保险人以投保人、被保险人未履行如实告知义务而拒绝承担保险责任，并解除合同。法院认定，周某在合同效力恢复的过程中，回答保险人的询问时，没有如实告知粟某的健康状况，该行为足以影响保险公司就是否应当恢复保险合同的效力作出正确的判断，故保险人不承担保险金给付，并有权解除合同。[1]

告知义务的内容应是能够影响到保险人做出承保或者影响保险费调整的重要事项。在该案中，被保险人检查出小肠坏死，是在合同复效后的事情，而其在复效前于医院就诊并未检查。若仅依据健康告知书中对“是否有过住院或门诊检查或者手术治疗”填写无，而认定投保人未履行如实告知义务，进而依《保险法》第16条赋予保险人解除权，对投保人及被保险人过于严苛。并且，这种未履行如实告知义务的法律后果也是不明确的，留下了诸多争议。譬如，若投保人违反如实告知义务，保险人获得解除保险合同并无须返还保险费的权利时，投保人是否仍然可以要求其返还投资账户中的保险费，则需要进一步解释。因为《保险法》规定的合同解除权只是及于保险合同内容，不包括投资部分。若因投保人未尽如实告知义务而导致保险部分内容无效，该事由并不能直接导致投资部分的无效。投资部分的效力的判断则是基于该部分内容成立、变更、生效依附于保险部分的特点而进一步判断。

[1] 参见周某等诉中国平安人寿保险股份有限公司北京分公司保险合同纠纷案，法宝引证码：CLI. C. 876600。

三、《保险法》第 10 条：单一身份与投连险主体的多重角色

(一)投保人、保险人的多重角色与合同关系的变化

对于保险合同中的"投保人""保险人""保险合同",《保险法》第 10 条已经作出界定,即"保险合同是投保人与保险人约定保险权利义务关系的协议。投保人是指与保险人订立保险合同,并按照合同约定负有支付保险费义务的人。保险人是指与投保人订立保险合同,并按照合同约定承担赔偿或者给付保险金责任的保险公司"。在这种法律关系中,投保人和保险人的身份角色单一、明确。然而,对于投连险,合同当事人身份却不限于"投保人、保险人"的角色。

投连险在法律上的表现形式为投连险合同,合同内容上存在保险部分内容和投资部分内容。保险部分内容与传统寿险无异,投保人与保险人的角色定位和《保险法》第 10 条的规定并无差异。但是,前已述及,投连险投资账户的运作模式,反映当事人之间为"受人之托、代客理财"的委托理财关系。[1] 投保人将保费投入投资账户后,其作为委托人,委托保险公司帮助其投资理财。于此情形下,投连险的购买者身份不再局限于投保人,同时也兼具"委托人""投资人"身份;与此相应的"保险人",不仅要承担给付保险金的责任,还要承担因投资账户而产生委托理财的合同义务,其兼具"受托人""资产管理人""投资人"身份。[2] 因此,投连险合同当事人身份突破了《保险法》对"保险合同""投保人""保险人"的界定。[3]

投保人与保险人的多重角色进一步反映了合同关系的变化。譬如,传

---

〔1〕 参见李游:《万能险"最低保证利率"条款的法律效力》,载《保险研究》2018 年第 2 期。

〔2〕 参见汪信君、廖世昌:《保险法理论与实务》,台北,元照出版有限公司 2006 年版,第 367 页。

〔3〕 被保险人基本是公司的一个债权人,他既无法控制公司的业务管理,也无法控制其保单资金的使用(原文为:The insured is basically a creditor of the company. He has no control over the management of the company's business or over the use of the reserves funding his policy)。See Tamar Frankel, *Variable Annuities*, *Variable Insurance and Separate Accounts*, 51 Boston University Law Review 177, 212 (1971).

统寿险合同是以被保险人利益为中心而展开的合同权利义务设置。虽然《保险法》第10条规定合同当事人主体是投保人和保险人，但《保险法》对保险合同权利义务规则设置却是采取“被保险人本位”的思想，即利他人寿保险合同应以被保险人的利益为中心，以保障被保险人为主要职能，在建构相关各项制度、确定合同当事人及其利害关系人义务时，更应注重保护被保险人的利益。[1] 然而，在投连险中，却不能仅以被保险人为中心来思考合同权利义务分配关系。因为在投资账户上，对投资决策的指示、控制以及对投资单位的购买、赎回均由投保人来决定。与之相应的权利义务分配是以投保人为中心展开的。

例如，在保险合同解除时现金价值的归属问题。《保险法》第45条规定：“……投保人已交足二年以上保险费的，保险人应当按照合同约定退还保险单的现金价值。”该条并未明确现金价值退还给投保人还是被保险人，由此产生了“投保人专属说”和“投保人非专属说”两种观点。尽管可以根据合同约定来规定现金价值的归属，但问题仍在于合同未明确时，现金价值的归属仍存在争议。

从寿险合同以被保险人为中心来思考，被保险人以自己的寿命作为承保标的，承担了保险合同的约定风险，现金价值应归属于被保险人，这符合以“被保险人本位”的思想。而投保人为何为被保险人投保的目的则是合同的内部关系，不应是现金价值归属的依据。换言之，这种合同权利义务分配并非依照商事交易“谁投资，谁受益，谁承担责任”的一般原则分配。但是，在投资账户上，保险人是依照投保人的指示而进行的投资运作，同时该投资账户上呈现的是投保人的投资收益增长的期待，其应保护的权益是投保人的投资权益，遵循商事交易“谁投资，谁受益，谁承担责任”的一般原则，投资账户的现金价值应归属投保人。

---

〔1〕 参见邹海林：《保险法学的新发展》，中国社会科学出版社2015年版，第107页。

此外,合同关系的变化还反映在“托管人”的加入。因为在投连险合同法律关系中,还涉及投资账户资金的托管人,即商业银行、信托机构等亦是作为托管人,成为投连险合同的关系人。《中国保监会关于规范投资连结保险投资账户有关事项的通知》第7条规定:“……投资账户的资产应全部进行托管。资产托管机构的市场准入、资格条件、服务范围等应符合相关监管规定。”因此,投连险合同内容中所涉及的当事人、关系人的法律关系超出《保险法》对保险合同当事人、关系人的规则配置。现行《保险法》下投连险合同权利义务见图4。

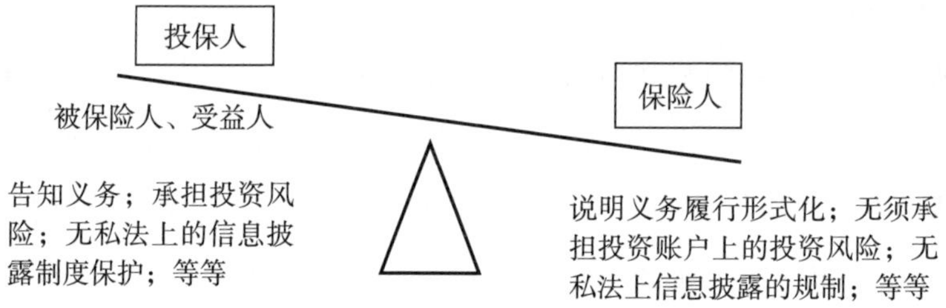

图4　现行《保险法》下投连险合同权利义务

(二)保险人为投资账户管理人、受托人角色时义务内容分析

投资账户的设置冲击了传统寿险合同当事人的权利义务架构。显然,《保险法》对保险人规定的义务(说明义务、保险金给付义务)尚未满足其在担任投资账户管理人、受托人角色时的义务。

通常认为,在资产管理法律关系上,受托人应该承担受信义务。不过,我国《信托法》虽然确立了受托人的受信义务,但基于“分业经营、分业管理”,非名义信托无法直接适用《信托法》上关于受信义务的规则。换言之,除了名义信托产品,其他金融理财产品受托人的受信义务是模糊的。在部门规章层面,不同监管机构对自己所监管的产品提出不同的要求,造成同质不同规的现象(见表8)。

表 8　受托主体的主要义务

产品	投资连结保险	证券投资基金	集合资金信托计划	集合资产管理计划	综合理财计划
发行人	保险公司	基金管理公司	信托公司	证券公司	商业银行
受信义务	无	有明确规定	有明确规定	未明确	未明确
投资限制	投资账户与保险公司资产不得发生买卖、交易、财产转移，等等	不得从事承担无限责任的投资，承销证券，违规借贷、担保，等等	不得向他人提供担保、提供贷款不得超过实收月 30%，等等	不得资金拆借、贷款、抵押	不得直接投资于信贷资产，等等
关联交易	无规定	无规定	无规定	不得进行不公平的关联交易	以不优于对非关联方同类交易的条件进行
信息披露义务	每周公布一次投资账户单位价格；每半年发布一次详细的信息公告；每年一次保单状态报告	基金年度报告、基金半年度报告，等等	按季制作信托资金管理报告、资金运用及收益情况表	至少每季度一次准确、完整的资产管理报告	每半年披露从事理财业务活动的有关信息；有季度、半年、年度等定期报告
资产管理	单独管理、独立核算	不得将基金财产归入其固有财产	隔离、相互独立，分别管理	隔离、相互独立，分别管理	独立于管理人、托管机构的自有财产，单独管理、建账、核算
资产托管	托管机构符合相关监管规定	商业银行或者其他金融机构	稳健的商业银行	商业银行或符合要求的券商等机构	具有证券投资基金托管业务资格的金融机构、银行业理财登记托管机构

第四节 投连险监管规则的适用现状及其评析

一、《保险法》第4条:合法原则与“非法集资”

《保险法》第4条合法原则要求的是遵循既定的法律秩序,不仅包括基本法层面,而且包括国务院行政法规、部门规章。其在内涵上具有一定的抽象性,在法律适用上也具有普遍性。即该原则不仅适用于保险活动,还适用于保险之外的活动或行为。毫无疑问,投连险也“必须遵循法律、行政法规,尊重社会公德,不得损害社会公共利益”。[1] 但是,当一种新的金融产品出现,而基本法并未及时予以回应时,则该原则存在加以探讨的必要,否则将受到合法性的质疑。

原保监会将投连险定位于“人身新型保险产品”,并颁布一系列规则对其进行监管,包括产品的发行需要经过行政审批。可见,投连险产品本身并不存在合法性问题,是被监管层所认可的。但问题在于,投连险的产品特点已经突破传统寿险的规范框架,横跨了多个金融领域,事实上不符合《保险法》等基本法所确定的“分业经营、分业管理”原则,其是否符合《保险法》第4条的合法原则存在争议。[2] 更有甚者,投连险的发行人可能承担“集资诈骗罪”的刑事责任。譬如,2018年,上海市第一中级人民法院审理的安邦集团原董事长吴某某集资诈骗、职务侵占案。

---

[1] 《保险法》第4条规定,从事保险活动必须遵守法律、行政法规,尊重社会公德,不得损害社会公共利益。

[2] 投连险等投资型寿险的发展几乎取决于监管政策的态度。当监管政策宽松时,该类险就获得一个宽松的发展环境,但政策缩紧时,则可能导致该类险发展停滞不前。譬如,自2015年下半年以来,从宝能恶意收购万科、恒大人寿火速清仓梅雁吉祥、阳光保险也频频举牌伊利股份等事件中反映出国内一批以保险公司为代表的金融力量不断举牌一些股权相较分散的上市公司,由此引发公众对此的瞩目、探讨和担忧。原保监会发布监管函,暂停前海人寿“万能险”新业务,暂停恒大人寿委托股票投资业务等的一连串举措,瞬间将险资推上风口浪尖,这也反映出监管层规范和引导保险投资服务保险主业,防范金融系统风险的严格立场。

在该案中，检察机关指控吴某某"指令该公司开发投资型保险产品并主导产品设计，授意制作虚假财务报表等申报材料，骗取保监会销售批复，向社会公众募集资金"，"无视监管规定，强行分派超大规模销售指标，并以超募资金两次增资安邦集团及安邦财险，虚构偿付能力，制造、披露虚假信息，持续向社会公众进行虚假宣传，非法募集资金规模急剧扩大"。[1] 法院审理后，判定被告人的行为构成集资诈骗罪和职务侵占罪，依法应当数罪并罚。[2] 从文义解释来看，"非法"和"集资"的界定本身存在较大的弹性空间。从最高人民法院《关于审理非法集资刑事案件具体应用法律若干问题的解释》（法释〔2022〕5 号）来看，"非法"主要侧重从是否经过批准、公开宣传、承诺还本付息、面向不特定对象四个因素评价（第 1 条）；同时，该司法解释第 2 条第 7 项明确"不具有销售保险的真实内容，以假冒保险公司、伪造保险单据等方式非法吸收资金的"。不过，就学理探讨层面而言，安邦保险是经过原保监会批准设立的，发行的理财产品也是经过批准的，并不属于"假冒保险公司""伪造保险单"情形。保险人"无视监管规定"发行、销售理财产品，无疑是一种违规行为，应承担相应法律责任，但是否构成刑法上的"集资诈骗罪"存在一定认识分歧。譬如，有学者指出，"非法集资类犯罪的'非法'，应当是指在集资的主体、资质、合同等最重要的方面，缺乏法律根据或者完全虚假的集资行为。如果集资行为在上述几方面具有法律根据，仅仅是违反相关领域的监管规定，不宜认定为'非法集资'，而只能是'违规集资'"。[3]

---

〔1〕 参见《安邦保险集团股份有限公司原董事长、总经理吴小晖涉嫌集资诈骗罪、职务侵占罪一案一审开庭》，载中国法院网 2018 年 3 月 28 日，https://www.chinacourt.org/article/detail/2018/03/id/3251437.shtml。

〔2〕 参见《吴小晖集资诈骗、职务侵占案一审公开宣判》，载新华网，http://www.xinhuanet.com/2018-05/10/c_1122811094.htm。

〔3〕 参见车浩：《从安邦吴小晖案谈集资诈骗罪》，载北京大学法学院官网，http://www.law.pku.edu.cn/xwzx/pl/64114.htm。

二、《保险法》第8条:保险专营与投连险跨业

《保险法》第8条明确保险业务只能由保险公司经营,其他任何机构均不能经营保险业务;同时也明确保险公司并不能经营银行、证券、信托业务,即不得兼营保险业之外的其他经营业务。该条内容包括了两个方面。

其一,保险业内区分财产保险业务和人身保险业务。之所以确立同一保险人不得兼营财产保险和人身保险,主要是基于如下几点考虑:(1)财产保险和人身保险的保险标的和期限不同,财产险比人身险的期限要短,财险的风险相较大;(2)在承保技术上,财险和人身险在承保手续、保险费的计算,以及保险金的赔付办法等方面截然不同,若同时兼营,则难免顾此失彼;(3)若同一保险人同时兼营财险和人身险,则其业务会过分庞杂,资金方面难以应付自如,从而影响到其偿付能力。[1] 故在保险业内实行财产险和人身险的分业经营,有利于保险业经营的稳健。我国1995年颁布的《保险法》规定同一保险公司不能同时兼营财保业务和人身业务,但在2002年《保险法》修正中,这一原则得到缓解,即经国务院保险监督管理机构核定后,财保公司也可以经营短期人身险。在2014年《保险法》修正中,对保险公司经营的业务再度松绑,存在弹性的兜底条款,即可以从事经国务院保险监督管理机构批准的业务。但是,国务院保险监督管理机构能够批准的业务仍是在传统保险业范围之内,无权批准涉及证券业等的金融业务(见表9)。

表9 保险业内部经营原则

序号	规范名称	主要内容
1	《保险法》(1995年)	第91条:同一保险人**不得同时兼营**财产保险业务和人身保险业务

〔1〕 参见覃有土、樊启荣:《保险法学》,高等教育出版社2003年版,第429页。

续表

序号	规范名称	主要内容
2	《保险法》(2002年修正)	第92条:同一保险人不得同时兼营财产保险业务和人身保险业务;但是,经营财产保险业务的保险公司经保险监督管理机构核定,**可**以经营**短期健康**保险业务和**意外伤害**保险业务
3	《保险法》(2009年修订)	第95条:保险人不得兼营人身保险业务和财产保险业务。但是,经营财产保险业务的保险公司经国务院保险监督管理机构批准,可以经营短期健康保险业务和意外伤害保险业务
4	《保险法》(2014年修正)	第95条:保险人不得兼营人身保险业务和财产保险业务。但是,经营财产保险业务的保险公司经国务院保险监督管理机构批准,可以经营短期健康保险业务和意外伤害保险业务。 保险公司应当在国务院保险监督管理机构**依法批准的业务范围内**从事保险经营活动
5	《保险法》(2015年修正)	同上

其二,“分业经营”要求区分保险业和其他金融业务。《保险法》第8条的适用在传统典型保险产品下并无争议,但金融混业经营成为当下金融发展的趋势,诸多产品为了顺应这种趋势而采取规避法律的方式,即法律名义层面遵守“分业经营”,但事实层面却已经突破该原则。[1] 投连险便是如此,采纳保险名义,在实质层面上却横跨了保险、证券、信托三大领域。这种现象并不限于投连险,前述探讨的集合资金信托计划、集合资产管理计划等产品均是如此。由此导致的后果的是,这些产品事实层面突破“分业经营”,而监管者也只能“各管一段”,监管限于权属范围内的产品,造成同质产品“政出多门”的现象。即这些金融理财产品的发行条件、信息披露、资金使用范围等监管规定要求不一(见表10)。

〔1〕 尽管在《商业银行法》(2003年修正)、《保险法》(2009年修订)、《证券法》(2013年修正)中,均对“分业经营、分业管理”有兜底条款,即“但国家另有规定的除外”,这反映出基本法对“分业经营、分业管理”原则的松绑,但目前也没有法律明确这种“例外”。

表 10　同质理财产品的不同监管要求

项目	投资连结保险	证券投资基金	集合资金信托计划	集合资产管理计划	综合理财计划
发行人	保险公司	基金管理公司	信托公司	证券公司	商业银行
监管者	国家金融监督管理总局/银保监会	证监会、中基协	国家金融监督管理总局/银保监会	证监会	国家金融监督管理总局/银保监会
注册要求	审批或备案	向证监会注册	事前报告或批准	发起5个工作日内,向中国证券业协会备案	在全国银行业理财信息登记系统登记
人数限制	无限制	区分公募、私募	不得超过50人①	合格投资者200人以下	私募(200人内)
投资范围	应有明确的资产配置范围,流动性资产投资不低于5%,基础设施、不动产、其他金融资金不得超过75%,等等	遵守审慎经营规则,标准化证券及其衍生品种	标准化或非标准化资产,但需有明确的投资氛围、投资比例	无限制,但不得用于可能承担无限责任的投资	无限制,主要为国债、公司信用类债券等债券类资产
跟投	可以	无规定	无规定	可以自有资金参与	不得用自有资金购买本行发行的理财产品
保证收益	禁止	禁止	不得保底承诺	禁止	禁止

续表

项目	投资连结保险	证券投资基金	集合资金信托计划	集合资产管理计划	综合理财计划
托管人职责	未明确	安全保管、分别设置账户、执行投资指令、监督投资运作,等等	安全保管、确保信托财产的独立性、执行指令、核对交易账目、定期报告(没有监督)	安全保管、执行指令、监督经营运作	安全保管、独立托管账户、执行指令、建立对账机制、监督产品运作
主要规范依据	《保险法》、《关于规范投资连结保险投资账户有关事项的通知》(保监发〔2015〕32号)、《人身保险新型产品信息披露管理办法》(保监会令2009年第3号),等等	《证券投资基金法》、《证券投资基金管理公司管理办法》、《公开募集证券投资基金信息披露管理办法》,等等	《信托法》、《信托公司集合资金信托计划管理办法》(银监会2009年第1号),等等	《证券法》、《证券期货经营机构私募资产管理业务管理办法》(2023年修订),等等	《商业银行理财业务监督管理办法》(银监会令2018年第6号),等等

① 参见《信托公司集合资金信托计划管理办法》(银监会令2009年第1号)第5条。

三、《保险法》第106条:资金运用安全性与投连险适用除外

前已述及,保险作为间接融资,立法对于保险人的资金运用、清偿能力、资产运用等方面进行严格管制。我国《保险法》第106条规定:“保险公司的资金运用必须稳健,遵循安全性原则。保险公司的资金运用限于下列形式:(一)银行存款;(二)买卖债券、股票、证券投资基金份额等有价证券;

(三)投资不动产;(四)国务院规定的其他资金运用形式。保险公司资金运用的具体管理办法,由国务院保险监督管理机构依照前两款的规定制定。”在险资运用的安全性原则下,我国对保险资金的具体运用是经历了一个不断松绑的过程,并在与投连险资金运用存在上、下位法的冲突。

在20世纪80年代,我国的保险业由中国人民银行监管,保险资金的投资范围主要以银行存款为主。1995年《保险法》的颁布,对保险资金的投资范围有所放宽,但还是限于银行存款、政府债券和金融债券。之后,监管层也颁布一系列规章拓宽了保险资金在债券、不动产、股权等领域的投资范围(见表11),特别是2012年原保监会颁布“13项新政”进一步拓宽保险投资范围。[1] 现行《保险法》也历经修改后,在第97条规定“保险公司应当按照其注册资本总额的百分之二十提取保证金”,第98条要求“提取各项责任准备金”,第101条规定“保险公司应当具有与其业务规模和风险程度相适应的最低偿付能力”,第106条明确保险公司的资金运用必须稳健,遵循安全性原则。保险公司的资金运用限于银行存款、买卖债券、股票、证券投资基金份额等有价证券、投资不动产、国务院规定的其他资金运用形式。

表11　保险资金运用管理的主要规范

序号	规范名称	主要内容	备注
1	1985年《保险企业管理暂行条例》①	第17条:国家保险管理机关可以规定保险企业各项保险准备金的运用方法,保险企业应当遵守国家保险管理机关的有关规定	已失效
2	1995年《保险法》	第104条:保险公司的资金运用,**限于在银行存款、买卖政府债券、金融债券**和国务院规定的其他资金运用形式	部分条文修正
3	1996年《保险管理暂行规定》	第23条:险资运用限于银行存款、买卖政府债券、买卖金融债券、国务院规定的其他资金运用方式	已失效

〔1〕 原保监会2012年推出的13项保险业投资新政。关于“13项新政”的解读,可参见《13项新政解读:金改席卷保险业》,载和讯保险网,http://insurance.hexun.com/2012/xzxz13/#xzjd。

续表

序号	规范名称	主要内容	备注
4	《保险公司购买中央企业债券管理办法》(保监发〔1999〕85号)	第1条:经国务院批准,保险公司可以购买**部分中央企业债券**(指经国家部、委一级批准发行,债券信用评级达AA+以上的铁路、三峡、电力等中央企业债券)	已失效
5	《保险公司投资证券投资基金管理暂行办法》(保监发〔1999〕206号)	第4条:符合条件的保险公司,可以从事**投资基金业务**②	已失效
6	《保险法》(2002年修正)	第105条:险资运用,限于在银行存款、买卖政府债券、金融债券和国务院规定的其他资金运用形式。同时,将"保险公司的资金不得用于设立证券经营机构和向企业投资"修改为"保险公司的资金**不得用于设立证券经营机构,不得用于设立保险业以外的企业**"	部分条文修正
7	《保险公司投资企业债券管理暂行办法》(保监发〔2003〕74号)	第1条:经国务院批准,保险公司可以投资**企业债券**(指经国家主管部门批准发行,且经监管部门认可的信用评级机构评级在AA级以上的企业债券)	已失效
8	《保险机构投资者股票投资管理暂行办法》(保监会、证监会令2004年第12号)	第2条:符合条件的保险公司和保险资产管理公司从事**股票投资**(指保险机构投资者从事或者委托符合规定的机构从事股票、可转换公司债券等股票市场产品交易的行为)	现行有效
9	2006年《保险资金间接投资基础设施项目试点管理办法》	第1条:保险公司可以从事保险资金**间接投资基础设施项目**的业务	已失效
10	《保险资金投资不动产暂行办法》(保监发〔2010〕80号)	第2条:保险资金可以投资**基础设施类不动产、非基础设施类不动产及不动产相关金融产品**	现行有效

续表

序号	规范名称	主要内容	备注
11	《保险资金投资股权暂行办法》(保监发〔2010〕79号)	第3条:保险资金可以直接投资**企业股权或者间接投资企业股权**	现行有效
12	《关于保险资金投资有关金融产品的通知》(保监发〔2012〕91号)	第1条:保险资金可以投资境内依法发行的商业银行理财产品、银行业金融机构信贷资产支持证券、信托公司集合资金信托计划、证券公司专项资产管理计划、保险资产管理公司基础设施投资计划、**不动产投资计划和项目资产支持计划等金融产品**	已失效
13	《关于保险资产管理公司开展资产管理产品业务试点有关问题的通知》(保监资金〔2013〕124号)	第1条:保险资产管理公司可以作为管理人,向投资人**发售标准化产品份额**,募集资金,由托管机构担任资产托管人,为投资人利益运用产品资产进行投资管理	现行有效
14	《保险资金运用管理暂行办法》(保监会令2014年第3号)	第6条:险资运用限于银行存款、买卖债券、股票、证券投资基金份额等有价证券、投资不动产、国务院规定的其他资金运用形式。 保险资金从事境外投资的,应当符合保监会有关监管规定	已失效
15	《保险资金运用管理办法》(保监会令〔2018〕1号)	第6条:险资运用限于银行存款、买卖债券、股票、证券投资基金份额等有价证券、投资不动产、投资股权、国务院规定的其他资金运用形式。 保险资金从事境外投资的,应当符合保监会、人民银行和外汇管理局的相关规定	现行有效
16	《中国银保监会关于保险资金投资有关金融产品的通知》(银保监规〔2022〕7号)	保险资金投资理财产品、集合资金信托、债转股投资计划等金融产品区分不同的要求	现行有效

① 该条例的详细内容可通过"法律图书馆"查询到:http://www.law-lib.com/law/law_view.asp?id=3103。

② 参见《保险公司投资证券投资基金管理暂行办法》(保监发〔1999〕206号)第6条。

投连险被原保监会定位于人身保险,也就意味着,该险同样也要遵循保险资金运用的安全性原则。但是,随着原保监会对投连险的监管演进,可以发现,其对于投连险资金的运用逻辑是从遵循险资的安全性原则到适用例外的一个过程。

2000 年《投资连结保险管理暂行办法》对于投连险的资金运作还是按照传统寿险资金运用的思路,规定国有商业银行存款、国债之和不得少于 20%;之后,逐渐放松对投连险资金运用的安全性管制。2003 年《保险公司投资证券投资基金管理暂行办法》规定投资基金比例可达 100%,2003 年《保险公司投资企业债券管理暂行办法》规定企业债券比例最高为该账户总资产 100%;2004 年,《保险机构投资者股票投资管理暂行办法》规定投资股票的比例可以为 100%;2010 年,《保险资金运用管理暂行办法》对投连险资金运用思路就明确独立于其他保险产品资金。此后,原保监会关于保险资金运用的规范均将投连险作为适用的例外。

将投连险资金运用有别于传统保险资金的运用是合理的,在《保险资金运用管理办法》第 20 条进一步明确,投连险的资金运用,应当在资产隔离、资产配置、投资管理等环节,独立于其他保险产品资金,具体办法由保监会制定。但是,原保监会在《关于规范投资连结保险投资账户有关事项的通知》(保监发〔2015〕32 号)第 4 点规定,投资账户的资产配置范围包括流动性资产、固定收益类资产、上市权益类资产、基础设施投资计划、不动产相关金融产品、其他金融资产,同时应符合保监会资金运用相关监管规定,而保监会关于保险资金运用的规定又将投连险明确规定,作为适用例外。显然,在关于投连险资金运用监管体系规则上存在一些矛盾之处(见表 12)。

表 12 投连险资金运用管理的主要规范

序号	规范名称	关于投资连结保险的规定	备注
1	《投资连结保险管理暂行办法》(保监发〔2000〕26 号)	第 11 条:只连结一个投资账户的连结保险,其投资账户按成本价计算,其中**国有商业银行存款、国债之和不得少于 20%**	已失效
2	《关于重新修订〈保险公司投资证券投资基金管理暂行办法〉的通知》(保监发〔2003〕6 号)	第 10 条:保险公司经批准开办的投连险可以设立**投资基金比例为 100%的投资账户**	现行有效
3	《保险公司投资企业债券管理暂行办法》(保监发〔2003〕74 号)	第 7 条:保险公司经批准开办的投连险可以设立投资**企业债券比例最高为该账户总资产 100%**的投资账户	已失效
4	《保险机构投资者股票投资管理暂行办法》(保监会、证监会令 2004 年第 12 号)	第 16 条:保险机构投资者为投连险设立的投资账户,**投资股票的比例可以为 100%**。 第 36 条:保险机构投资者运用下列资金,应当分别开立证券账户和资金账户,分别核算:传统保险产品的资金;分红保险产品的资金;万能保险产品的资金;投连险产品的资金;保监会规定需要独立核算的保险产品资金	现行有效
5	《保险资金运用管理暂行办法》(保监会令 2010 年第 9 号)	第 17 条:投连险和非寿险非预定收益投资型保险产品的资金运用,应当在资产隔离、资产配置、投资管理、人员配备、投资交易和风险控制等环节,**独立于其他保险产品资金**,具体办法由保监会制定	已失效
6	《保险资金运用管理暂行办法》(保监会令 2014 年第 3 号)	第 17 条:投连险和非寿险非预定收益投资型保险产品的资金运用,应当在资产隔离、资产配置、投资管理、人员配备、投资交易和风险控制等环节,独立于其他保险产品资金,具体办法由保监会制定	已失效
7	《保险资金运用管理办法》(保监会令〔2018〕1 号)	第 20 条:投连险和非寿险非预定收益投资型保险产品的资金运用,应当在资产隔离、资产配置、投资管理等环节,**独立于其他保险产品资金**,具体办法由保监会制定	现行有效

第五节　规范适用总评:易被忽视的投资权益保护

在投连险现有法律适用中,投保人的决策信息于基本法层面只能依托保险人的说明义务。但是,这种说明义务不能作为投保人购买投连险信息决策的全部,也不能作为信息提供义务的替代制度。同时,在我国投连险交易的实然层面,交易当事人之间存在明显的交易"不平等",尤其是金融消费者保护理念得不到凸显。故此,本节将阐述当下现状对投保人投资权益保护的不足。

一、信息披露

我国《保险法》第17条规定保险人说明义务的对象并非合同的全部内容。我国《保险法》第17条所规范的说明义务区分为一般说明义务和特殊说明义务。前者主要是针对保险合同的一般格式条款,保险人应当说明、解释,而后者主要是对保险合同中免除保险人责任的条款,保险人必须特别提示、说明。

由此可见,对于免责条款,保险人必须说明、解释;而对于一般条款,也并非都需要保险人说明、解释。因为投保人通常能够理解或者不需要解释的,保险人没必要向投保人逐一解释,否则徒增缔约成本。有观点指出,只有准权利义务条款和权利义务等可能影响投保人是否投保和如何投保等关键性问题,保险人必须进行说明。[1] 虽然《民法典》第496

〔1〕 参见吴勇敏、胡斌:《对我国保险人说明义务制度的反思和重构——兼评新〈保险法〉第17条》,载《浙江大学学报(人文社会科学版)》2010年第3期。

条[1]和原《合同法》第39条[2]也规定了格式条款的提供者应向合同相对人对免责条款进行说明,但原《合同法》第39条也并不包括合同的全部内容,仅限于免责条款而已。因此,《保险法》所规定的保险人说明义务的说明内容为免责格式条款和一般条款中的重要权义内容,并非合同的全部内容。投连险投资功能的附加,使投保人承担投资风险,打破了传统保险法对说明义务对象的假设,其制度功能承载难以支撑投连险信息供给的全部。更何况,投保人的购买目的甚至主要在于投资理财,而非保险保障,若仅局限于原有保险法框架规定的说明义务对象,则无法确保投保人对合同投资部分内容建立在充分理解基础之上。

近年来,我国金融理财产品诉讼争议存在交易信息不对称导致金融消费者权益受到侵害等特征。[3]《保险法》第17条调整的对象是传统保险产品,对于投连险投资部分规范不足,容易引起司法争议。在投连险司法适用中,主要存在保险人说明义务形式化履行的问题,使得投保人权益保护进一步弱化。

对于保险人说明义务的履行标准和司法认定,一直存有争议。从最高人民法院对《保险法》第17条中"明确说明"的答复来看,明确说明需要"以书面或者口头形式向投保人或其代理人作出解释,以使投保人明了该条款

---

〔1〕《民法典》第496条规定,格式条款是当事人为了重复使用而预先拟定,并在订立合同时未与对方协商的条款。采用格式条款订立合同的,提供格式条款的一方应当遵循公平原则确定当事人之间的权利和义务,并采取合理的方式提示对方注意免除或者减轻其责任等与对方有重大利害关系的条款,按照对方的要求,对该条款予以说明。提供格式条款的一方未履行提示或者说明义务,致使对方没有注意或者理解与其有重大利害关系的条款的,对方可以主张该条款不成为合同的内容。

〔2〕原《合同法》第39条规定,采用格式条款订立合同的,提供格式条款的一方应当遵循公平原则确定当事人之间的权利和义务,并采取合理的方式提请对方注意免除或者限制其责任的条款,按照对方的要求,对该条款予以说明。格式条款是当事人为了重复使用而预先拟定,并在订立合同时未与对方协商的条款。

〔3〕譬如,理财产品的创新出现了不少新类型纠纷、交易信息不对称导致金融消费者权益受到侵害等特征。参见《高院发布2015年度上海法院金融审判系列白皮书和典型案例》,载上海法院网2016年6月17日,http://shfy.chinacourt.gov.cn/article/detail/2016/06/id/1913401.shtml。

的真实含义和法律后果”。[1]《保险法司法解释(二)》第13条也进一步要求保险人对其履行了明确说明义务负举证责任。可以看出,司法对于说明义务采纳实质履行标准,即要求投保人达到理解合同的目的。不过,这种举证责任倒置似乎是减轻投保人的举证负担,但《保险法司法解释(二)》第13条又规定,投保人对在相关文书上签字、盖章或者以其他形式予以确认的,应当认定保险人如实履行了说明义务。实务中,保险人在合同中设有“投保人声明书”栏,并要求投保人签署以证明说明义务得以履行,使保险人说明义务侧重形式履行,偏离了维护投保人利益的目的,导致纠纷不断。[2] 譬如,在“贺某某诉中国平安人寿保险股份有限公司北京分公司保险合同纠纷案”中,法院对合同是否存在欺诈认定较为严格。

在该案中,投保人贺某某以自己为被保险人、受益人,向保险人平安寿险公司购买了投连险,保险人同意承保并签发了保险单。后因该险投资亏损,引发争议。原告贺某某主张,在购买系争保险时,保险人的业务员称“毫无风险且收益较高”。保险人辩称,系争合同是双方协商签订,是有效合同;投保书中已明确提示,客户应当了解保险合同条款,凡保险公司业务员对于保险事项所作出的解释说明与投保书及保险合同条款不一致处均无效,且宣传资料上未加盖公司印章,不具有真实性。最后,法院驳回贺某某的诉讼

---

〔1〕《保险法》第17条规定,保险合同中规定有保险责任免除条款的,保险人应当向投保人明确说明,未明确说明的,该条款不发生法律效力。这里所规定的“明确说明”,是指保险人在与投保人签订保险合同之前或者签订保险合同之时,对于保险合同中所约定的免责条款,除了在保险单上提示投保人注意外,还应当对有关免责条款的概念、内容及其法律后果等,以书面或者口头形式向投保人或其代理人作出解释,以使投保人明了该条款的真实含义和法律后果。参见《最高人民法院研究室关于对〈保险法〉第十七条规定的“明确说明”应如何理解的问题的答复》(法研〔2000〕5号)。

〔2〕譬如,有法院认为,只要保险人在保险单或其他保险凭证对红利分配条款、免责条款等有显著标志(如字体加粗、加大、相异颜色等),附有“投保人声明书”,投保人签字确认并表示对相关条款的概念、内容及法律后果均已经明了的,可认定保险人已履行说明义务;而二审法院认为,“投保人声明书”的内容并未采用加黑加粗等显著标志,表明保险公司存在明显瑕疵,未能充分履行提示、说明义务。参见中国人寿保险股份有限公司北京市分公司与杨某某人身保险合同纠纷案,北京市第四中级人民法院民事判决书(2017)京04民终55号。

请求,认为其在投保书中“投保人、被保险人声明”一栏内签字声明,其对于保险合同条款已经完全了解。〔1〕该案的争议焦点在于产品销售中是否存在欺诈行为,原告出具了其与销售员的谈话记录,并有销售员的签字,但法院认为,销售员与原告存在亲属关系,仅有销售员的签字而未出庭作证,该谈话记录不能作为认定事实的依据,同时以投保人在签字声明栏中的签字作为其已完全了解合同内容的依据。由此可见,在本案中,法院对投保人的举证要求较为严苛。再如,在“宋某某与太平人寿保险有限公司黑龙江分公司保险合同纠纷上诉案”中,投保人诉称代理人误导,虚假告知分红高于银行利息等内容,也未得到法院支持。〔2〕

二、投保人等“弱势群体”保护〔3〕

相较于保险人,投连险投保人、被保险人、受益人处于合同弱势方。譬如,就交易主体而言,投保人基于自身专业能力、经济能力的差异,使其在缔约能力明显弱于保险人;在交易客体上,为追求商事效率,合同主要采格式合同,保险人掌握对合同的内容控制,投保人并无充分交易磋商的可能,存在要么同意要么离开的缔约情形;在民事救济上,保险人存在专门的法务部门来应对法律相关纠纷,通常更有能力来承担时间、金钱等方面的诉讼成本。但是,法律对这种投保人“弱势群体”的有效关怀和保护还不够,投资权益尚缺乏有效保护。这与我国民商合一的“大民法”调整,以及《消费者权益保护法》适用分歧有关。〔4〕

投连险合同行为作为绝对商行为,该交易关系为典型的商事关系,也是

---

〔1〕参见“贺某某诉中国平安人寿保险股份有限公司北京分公司保险合同纠纷案”,法宝引证码:CLI. C. 876595。

〔2〕参见宋某某与太平人寿保险有限公司黑龙江分公司保险合同纠纷上诉案,黑龙江省哈尔滨市中级人民法院民事判决书(2016)黑01民终6044号。

〔3〕参见李游:《“买者自负”的适用逻辑与金融消费关系的“不平等”》,载《北京社会科学》2019年第7期。

〔4〕同上。

基于“平等”“自愿”等原则的私法平等关系(《民法典》第2条、《证券法》第4条、《保险法》第11条等)。但是,我国民法在调整对象上特别强调“平等主体”是基于特殊的历史背景。在经历20世纪80年代“民法和经济法调整对象之争”后,我国民法确立调整平等主体的财产关系和人身关系(原《民法通则》第2条),“当事人在民事活动中的地位平等”(原《民法通则》第3条),使民法在我国法律体制中获得其独立性。“民事权利能力”或“法律人格”平等深入人心,成为不言自明的常识。但是,当市场经济成为既定选择,民法的独立性地位也不容置疑,那么“平等主体关系说”便应适时地调整了。事实上,民事法律关系的内容绝不仅仅限于民事权利和民事义务,还包括权能、权限、取得的期待和屈从、职责、负担等非常规要素。[1] 民法除了平等关系,还存在一些“不平等”的“屈从关系”。“屈从”的意义不仅揭示了不平等的民事关系的一种类型(双方在决策权上不平等),还能与真实的民事生活合拍,从而更有解释力。[2] 譬如,附随合同关系,这类合同的提供者往往居于某种营业的垄断者地位,附随方通常无拒绝余地,因此处在屈从地位,如消费者合同。[3] 我国对于部分“屈从关系”是由经济法来调整,如劳动关系由《劳动法》等调整,消费关系由《消费者权益保护法》调整。就金融领域的“买者自负”和交易主体的地位而言,由于《消费者权益保护法》并未对消费者的概念进行界定,但该法第2条将“为生活消费需要”作为该法的适用条件,并未将“不平等的”金融消费纳入调整范畴。[4]

颁布于我国资本市场起步阶段的《消费者权益保护法》,对“生活消费”

〔1〕参见申卫星:《对民事法律关系内容构成的反思》,载《比较法研究》2004年第1期。
〔2〕参见徐国栋:《论民事屈从关系——以菲尔麦命题为中心》,载《中国法学》2011年第5期。
〔3〕同上。
〔4〕参见李游:《“买者自负”的适用逻辑与金融消费关系的“不平等”》,载《北京社会科学》2019年第7期。

主要局限于个人的“衣食住行”的理解，并未明确包括金融消费，[1]从而造成司法上的适用分歧，如个人消费者购买保险产品是否属于《消费者权益保护法》所规定的为生活消费需要接受服务的情形，既有支持，[2]亦有驳回[3]。

事实上，时至今日，当金融消费行为成为社会常态，人们购买金融产品或服务(如寿险)与传统为生活所需的购买商品的行为之间界限并非泾渭分明，传统“为生活需要”的消费行为与金融交易行为已呈现明显的交融性。对此，有观点指出，金融消费者视为消费者概念在金融领域的延伸，并“援引对消费者的定义，可以将金融消费者界定为为了满足个人或家庭的生活需要而购买、使用金融机构提供的商品或接受金融机构提供的服务的个人投资者”[4]。

不过，这种通过对《消费者权益保护法》“为生活需要”的扩大解释进而建立“金融消费者”的展开路径，只是观察到金融消费成为人们日常消费不可分割部分的现状，却忽视金融消费与普通商品消费的交易风险来源差异。前者更加关注交易的信息，可能受到市场风险、政策风险等多重交易风险的影响，而普通商品消费更加关注商品本身质量风险。其缘由在于，金融的本质在信用货币的创造、价值跨期转移的契约、时间错配的风险管控，并依其不同的功能形成债权债务关系、权益关系、经济补偿关系、信托关系，[5]使金

[1] 值得注意的是，2013 年修正《消费者权益保护法》第 28 条规定了经营者义务主体包括“证券、保险、银行等金融服务的经营者”。即“采用网络、电视、电话、邮购等方式提供商品或者服务的经营者，以及提供证券、保险、银行等金融服务的经营者，应当向消费者提供经营地址、联系方式、商品或者服务的数量和质量、价款或者费用、履行期限和方式、安全注意事项和风险警示、售后服务、民事责任等信息”。

[2] 如尤某某诉新华人寿保险股份有限公司、新华人寿保险股份有限公司上海分公司人寿保险合同纠纷案，江苏省无锡市中级人民法院民事判决书(2015)锡商终字第 1110 号。

[3] 如吴某某与中国人寿保险股份有限公司上海市分公司人身保险合同纠纷上诉案，上海市第二中级人民法院民事裁定书(2017)沪 02 民终 7641 号。

[4] 吴弘、徐振:《金融消费者保护的法理探析》，载《东方法学》2009 年第 5 期。

[5] 参见吴晓灵:《完善金融立法与强化金融监管》，载《经济导刊》2017 年第 10 期。

融交易行为存在天然的信息高度依赖性和敏感性，导致证券等金融商品受所承载实体之外诸多因素影响。更为重要的是，《消费者权益保护法》是传统消费基础之上的制度，其并不适合于金融消费领域。[1] 值得注意的是，银保监会2022年12月26日通过《银行保险机构消费者权益保护管理办法》。该办法第1条规定依据《消费者权益保护法》等法律法规，制定本办法。[2] 这说明，银保监会对银行保险消费者的概念是作为《消费者权益保护法》中消费者的下位概念。

普通消费者和金融消费者的“不平等”表现都存在信息匮乏和不均衡的磋商能力，打破了传统合同交易的平等主体彼此磋商的假设，因此公权力侧重于保护作为弱者的消费者。但是，普通消费者涉及健康、安全、经济利益等利益追求，可以设置商品技术标准、食品标准以及对广告内容的规制要求，采取7日内无理由退货、经营场所的安全保障义务等强制性条款。而金融消费者的利益主要局限于经济利益，普通商品消费的惩罚性赔偿、知情权保护方法等无法与金融消费的保护相匹配，不宜从既有的传统消费者保护路径延伸。此外，对普通消费者的倾斜保护是近代民法的形式理性向现代民法的实质理性转变的结果，而金融消费者保护起源于20世纪六七十年代对监管失灵的社会矫治。[3] 因此，对于投连险投保人“弱者”的保护，立法的重心并非在于证券等金融商品本身的安全与价值，而是先厘清合同的实质权利义务关系，以此作为金融消费者保护的基础和路径。[4]

---

〔1〕 譬如，普通消费者涉及健康、安全、经济利益等利益追求，设置商品技术标准、食品标准以及对广告内容的规制要求，采取7日内无理由退货、经营场所的安全保障义务等强制性条款。

〔2〕《银行保险机构消费者权益保护管理办法》第1条规定：“为维护公平公正的金融市场环境，切实保护银行业保险业消费者合法权益，促进行业高质量健康发展，根据《中华人民共和国银行业监督管理法》《中华人民共和国商业银行法》《中华人民共和国保险法》《中华人民共和国消费者权益保护法》等法律法规，制定本办法。”

〔3〕 参见林越坚：《金融消费者：制度本源与法律取向》，载《政法论坛》2015年第1期。

〔4〕 参见李游：《“买者自负”的适用逻辑与金融消费关系的“不平等”》，载《北京社会科学》2019年第7期。

本章小结

本章主要探讨了投连险的主要特征、金融产品的规范逻辑和投连险在现行法律体系下的适用问题三方面内容。

通过与传统寿险、分红保险、万能险、金融集合理财计划等产品的比较、分析可知,投连险是一款既具有传统保险保障守成,又具有投资功能拓新的金融理财产品,并且投连险实质上采纳了信托的法律结构,从而成为一款横跨保险、证券、信托三大领域的新型金融产品。

现代法上对不同的金融产品进行不同的规则配置,其背后主要反映出直接融资与间接融资风险分配的逻辑差异。就保险(间接融资)规则而言,规范的重点都是对保险人的偿付能力、资金的安全运用等方面作出严格限制,以此确保保险人能够实现其对投保人的承诺内容;就证券(直接融资)规则而言,主要贯彻的是公开的规范理念,建立以信息披露为核心的规则体系,为投资者提供自主决策、风险自担的信息基础。基于此,尽管各国的保险法和证券法由于国情的不同而在具体规则上存有差异,但这些规则差异背后的法理均是体现直接融资与间接融资的不同风险分配原理。譬如,就我国法对保险、证券产品购买者保护理念与方式而言,私法提供的救济规则存在明显的差异,前者主要体现合同法的救济路径,后者主要体现侵权法的路径,进而在民事责任主体的主观过错、违法行为、损害后果、因果关系等规则上存在差异。

尽管投连险存在多重的法律属性,但我国公权机构目前仍将投连险定性为保险产品,并限于适用《保险法》及其相应监管规则,也由此产生规范适用的不足。在投连险交易规则适用上,投连险投资功能并不满足《保险法》第 2 条对保险的界定,其投资风险本身也并非可保风险,进而产生投资账户的规范缺失和司法层面“买者自负”的片面适用;投连险亦遵循诚实信用原则，但投保人告知义务的内容以及违反的法律后果，尤其是在“故意”“重大过失”情形时返还保费的解释上存在分歧；投连险投保人和保险人也从传统寿险单一身份转向了多重身份，由此产生当事人权利义务的变化。在投连险监管层面，投连险和传统寿险的资金运用存在差异，打破“分业经营、分业管理”的原则，也由此产生了诸多监管问题。

总而言之，投连险本身的复合性和复杂性，使投连险交易规则和监管规则适用不足，导致投连险投资权益无法得到有效的保护。

第三章
投连险的法律属性及其规范思路

第一节　保险与证券不同的功能指向和判断要素

一、同质风险池与风险分摊的数理技术运用

向物质主义的文明推销一种商品，这一任务相对简单，但要把人的生命和死亡转化为商品，这一任务就高度复杂了。[1] 人寿保险就是第一个将其整个组织建立在精算估计死亡价格基础之上的大规模产业。[2] 就法律层面而言，人寿保单和其他保单本质上都是一种合同。[3] 投保人通过交纳保费作为对价后，其对保险合同所承担的保障风险并不负担，而是由保险公司对此承担保障范围内的全部风险。[4] 这种给付承诺得以实现主要

---

〔1〕 参见[美]维维安娜·泽利泽：《道德与市场：美国人寿保险的发展》，姚泽麟等译，华东师范大学出版社2019年版，第226页。

〔2〕 同上书，第97页。

〔3〕 See Spencer L. Kimball, *Cases and Materials on Insurance Law*, Little, Brown and Company, 1992, p. 414.

〔4〕 需注意的是，保险上的风险转移只是指将承保风险发生的法律效果转移至保险人，而非风险本身。

是因为传统保险的保费和保险金给付是基于年龄、健康以及性别等考量，再通过概率论、推测理论和大数法则等数理技术计算得出的，使某一个体所转移的风险分散于大众。

申言之，保险人能够将个体风险损失预测规律的不可能性转换成整体风险损失预测规律的可能性，而将这种个体的不可能转为整体的可能性则是大数法则。申言之，如果一个随机试验在完全相同条件下进行了 n 次，在 n 次试验中某种特定事件发生了 m 次，则这种事件在每次试验时发生的概率 P 估计可用比值 m/n 给出，此值介于 0 ~ 1。[1] 而将该事件大量试验发现，大量随机现象因偶然性相互抵消而呈现一种平均结果稳定性的数理法则，即大数法则。该法则在保险领域的运用即为假设 $X_k(k=1,2,\cdots,n)$ 是某一投保人在风险事故中的损失，风险事故损失的期望值为 μ，且每个投保人具有相同损失期望和标准差，那么对于任意的 $\varepsilon>0$，且 $n\to\infty$，都有如下公式：

$$\lim_{n\to\infty}P\left\{\left|\frac{1}{n}\sum_{k=1}^{n}X_k-\mu\right|<\varepsilon\right\}=1$$

上述方括号里的数值反映的是某一风险聚集的平均损失与投保人的损失期望值之差的绝对值小于 ε。当 n 趋向正无穷时（$n\to\infty$），平均值 $\frac{1}{n}\sum_{k=1}^{n}X_k$ 将不断接近于期望值 μ，即在 $n\to\infty$ 时，平均值接近于期望值是一个必然事件。

对于上述公式中 n 的值，大致而言，在分布的偏性不明显的情况下，n 不应少于 25。[2] 就保险而言，投保人将自己不愿或者不能承担的风险转移给保险人，保险人将这些可保的风险聚集，形成同类风险池，再通过大数法则等数理分散风险。这既是保险人作为承保人应有的前置性技术处理，也是

---

〔1〕 参见霍萨克、波拉德、策恩维茨：《非寿险精算基础》，王育宪、孟兴国等译，中国金融出版社 1992 年版，第 26 页。

〔2〕 同上书，第 83 页。

其与投保人达成保险合同,[1]履行其固定给付义务的实质性可能实现的基础。尽管巨灾保险等某种程度上减少了对大数法则的依赖,但并未改变大数法则在保险制度的基础性作用,并使得保险独具一些品格。[2]

早期海上贸易商把这些风险转移和分散的方法引入航海业,形成了共同分摊的习惯做法,即共同海损制度。进入中世纪,欧洲各国发展出涉及诸多重大疾病救助的互助保险组织。到了近现代,再保险等各种商业保险种类相继出现。在这一过程中,保险从互助组织发展到商业性质的保险公司再到再保险与共同保险的出现,尽管组织形式与风险承担在技术上实现了突破,但保险的风险转移与提供保障的本质理念并未发生改变。与互助保险组织不同的是,商业保险中,尽管最初互助共济的意识有所淡化,投保人购买保险的意思表示并非直接基于一种互助,但其通过保险合同交纳保险费,使保险人于约定保险事故发生时而获得保险金给付的承诺最终还是通

〔1〕 尽管从法律的视角看,赌博是当事人以客观不确定事件的发生作为财产转移唯一依据的约定,但与保险转移或分散风险不同,赌博制造额外的风险。参见许德风:《赌博的法律规制》,载《中国社会科学》2016年第3期。

〔2〕 不过,需明确的是,随着保险风险分散技术的发展,大数法则已不能解释保险可保风险的全部。也就是说,从一开始,风险的维度就被局限在技术的可管理上(参见[德]乌尔里希·贝克:《风险社会》,何博闻译,译林出版社2004年版,第29页)。原来对于风险的不确定性的产生主要是基于知识的局限,随着社会科技的发展,统计方法以及数据的收集不断得以改进,尤其大数据的累计以及基因技术的出现,使原先不能承保的可保风险又能得到保险人的承保,对传统保险的大数法则等运用产生了一定的冲击。譬如,一种危险在既无统计数字又无理论分析可能的情况下也可以被承保,如在海上保险中,承保战争险在世界上任何地方都已成为惯例。尽管保险费率如何确定可能并不总是那么清楚,但它却能够被保险合同的双方所接受(参见[挪威]卡尔·H.博尔奇:《保险经济学》,庹国柱、王国军等译,商务印书馆1999年版,第427页)。又如,火箭、卫星发射保险等高端大额保单的出现,其并非建立在大数法则基础之上,而是基于共同保险与再保险的分摊。正如有学者指出,针对可保性的分析是基于事故发生概率以及风险强度,但最终造成的损失数额并不必然是一个主要问题,因为竞争性的保险市场也已经发展出应对大型风险的各种必要手段,如再保险、共同保险或共保联营等使保险人有能力完成大额赔付的机制,均不鲜见(参见[德]格哈德·瓦格纳主编:《比较法视野下的侵权法与责任保险》,魏磊杰、王之洲等译,中国法制出版社2012年版,第320页)。再如,资产证券化中的保证保险、保单证券化形式的巨灾保险也难以用大数法则解释其全部。同样,诉讼险的出现也打破了传统保险局限于客观风险的范围。如果我们原来关心的是外因导致的危险,那么今天风险的新的历史本性则来自内在的决策。它们同时依赖科学和社会的建构(参见[德]乌尔里希·贝克:《风险社会》,何博闻译,译林出版社2004年版,第190页)。

过大数法则将风险分散于众多投保人之间，保险的风险分散和风险保障并未发生变化。[1] 生活中"买保险就是买平安""买个心安而已"等不绝于耳即为保险保障的直观反映。有学者指出，保险制度最大的功能在于将个人于生活中因遭遇各种人身危险、财产危险及对他人之责任危险所产生之损失，分摊消化于共同体。[2] 具体到寿险，其主要目的在于保障受益人于被保险人身故后的生活安定，若一项合同的主要目的为医疗服务或投资服务，即使该合同具有保险的某些特征，其也不属于保险合同。[3] 因此，保险是以大数法则等数理技术为前提，将个体风险分散于整体，既承载了"我为人人，人人为我"的互助共济精神，又达到了安定生活保证的风险应对制度。如果经济没有不安定，保险就毫无必要。[4] 这既是保险内涵上的本质功能，也是其区别于投资、侵权责任、社会救助的根源差异。

基于对保险的不同理解，理论上有不同视角探讨保险的构成要素，主要存在"风险池、保险费、风险转移、损害"四要素，[5]"特定之危险事故、损失补偿与生活安定之确保、多数经济单位之集合、合理之计算基础、经济制度"

---

〔1〕 对于保险公司来说，保险是一种通过集合和分配来承担风险的业务，这是一种个人无法为自己执行的特殊技术，除非他们能够成为自己的保险人（原文为：For the insurance company insurance is a business of assuming risk through pooling and distribution, a special technique that individuals cannot perform for themselves unless they can become self-insurers）。See Tamar Frankel, *Regulation of Variable Life Insurance*, 48 Notre Dame Law 1017, 1082(1973).

〔2〕 参见江朝国：《保险法基础理论》，中国政法大学出版社2002年版，第19页。

〔3〕 人寿保险合同的主要目的必须是保护受益人。如果合同的主要目的不是为受益人提供保护，如提供健康服务、日光灯的服务和维修或投资服务，即使它包含一些保险功能，那么该合同也不是保险合同（原文为：The main purpose of a life insurance contract must be the protection of beneficiaries. If the predominant purpose of the contract is other than protection-for example, the provision of health services, the service and repair of fluorescent lights, or investment services, the contract is not a contract of insurance, even though it contains some insurance features）。See Tamar Frankel, *Variable Annuities, Variable Insurance and Separate Accounts*, 51 Boston University Law Review 177, 193 (1971).

〔4〕 参见[日]园乾治：《保险总论》，李进之译，中国金融出版社1983年版，第29页。

〔5〕 See George E. Rejda & Michael J. McNamara, *Principles of Risk Management and Insurance*, Pearson Education Inc. ,2014, p. 5.

五要素,[1]“共同团体、危险、同一性、补偿之需要性、有偿性、独立之法律上请求权”六要素[2]等不同看法。也有学者指出,寿险不可或缺的本质或必要条件为死亡风险池。[3] 通过对这些观点的分析,上述保险的构成要素可区分为经济层面和法律层面的两个视角。经济层面所强调的是风险池、多数经济单位之集合、合理之计算基础、同一性、经济补偿等要素,而这些要素本质上就是保险的大数法则等数理技术的要求。法律层面所强调的是保险费、有偿性、独立之法律上请求权等要素,而这些要素其实为保险合同的成立条件或效力体现。保险合同与数理技术均为保险制度本身不可或缺的因素,保险合同是作为保险的法律外观呈现,而数理技术作为其经济功能的实现工具,是一种更为内在、本质的要素。

换言之,保险合同建立在保险数理技术的基础之上,保险的不同构成要素均是从此衍生出来的,即上述保险的不同要素构成为学者的强调差异或理解的不同而已,并未存在根本的分歧。同时《保险法》上对投保人告知义务、危险增加通知义务以及保险利益等法律要求的提出实质上是为了防范逆向选择和道德风险,而这些要求是大数法则等数理技术本身的要求,否则样本推测理论和大数法则无法实现准确的推测和风险的分摊。[4] 由此观之,大数法则等数理技术是保险必不可少的构成要素,也是保险独有品格形成的因素。同时人寿保险以被保险人生命作为承保风险。因此,在法律上,若一项合同所承保风险为死亡风险,同时该风险承担符合大数法则等数理技术,则属于人寿保险范畴,[5]其亦可作为投连险属性的评判因素。而独立

---

〔1〕 参见袁宗蔚:《保险学——危险与保险》,台北,三民书局1998年版,第51~52页。

〔2〕 参见江朝国:《保险之定义及特性》,载《月旦法学杂志》1996年第13期。

〔3〕 See Notes, *Variable Annuity: Security or Annuity*, 43 Virginia Law Review 699, 793 (1957).

〔4〕 从信息不对称或投保人弱势地位去解释投保人告知义务、保险人说明义务并不充分,并没有把握这些义务产生的本质。

〔5〕 死亡风险池是保险的必要条件(Mortality Risk-Pooling is the Sine Qua Non of Insurance)。See Milton P. Kroll & Gary O. Cohen, *Insurance—Security Identity Crisis*, 46 George Washington Law Review 790, 799 (1978).

请求权、有偿性等因素都是保险合同本身的题中之义或法律效果,与投资合同并不存在本质差异,不应作为投连险法律属性的评判因素。

二、证券界定的构成要素

寿险主要在于为保险寿险受益人提供保障,防范其因被保险人死亡而遭受经济上的不测,而投资目的在于确保资本的回报率(return on capital)。[1]

证券的具体形式和类型灵活多样,投连险或变额年金能否归属证券类型,则需考量证券的界定。各国证券法对证券范围的规定也不尽相同。由此,需要剖析证券的实质定义和判断标准。有学者认为,证券是为证明或设定权利所作成的书面凭证,它表明证券持有人取得该证券所拥有的权利和利益。[2] 在此路径下,证券是一种具有占有性、要式性、收益性、流通性等特点的标准化权益凭证。但是,该界定并没有对证券的一般判断标准作出进一步分析。相较于法定证券类型,证券的实质判断可以适应证券市场瞬息变化的发展需要。对于证券的实质界定,理论和实务都比较青睐探究 Howey 检验规则。[3]

---

〔1〕 See Tamar Frankel, *Variable Annuities, Variable Insurance and Separate Accounts*, 51 Boston University Law Review 177, 196 (1971).

〔2〕 参见顾功耘主编:《证券法》,人民法院出版社 1999 年版,第 2 页。

〔3〕 就法定证券而言,美国《1933 年证券法》明确了股票、债券、投资合同等多种有价证券。任何票据、股票、库存股、债券、债务凭证、利益或参与任何利润分享协议的证书、抵押—信托证书、预组织证书或认购、可转让股份、投资合同、投票信托证书、担保存款证书。石油、天然气或其他矿权的部分不可分割的权益,或一般而言,任何通常称为"证券"的权益或工具,或任何权益或参与证书、临时或暂时证书、收据、担保或认购或购买上述任何一项的权利保证(原文为:Any note, stock, treasury stock, bond, debenture, evidence of indebtedness, certificate of interest or participation in any profit sharing agreement, collateral-trust certificate, preorganization certificate or subscription, transferable share, investment contract, voting trust certificate, certificate of deposit for a security, fractional undivided interest in oil, gas, or other mineral rights, or, in general, any interest or instrument commonly known as "security", or any certificate of interest or participation in, temporary or interim certificate for, receipt for, guarantee of, or warrant of right to subscribe to or purchase any of the foregoing)。See 15 U. S. C. § 77 b(1) (1964).

所谓Howey检验，是指美国SEC诉豪威案（SEC v. W. J. Howey Co.）对某项工具是否属于投资合同所提供的界定标准。即某项交易使人将其金钱（an investment of money）投资于企业共同体（a common enterprise），并通过仅来自他人的努力（solely from the efforts of others）而期待获得利润（expect profits）。[1] 该项判断标准包括四项要素，被后来诸多法院采纳，成为判定证券的重要标准。[2] 但该四项要素都被后来案件进行了一些修正或进一步解释。

其一，金钱投资。该项要求所购买的投资合同是以金钱方式出资。不过，在国际卡车司机协会诉丹尼尔案（International Brotherhood of Teamsters v. Daniel）中，法院并没有将投资局限在金钱形式，购买者放弃一些有形的和可定义的对价（some tangible and definable consideration）换取实质上具有证券上的利益亦符合该要素，但若出售的劳动力主要是用来谋求生计，则不能视为投资。[3]

其二，共同企业。美国联邦法院并未在该案对共同企业进行界定，但后来实践中对此项要求主要存在水平共同体（horizontal commonality）或垂直共同体（vertical commonality）认识。水平共同体通常要求设立资金池，投资者分摊该集合资金的风险。[4] 即该特征关注投资者之间的关系，投资者的

---

〔1〕 See SEC v. W. J. Howey Co., 66 S. Ct. 1100 (1946).

〔2〕 See Park McGinty, *What Is a Security*, 1993 Wisconsin Law Review 1033, 1052 (1993).

〔3〕 See International Brotherhood of Teamsters v. Daniel, 439 U. S. 551(1979).

〔4〕 三条线路需要一种被称为水平共同体的共同企业形式，其重点是个人投资者与企业中其他投资者之间的联系。这种形式的共同体要求投资者分担企业的风险，通常是通过汇集资金的方式。当水平共同体存在时，多个投资者在一个共同计划中拥有相互关联的利益，他们的命运交织在一起；他们汇集资源，按比例分享利润和分担损失（原文为：Three circuits require a form of common enterprise known as horizontal commonality, which focuses on the connection between the individual investor and other investors in the enterprise. This form of commonality requires that investors share the risk of the enterprise, usually through a pooling of funds. When horizontal commonality is present, multiple investors have interrelated interests in a common scheme and their fortunes are interwoven; they pool resources, share profits and share losses on a pro rata basis）。See Miriam R. Albert, *The Howey Test Turns 64: Are the Courts Grading This Test on a Curve*, 2 William & Mary Business Law Review 1, 16 - 17 (2011).

投资构成一个池子,每一投资者的收益的成功取决于总体的事业的成功。[1]

垂直共同体中又包括两种不同程度上的认定,即广义的垂直共同体(broad vertical commonality)和严格的垂直共同体(strict vertical commonality)。前者强调发起人的努力,要求所有投资人的财富增长取决于发起人的专长;[2]后者强调投资者的财富不但与寻求投资的人或第三方努力、成果交织一起,而且依赖于这些人的努力和成果。[3] 由于水平共同体标准和广义的垂直共同体存在一定的适用缺陷,[4]故有观点认为,只要显示某种形式的利润分配,该方法就能包括水平共同性和垂直共同性的"共同企业"。[5]

其三,仅来自他人的努力。该"仅"(solely)已被修正,即不能从"仅"的字面来理解,只要证明投资者以外的他人努力是不可否认的重要因素。[6]譬如,有法院解释为"主要地"(primarily)或者"本质上地"(substantially)或"显著地"(predominantly)来自他人努力。[7]

其四,期待获得利润。该项要素包含一项交易是否涉及任何期待的利润以及该利润是否由他人努力的结果两个不同的概念,[8]强调投资人期待的利润从共同体的投资努力处获得。[9] 该项特征主要能够区别于购买商品的投资性与消费性。其之间差异在于,一般认为,投资所期待获取的收益,与

---

〔1〕 参见邢会强:《我国〈证券法〉上证券概念的扩大及其边界》,载《中国法学》2019 年第 1 期。

〔2〕 See SEC v. Koscot Interplanetary, Inc., 49 F.2d 478 (5th Cir. 1974).

〔3〕 See SEC v. Glenn W. Turner Enterprises, Inc., 474 F.2d 476 (9th Cir. 1973).

〔4〕 譬如,水平的共同体排除了一个有限合伙人情形,有些证券也可能不存在基金的集合;广义的垂直共同体要求两个或两个的人分享某一企业利润。关于这两种方法的缺陷探讨,罗思教授有更为详细的精彩论述,可参见[美]路易斯·罗思、[美]乔尔·赛里格曼:《美国证券监管法基础》,张璐等译,法律出版社 2008 年版,第 204~205 页。

〔5〕 参见[美]路易斯·罗思、[美]乔尔·赛里格曼:《美国证券监管法基础》,张璐等译,法律出版社 2008 年版,第 205 页。

〔6〕 同上书,第 208 页。

〔7〕 See SEC v. Koscot Interplanetary, Inc., 497 F.2d 473(5th Cir. 1974).

〔8〕 See Warfield v. Alaniz, 569 F.3d 1015 (9th Cir. 2009).

〔9〕 需注意的是,该项利润不仅包括投资所产生的收入,也包括所投资本的增值。See SEC v. Infinity Group Co., 212 F. 3d 180(3d Cir. 2000).

购买商品或者服务不同,不在于交易载体本身,而在于投资所产生的利润。[1]

但是,上述 Howey 检验是否能作为证券的实质界定,在域外存有分歧。有学者认为,证券的内涵应以 Howey 检验作为其判断标准,美国联邦法院在 Howey 案中对投资合同的界定是灵活的,与国会界定证券宽泛的概念是保持一致的。[2] 我们应将证券的界定解释为对投资合同的判定,即 Howey 检验。[3] 根据该检验,当对一项经济权证具有合理期待的利润来自其他人的努力,投资合同便存在。[4] 也有观点认为,Howey 检验只是为了检测某项金融工具是否属于投资合同,并非对证券本身的检测。证券这一术语本身并不存在一个普遍或一般的标准。[5] 而且,将 Howey 检验适用于传统股票和证券法界定的其他种类证券,则使证券法列举大量的证券工具成为多余的。[6] 由此看出,对于 Howey 检验的分歧在于,是将其适用于证券的实质界定还是将其视为对投资合同的界定。从投连险的法律表现形式来看,其是以寿险保险合同的名义出现,其中包括了传统寿险和投资两部分内容。无论先确定投连险合同是否属于投资合同进而回归证券,还是先确定投连险合同是否为证券再归属投资合同类型证券,都指向投连险合同是否为投资合同,即 Howey 检验规则作为投连险合同的属性评判并不受上述分歧的影响。因此,Howey 检验可作为投连险法律属性的分析因素。

---

〔1〕 参见彭冰:《非法集资行为的界定——评最高人民法院关于非法集资的司法解释》,载《法学家》2011 年第 6 期。

〔2〕 See Miriam R. Albert, *The Howey Test Turns 64: Are the Courts Grading This Test on a Curve*, 2 William & Mary Business Law Review 1, 1 (2011).

〔3〕 See International Brotherhood of Teamsters v. Danie, 99 S. Ct. 790 (1979). 国内也有学者认为应将 Howey 检验作为证券的实质性判断标准。参见姚海放:《论证券概念的扩大及对金融监管的意义》,载《政治与法律》2012 年第 8 期;陈洁:《金融投资商品统一立法趋势下"证券"的界定》,载《证券法苑》2011 年第 2 期。

〔4〕 See John J. Eklund, *What is a Security*, 36 Washington and Lee Law Review 847, 861 (1979).

〔5〕 参见[美]路易斯·罗思、[美]乔尔·赛里格曼:《美国证券监管法基础》,张璐等译,法律出版社 2008 年版,第 192 页。

〔6〕 See Landreth Timber Co. v. Landreth, 471 U.S. 681 (1958).

第二节　投连险法律属性的评析及其“主导性因素”定性的局限

一、投连险法律属性评析

前已述及,投连险是包含保险和证券两部分内容的金融复合型产品。虽然投连险被监管部门界定为保险产品,但其实质的法律属性往往更加侧重于证券属性。

首先,投连险在法律上以合同呈现,参考上述分析保险、证券的构成要素,故可从该合同内容上分析投连险的法律属性。

就合同条款而言,投连险合同包含保险和投资两部分条款内容,并且通过投资账户参与投资。一般而言,这种在保险保障账户之外,再另设立的投资账户往往是作为投连险投资理财功能的载体和实现工具,而不是服务于保险保障。同时,从销售广告、产品说明书等来看,有些投连险合同标明或特意告知“本产品偏重理财”,这是投资性强的投连险产品的直接表现,[1]但这些合同未明显传达出投连险的设计理念。购买者的目的主要是期待该产品所带来的投资理财收益,而非保险所带来的保险保障。因为主要保费进入投资账户,期待该“保费”的收益,并完全承担该部分的投资风险。可见,尽管投连险包含保险内容,但其保险内容并非主要的。

其次,决定一项不常见的权证是否为证券的最重要因素在于发现该权证的真正特质。[2] 投连险作为一种新型金融产品,不能仅限于合同形式分析,还要对其运作模式进行实质探讨。

---

〔1〕 原保监会规定保险产品定名、产品说明书以及相关产品宣传材料中不得包含“理财”“投资计划”等表述,也就意味着当下保险理财产品销售不能以“理财”等词语表述。参见《关于规范人身保险公司产品开发设计行为的通知》(保监人身险〔2017〕134 号)。

〔2〕 See John G. Sobieski, *What is a Security*, 25 Mercer Law Review 381, 392 - 393 (1974).

传统寿险合同的成立需要以交纳保费作为对价,除了与投资合同的金钱投资存在相同点之外,传统寿险并不关注投资合同的共同体、来自他人的努力以及期待获利的要素。但是,根据前述论及投连险的运作模式,特别是设有专门的投资账户,该账户能够满足 Howey 检验中的各项要素。有学者指出,从功能角度看,基金和分离账户相似,因为个人投资者既无力支付私人财务经理人费用,也不能提供专业管理咨询,基金和分离账户实现了个人投资者在股票、债券直接投资中提供他们难以做到的多元化投资。[1] 所以,尽管投资账户资金名为保费,但并非以保费作为对价换取保险人承担所转移的风险于约定情形发生时的补偿或定额给付,而是期待通过保险人的专业理财,获取投资收益。Howey 检验要求购买人从他人努力中获得利润的主观期待必须是主要的动机,而不能是附带的目的。[2] 投连险保单持有人的购买主观目的亦是符合。变额年金所存在的经济诱因可能促使投保人忽视传统保险合同的保障,反而追求分离账户投资价值的增长。[3] 因此,投连险收取风险保障费用,实际上投连险的身故保障金几乎取决于该投资账户的价值,与传统寿险运作模式大相径庭,该账户也完全符合 Howey 检验。

再次,以“平安赢定金生投资连结保险合同”为例,进行分析。该产品首期保险费收取一定比率的初始费用(如不超过 20 万元,初始费率为 4%),按照投资单位数量的约定分配进入投资账户。该险的现金价值等于投资账户下投资单位价值总额,而该险身故保险金为投资账户价值总额的 105%。而且,该险投资账户中又设有“平安发展投资账户”“平安基金投资账户”“平安精选权益投资账户”“平安货币投资账户”,并对各账户设有投资比例,如

---

〔1〕 参见[美]哈威尔·E. 杰克逊、[美]小爱德华·L. 西蒙斯编著:《金融监管》,吴志攀等译,中国政法大学出版社 2003 年版,第 812 页。

〔2〕 See Miriam R. Albert, *The Howey Test Turns 64: Are the Courts Grading This Test on a Curve*, 2 William & Mary Business Law Review 1, 19 (2011).

〔3〕 See Securities and Exchange Commission v. United Ben. Life Ins. Co., 387 U. S. 202 (1967).

"平安基金投资账户"为60%～100%,可满足投资者不同的风险追求。[1]可以看出,该产品的保险保障价值完全取决于投资账户的价值,该险的保费、保单现金价值、身故保障金将直接由该投资账户投资单位来表现和计算。

同时,投连险的证券属性也可以体现在其受资本市场波动相应的影响。譬如,从上证指数与投连险的销售情况来看,投连险的销售量与上证指数大体呈现正相关的关系(见表13)。在资本市场表现良好时,投连险的投资表现也使购买者满意,进而增加投资。相反,如果资本市场表现欠佳,投连险投资表现也易使购买者不满,从而缩减投资。这种直接受到资本市场表现而使投连险投资收益波动的特点,正是证券属性的反映。而这种波动也并非传统寿险功能的内容,并不能达到生活安定的保障目的。

表13 上证指数与投连险的销售情况

年份	上证指数		投连险(百万元)	年份	上证指数		投连险(百万元)
	(Min)	(Max)			(Min)	(Max)	
2000	1361.21	2125.72	1660	2010	2319.74	3306.75	552.23
2001	1514.86	2245.44	10,661	2011	2134.02	3067.46	454.24
2002	1339.2	1748.89	6935	2012	1949.46	2478.38	436.33
2003	1307.4	1649.6	6389	2013	1849.65	2444.8	8317.51
2004	1259.43	1783.01	5295	2014	1974.38	3239.36	28,949.79
2005	1000.52	1328.53	4584	2015	2850.71	5178.19	67,788.33
2006	1161.91	2698.9	5982	2016	2668.76	3301.21	93,897.44
2007	2541.52	6124.04	39,383	2017	3016.53	3450.49	47,041.76
2008	1664.93	5522.78	42,549.8	2018	2449.2	3587.03	33,285.30
2009	1844.09	3478.01	11,247.8	2019	2440.91	3288.45	37,600.00

注:该表数据是笔者基于原保监会办公厅主办的历年《中国保险年鉴》、原保监会官网、银保监会官网、上海证券交易所官网公布的统计情况整理而成。需注意的是,原保监会自2013年后,投连险独立账户新增交费单独统计,并不包括在原保险保费收入之内。

[1] 参见"平安赢定金生投资连结保险合同",平安人寿[2012]终身寿险023号。

最后,监管部门对投连险的精算规定也是侧重调整投资账户。前已述及,原保监会对于投连险的界定必须包括风险保障的因素,同时也要求保险人披露内容里包括了“用精算方法确定的风险保障费用”。[1] 2003 年,原保监会颁布《关于印发人身保险新型产品精算规定的通知》(保监发〔2003〕67号)对投连险的风险保费也进行了简要规定。譬如,“风险保险费应当通过扣除投资账户单位数的方式收取,其计算方法为风险保额乘以预定风险发生率的一定百分比,该百分比不得大于 100%。其中,预定死亡率应当采用中国人寿保险业经验生命表所提供的数据”。又如,对于期交保费的投资连结保险,一个保单年度的最低基本保费不得高于人民币 3000 元,最高基本保费不得高于人民币 5000 元。[2] 但是,该规定虽然包括了对风险保费的界定和期交保费的上下限额,但该文件主要内容在于规范“投资账户评估与投资单位定价”,而对风险保费的精算条文内容规定得比较简要。由此可见,原保监会对于投连险的精算内容规定也在强调投连险的证券内容部分。

因此,尽管投连险涉及保险、证券双重性质,是一款复合型的金融产品,但该合同的实际运作却完全依赖于投资账户的运作,该账户的收益在保险事故发生时转为身故保障金,其事实上偏离了寿险风险池、大数法则等数理技术,运作模式上契合证券的实质界定,其主要目的已不再是追求传统保险保障,而是投资收益的增长。

二、与分红保险、万能保险、变额年金的比较分析

在前述分析投连险的法律属性后,也有必要比较分析分红保险、万能保险、变额年金等产品之间法律属性的差异,从而可以进一步明晰投连险法律性质的特点。

首先,就分红保险而言,保险人每一会计年度向保单持有人实际分配盈

---

[1] 参见《人身保险新型产品信息披露管理暂行办法》(保监会令〔2001〕6 号,现已失效)第 9 条。

[2] 参见《个人投资连结保险精算规定》(保监发〔2003〕67 号,现已失效)第 6 条。

余的比例不低于当年全部可分配盈余的70%。[1] 该项红利分配由保险人每年实际的经营成果来决定,即在业绩良好时,红利分配会更多,若保险人业绩一般甚至不佳,则红利分配较少或不分配。该部分不确定的风险是由保单持有人和保险人共同承担。这种红利分配所体现的投资属性事实上为投保人以债权人身份享受类似保险公司的股东利润分配的权利,并未直接参与投资。但是,原保监会要求分红保险的死亡保险金额不得低于已交保费的120%,而且保险公司厘定保险费应当符合一般精算原理。[2] 一般而言,分红保险是保险人采用相较保守的精算假设设置较高的费率,如更高的死亡率、退保率、经营成本或更低的利率,再通过每年该类产品保费投资所产生的盈利以分发红利的方式分配给保单持有人。因此,分红保险尽管具有投资属性,但其实际仍按照传统寿险运作。

以"平安尊宏人生两全保险(分红型)"为例,该险并非单独设有投资账户,所交纳保险费都直接进入保障账户,生存保险金按基本保险金额的18%或20%给付,身故保险金按所交纳保险费的120%或105%给付,同时投保人享有保险公司分红保险业务可分配盈余的权利。[3] 但是,投保人分享的红利并非通过购买投资单位,也未指示保险公司按照其投资意愿与第三方交易,从而获得投资收益。该款险在产品销售上按照传统寿险销售模式,其经营利润主要来自死差、利差和费差。同时,分红保险的保险金给付并非建立在投资基础之上,而是基于死亡风险池等精算得出的,并非主要依赖保险人的投资业绩。从证券实质界定来看,投保人交纳保费至保险人,该保费全部进入保障账户而非投资账户,[4] 并未以委托理财的方式期待未来收益增长,其只是参与保险公司的实际经营业绩的分红,不符合证券实质界定。

---

〔1〕 参见《分红保险管理暂行办法》(保监发〔2000〕26号)第12条。

〔2〕 参见《分红保险精算规定》第4条、第5条。

〔3〕 参见"平安尊宏人生两全保险(分红型)",平安人寿〔2015〕两全保险041号。

〔4〕 原保监会只是要求保险公司应为分红保险业务设立一个或多个单独账户,单独账户应单独管理、独立核算。参见《分红保险精算规定》第13条。

其次,就万能保险而言,原保监会并未要求万能保险为每个投保人设立单独账户,但实践中万能保险一般都有投资账户,以便随时追加投资或风险保额。典型的万能险包括附加费用(统一费率或保费比例)以及基于被保险人死亡风险收取的保险费,剩余部分进入能够获得货币市场利率的投资账户。故万能险保费流向两部分,一部分进入保障账户,另一部分进入投资账户。该账户资金可随时支取,类似于银行的储蓄账户,其投资收益是依结算利率来获取利益,而非以投资单位的方式计算。该账户的资金参与证券市场投资,且投保人的收益也由该账户的投资表现决定。

原保监会要求万能险死亡风险保额不得低于保单账户价值的5%,并提供最低保证利率。[1] 但实践中万能险中对于保险属性的权重大相径庭,有的风险保费甚至为零,符合证券的实质界定,甚至演变成一种融资工具。譬如,“安邦东风5号两全保险(万能险)”[2]在保单账户之外,单独设立了万能账户,该账户的投资组合及运作方式由保险人决定。保险人对投保人所交纳的保费收取1%的初始费用,但是对于保单管理费用以及前5个保单年度不收取风险保险费。换言之,该险保单管理费用和前5个保单年度的风险保费均为零,即并没有支付风险转移的对价,投保人所期待的账户价值直接取决于该账户的投资表现。[3] 该险的最低保证利率为3%,高于同期银行存款利率,这种高回报承诺对保险人的资金运用能力提出了更高的要求,容易面临资产负债错配等风险。可以看出,这类万能保险投资账户的实际运作已经脱离传统大数法则等数理基础,也并未达到保险保障的目的,相反其符合 Howey 检验,追求更高的投资收益,表现出明显的证券属性。

最后,就变额年金而言,该产品是保单利益与连结的投资账户投资单位

---

〔1〕 参见《万能保险精算规定》第2条、第4条。

〔2〕 安邦人寿销售过同类偏重理财的万能险还有“安邦盛世9号两全保险(万能型)”“安邦盛世3号终身寿险”“安邦盛世5号终身寿险”等。

〔3〕 参见“安邦东风5号两全保险(万能险)”,安邦人寿〔2017〕两全保险13号。

价格相关联,同时按照合同约定具有最低保单利益保证的人身保险。[1] 相较于分红保险、万能险、投连险等实践在先、制度跟进的方式上,我国变额年金却是制度引导、实践跟进的方式。[2] 我国第一款变额年金保险为金盛人寿于2011年推出的“保得盈”变额年金计划。较之传统定额年金,变额年金采取投资账户,提供最低保单利益保证,采取年金化支付方式。可以看出,变额年金的设计上兼具投连险、万能险和传统年金的特点。变额年金收益率不固定,而是基于投资收益率。保单账户价值为保单连结的投资账户单位数乘以投资单位价格,有着明显的投资属性,变额年金保险的费用结构与上限,与投连险一致,[3]但投连险并无保底承诺,而变额年金存在保底条款,其投资属性强于万能险,弱于投连险。

以“工银安盛人寿保得盈年金保险(变额型)”为例,该险在广告销售中明确其是作为一种理财工具。[4] 该险保险人扣除不高于5%的初始费用,剩余保险费按下一个计价日的买入价买入投资单位,并转入个人账户,身故保险金的数额也取决于个人账户价值。该险投资账户采取投资组合方式,对权益类资产配置0~60%,固定收益类资产30%~90%,流动性资产为0~20%。尽管该险承诺在未发生部分领取或退保的情况下,确保在博取潜在收益的同时,所交保费100%免于投资损失,但该险单独另设投资账户来管理和计量各项投资活动,投资活动产生的投资损益均计入投资账户。[5]

---

〔1〕 变额年金保险,是指保单利益与连结的投资账户投资单位价格相关联,同时按照合同约定具有最低保单利益保证的人身保险。参见《变额年金保险管理暂行办法》(保监发〔2011〕25号)第1条第1款。

〔2〕 2011年,原保监会的《关于开展变额年金保险试点的通知》(保监寿险〔2011〕624号),鼓励产品创新,并展开变额年金保险试点工作。

〔3〕 《变额年金保险管理暂行办法》第4条规定:“变额年金保险的费用结构与上限,参照《投资连结保险精算规定》执行。”

〔4〕 如该险官网的宣传,载 https://www. icbc-axa. com/product/personal/personal4/wealth15/productdetail. jsp? CSRT = 14423505239914468065。

〔5〕 参见“工银安盛人寿保得盈年金保险(变额型)条款”,〔2012〕字第1-1号文呈报原保监会批准。

可以看出,这与投连险投资账户无异,目的在于从事证券投资,偏离传统寿险的运作方式,亦符合 Howey 检验。

据此,可以发现,分红保险、万能险、投连险、变额年金都表现出明显的投资理财属性,但是分红保险的红利分配却不同于投连险等投资账户收益分配。分红保险通过保险人的经营业绩而取得红利分配,不单独设立投资账户,其收益也并非按照投资单位来计算收益。即分红保险的投资功能只是广义上的投资,并非狭义上的投资。而万能险、投连险、变额年金是通过专门的投资账户来实现其投资功能,为狭义上的投资(见表 14)。

表 14　投资属性表现方式的比较

项目	传统两全、终身寿险	分红保险	万能保险	变额年金	投连险
投资属性表现形式	现金价值	红利分配	结算利率	投资单位	投资单位
投资性强度	弱 ——————————————————→ 强				

三、投连险"主导性因素"法律定性的困境

上述分析投连险包括保险保障和投资理财两项要素,并且通常投资理财的特点更加显著。基于此,投连险作为整体时,该如何定性或者如何进行法律适用,这是理论研究的纠结之处。因为这种主导性因素判断会进一步影响其法律适用。譬如,有观点认为,判断接受投资型保险服务的个人是否属于保险消费者,要看该投资型保险是偏重保险保障,还是投资。购买分红险、万能险这类主要以获得保险保障为目的的行为,应该受到《消费者权益保护法》的保护,而对于投资属性更为显著的投资连结型保险,不应纳入《消费者权益保护法》的调整范围。[1]

从一些典型案件来看,虽然少数意见认为"寿险是不断发展的制度,它

〔1〕 参见温世扬、范庆荣:《"保险消费者"概念辨析》,载《现代法学》2017 年第 2 期。

的形式会发生变化,我们不愿僵化理解'保险'或'年金'的内涵",[1]但是多数意见都强调投资风险的承担,都从投资风险承担的视角来分析其不符合保险要素,其中也包含了法院对变额年金投资部分和保险部分的权衡,即依哪一部分占据主导来推断其法律定性。[2] 也就是说,变额年金的法律定性需要在根本上权衡保险要素和证券要素的比重。[3] 有观点将其称为"主导因素测试"(predominant test)的方法,[4]即如果保险保障和死亡补偿占主导、主要和核心位置,而投资因素是次要、第二位和从属的,就不存在证券。[5] 反之,若投资属性占据主导,则变额年金为证券,而非保险。但是,对

---

[1] 我们意识到,人寿保险的制度是不断发展的。常识告诉我们,即使在一代人的时间里,其形式也发生了很大变化。我们不会承诺将"保险"或"年金"的概念冻结在这些联邦法案通过时的模式中(原文为:We realize that life insurance is an evolving institution. Common knowledge tells us that the forms have greatly changed even in a generation. And we would not undertake to freeze the concepts of "insurance" or "annuity" into the mold they fitted when these Federal Acts were passed)。See SEC v. Variable Annuity Life Ins. Co., 359 U. S. 65, 71 (1959).

[2] 虽然美国联邦法院在法律定性上以"主导性测试"来界定变额寿险的法律属性,但在UBLIC案中,对"弹性基金年金"的年金买入期(pay-in period)和年金支付期(pay-out period)能否分开进行分析有过争议。因为该产品到期后,保单持有者可选择由保险人一次性给付保险金或者将其账户资金转入公司一般储蓄账户(general reserves of company),由保险人定期给付,完全按照传统年金的运作,故UBLIC和下级法院认为系争年金应该作为整体来看待(considering the contract as a whole),并认定为保险范畴,但联邦法院采纳SEC的观点,认为系争年金的买入期和支付期的运作是能够独立的,不同意将其视为整体。因为系争年金合同包括两个完全不同的承诺,且他们各自的运作方式在某个固定的时间点是独立的。See SEC v. United Ben. Life Ins. Co., 387 U. S. 202, 207 (1967).

[3] See Milton P. Kroll & Gary O. Cohen, *Insurance—Security Identity Crisis*, 46 George Washington Law Review 790, 803 (1978).

[4] 例如,在VALIC案中,法院在确定了它所认为的产品的保险和投资特征后,对它们进行了相互衡量,并认为保险特征是投资特征的"附属和次要"(原文为:In VALIC, the Court, having identified what it found to be the product's insurance and investment features, measured them against each other and found the insurance features to be "ancillary and secondary" to the investment features)。See Milton P. Kroll & Gary O. Cohen, *Insurance—Security Identity Crisis*, 46 George Washington Law Review 790, 803 (1978).

[5] 只要保险保障和死亡率的考虑是主要的、核心的,而投资方面是次要的、辅助的,这样的产品就不是"证券"(原文为:as long as insurance protection and mortality considerations are dominant, principal, and central, and investment aspects are subordinate, secondary, and auxiliary, a product will not be a "security")。See Milton P. Kroll & Gary O. Cohen, *Insurance—Security Identity Crisis*, 46 George Washington Law Review 790, 794(1978).

于“主导性因素”的判断是非常有争议的。譬如,有观点持反对意见,其认为,变额年金所承保的风险为意外的寿命(unexpected longevity),系争年金的保险人保证无论被保险人的寿命多长,都会支付年金,这说明保险人承担了风险,同时该风险也分散在所有被保险人。因此,从风险转移和风险分散视角来看,变额年金应为保险。[1]

对于投连险两种属性的主次判断,本书认为,无论是以投资风险是否转移,还是以产品吸引力和购买者的主观目的等因素判断,都能够分析出投连险中投资部分的主导性。但是,以该主导性因素依旧难以对该产品法律属性作出准确的衡量,也会由此产生新的分歧,并未使问题真正解决。譬如,这种以“主吸收从”的方式来进行法律界定,再进行相应的保险法或证券法适用的路径,势必对该路径下“次要部分”产生忽视,造成“次要部分”法律的规范缺失。有学者也指出,对于复合性金融商品而言,硬将其归入银行、保险或证券产品中,在识别上必将遇到巨大困难。[2]

诚然,对于某种新事物如何适用现行法,一般法律思路是对该新事物寻求法律定性,再适用相应的法律。但是,该思路适用于投连险的困境在于,该产品兼具保险和投资的双重属性,打破了传统分业经营、分业管理的金融体制,并非传统意义上的保险,也非现行证券法下的证券类型。若为保险,回归传统保险框架下,则证券部分无法得到规范;若为证券,投连险投资账户依附于保险属性,以及不能公开交易等特点也使其并非能够简单适用证券法就能了事。[3] 该思路也反映在我国司法实践中。譬如,前述论及的司

---

〔1〕 See C. Lee Jr. Cook, *The Legal Barriers to the Variable Annuity*, 1958 University of Illinois Law Forum 466, 469 (1958).

〔2〕 参见叶林:《金融消费者的独特内涵——法律和政策的多重选择》,载《河南大学学报(社会科学版)》2012 年第 5 期。

〔3〕 有法院认为,新型保险的保单价值属于责任财产,可以强制执行。参见浙江省高级人民法院《关于加强和规范对被执行人拥有的人身保险产品财产利益执行的通知》,浙高法执〔2015〕8 号。

法裁判主要基于投连险是发行在保险名下,而定性为“人身保险合同纠纷”,[1]并局限适用于《保险法》规范。同时,又有法院认可该类险的投资属性,并适用证券投资的“买者自负”逻辑。虽然当下司法裁判的思路在我国现行金融“分业经营、分业管理”的成文法体制下是易于理解的,但问题在于,投连险作为一种金融复合型产品,若局限适用于保险法而忽视证券法、证券投资基金法、信托法等法律的适用,则会造成投保人购买该类产品的信息供给不足,其投资权益也无法得到证券法上信息披露等制度的保护,也易出现如2001年和2008年投连险大规模退保事件。这既非问题解决的应然之道,也非投资权益保护的完善方向。

因此,投连险定性为我国现行法下的“证券”或“保险”都是不准确的,或者说定性为“保险”或“证券”都是可以的,其关键在于定性之后的法律适用如何展开,使其得到相应的合理逻辑规范,避免监管漏洞和投资者保护的缺失。总而言之,投连险的形式定性并非该产品法律规范的症结所在,而是采取何种规范方式使其能够回归到现行法律的调整。正如布伦南(Brennan)法官强调的,存在争议的合同划归是一个“真正的”保险或“真正的”证券(非此即彼)将产生困惑,并且将这一问题归入这个类别或那个类别是毫无意义的。[2]

第三节　比较法上的规范处理

一、美国法上变额年金的规范方式[3]

在美国变额年金法律属性的界定中,SEC一直扮演着非常重要的角色。

---

〔1〕 如毛某与某保险公司北京市分公司人身保险合同纠纷上诉案,北京市第二中级人民法院民事判决书(2007)二中民终字第13591号。

〔2〕 See SEC v. Variable Annuity Life Ins. Co., 359 U.S. 65 (1959).

〔3〕 参见李游:《金融复合型产品的定性与监管转型:美国变额年金的借鉴与启示》,载《经贸法律评论》2023年第1期。

SEC是依《1934年证券交易法》成立的，隶属于美国联邦，负责证券监督和管理工作。SEC对变额年金法律定性的立场一贯明确，即主张变额年金是由其监管的证券（variable annuities are securities regulated by the SEC）。[1] 如果公司没有依照《1933年证券法》和《1940年投资公司法》向SEC注册和披露变额年金，就不能销售该年金。SEC的立场也进一步体现在其颁布的规范文件中。譬如，SEC在1973年的第33-5360号释令（Release No. 33-5360）中指出，变额年金缺乏保险的构成要素，保单持有人持有分离账户就承担了投资风险；[2] 在第33-6051号释令（Release No. 33-6051）中也提出，要重视从死亡风险、投资风险等多角度分析变额年金。[3] 在SEC的立场来看，尽管变额年金存在一些保险因素，但并不能因此而改变其证券的本质特点，尤其是就变额年金运作模式的特点而言，变额年金与共同基金呈现诸多共同特点，因此应当将变额年金认定为证券。

与美国联邦法院不同的是，SEC对变额年金法律地位的界定主要考量的是投资因素在系争产品中的重要性，即根据产品说明书、吸引力以及投资者的投资风险来判断投资因素的重要性程度，[4] 但不会以变额年金中的死亡风险作为其法律属性的判断因素。对此，有观点指出，SEC这种判断方法是基于形式重于实质（form over substance）、外观重于经济实质（appearance over economic reality），是不足信的。[5] 本书对于这种批判亦是认可的，因

---

[1] See SEC, Annuities, https://www.sec.gov/fast-answers/answersannuityhtm.html.

[2] See SEC No. 5360 (Jan. 31, 1973).

[3] See Release No. 33-6051.

[4] 美国证券交易委员会通过评估在产品的展示、吸引力和购买者的投资风险等方面的投资要素来衡量其“重要性”（原文为：The SEC assesses the investment elements for their “importance” primarily in terms of the product’s presentation, appeal, and investment risk to purchasers）。See Milton P. Kroll & Gary O. Cohen, *Insurance—Security Identity Crisis*, 46 George Washington Law Review 790, 794 (1978).

[5] 具有讽刺意味的是，这样的测试是一种形式大于内容、表面大于经济现实的不可靠的方法（原文为：Ironically, such a test smacks of the discredited approach based on form over substance, appearance over economic reality）。See Milton P. Kroll & Gary O. Cohen, *Insurance—Security Identity Crisis*, 46 George Washington Law Review 790, 795 (1978).

为 SEC 从变额年金的某一特征来衡量，并不充分。变额年金是一种保险和证券的混合产品（hybrids of insurance and investment）。[1] 从保险角度来看，在变额保险中，尽管被保险人的寿命无法准确预测，但保险人保证（guarantees），无论被保人寿命多长，都会持续给付年金，以保险的风险转移（risk-shifting）和风险分摊（risk-distribution）来测试，变额年金符合这两个要素，应为保险。[2] 尽管变额年金的显著特征是养老金领取者付款购买证券基金的单位，很像开放式投资公司的情形，[3]但这仅是变额年金法律属性的一个面向。许多保险产品本身就具备一定的投资特点。因为从投资概念本身来分析，任何为获取收益的资金投入安排都可以称为广义上的投资。[4] 譬如，现金价值、固定给付、储蓄功能等合同条款反映传统寿险具有投资性质的一面。[5] 同时，从美国《1933 年证券法》第 3（a）条“exempted securities”的表述来看，对年金合同等保险采取的是豁免（exempt）而非排除（exclude）。其差异在于，若采取的是排除（exclude），则保险并不属于证券的范畴（not within the scope of the securities law），若采取的是豁免（exemption），则保险只是不要求遵从（compliance not required）。[6] 可见，《1933 年证券法》第 3（a）（8）条表面上似乎形成一种否定暗示：保单是证券，只是豁免注册，但仍要受反欺诈条款管辖。[7] 因此，如果传统保险业具备一

---

〔1〕 See Tamar Frankel, *Variable Annuities, Variable Insurance and Separate Accounts*, 51 Boston University Law Review 177, 186 (1971).

〔2〕 See C. Lee Jr. Cook, *The Legal Barriers to the Variable Annuity*, 1958 University of Illinois Law Forum 466, 469 (1958).

〔3〕 ［美］路易斯·罗思、［美］乔尔·赛里格曼：《美国证券监管法基础》，张璐等译，法律出版社 2008 年版，第 219 页。

〔4〕 See Tamar Frankel, *Variable Annuities, Variable Insurance and Separate Accounts*, 51 Boston University Law Review 177, 196 (1971).

〔5〕 这些条款性质不视为狭义上的投资行为，其原因在于这些条款本身作为人寿保险的一部分，是建立在死亡风险池以及大数法则等数理技术基础之上。

〔6〕 See Patrick S. Collins, *Regulation of Securities, Markets, and Transactions: A Guide to the New Environment*, John Wiley & Sons, Inc., 2011, p. 10 – 11.

〔7〕 参见［美］路易斯·罗思、［美］乔尔·赛里格曼：《美国证券监管法基础》，张璐等译，法律出版社 2008 年版，第 218 页。

定投资的特点,那么 SEC 仅权衡变额年金中的投资因素,忽视保险属性的逻辑,亦值得商榷。

依上述探讨可得出,尽管联邦法院与 SEC 对变额年金法律属性的判断方法不同,但都试图挖掘系争年金中是保险特征为主导还是证券属性为主要部分,从而再以"主吸收从"的思路对变额年金进行法律定位。然而,前已述及,该思路存在法律适用上的困境,如变额年金的法律适用也难以完全遵循证券法规定。为此,SEC 为了更好地监管变额寿险,以及关注到变额寿险金融复合属性的一面,颁布了"151 规则"(Rule151)和"151A 规则"(Rule151A)等规则,对符合条件的变额年金排除证券法的适用。

"151 规则"中的"安全港规则"(Safe Harbor)是 SEC 在 1986 年颁布的。该规则规定,若某项年金符合以下三项条件,则视为《1933 年证券法》第 3(a)(8)条所豁免证券法适用的年金:(1)由受州监管的保险人发行;(2)保险人承担了投资风险;(3)该合同主要不是作为投资的营销。[1] 后来,SEC 于 2009 年对此进行修正,颁布"151A 规则",将符合"保险人支付保险金与某一证券投资表现相关""支付金额超过不太可能超过保底金额"的保险必须依证券法注册、披露。[2] 同样,SEC 也意识到,变额年金受《1940 年投资公司法》的规范是一件非常困难的事情,因为变额年金合同具有保险和投资的双重特点,该年金及其分离账户并非像基金一样能够有效适用《1940 年投资公司法》的调整。[3] 同时,为规范定额变额保险(scheduled premium variable life insurance)和弹性保费变额年金(flexible premium life insurance),以及更好适用《1940 年投资公司法》,美国分别制定了 6e－2 规则和 6e－3(T)规则。在 1976 年制定的 6e－2 规则中,该规定对独立账户

---

〔1〕 See 17 CFR 230. 151: Safe harbor definition of certain "annuity contracts or optional annuity contracts" within the meaning of section 3(a)(8).

〔2〕 See Release No. 33－9152.

〔3〕 See Request for Comments on Reform of the Regulation of Investment Companies, Investment Company Act Release No. 17534 (June 15, 1990).

(separate account)进行界定,并规定对《1940年投资公司法》的一些豁免情形。譬如,豁免于《1940年投资公司法》第18(f)(1)条关于开放式投资公司发行优先证券的规定,允许其豁免于《1940年投资公司法》第22(e)条、第27(c)条关于赎回的规定,允许豁免于《1940年投资公司法》第18(i)条关于投票权要求的规定。[1] SEC于1987年制定6e-3(T)规则,对弹性缴费的变额寿险独立账户进行一些暂时性豁免,规定了变额年金独立账户资产来源限于变额寿险合同的销售、出售定额变额寿险合同、与该类合同有关的分红累积、独立账户运作的预付款、独立账户资产、可变年金或其他不涉及生命或有风险(life contingencies)的合同的责任。[2]

由上得知,SEC对于变额年金和变额寿险规范的内容限于披露(disclosure)、反欺诈(antifraud)以及销售行为(sales practice),[3]并不对保险人的偿付能力等方面进行监管,即对传统上属于州监管保险的范畴并不干涉。事实上,美国SEC后来也认识到,这类投资型保险不仅仅是投资合同,也不仅仅是保险合同,保险和投资因素能被精确地分开,以便州保险管理机构管理前者,SEC管理后者。[4]

此外,从各州的规定来看(见表15),尽管目前多数州仍将变额年金视为保险,但也存在不少州改变传统立场,在其州证券法中明确变额年金作为证券的一种形式。譬如,夏威夷州的蓝天法(州证券法)采纳《1956年统一证券法》(Uniform Securities Act of 1956),该法主要规定关于变额年金等金融产品的销售;同时,该州的保险法也采纳NAIC所颁布的《变额年金模范规定》(Variable Annuity Model Regulation),而该模范规定将变额年金定位于保险而展开规范。可见,在夏威夷州的法律体系中,变额年金同时适用保险

---

〔1〕 See 17 C. F. R. § 270.6e-2.

〔2〕 See 17 CFR 270.6e-3(T), Subsection(a)(2), (a)(3).

〔3〕 See SEC Release No. 33-9152; File No. S7-14-08.

〔4〕 参见[美]路易斯·罗思、[美]乔尔·赛里格曼:《美国证券监管法基础》,张璐等译,法律出版社2008年版,第220页。

法和证券法,《夏威夷州修正法》(Hawaii Revised Statutes)第 485 章《统一证券法(修订版)》[Uniform Securities Act(Modified)]中第 485A－102 条中对于证券的界定列举中,明确包括了变额年金。[1]

表 15　美国各州证券法对变额年金法律属性的立场

属性	采纳 NAIC 模范规定	未采纳 NAIC 模范规定
证券	夏威夷州、肯塔基州、密苏里州、蒙大拿州、内华达州、北达科他州、罗得岛州、南达科他州、佛蒙特州、华盛顿州	亚利桑那州、佛罗里达州、马萨诸塞州、纽约州
保险	亚拉巴马州、阿拉斯加州、阿肯色州、加利福尼亚州、科罗拉多州、康涅狄格州、特拉华州、爱达荷州、伊利诺伊州、印第安纳州、艾奥瓦州、堪萨斯州、路易斯安那州、缅因州、密西西比州、新泽西州、新墨西哥州、北卡罗来纳州、俄克拉何马州、俄勒冈州、宾夕法尼亚州、南卡罗来纳州、田纳西州、犹他州、西弗吉尼亚州、怀俄明州	乔治亚州、马里兰州、密歇根州、明尼苏达州、内布拉斯加州、新罕布什尔州、俄亥俄州、得克萨斯州、弗吉尼亚州、威斯康星州

注:该表根据美国各州证券法对"证券"的界定中是否明文确定变额年金所整理,包括"证券"列举是否包括了变额年金,以及在"证券"豁免是否中是否明确排除变额年金为判断依据。See Dean Sugano, *Variable Annuity Contracts Under State Statutes Regulating to Securities and to Insurance*, (Report No. 4, 2006), http://www.state.hi.us/lrb/, p. 27－45.

尽管对于变额年金的法律属性,联邦 SEC 与各州仍未达成共识,但已基本形成变额年金的不同的侧重规范和共同监管的格局。即州法对于保险是侧重保险人的偿付能力、准备金等方面的监管,而对于 SEC,则是侧重发行人的信息披露等方面的监管。

因此,变额年金作为一种金融复合型产品,其本身突破了传统金融规范体系。这些变额产品既戴"保险帽子"(insurance hat),又戴"证券帽子"

[1] 《夏威夷州修正法》第 485A－102 条规定:"证券"是指票据、股票、库存股、证券期货……可变年金合同……(原文为:Hawaii Revised Statutes Section 485A－102: "Security" means a note; stock; treasury stock; security future… variable annuity contract…)

(securities hat)。[1] 无论以“保险”或“证券”界定,都不足以准确反映该产品本身的客观复合属性。将变额年金定性为证券是美国联邦证券法的主要立场,但在美国州层级则是主要将变额年金定性为保险。但是,无论界定为保险或证券,都并不排斥对其他相关法律的适用,包括了州保险法、证券法、证券交易法、投资公司法等。这也反映了美国法对变额年金等金融复合型产品的监管已从法律形式定性本身转向产品的实质规范。

这种转变,除了实现公权更有效监管的目标外,更主要是出于强化投资权益保护的规范目的。尽管对变额年金法律属性仍存在分歧,但从投资者保护的视角,美国联邦最高法院、SEC、各州以及 NAIC 都肯定投资者权益保护的必要性。

首先,在 VALIC 案中,美国联邦最高法院多数意见并没有提及投资者保护的问题,但是该案大法官布伦南在其协同意见中以投资者保护的目标需要作为其认定变额寿险并非保险的依据。在大法官布伦南看来,是否有必要以投资者保护的规范目的来对系争年金的证券法适用关键在于投保人是否直接参与保险人的经营成果分配。基于投资者保护的需要,其认为变额年金应回归证券法的调整范畴,并对此有精彩的论述:

> 美国国会对于监管职能的分工是合理的、有目的的。就传统寿险或年金而言,保险人的义务以固定给付条款来衡量,而投保人无论从何意义上都不能说是保险人投资业绩的分配对象。事实上,州法监管的一个基本前提就是年金合同或人寿保险的投保人不能直接分享保险人的投资成果。投保人的保单或合同在传统监管下已经得到充分保护,而投保人不能直接分享保险人的经营业

---

[1] See Clifford E. Kirsch, *An Introduction to Variable Insurance Products*, in Clifford E. Kirsch ed., Variable Annuities and Variable Life Insurance Regulation, Practising Law Institute, 2018, p. 26 (Chapter 1).

> 绩。但是,这种情形发生了变化,保险人的义务并非固定给付的数额而是投资组合的实际表现。在这个意义上,州法监管保险的历史分工变得毫无意义。除非依个人投资组合来衡量,否则对保险投资限额和偿付能力和准备金监管的要求难以衔接保险人不负有固定给付的义务。但除了对保险人偿付能力、准备金充足率和投资清单进行监管,州法不会干涉投资。保险人承担依联邦保护投资者利益方式进行信息披露的义务变得明晰和真实。这个系争合同不再与《1933 年证券法》排除适用的保险合同相符,即对传统保险合同,信息披露是不必要的。[1]

在 UBLIC 案中,法院裁判思路也有关于投资者保护的论述,“赋予这类年金的投保人享有信息披露带来的益处是非常公平的,即类似于《1933 年证券法》第 5 条下共同基金的投资人”[2]。

---

〔1〕 原文为:This congressional division of regulatory functions is rational and purposeful in the case of a traditional life insurance or annuity policy, where the obligations of the company were measured in fixed-dollar terms and where the investor could not be said, in any meaningful sense, to be a sharer in the investment experience of the company. In fact, one of the basic premises of state regulation would appear to be that in one sense the investor in an annuity or life insurance company not become a direct sharer in the company's investment experience; that his investment in the policy or contract be sufficiently protected to prevent this. But the situation changes where the coin of the company's obligation is not money but is rather the present condition of its investment portfolio. To this extent, the historic functions of state insurance regulation become meaningless. Prescribed limitations on investment and examination of solvency and reserves become perfectly circular to the extent that there is no obligation to pay except in terms measured by one's portfolio. But beyond controlling corporate solvency and the adequacy of reserves, and maintaining observance of the legal list of investments, the state plans of regulation do not go in regulating investment policy. Where the nature of the obligation assumed is such, the federally protected interests in disclosure to the investor of the nature of the corporation to whom he is asked to entrust his money and the purposes for which it is to be used become obvious and real. The contract between the investor and the organization no longer squares with the sort of contract in regard to which Congress in 1933 thought its "disclosure" statute was unnecessary. See SEC v. Variable Annuity Life Ins. Co., 359 U. S. 65 (1959).

〔2〕 SEC v. United Ben. Life Ins. Co., 387 U. S. 202, 211 (1967).

> 系争年金不但对共同基金构成明显的竞争，而且该年金的投保人和共同基金投资人一样，都期待通过专业理财获得更高的收益。赋予这类年金的投保人享有信息披露带来的益处是非常公平的，即类似于《1933 年证券法》第 5 条下共同基金的投资人。在州级层面，《1956 年统一证券法》清晰反映了大多数蓝天法管理者认为变额年金是证券的事实。鉴于 VALIC 案，我们认为，基于《1933 年证券法》规范目的，系争年金不能豁免于证券的范畴，且必须经过登记方能向公众销售。[1]

无论是 VALIC 案中的变额年金还是 UBLIC 案中的弹性基金，都呈现证券的诸多特点，若将这种具有双重属性的产品回归传统州法监管的框架下，投保人的权益得不到充分的保护，故法院均认为系争产品不应豁免证券法的适用，尤其是信息披露，故赋予系争年金的投保人如同共同基金投资人的证券法保护是必要和公平的。

其次，SEC 将变额年金纳入证券的范畴，也是主要基于投资者保护（investor protection）、产品本身出现共同基金的性质而非公开市场销售（rather than publicly offered）等考虑。[2] 既然现代证券法是以信息披露为基

[1] 原文为：Contracts such as the "Flexible Fund" offer important competition to mutual funds (see Johnson, *The Variable Annuity—Insurance, Investment, or Both?*, 48 Geo. L. J. 641), and are pitched to the same consumer interest in growth through professionally managed investment. It seems eminently fair that a purchaser of such a plan be afforded the same advantages of disclosure which inure to a mutual fund purchaser under s 5 of the Securities Act. At the state level the Uniform Securities Act makes explicit what seems to be the view of the great majority of blue sky administrators to the effect that variable annuities are securities (1 Loss, Securities Regulation 499). Given VALIC, we hold that for the purposes of the Securities Act these contracts are also to be considered nonexempt securities and cannot be offered to the public without conformity to the registration requirements of s 5. See SEC v. United Ben. Life Ins. Co., 387 U. S. 202 (1967).

[2] See Allan F. Conwill, *Speech: Federal Regulation of Variable Annuity Issuers*, https://www.sec.gov/news/speech/1963/013063conwill.pdf.

础,那么变额年金所具备的投资属性按照证券方式规范,即以信息披露逻辑进行投资者投资权益的保护。

最后,各州以及 NAIC 模范法。《变额年金模范规定》尽管将变额年金定位于保险范畴,但对于变额年金独立账户是采取类似共同基金的规定,从实质层面规范独立账户的运作。《年金交易中适合性模范规定》(Suitability in Annuity Transactions Model Regulation)建立变额年金销售的适当性原则,要求将合适的产品推荐给适合的顾客。因此,尽管美国联邦法院、SEC、NAIC 以及美国各州对变额年金的法律定性不一,但在强化投资者保护的规范目的上并不存在分歧。

二、日本法上"准用"《金融商品交易法》

1986 年 10 月 1 日,日本生命保险公司发售变额保险,该产品具有如下特点:(1)从一般账户分离出来,设立独立的专门账户进行资金运作;(2)根据运作的实际业绩,保险金价值等发生波动,其风险由保险公司承担,专门账户投资风险由保险缔约者(投保人)承担;(3)主要投资股票、债券等有价证券,经营业绩受股价、汇率等因素影响大,具有高风险高收益的特点;(4)保险金设置最低保障。[1] 20 世纪 80 年代末 90 年代初日本正处于经济泡沫时期,变额保险也因此取得较好的业绩,故该产品在当时备受追捧。

但是,在变额保险推出后的 3 年,即 1989 年年末,日本经济泡沫开始破灭,股市暴跌,变额产品收益率下降,保险公司对专门账户的资产运作业绩下降,甚至解约后的现金价值都远远低于之前所交纳的保费。投资者为此遭受巨大损失,以保险公司和银行为被告的纠纷频发。[2] 据统计,当时提起损失赔偿的诉讼多达 600 余件,投保人的这种损害赔偿请求得到法院支持的

---

〔1〕 松井美知子「変額保険の裁判例にみる融資者の責任」千葉大学社会文化科学研究(創刊号)128 頁参照。

〔2〕 黒木松男「変額保険の勧誘と説明義務」創価ロージャーナル(第 2 号)157 頁参照。

不到20%,大部分并未得到法院支持,但在1994年6月5日,东京地方法院的一项判决首次认为,保险公司对变额保险的风险性,未充分说明,并判决系争变额保险合同无效,被告保险公司返还保险费并予以赔偿。[1] 在这些诉讼中,投保人寻找的请求权依据也是大相径庭,如"错误""说明义务的违反""不法行为"等。[2]

2006年,日本修改《证券交易法》,并更名为《金融商品交易法》。2006年的日本《金融商品交易法》实现了从传统日本《证券交易法》到"过渡型"的金融服务法统合法的转变,该法最大限度将其投资性的金融商品、金融服务作为该法的适用对象,有相同经济机能的适用相同的规章,以构筑从销售、劝诱到资产管理、投资建议的横向的、全方位的行业规制和行为规制的基本框架。[3]

详言之,该法规定的适用对象为具有"投资性"的投资商品,在调整范围上扩大传统有价证券范围。日本《金融商品交易法》在第2条第1款列举的证券包括国债、地方债、企业债券、股票、投资信托等21种类型,并且该法在第2条第2款规定未发行证券、权证的权利视为有价证券,即"准有价证券";该款第5项进一步将"集合投资计划"(collective investment scheme)作为投资商品的兜底性条款,其中包括了"金钱出资"(the money invested or contributed by the Equity Holder),"金钱用于事业"(business that is conducted using the money),"事业收益分配给出资者"(dividends of profits arising from business)三个法定要件。在界定集合投资计划含义时,参考了美国的判例(Howey)。[4]

传统保险合同也是当事人之间约定的一种金钱价值的合同,属于广义

---

〔1〕 松井美知子「変額保険の裁判例にみる融資者の責任」千葉大学社会文化科学研究(創刊号)129頁参照。

〔2〕 若色敦子「融資一体型契約における融資者の債務不履行責任——いわゆる融資一体型変額保険を題材にして」九州共立大学経済学部紀要68—72頁参照。

〔3〕 参见杨东:《金融服务统合法论》,法律出版社2013年版,第89页。

〔4〕 黒沼悦郎『金融商品取引法』(有斐閣,2016年)41頁参照。

的金融商品,但这种保险合同是投保人向保险公司谋求风险转移而进行的保险保障功能的合同,与投资者主动承担风险的投资商品存在不同,变额保险、变额年金等产品投保人的承担风险的现金价值和保险金都受到汇率影响,存在大幅度变动的可能性。[1]

因此,在 2006 年日本制定《金融商品交易法》的同时,也对《银行法》《保险业法》进行修订,设置了准用性条款,对这些投资性强的银行产品、保险产品准用《金融商品交易法》。日本《金融商品交易法》没有直接将“投资性强的银行产品”和变额年金纳入其规范对象,可以避免现有相关的行为规则的重复适用。[2]

日本《保险业法》第 300 条之 2 作为准用性法条,[3] 规定“特定保险合同”准用日本《金融商品交易法》。[4] 所谓“特定保险合同”,是具有因利率、货币价格、金融商品市场上的汇率及其他指标的相关波动造成损失的风险(因该保险合同订立客户缴纳的保险费总额超出因该保险合同订立客户获得的保险金、返还金及其他给付金的总额)的保险合同。[5] 日本《保险业法实施规则》第 234 条之 2 对“特定保险合同”进行列举,包括:(1)与投资绩效挂钩的专项保险合同;(2)受利率、货币价格、市场价格和金融工具市场中其他指标的波动影响,保险金或现金价值可能低于总保费的保险合同等。[6]

---

〔1〕 安居孝啓『最新保険業法の解説』(大成出版社,2016 年)1062 頁参照。

〔2〕 安居孝啓『最新保険業法の解説』(大成出版社,2016 年)1061 頁参照。

〔3〕 日文“準用”,即依类似情形适用。所谓准用性法条,是指法律文本授权法律实施者在解决个案时,将原本针对 a 事项且有“比照”“参照”等外观标识的法条 A,适用于与 a 具有某种程度的类似性但又存有差异的 b 事项的一种特殊的引用性法条形式。参见刘风景:《准用性法条设置的理据与方法》,载《法商研究》2015 年第 5 期。

〔4〕 参见日本《保险业法》。第 300 条之 2 内容较多,日文版载 http://www.nn.em-net.ne.jp/~s-iwk/current/hou/a300_2.html,英文版载 http://www.japaneselawtranslation.go.jp/law/detail/?ft=1&re=02&dn=1&x=18&y=9&co=01&ia=03&ky=%E4%BF%9D%E9%99%BA%E6%A5%AD%E6%B3%95&page=66。

〔5〕 参见日本《保险业法》第 300 条之 2。

〔6〕 《保险业施行规则》第 234 条之 2(特定保険契約),载 http://www.nn.em-net.ne.jp/~s-iwk/current/kisoku/a234_2.html。

日本《金融商品交易法》将具有投资性的金融商品纳入调整范围，包括具有投资性的银行理财产品和保险理财产品（见图5）。[1] 同时，基于日本变额保险的相关诉因主要在产品劝诱和说明义务的相关问题上，[2] 日本变额保险等投资性保险商品涉及日本《金融商品交易法》的适用，主要是该法中关于金融商品的销售、劝诱规则的准用。譬如，通过日本《保险业法》第300条之2，变额寿险可以适用日本《金融商品交易法》中关于第37条之2（交易形态的提前明示义务）、第37条之3第1项第2目及第6目和第3项（合同订立前的书面交付）、第37条之5至第37条之7（保险金领取的相关书面交付、书面解除、与纠纷解决指定机构的合同订立义务等）、第38条第1号和第38条之2（禁止行为）等规则。上述规则的适用，直接将"金融商品交易合同"替换为"特定保险合同"。[3]

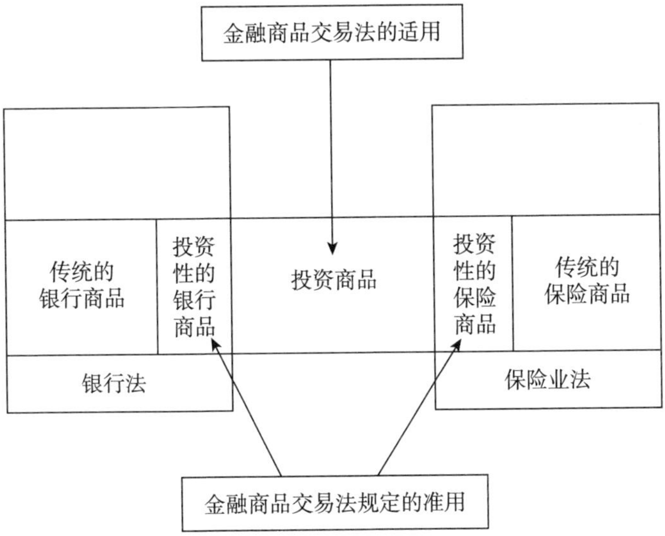

图5　日本金融商品业者买卖、劝诱规则

资料来源：神田秀樹＝神作裕之『金融法講義』［岩波書店（东京），2017年］224頁参照。

〔1〕 神田秀樹＝神作裕之『金融法講義』［岩波書店（东京），2017年］223—224頁。
〔2〕 黒木松男「変額保険の勧誘と説明義務」創価ロージャーナル（第2号）157頁参照。
〔3〕 参见日本《保险业法》第300条之2。

由上可知,日本变额年金通过准用日本《金融商品交易法》的规定,认可该类产品的证券属性,并从产品的推介、销售等阶段重点规制;事实上,日本《金融商品交易法》实现金融商品的横向规制,核心目标是保护投资者,这可以从该法第1条规范目的反映出。同时对投资者划分为"一般投资者"和"专业投资者",其中后者又进一步划分"适格机构投资者"和"特定投资者",要求金融商品从业者对上述投资者采取不同投资劝诱行为。[1] 总而言之,在日本,变额保险的证券属性和相应投资权益的保护得到了法律的认可和回应。

第四节 "实质重于形式"的适用思路

从前述探讨来看,在现行"分业经营、分业管理"的金融基本法体系下,投连险作为金融创新产品的法律属性的多重性,不应采纳"主导性因素"的规范思路,否则容易僵化、局限在"保险"或"证券"界定中,带来法律适用的片面性,存在规范不周的问题。同时,投连险若遵循既定的金融规范逻辑,需要采取实质规范的路径。即投连险的法律规范需要采取"实质重于形式"的规范理念。

一、"实质重于形式"的规范来源和适法意义

对于"实质重于形式",其起初为会计中的一项重要原则,并规定于我国财政部2000年颁布的《企业会计制度》(财会〔2000〕25号)第11条。该条明确"企业应当按照交易或事项的经济实质进行会计核算,而不应当仅仅按照它们的法律形式作为会计核算的依据"。[2] 由此可见,"实质重于形式"的内涵不是以外在的形式安排(the legal form of an arrangement)为准,而是

〔1〕 川村正幸『金融商品取引法』[中央経済社(东京),2014年]481~488頁参照。
〔2〕 参见《企业会计制度》第11条。

以背后的经济实质(actual substance)为依据,从而助于防范人为架构(artificial structures)而实现逃税的目的(tax avoidance purposes)。[1]

事实上,最高人民法院在1996年指出:"当事人签订的经济合同虽具有明确、规范的名称,但合同约定的权利义务内容与名称不一致的,应当以该合同约定的权利义务内容确定合同的性质。"[2]尤其是,最高人民法院2017年《关于进一步加强金融审判工作的若干意见》第二部分明确"实质重于形式"在司法领域的适用,即"对以金融创新为名掩盖金融风险、规避金融监管、进行制度套利的金融违规行为,要以其实际构成的法律关系确定其效力和各方的权利义务"的裁判思路。涉及委托理财等新类型金融交易的案件,严格按照合同法、公司法、合伙企业法、信托法等法律规范,确定各方当事人的权利义务。[3]《全国法院民商事审判工作会议纪要》在"引言"中也规定,"通过穿透式审判思维,查明当事人的真实意思,探求真实法律关系"。[4]这背后都反映着"实质重于形式"的司法适用思路。

"实质重于形式"契合当下投连险法律适用的困境,提供一种有效的解决方案,能够使投连险在遵循既定的金融制度本身规制逻辑下而展开法律适用。也就是说,除了保险法的适用外,投连险存在过于明显的投资特征,且投资账户契合证券的实质,也应该按照证券的规范逻辑来对待,需要向证券监管机构登记注册,进行相应的信息披露,适用相应的证券法规则。

同时,这也是强化投资权益保护的需要。有学者曾提出经典的强化投资者保护的情形和条件,即如果对投资合同的控制和管理并非投资者本人

---

〔1〕参见经合组织(Organization for Economic Co-operation and Development)对"Substance Over Form Doctrine"的解释,载 http://www.oecd.org/ctp/glossaryoftaxterms.htm#S。

〔2〕参见《关于经济合同的名称与内容不一致时如何确定管辖权问题的批复》(法复〔1996〕16号,现已失效)。

〔3〕参见《关于进一步加强金融审判工作的若干意见》(法发〔2017〕22号)第8条。

〔4〕参见最高人民法院《全国法院民商事审判工作会议纪要》(法〔2019〕254号)。

进行,而该投资风险却由投资人承担时,则有必要强化对投资者的保护。[1] 投连险投资账户资金由保险人管理、控制,投资风险完全由投保人承担。本书第二章所探讨的司法适用上的不足也是强化投连险投资权益保护的必要性体现。[2] 此外,证券法所规定的私法救济手段比保险法更加具有针对性,如证券法一般专门规定证券集团诉讼。目前,我国2019年修订的《证券法》已在第六章"投资者保护"中建立了中国版的"集团诉讼"。[3]

从法律规避的视角来看,投连险反映了当下金融的混业经营趋势,而现行基本法仍是"分业经营、分业管理"。尽管投资账户实质上采取了实质信托结构,但名义信托业务却只能限于信托公司,而其他金融公司却不能分享这一制度带来的红利,故诸多金融委托理财游离在"委托"与"信托"之间的模糊地带。因此,投连险名实不符,也是一种脱法行为,即法律规避。理论上,避法行为区分为以下三类:变换主体之规避、变换标的物之规避以及变换行为类型之规避。[4] 而投连险属于其中的变换行为类型,其在保险合同名下,还有其他的金融资产管理业务,其合同的内容实质与表现形式存在分离。在现有规范方式下,投连险投资账户无法得到有效规范,投资权益无法得到保障。因此,"实质重于形式"路径分析有利于将投连险纳入现有法律规范体系下,打破传统金融体制各管一段的弊端,实现投连险合乎金融制度原有的规范逻辑。

---

〔1〕 See Tamar Frankel, *Variable Annuities, Variable Insurance and Separate Accounts*, 51 Boston University Law Review 177, 214 (1971).

〔2〕 美国《1933年证券法》将银行证券、保单、政府发行的有价证券豁免在证券法适用之外,是因为它们已经被其他相应机构针对本行业需要制定了更为详尽的规范规制,同时也考虑这种豁免对投资者带来更低的风险。See Thomas Lee Hazen, *Federal Securities Law*, Federal Judicial Center, 2003, p. 38. 正如有学者在"证券"的界定("共同投资,风险裸露")中,强调"风险裸露"因素对证券界定的重要性。参见邢会强:《我国〈证券法〉上证券概念的扩大及其边界》,载《中国法学》2019年第1期。

〔3〕 参见《证券法》(2019年修订)第六章。

〔4〕 参见王军:《法律规避行为及其裁判方法》,载《中外法学》2015年第3期。

二、与“商事外观主义”的适用冲突及其厘清

需厘清的是，投连险“实质重于形式”的适用思路似乎与商事外观主义要求存在一定的冲突。因为商事外观主义是商法领域行为效力认定的重要原则，而保险行为作为典型的商事行为，亦遵循了商事外观主义原则。因此，有必要厘清“实质重于形式”与商事外观主义的关系。有观点认为，外观法则注重私法效果和秩序，“实质重于形式”突出的是公法效果和秩序，两者可以并存。[1] 但是，该解释仍不足以有效厘清“实质重于形式”与商事外观主义的关系。因为“实质重于形式”并不限于公权监管领域。譬如，2017 年最高人民法院《关于进一步加强金融审判工作的若干意见》中明确“实质重于形式”在司法领域的适用。由此可见，“实质重于形式”与商事外观的关系并非适用领域的差异。

在传统大陆法系中，外观主义运用得较好是德国的“物权行为理论”。该理论主要特征有二：其一，物权行为独立性。以买卖合同为例，依据物权行为理论，一项买卖过程在法律上应当被分割为两个阶段：第一阶段是买卖合同的订立（债权行为），其法律效果仅是双方之间债权关系的建立；第二阶段是标的物所有权的实际转移，即为了变动物权，双方实施交付或者登记行为（物权行为），由此导致所有权的转移。[2] 其二，物权行为的无因性。即物权行为的效力不受债权行为效力的影响。在作为原因行为的买卖等合同关系无效或被撤销情况下，出卖人只能请求返还不当得利，买受人若将受让标的转让给第三人，则不构成无权处分。[3] 德国物权行为理论背后所体现

---

〔1〕 参见叶林、吴烨：《金融市场的“穿透式”监管论纲》，载《法学》2017 年第 12 期。

〔2〕 参见尹田：《物权法》，北京大学出版社 2013 年版，第 80 页。

〔3〕 同上书，第 80～81 页。

的实质是对交易便捷和安全的追求。[1] 因为物权行为的无因性构成缩小了交易人对权利人的检索范围,在交易之际,人们无须将其视野移出相对人而无限地检索真正权利人。[2] 而且,这种无因性并不考虑交易相对人的主观状态,即使相对人存在恶意,物权行为的效力也不受影响。[3] 可见,德国物权行为理论是基于这种交易安全的追求,将外观主义运用得较好。

就商事领域而言,商事外观运用最为典型的是商事票据领域。票据同样具有无因性特征。也就是说,票据关系和票据的原因关系也是分离的,票据的原因关系无效、被撤销,也不影响持票人的权利。但是,票据的无因性存在例外情形。譬如,我国《票据法》规定,票据的取得,必须给付对价;[4] 无对价的票据取得(如继承、赠与),所享有的票据权利不得优于其前手的权利;[5] 恶意或重大过失取得票据,不得享有票据权利。[6] 由此可见,票据的无因性也并非绝对的。事实上,我国法对外观主义的运用,其中有项关键因素是需要考量交易相对人的主观状态,只有在交易相对人是善意的情形下,才有适用的可能。[7]

---

[1] 需指出的是,有学者考察到,在建立物权行为理论时,萨维尼完全没有考虑保护交易安全,他建立物权合同理论纯粹是出于将罗马法源体系化的需要。参见柯伟才:《物权合同的发现:从尤里安到萨维尼》,载《比较法研究》2016 年第 6 期。

[2] 参见尹田:《物权法》,北京大学出版社 2013 年版,第 80 ~ 85 页。

[3] 善意取得制度不能替代物权行为理论,如物权行为理论下第三人在取得物权时对前手交易的瑕疵不负担任何责任,而善意取得理论要求第三人对其前手交易的瑕疵负担责任。参见孙宪忠:《再谈物权行为理论》,载《中国社会科学》2001 年第 5 期。

[4] 我国《票据法》第 10 条规定:"票据的签发、取得和转让,应当遵循诚实信用的原则,具有真实的交易关系和债权债务关系。票据的取得,必须给付对价,即应当给付票据双方当事人认可的相对应的代价。"

[5] 我国《票据法》第 11 条规定:"因税收、继承、赠与可以依法无偿取得票据的,不受给付对价的限制。但是,所享有的票据权利不得优于其前手的权利。前手是指在票据签章人或者持票人之前签章的其他票据债务人。"

[6] 我国《票据法》第 12 条规定:"以欺诈、偷盗或者胁迫等手段取得票据的,或者明知有前列情形,出于恶意取得票据的,不得享有票据权利。持票人因重大过失取得不符合本法规定的票据的,也不得享有票据权利。"

[7] 譬如,《民法典》第 172 条规定:"行为人没有代理权、超越代理权或者代理权终止后,仍然实施代理行为,相对人有理由相信行为人有代理权的,代理行为有效。"这实际反映的是,交易相对人交易的主观状态必须是善意的。

上述对物权行为和票据的例子意在说明,外观主义在交易中的价值追求——交易效率和安全。就我国法而言,是为了保护善意的交易相对人,维护交易安全,赋予外观行为(处分人和交易相对人的行为)效力的优先性。也就是说,从商事效率角度强调法律行为的外观法律效果,谋求交易的安全。[1] 但是,对于"实质重于形式"而言,这种适用思路并非对商事效率或者交易安全价值的追求。相反,该思路是追求交易的真实的权利义务关系。这与外观主义注重交易安全存在理念差异。

尽管"外观主义"和"实质重于形式"在理念上确实存在相左之处,但二者在适用场合上,是两个面向。就外观主义的适用场合而言,"从现行法律规则看,外观主义是为保护交易安全设置的例外规定,一般适用于因合理信赖权利外观或意思表示外观的交易行为"。[2] 外观主义仅在涉及交易安全之时,有其适用之余地;反之,仅特定当事人之间,则仍应探求当事人之真意。[3] 它仅于不得已的情况下,才作为所有权绝对、实事求是、意思自治等原则的例外和补充。[4] 具体而言,通常有三类表现,即善意受让(表见制度)、心中保留制度、取得时效制度。[5] 很明显,投连险"实质重于形式"与取得时效无关,由此只需探讨"实质重于形式"在善意受让和心中保留两种情形。

就善意受让情形而言,其一般法律结构可通过图6来呈现。善意受让与心中保留之间的主要差异在于,处分人与本人是否为同一法律主体,若处分人与本人不是同一主体,则为善意受让情形;若为同一主体,则属于心中保

[1] 参见施天涛:《商事关系的重新发现与当今商法的使命》,载《清华法学》2017年第6期。
[2] 参见最高人民法院《全国法院民商事审判工作会议纪要》(法〔2019〕254号)。
[3] 参见陈敦、张航:《特定资产收益权信托纠纷的司法认定——安信信托与昆山纯高案评析》,载《东南学术》2017年第4期。
[4] 参见崔建远:《论外观主义的运用边界》,载《清华法学》2019年第5期。
[5] 参见丁南:《论民商法上的外观主义》,载《法商研究(中南政法学院学报)》1997年第5期。

留情形。[1] 善意受让注重交易的安全、效率,而对真正权利人的真意考量退居其次,真正权利人的权益维护则需要依据处分人与真正权利人之间的内部法律关系来处理、救济。这也意味着,对商事外观主义下商事行为的安全进行评判时,通常需要具备外观事实的处分人的参与,而这牺牲的是真正权利人的利益。

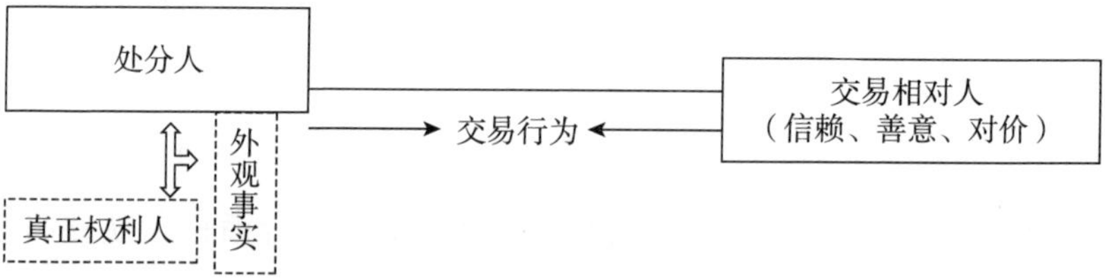

图6 善意受让的一般法律结构

在人寿保险中,通常并不涉及合同转让的情形,即通常情况下,并无适用外观主义的情形。但人寿保单转让或者出质,将寿险合同现金价值或保险金请求权转让给转让人或质权人(相当于变更受益人),则会涉及第三人(通常是银行等金融机构),于此情形,也不存在外观主义的适用。因为人寿保单的转让主体是投保人,是作为真正权利人,寿险保单转让或出质是属于一种有权处分,其与第三人(银行)的交易并无优先效力的选择问题。投连险也是如此,处分人和真正权利人都是投保人,并不存在分离,其参与的交易相对人为保险人,整个交易中并不涉及善意第三人的保护问题。因此,投连险"实质重于形式"强调的是按照实质的法律关系进行法律适用,与商事外观善意受让情形时的交易安全保护完全是两个问题。[2]

---

〔1〕 就我国目前法律而言,取得时效制度并未得到立法的认可;同时,取得时效与穿透监管并无关联,故本书不讨论外观主义下的取得时效制度。

〔2〕 从德国民法视角来看,交易安全义务最重要的三种类型是组织义务、产品安全注意义务和职业义务,分别解决的是雇主责任、商品制造人责任和职业责任(特别是保护他人财产的职业责任)的问题。参见李昊:《交易安全义务论——德国侵权行为法结构变迁的一种解读》,北京大学出版社2008年版,第542~543页。

就外观主义真意保留情形(见图7)而言,合同通常以表示意思,而非内心真实意思作为法律效果评价的依据,反映出对交易安全的价值追求。在投连险法律关系中,尽管存在投保人实质上的投资理财追求与合同保险名称不一致的情况,但是在投连险合同内容中,包括了对投资账户的管理费用收取、投资单位、账户运作等相关内容,同时这些内容也都受到监管部门的严格监管和确认,交易行为的合法性信赖和行为效力的确定性都能得以保障。也就是说,投保人投资理财的真实意思也是在合同内容中直接得以体现,只是存在以"保险合同"为名对合同内容概括不全的问题,并非真意保留的情形,也并不涉及对该合同的交易安全性考量。[1] 当然,在投连险销售过程中可能存在误导性或欺诈性销售行为,从而导致投保人所理解的内容与合同内容存在差异,使投保人的真实意思与表示意思不一致。于此情形,则是按照发生合同"欺诈"可撤销的法律后果展开法律适用,与投连险"实质重于形式"适用思路并不冲突。后者在于突破合同名称本身,挖掘合同的实质内容,确定真实的权利义务关系。

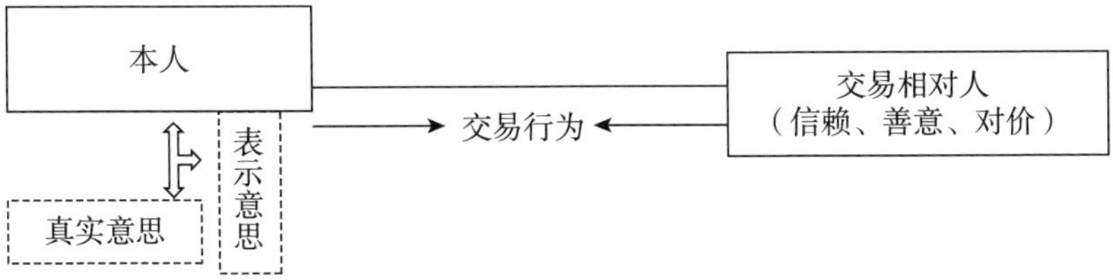

图7 真意保留的一般法律结构

因此,对投连险进行"实质重于形式"的思路分析并不违背商事外观主义原则,也应为当下对投连险私法适用和公权监管的应然选择。

[1] 交易安全达到何种水准,完全取决于当事人对风险和收益的判断。参见张凇纶:《关于"交易安全理论":批判、反思与扬弃》,载《法学评论》2014年第4期。

本章小结

本章主要分析了投连险的法律属性及其回归现行法的适用思路，对保险和证券产品的功能差异和判断要素进一步分析、探讨。寿险功能目的在于为受益人生活安定提供保险保障，其判断主要考量同质风险池与风险分摊的数理技术运用，而证券功能目的在于追求投资收益增长，其判断要素主要参考证券实质界定。从上述要素的测评来看，投连险、分红保险、万能险、变额年金都涉及保险和证券的内容，并且都表现出明显的投资理财属性。分红保险只是广义上的投资，并非狭义上的投资。而万能险、投连险、变额年金是通过专门的投资账户来实现其投资功能，为狭义上的投资，其中投连险的投资属性最为明显。

无论是以投资风险是否转移，还是购买者的主观目的等因素判断，都能够分析出投连险中投资部分的主导性，但其法律适用不宜以"主导性因素"定性后，再按照相应法律规则展开的路径。因为"主导性因素"依旧难以对该产品法律属性作出准确的衡量，同时该路径造成了该部分的忽视和规范缺失。

美国法对变额年金存在向实质规范方式的转变，日本法采取了"准用"《金融商品交易法》的方式，来强化投保人等金融消费者保护的路径。尽管域外法存在不同路径，但殊途同归，实质上都反映出"实质重于形式"的规范思路，按照保险和证券应有的规范逻辑，进行该类产品的法律适用，从而达到投资权益的规范目的。

当下投连险的法律适用问题的症结和关键不在于其定性为我国现行法下的"证券"或"保险"，而是应当采取"实质重于形式"的规范思路，使其能够回归到现行法律的调整，并得到相应的合理逻辑规范，避免监管漏洞和投资者保护的缺失。"实质重于形式"契合投连险的法律适用困境，该思路能够从最高人民法院所颁布的文件和纪要等文件寻求依据和佐证;同时,也与商事外观主义的适用并不存在冲突。因此,投连险的法律适用应当坚持“实质重于形式”的思路。

基于上述分析,对于投连险“实质重于形式”的适用思路,下文将以实质规范与投资权益保护为主线,从私法适用和公权监管两个维度来展开分析。就私法适用(不限于司法适用)而言,按照合同实质的法律关系,确立当事人的实际权利义务关系;就公权监管层面而言,在功能监管、行为监管理念下,按照产品的真实结构、业务性质来对投连险进行监管。

第四章
投资账户的私法关系及其解释

尽管原保监会颁布的一些规范性文件包含了强化投保人、被保险人、受益人合法权益保护的目的,但这些规范限于行政管理关系,着眼于公权监管,缺乏相关投资权益的民事救济。事实上,投连险的公权监管并不能够作为实现该险投资权益保护的全部。民事救济依托当事人对自我利益的关注和救济所带来的效果要比单纯行政保护下"选择性执法"的行政责任要更有利于保护投保人(投资者)利益。但是,前已述及,在投连险私法关系中,该险的合同利益结构、风险分配机制已经发生转变,由此影响相应的权利、义务、责任的分配与平衡。譬如,本书第二章述及投连险中投保人、保险人的多重角色,也反映出现行《保险法》规定的传统寿险权利义务并不能反映出投连险的应然需求。在投连险应然的合同权利义务法律构造中,应当是更加强调投保人(投资人、委托人)的权利和保险人(受托人)的义务,落实金融消费者保护的理念,在既定的规范逻辑下类推适用相应的规则。基于此,本章内容主要围绕投资账户的私法关系展开(见图8)。

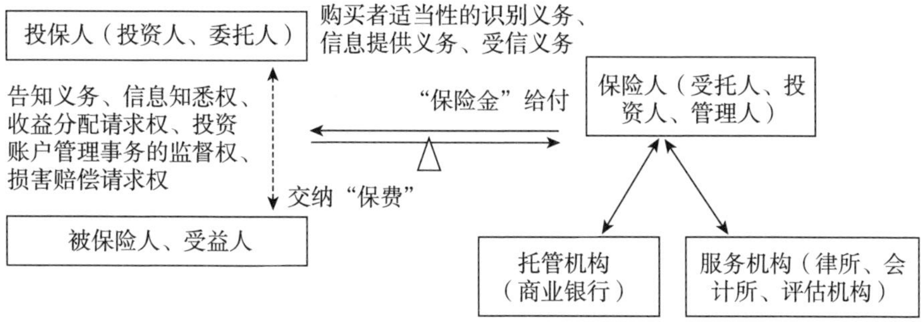

图8 投连险中应然的权利义务法律关系框架

第一节 投资账户上"委托理财"与投连险合同性质

一、委托理财关系的合同解释

投连险投资账户上表现出一种金融委托理财的关系。但是,这种金融委托理财并非我国《民法典》《保险法》等法律规定的有名合同。对此,理论探讨上主要存在三种不同解读。[1]

首先,有学者认为金融理财合同无疑具有委托合同的部分特征。[2] 实践中绝大多数委托理财行为更符合委托代理法律关系,且与信托行为相去甚远,因此宜认定为委托代理关系。[3] 在该解释下,金融委托理财合同适用《民法典》中关于"委托合同"规定。该观点还可从监管层的态度得到印证。譬如,原银监会曾指出,"个人理财业务是建立在委托代理关系基础之上的

---

〔1〕 客户和经理之间的普通法关系,可以分为"信任关系"和"代理关系"(原文为:As for defining the common-law relationship between client and manager, there are "trust relationships" and "agency relationships")。See Harvey E. Bines & Steve Thel, *Investment Management Law and Regualtion*, Aspen Publishers, 2004, p. 45 – 48.

〔2〕 参见李永祥主编:《委托理财纠纷案件审判要旨》,人民法院出版社2005年版,第50页。

〔3〕 参见高民尚:《审理证券、期货、国债市场中委托理财案件的若干法律问题》,载《人民司法》2006年第6期。

银行服务,是商业银行向客户提供的一种个性化、综合化服务”。[1] 其次,基于金融委托理财交易结构符合信托的构成要素,有学者认为,在名目繁多的金融理财产品中,尽管合同形式不尽相同,但就其法律结构而言均属于信托,这种信托关系不会因为受托人的不同而变化。[2] “个人理财”与“集合理财”中,产品设计的内部架构均为委托人(一般也是受益人)将一定的金钱财产转移给银行或者券商受托人,由该受托人为了受益人的利益而独立管理财产并将所得的收益交给受益人,这是典型的信托架构。[3] 最后,与上述观点不同的是,有观点认为,委托理财是一种独立的法律关系,它是一种新型的财产管理制度。[4] 金融理财只是具备委托关系的外观,其中包括了资金的融通和管理,存在与一般委托合同或信托合同完全不同的本质特征,难以归入典型合同之列,故以一般委托关系或信托关系来分析不足以反映委托理财合同法律关系的实质。委托理财业务已经在证券、保险、基金、银行等行业普遍存在,从资本市场发展提倡专业化,并最大限度地保护投资人利益的角度来看,有必要将委托理财业务作为一类独立的法律关系进行调整。[5]

上述见解从不同角度剖析金融理财产品的基础法律关系,有利于厘清当下金融理财合同中当事人权利义务关系模糊的现状。不过,现代商事代理的概念已经大大有别于民事代理,如以一般法上的“民事代理”归责理论去规制最终客户与生产商的关系并不符合商业模式的本质与商人们对于合

---

〔1〕《银监会有关负责人就发布〈商业银行个人理财业务管理暂行办法〉和〈商业银行个人理财业务风险管理指引〉答记者问》,载 http://www.cbrc.gov.cn/chinese/home/docView/1617.html。

〔2〕参见季奎明:《论金融理财产品法律规范的统一适用》,载《环球法律评论》2016 年第 6 期。

〔3〕参见施天涛、周勤:《商事信托:制度特性、功能实现与立法调整》,载《清华法学》2008 年第 2 期。

〔4〕参见李永祥主编:《委托理财纠纷案件审判要旨》,人民法院出版社 2005 年版,第 61 页。

〔5〕参见黄韬:《委托理财合同纠纷研究——金融市场监管法律规则的视角》,载《北京仲裁》2015 年第 2 期。

同责任关系的切分。[1] 将金融委托理财关系仅限于传统委托关系的理解，限于《民法典》中委托合同规则的适用，则不能有效解释实践中金融委托理财实质上的权利义务关系。因为金融理财合同与一般委托合同在过错原则、受托人以自己或以委托人名义、注意义务程度等方面存在不同（见表16）。譬如，《民法典》第929条规定，有偿的委托合同，因受托人的过错造成委托人损失的，委托人可以请求赔偿损失。无偿的委托合同，因受托人的故意或者重大过失造成委托人损失的，委托人可以请求赔偿损失。[2] 某些金融理财合同存在“保底条款”，受托人民事责任不以过错原则为条件，并承担受托行为的全部风险。这与民法典型委托合同中受托人过错原则存在明显差异。又如，一般委托合同是在委托人与受托人之间的法律关系，而在金融理财合同中，受益人与受托人之间并不存在合同关系。从这个意义上说，受托人对受益人的义务是一种法定义务，而委托代理人对本人的义务是一种契约义务。[3]

表16　一般委托与金融委托理财关系的比较

比较项目	一般委托	金融委托
当事人	一般为两方当事人	涉及更多和合同主体，如受益人，又如，受托人中还存在管理受托人和资金托管受托人
对价	以无偿为原则	有偿为原则
委托人权限	享有任意解除权	解除权行使受到限制
受托人义务	一般合同义务标准	更高合同义务，如受信义务，资金有托管要求
归责原则	过错原则	归责更加严格，如无过错原则

一般认为，对于民事无偿合同，当事人享有任意解除权，而商事有偿合同的对价关系更重于信赖关系，利益的比重越发重于信赖，当事人不应享有

〔1〕参见郑彧：《民法逻辑、商法思维与法律适用》，载《法学评论》2018年第4期。

〔2〕原《合同法》第406条规定有偿的委托合同，因受托人的过错给委托人造成损失的，委托人可以要求赔偿损失。

〔3〕参见赵磊：《信托受托人的角色定位及其制度实现》，载《中国法学》2013年第4期。

任意解除权。[1] 其原因在于,为完成商事委托需要投入巨大的人力、物力及财力,有时受托人还要承担一定的商业风险,所以委托人任意解除权的行使,容易给受托人带来巨大的损失。[2] 投资账户上的委托关系作为商事有偿合同,投保人享有任意解除权,而保险人只在某些情形下享有任意解除权。其中的法理除了对投保人倾斜保护的理念外,事实上,对于保险合同投保人的任意解除权也极具对价,因为在保险合同中,一般约定,投保人行使任意解除权,保险人将会扣除一些费用,保单现金价值一般也远远低于所交费用。此外,受托人并非按照委托人名义进行投资,而是以金融理财产品名义进行投资,这与传统民法委托关系中代理人"以委托人名义"(直接代理)不同,也与行纪合同"以受托人名义"(间接代理)不同,这反映出传统民法典型合同无法囊括和解释金融理财合同。

就金融委托理财"信托关系"的观点而言,对于信托公司的集合资金信托计划、保险公司的投连险、证券公司资产管理业务、商业银行人民币与外币理财产品等金融产品,这些产品并非都以"信托"名义存在,但实质上的法律结构都符合信托构成要件,本书不持异议,本书在第二章也论证了投连险投资账户为实质上采纳了信托结构。不过,这些产品所体现的信托关系不能够反映金融理财产品基础关系的全貌。其中重要原因在于,信托的本质在于信托财产之上的"权"与"利"的分离。[3] 金融理财产品中资金并非都实现"权"与"利"的分离,尤其是有些典型金融产品缺失信托资产独立性的核心要件。譬如,保险公司开发的投连险、万能险是典型的金融理财产品,但其在资产独立性上存有差异。投连险满足信托资金独立性要求,[4]但万能险投资账户资金并没有在会计上独立,并不具有资产隔离效果,不符合

---

〔1〕 参见刘承韪:《论演艺经纪合同的解除》,载《清华法学》2019 年第 4 期。

〔2〕 参见崔建远:《合同解除的疑问与释答》,载《法学》2005 年第 9 期。

〔3〕 参见唐义虎:《信托财产权利研究》,中国政法大学出版社 2005 年版,第 301 页。

〔4〕 如"泰康 e 理财投资连结保险产品说明书""光大永明金保来 A 投资连结保险说明书"。

信托资产独立性要件。[1] 因此,以信托法律结构的分析进路只能反映部分金融理财产品的信托本质。[2] 此外,从法律行为的意思表示要件来看,信托作为法律行为,其构成需要委托人设立信托的意思表示,[3]并作为商事交易的信托或委托代理关系的主要判断依据,[4]但在部分金融理财合同中,购买者并无将资金信托的意思表示。尽管某些金融理财产品的交易结构相仿于信托,但在以非“信托”名义下的金融理财产品,合同内容缺乏信托意思表示,难以使金融理财产品的信托关系在司法实践中得以应用。

金融理财产品类型多样,以现有规范上的法律关系难以全面概括这些金融产品中所呈现的权义关系。本书倾向于以“新型独立关系”来观察金融理财关系,因为金融理财业务已存在大量的市场业务量,[5]同时也为了充分挖掘其独特性。不过,“新型独立关系”虽强调金融委托理财的特殊性,但其超越民法一般委托合同等法律而建立一种新的合同关系,其权义内容需要得到进一步的阐释。然而,仅就投资账户而言,采纳“信托关系说”和“新型独立关系说”并无本质差异。将投资账户上的委托理财关系解释为新型关系或信托关系,实际上都是为受托人受信义务的履行提供依据。就“信托说”观点而言,主要是基于信托的显著特点不在于其历史产生背景和信托财产的转移,而是受托人在信托财产管理中的权利和义务。[6] 将金融理财基础关系界定为信托关系,其实质旨在赋予金融理财产品发行人受信义务,为金融理财产品购买者提供更高的保护。[7]

---

〔1〕 参见李游:《万能险“最低保证利率”条款的法律效力》,载《保险研究》2018年第2期。

〔2〕 区分信托关系和委托代理合同关系的意义十分重大,原因是信托的核心功能破产隔离,不能被委托代理合同所替代。参见沈朝晖:《企业资产证券化法律结构的脆弱性》,载《清华法学》2017年第6期。

〔3〕 参见金锦萍:《论法律行为视角下的信托行为》,载《中外法学》2016年第1期。

〔4〕 参见沈朝晖:《企业资产证券化法律结构的脆弱性》,载《清华法学》2017年第6期。

〔5〕 可参见本书第二章对金融复合型金融产品统计的发展数据。

〔6〕 See John H. Langbein, *The Contractarian Basis of the Law of Trusts*, 105 Yale Law Journal 625, 627 (1995).

〔7〕 参见刘燊:《我国金融理财产品的法律分析和监管问题研究》,载《证券法苑》2009年第1期。

除此之外，投资账户金融委托理财与一般委托代理存在诸多差异，但本质差异还是在于委托人对委托风险控制能力的差异。譬如，在投连险投资账户上，投保人作为委托人将保费投入投资账户，完全承担该账户的投资风险，除了能够通过赎回的方式，并没有介入受托人（保险人）管理的范围，投保人对于委托风险的控制十分薄弱。况且，投保人前5年的赎回成本非常大，基本上是被套牢的。因此，需要赋予受托人更高的义务标准——受信义务。

二、委托理财与传统寿险的合同联立与类推解释

投连险投资账户上的"委托理财关系"并非现行法律下的有名合同，同时该合同本身的内容超出传统寿险合同的规范框架。因此，有必要对投连险进行合同解释，从而提供一个回归现行法适用的私法路径。

理论上，以法律是否设有规范并赋予一个特定名称为标准，合同分为典型合同与非典型合同，〔1〕即有名合同与无名合同。投连险作为一种金融创新产品，在法律上以合同方式呈现，不属于保险法和合同法中的有名合同类型。即该合同并非传统寿险合同，不能归属于典型合同之列，是一种非典型合同。非典型合同包括纯粹非典型契约、契约联立和混合契约。纯粹非典型契约即其内容不符合任何有名契约要件的契约，契约联立是指各契约具有相互结合的关系，混合契约指由数个典型（或非典型）契约的部分而构成的契约。〔2〕 非典型合同的主要难题，在于当事人的意思不完备时如何适用法律，〔3〕目前，理论上主要有"吸收说""结合说""类推适用说"三种路

〔1〕 参见崔建远：《合同法总论》（上卷），中国人民大学出版社2008年版，第53页。
〔2〕 参见王泽鉴：《债法原理》（第2版），北京大学出版社2013年版，第139～140页。
〔3〕 参见崔建远：《合同法总论》（上卷），中国人民大学出版社2008年版，第55页。

径。[1] 具体到投连险合同，投资账户上委托理财与传统寿险的关系及其法律适用该采取何种学说呢？

"吸收说"路径将非典型合同区分为合同的主要部分和非主要部分，合同的非主要部分被合同的主要部分所吸收，该混合合同的法律适用是依合同主要部分的规则。罗马法不承认契约自由原则，故采取"吸收说"。[2] 该观点在解决附从给付合同的混合合同法律适用时颇有优势。但是，该学说直接排除了合同的非主要部分，将合同的非主要部分的意思表示强制适用于混合合同主要部分的法律规则，既有不完全尊重合同当事人意思表示之嫌，也没有效达到准确适用法律规则的目的。同时，对于合同的主次判断并非易事，不同类型混同合同的主次判断存在不同的标准和裁量。就投连险而言，本书第三章采取对投连险"实质重于形式"的法律路径，实质上也是为了摆脱"吸收说"所带来的局限。这也是目前司法适用上，对于投连险仅限于保险法的适用，存在证券法适用缺失的重要原因；而且，判断该合同中保险保障部分或投资部分是否为合同的主要部分存有分歧。譬如，尽管该险的投资内容一般占据主要部分，但其效力又是依附于保险内容的效力。因此，投连险合同的法律适用不宜采取"吸收说"。

"结合说"路径主张分解各种典型契约之规定，而寻求其法律要件，以发现其法律加以调和统一，创造一种混成法，而予以适用。[3] "结合说"在非典型合同不同内容均有有名合同相对应适用时颇有优势，即合同中不同类型内容适用相关的有名合同内容。

---

〔1〕 根据王泽鉴教授对德国关于混合合同法律适用理论的梳理，认为"吸收说"是指混合合同的主要部分吸收非主要部分，适用主要部分的法律规范。"结合说"是指分解混合合同的构成部分，分别适用各部分的典型合同规定，并依当事人可推知的意思调和其歧义，进而统一适用。"类推适用说"为混合合同和各个构成部分类推适用关于各典型合同所设的规定。参见王泽鉴：《债法原理》（第2版），北京大学出版社2013年版，第140页。

〔2〕 参见曾隆兴：《现代非典型契约论》，作者自版1988年版，第4页。

〔3〕 同上。

> 例如,合同一方当事人所负的数个给付义务属于不同契约类型,彼此间居于同值地位,而他方当事人仅负有单一的对待给付(有偿契约),或不负任何对待给付,如甲乙订立包住膳契约,甲负有多个给付义务,分别属于租赁、买卖、雇佣典型契约的构成部分,乙则支付一定的对价;于此情形,原则上采取"结合说",以个别给付所属契约类型加以判断,如食物供给适用买卖的规定,如其中一项给付义务有瑕疵,依据相应规则处理(请求减少支付对价或解除合同)。[1]

有观点指出,依该说分解后再依当事人意思调和,其机械地结合各构成分子之法则,以定其适用,亦有违背当事人意思之缺点。[2] 不过,尽管如此,"结合说"在适用上并不清晰,如何分解,如何结合,在非典型合同适用上依旧模糊。

由于"吸收说"违背当事人真意,"结合说"太重形式,故在混合合同法律适用不足采用。[3] 在混合契约及准混合契约,议论甚歧,有吸收主义、结合主义、类推适用主义三种,当以类推适用主义较为合理。[4] 事实上,对于非典型合同法律适用存在三种路径,也主要推崇"类推适用"路径。[5] 该路径

---

〔1〕 参见王泽鉴:《债法原理》(第2版),北京大学出版社2013年版,第141页。

〔2〕 参见曾隆兴:《现代非典型契约论》,作者自版1988年版,第4页。

〔3〕 参见林诚二:《民法债编总论——体系化解说》,中国人民大学出版社第2003年版,第25页。

〔4〕 参见史尚宽:《债法总论》,中国政法大学出版社2000年版,第11页。

〔5〕 如王泽鉴教授、郑玉波教授等学者。王泽鉴教授认为类型融合合同中原则采"类推适用说"。参见王泽鉴:《债法原理》(第2版),北京大学出版社2013年版,第141页。郑玉波教授也指出,对于混合契约应区分纯粹无名契约与混合契约的法律适用。对于前者,可就该契约之经济目的及当事人之意思,类推适用与该契约相当的有名契约之规定;对于后者,可依其性质分别准用有名契约之规定。参见郑玉波:《民法债编总论》,中国政法大学出版社2004年版,第26页。孙森焱教授认为:"无名契约则依契约之性质及经济目的,类推适用与该契约相近的有名契约有关的规定。"参见孙森焱:《民法债编总论(上册)》,作者自版1999年版,第40页。曾隆兴教授认为:"而无名契约,因无特别规定,故仅以性质相似为限,得类推适用有名契约之规定。"参见曾隆兴:《民法债编总论》,作者自版1999年版,第19页。

是指将合同中各要素抽出后，类推适用各个有名契约的规定。[1] 我国《民法典》第467条规定，“本法或者其他法律没有明文规定的合同，适用本编通则的规定，并可以参照适用本编或者其他法律最相类似合同的规定”。[2] 可见，我国《民法典》对无名合同亦采类推适用的思路。[3]

对于投连险的合同性质，该产品在“保险”名下，并有明确的寿险条款内容，不属于纯粹非典型合同，故投连险合同属于合同联立或混合合同类型。其中，混合合同的构成是由两个以上的有名合同条款或有名合同条款与无名合同条款的结合所成立的合同，性质上是不可分割的单一合同。[4] 即混合契约有混合二个以上契约之性质，且二者有不可分割之关系。[5] 有观点指出，对于保险理财型产品，其合同性质归属于契约联立与混合合同的关键在于其保险部分内容与投资部分内容关系是否不可分割。在这种认识下，于理财保险产品中，分红保险合同条款内容中容易区分哪些为保险哪些为投资，但二者却是紧密联系的，同时该险红利分配未以某种工具承载，未以独立的理财法律关系出现，导致内容具有不可分割性。所以，分红保险合同归属于混合合同，应属无疑。司法实务中亦持有这样的立场。譬如，在“武某某诉中国人寿重庆公司等保险合同纠纷案”中，法院认为，分红保险合同项下保险费金额、保险责任种类、红利分配均以被保险人的寿命状况为基础，被保险人的寿命状况直接影响各保险责任的承担，保险责任与分红等条款相互牵连，合同内容不具实质可分性。[6]

---

〔1〕 参见林诚二：《民法债编各论（上）》，台北，瑞兴图书股份有限公司2003年版，第18页；王泽鉴：《债法原理》（第2版），北京大学出版社2013年版，第141页。

〔2〕 原《合同法》第124条对于法律没有明文规定的合同，参照有名合同或其他法律最类似的规定。

〔3〕 类推适用作为填补开放的漏洞，系基于正义的要求——同类事物应做相同处理。参见［德］卡尔·拉伦茨：《法学方法论》，陈爱娥译，商务印书馆2003年版，第258页。

〔4〕 参见刘承韪：《论演艺经纪合同的解除》，载《清华法学》2019年第4期。

〔5〕 参见林诚二：《民法债编各论（上）》，台北，瑞兴图书股份有限公司2003年版，第16页。

〔6〕 参见武某某诉中国人寿重庆公司等保险合同纠纷案，重庆市第一中级人民法院（2015）渝一中法民终字第06993号民事裁定书。

但是，对于万能险、投连险、变额年金，这些产品单独设立了投资账户，投资收益单独计算、管理，使其投资部分呈现了一定的独立性。对此，有观点认为，若某一投资型保险之“保险费”与“给付金额”均得明确区别保险与投资的成分而个别计算，则该投资型保险应以契约联立关系理解之。反之，若该某一投资型保险在保险费部分或者给付数额部分有无法区别保险与投资的部分时，则宜将之理解为混合契约。〔1〕对此，也有观点回应，从投资型保险契约来看，其实际运作虽具有不同契约的属性，但从作为契约当事人的投保人与保险人出发，其必然不以为自己所签订的是两个契约，故作契约解释时也无必要将其解释为两个契约的联立，而解释为混合契约更为适宜。〔2〕

对于上述两种观点，本书认为第一种更为合理，因为投连险能够区分合同中的保险条款内容和理财条款，进而再适用各自法律规则。对于后者观点，投连险投保人所签订的合同为一份合同，该合同中存在两种不同性质的给付内容，而非两份独立的合同。申言之，对于合同联立，一般包括两种情形：一为单纯外观的结合，数个独立的契约仅因缔结契约的行为（如订立一个书面）而结合，相互不具依存关系；二为具有一定依存关系的结合，即当事人之意思，一个契约的效力依存另一个契约的效力。〔3〕单纯的外观结合只是数个独立契约简单结合，作为一个整体交易而已，依各自独立契约分别适用相应法律即可，而对于具有依存关系的合同联立则更具有法律解释上的意义。理论上对该“依存关系”存在“主观意思”与“客观要素”的不同判

---

〔1〕参见叶启洲：《投资型保险契约无效时之保险费返还与缔约上过失责任》，载《环球法律评论》2014年第6期。

〔2〕参见张晓萌：《论投资型保险在契约法上的定位》，载《保险研究》2017年第9期。

〔3〕参见王泽鉴：《债法原理》（第2版），北京大学出版社2013年版，第139页。

断，[1]但投连险在法律上所呈现的合同应视为有依存关系的合同联立。基于前述，投连险的投资功能以投资账户为载体，其在运作模式、目的、产品设计上都呈现独立性，表现为有别于保险合同关系的委托理财法律关系，但其投资账户的成立、生效、终止又依附于保险条款的效力状态。[2] 因此，投连险合同既非混合合同，也非单纯外观结合的合同联立，应为有依存关系的合同联立，其法律适用采"类推适用说"。即合同的保险条款内容由保险法调整，合同的投资理财条款内容由证券法等规则调整。

须以明确的是，投连险作为合同联立采取"类推适用"，并非按照传统典型的民法思维模式，将投连险权利义务关系回归到《民法典》中关于委托合同的规则。这种以"比对"有名契约预设的权利义务关系与当事人所约定的权利义务关系之方式来理解利益风险分配均极为复杂的商事契约，只是治丝益棼。[3] 所以，投连险的"类推适用"应根据自身的特点，遵循既定规范逻辑展开。也就是说，投连险及其投资账户上的法律关系坚持以"实质重于形式"的思路，按照其实质的权利义务内容来进行相应的类推适用现有法律，实现对该产品的应然规范。

---

[1] "主观意思"，依王泽鉴教授主张，依存关系是当事人之意思，一个契约的效力依存另一个契约的效力。而"客观要素"是指，由于人们逐渐更关注合同联立的客观要素和当事人利益的保护，司法实务开始更加努力接近经济实践中各种交易的本来面貌及其背后的当事人利益，并通过类型化甚至立法手段将一些合同联立的情形明确下来。参见王泽鉴：《债法原理》（第2版），北京大学出版社2013年版，第139页；陆青：《合同联立问题研究》，载《政治与法律》2014年第5期。

[2] 这种委托理财法律关系无疑具备委托合同的一般特征，但是其合同解释不能简单比对原《合同法》第406条等委托合同规定，应考量该商事关系本身的特殊性。关于商事关系特征与解释的探讨，可参见施天涛：《商事关系的重新发现与当今商法的使命》，载《清华法学》2017年第6期；王文宇：《商事契约的解释 模拟推理与经济分析》，载《中外法学》2014年第5期。

[3] 参见王文宇：《商事契约的解释 模拟推理与经济分析》，载《中外法学》2014年第5期。

第二节　投资账户的法律性质及其规则的类推适用[1]

一、投资账户的法律性质:契约型证券投资基金

投资账户表现的法律属性已完全不同于保险的性质与模式。那么,在法律上该如何回应,以及如何进行法律适用?

(一)投资账户的基金性质

本书第二章已经对投资账户与证券投资基金进行了比较分析:投资账户类似于证券投资基金。由此需要追问的是,这些特点类似于投资基金,是否真的契合基金的法律实质和界定。

我国《证券投资基金法》第2条规定,"由基金管理人管理,基金托管人托管,为基金份额持有人的利益,进行证券投资活动,适用本法"。该条只是对基金的运作模式进行简要描述,无法通过该条获知基金的构成要件或判断标准。但是,《证券投资基金法(草案)》曾将投资基金界定为,"是指通过发售基金份额募集资金形成独立的基金财产,由基金管理人管理、基金托管人托管,以资产组合方式进行证券投资,基金份额持有人按其所持份额享受收益和承担风险的投资组织"。[2] 与此同时,学理上对基金也有不同的总结。譬如,有观点认为,投资基金就是指以投资为特定目的而集合起来的货币;[3]也有学者将其归结为"投资方式""资本集合体""基金公司或信托""投资组织""投资计划""金融工具或产品""投融资制度",见仁见智,不一

---

〔1〕 本节内容发表在《证券法律评论》。参见李游:《资产管理人受信义务的类推解释及其履行——以投连险投资账户为例》,载郭锋主编:《证券法律评论》(2021年卷),中国法制出版社2021年版,第314~340页。

〔2〕 参见厉以宁:《关于〈中华人民共和国证券投资基金法(草案)〉的说明——2002年8月23日在第九届全国人民代表大会常务委员会第二十九次会议上》,载中国人大网,http://www.npc.gov.cn/wxzl/gongbao/2003-12/29/content_5326586.htm。

〔3〕 参见张路、罗旭、郭晓婧编译:《中美英基金法比较与实务》,法律出版社2007年版,第4页。

而足。[1]

上述不同角度对基金的解读,挖掘了基金的各项特征,但没有反映基金与其他金融产品的本质区别。譬如,基金作为一种"投资方式",并无疑问,但股票、债券等也是一种金融投资工具;以"资本集合体"来分析基金,不能够挖掘基金的运作特点。从传统民法视角来分析,基金作为一种资金的集合,属于财团法人,是与社团法人相对应的概念。前者强调财产的集合,以基金为主要代表,后者强调社员的集合,以公司为主要范例。由于财团法人和社团法人的成立基础存在一定差异,故立法上对两者的设立条件、组织机构等方面存在差异。不过,财团法人与社团法人存在诸多融合性。例如,在公司型基金和公司组织存在诸多契合,公司中股东出资汇集的公司资本是公司运作的主要因素,同时二者都有法律主体资格、董事会等组织机构。故以"资本集合体"来剖析基金,似乎也没有区分出基金的本质特征。"投资计划""金融工具或产品""投融资制度"亦是如此,没有呈现基金的独特性。

由上可知,如果单从某一视角来界定基金,确实难以描述基金的法律特征。尽管如此,本书倾向从基金的主体性出发来描述基金的特征。因为基金本身有明显的组织化倾向,是一种拥有实体地位的投资机构。[2] 基金发展至今,已经成为市场的重要组成力量,尤其是部分基金机构投资者,成为上市公司的大股东,参与公司治理。尽管契约型基金并无法律主体资格,但不可否认其作为经济主体的市场角色。同时,从主体性出发,也可以使基金的类型保持开放性,容纳更多的集合资金的组织形式,契合现实的发展需要。因此,本书试图从"投资组织"来讨论基金的法律特征,即基金为:(1)一

---

〔1〕 参见吴晓灵主编:《投资基金法的理论与实践——兼论投资基金法的修订与完善》,上海三联书店2014年版,第13页;郭锋、陈夏等:《证券投资基金法导论》,法律出版社2008年版,第73页。

〔2〕 参见吴晓灵主编:《投资基金法的理论与实践——兼论投资基金法的修订与完善》,上海三联书店2014年版,第14页。

种基于某种投资目的而形成的资金集合;(2)由专业机构从公众投资者或特定投资者募集而成,以资产组合原理进行证券投资;(3)投资者依据其出资分享收益,承担风险的投资组织。

从设立的目的来看,基金资产形成目的在于某种投资目的,追求投资收益的增长。就投资账户而言,投保人所投保费主要目的在于追求账户价值增长,而非保险保障。从受托人的视角来看,基金是一种依托于专业机构的专家理财,采用组合投资的投资策略。投资账户由保险人担任账户管理人,主导账户资产的运作,并且基于投资账户的不同风险类别,采取不同的风险程度的组合投资策略。从风险承担来看,传统保险产品投保人不承担投资风险,也不分享保险人的投资收益,但投资账户上的投保人作为投资者完全承担其在投资账户中资金投入的风险。此外,投资账户在其他方面的表现,如投保人对投资账户的选择权和转换权,自由决策买入或者卖出投资账户中的投资单位等实际运作的特点与投保人权利,事实上,都是参照投资基金来设计和运作的。而在我国,基金的类型主要为契约型基金,契约型基金在运作模式和法律关系上又是按照信托原理来进行的。

同时,基金在法律上采纳信托的法律结构,是区别于其他的一般财产管理的法律结构。无论英美法系还是大陆法系,在信托当事人(委托人、受托人、受益人)以及信托的基本要素(信托依据、信托财产、信托目的)[1]上都是相同的。[2] 我国《证券投资基金法》在立法过程中曾出现关于基金信托结构的争议,但从投资基金资产独立性来看,该法第5条、第6条、第7条规定基金财产独立于基金管理人、基金托管人的固有资产,不能以自己拥有对基金份额持有人债权与基金资产抵销,并且非因基金财产本身承担的债务,

〔1〕 需注意的是,我国《信托法》第6条、第7条,信托目的和信托财产都有合法性的要求。"设立信托,必须有合法的信托目的。""设立信托,必须有确定的信托财产,并且该信托财产必须是委托人合法所有的财产。本法所称财产包括合法的财产权利。"

〔2〕 也有学者将信托的基本要素表述为:信托目的、信托财产、受托人、受益人。参见[日]能见善久:《现代信托法》,赵廉慧译,中国法制出版社2011年版,第14页。

不得对基金财产强制执行。此外,该法第 2 条明确本法未规定的适用《信托法》,进一步反映出法律对投资基金的信托法律关系的确认。

本书在第二章对投资账户的信托结构已进行了简要论证。从信托实质要素资产隔离和"权""利"分离的视角来看,投资账户所汇聚的资金在会计上独立于保险人资产,达到资产隔离的状态,具备资产独立性特点。当保险人出现破产情形,独立账户不参与破产清算,从而保障投保人资产的安全。从实务中投连险合同所规定投保人和保险人的权利义务来看,投保人对其投资账户投资单位享受收益和承担风险,保险人对投资账户资金托管,并为投保人的利益进行证券投资活动。对于投保人而言,享有的只是收益及风险,并不享有对投资账户资产的所有权,而该资产从委托人转移至保险人后,保险人运用、管理该账户资产,但不实际持有资产,并于会计上独立,故这一交易运作反映投资账户资产"权"与"利"的分离现象,契合信托的实质要素。尽管投资账户的委托代理结构亦符合一般委托合同的构成要件,但投资账户为信托结构,具有资产隔离的效果,存在所有权与收益分离现象,而委任或代理合同下并无该特点,进而使二者的权利义务关系如受托人权限和义务存在明显差异。因此,将投资账户的基础关系解释为信托关系更为准确,亦更符合其现实运作。

(二)投资账户的基金类型与类推适用

前述讨论投资账户的基金属性。在基金类型划分中,投资账户可被视为一种契约型、开放式、公募型的证券投资基金。

以组织形式的不同,证券投资基金可以划分为公司型基金(corporation-type fund)和契约型基金(contractual-type fund)。前者是指通过成立独立的基金公司,发行股票来集合投资者的资金,再由基金公司或其资产信托给基金管理人来进行证券投资,以股利形式对投资者进行利益分配的基金类型;后者是投资者按照基金契约的约定认购基金份额形成基金财产,基金财产交由基金管理人和基金托管人按照信托原理运作的基金类型。[1] 两者划分的主要意义在于两者的法律主体资格存在差异,公司型基金具有法人资格,而契约型基金不具有法人资格。进而,使两者在基金份额所表彰的权力上存在差异,如契约型基金所发行的基金份额是一种收益凭证,反映的是一种受益权;而公司型基金发行的是股票,表彰的是一种股权。投资账户的成立建立在投连险合同基础之上,投保人与保险人的权利义务主要是由投连险合同而确定;我国法律法规当前并未对投资账户的主体作出回应,同时,目前我国《证券投资基金》尽管允许基金采取公司型基金,[2]但实务中的基金主要为契约型基金。因此,投资账户在我国并无法律主体地位,应属于契约型基金。

以基金发行的份额是否可以赎回为划分标准,可将基金划分为开放式基金(open-end fund)和封闭式基金(closed-end fund)。前者可允许投资者随时追加申购或赎回基金份额,基金的总份额和存续期间并不固定,而后者在发行前,基金的资本总额、份额数量、存续期限等都已经确定,投资者不能中途追加申购和赎回。[3] 封闭式基金的主要收益途径为二级市场的买卖差价和基金年底的分红,其投资风险主要面临二级市场的风险和基金管理人投资理财能力的风险;而开放式基金的收益主要来自赎回价与申购价之间的差异,这一价格差异又完全取决于基金管理人的业绩,故开放式基金份额持有人面临的风险主要是基金管理人能力的风险,而无二级市场风险。[4] 投资账户中的投资单位可以随时追加投资和赎回,而且投资账户上的收益

---

〔1〕 参见郭锋、陈夏等:《证券投资基金法导论》,法律出版社2008年版,第14页;吴晓灵主编:《投资基金法的理论与实践——兼论投资基金法的修订与完善》,上海三联书店2014年版,第15页。

〔2〕《证券投资基金法》第153条规定:"公开或者非公开募集资金,以进行证券投资活动为目的设立的公司或者合伙企业,资产由基金管理人或者普通合伙人管理的,其证券投资活动适用本法。"

〔3〕 参见吴晓灵主编:《投资基金法的理论与实践——兼论投资基金法的修订与完善》,上海三联书店2014年版,第15页。

〔4〕 参见郭锋、陈夏等:《证券投资基金法导论》,法律出版社2008年版,第18~19页。

主要取决于保险人的投资业绩。因此，投资账户属于开放式投资基金类型。

根据基金募集方式的差异，可以将其划分为公募基金（public offering fund）和私募基金（private placement fund）。前者是向不特定的社会公众公开发行、募集的投资基金，后者是通过非公开方式向少数机构投资者或个人投资者募集的基金类型。两者的划分意义主要在于，公募基金涉及不特定的社会公众，受到严格的监管，如在发行要求、信息披露等方面存在明显不同的监管规则。保险人发行投连险，其本是面向不特定的投保人，而非特定机构投资者或个人，即投资账户的投保人是作为一种不特定的社会公众。投资账户所表现的该方面特征表明其属于一种公募基金类型。

由上可知，投资账户是一种实质上的证券投资基金。由此，进一步分析，在法律上，投资账户是否能够采取类推适用的方式，适用证券投资基金的相关法律。对于类推适用方法的采用，构成要件重要程度的判断是类似性判定的基础，包括相同点和不同点的重要程度进行判断。[1] 前已述及，对于投资账户与投资基金的共性，表现在法律地位的独立性、投资者投资风险承担的完全性、运作模式的信托性；而对于两者的差异，主要表现在证券投资基金中的公募基金份额可以申请上市交易和成员权利上存有差异，以及投资账户又具有一定的从属性。

本书认为，投资账户上投保人承担的风险已经完全区别于传统保险的法律性质，其在独立性或信托性等法律特征上不断接近于投资基金，表明投资账户已经具备了投资基金的实质特征。而份额是否可以上市或者成员权利等方面的差异并不是排除投资账户为实质上的投资基金法律的因素。因为投资基金又区分为开放式投资基金和封闭式投资基金等多种不同类型的基金，每种基金之间份额是否可以上市、成员之间的权利等方面都存在差异。因此，投资账户在法律意义上，应将其视为证券投资基金，可按照契约

〔1〕 参见屈茂辉：《类推适用的私法价值与司法运用》，载《法学研究》2005年第1期。

型、开放式、公募型基金的规范设置展开法律适用。

二、投资账户上相关主体之间的法律关系

证券投资基金活动以信托原理为基础，因此，基金合同当事人之间的关系属于信托关系。[1] 在契约型基金各方主体之间的法律关系，存在多种不同的看法。

其一，基金份额持有人为委托人和受益人，基金管理人和基金托管人为托管人；其二，基金份额持有人是委托人和受益人，基金托管人为受托人，基金管理人是基金托管人的代理人；其三，基金份额持有人是委托人和受益人，基金管理人是受托人，基金托管人是基金管理人的代理人；其四，基金管理人是委托人，基金托管人是受托人，基金份额持有人是受益人。[2] 上述基金主要法律关系的差异原因在于各国对基金的法律结构采取的方式不同，即基金存在"一元结构"和"二元结构"的差异。前者是在契约型基金中，委托人、受益人、管理人、受托人之间仅存在一个契约关系，基金管理人和基金托管人共同履行受托人的职责，如日本 1951 年《证券投资信托法》采纳"一元结构"；而后者则需要两个信托关系，即委托人、受益人与管理人之间的信托关系和管理人与受托人之间的资金托管关系，如德国 1956 年《国内投资公司法》采"二元结构"。[3] 上述不同信托结构各有特点，"二元结构"更能够反映信托的交易模式，但不利于投资者的保护。因为若资金托管人存在违法行为，投资者无法直接依据信托契约行使诉权。但是，在"一元信托结构"中，投资者作为受益人，可以依据信托契约直接行使权利，包括对基金托管人的违法行为直接行使诉权，可以有效保护投资者的利益。[4]

---

[1] 参见李飞主编：《中华人民共和国证券投资基金法释义》，法律出版社 2013 年版，第 9 页。

[2] 参见郭锋、陈夏等：《证券投资基金法导论》，法律出版社 2008 年版，第 76 页。

[3] 参见吴晓灵主编：《投资基金法的理论与实践——兼论投资基金法的修订与完善》，上海三联书店 2014 年版，第 17～18 页。

[4] 参见郭锋、陈夏等：《证券投资基金法导论》，法律出版社 2008 年版，第 90 页。

从我国《证券投资基金法》第3条规定“基金管理人、基金托管人依照本法和基金合同的约定,履行受托职责”可以看出,我国对于基金的各主体之间的法律关系采取“一元信托结构”,即各主体间仅存在一个基金合同,其中,基金份额持有人为委托人和受益人,基金管理人和基金托管人为共同受托人。尽管基金管理人和基金托管人作为共同受托人,但是《证券投资基金法》对二者作出了不同的职能定位。基金管理人的主要职能在于运用基金财产进行证券投资,审慎经营,并且制订科学合理的投资策略和风险管理,其目的在于实现基金资产的保值增值。[1] 而基金托管人职责在于,安全保管基金财产,实现基金资产的安全性。[2] 因此,基金管理人和基金托管人作为共同受托人,其职责定位存在明显差异。

由上可知,对于我国契约型基金当事人之间的法律关系,基金份额持有人与基金管理人通过基金合同建立信托关系;基金份额持有人通过基金合同对托管人的确认,建立与基金份额持有人与基金托管人之间的信托关系;基金管理人与基金托管人作为共同受托人,前者主要为基金资产的管理受

---

〔1〕《证券投资基金法》第9条第2款规定:“基金管理人运用基金财产进行证券投资,应当遵守审慎经营规则,制定科学合理的投资策略和风险管理制度,有效防范和控制风险。”同时,《证券投资基金法》第19条进一步规定,“公开募集基金的基金管理人应当履行下列职责:(一)依法募集资金,办理基金份额的发售和登记事宜;(二)办理基金备案手续;(三)对所管理的不同基金财产分别管理、分别记账,进行证券投资;(四)按照基金合同的约定确定基金收益分配方案,及时向基金份额持有人分配收益;(五)进行基金会计核算并编制基金财务会计报告;(六)编制中期和年度基金报告;(七)计算并公告基金资产净值,确定基金份额申购、赎回价格;(八)办理与基金财产管理业务活动有关的信息披露事项;(九)按照规定召集基金份额持有人大会;(十)保存基金财产管理业务活动的记录、账册、报表和其他相关资料;(十一)以基金管理人名义,代表基金份额持有人利益行使诉讼权利或者实施其他法律行为;(十二)国务院证券监督管理机构规定的其他职责”。

〔2〕《证券投资基金法》第36条规定:“基金托管人应当履行下列职责:(一)安全保管基金财产;(二)按照规定开设基金财产的资金账户和证券账户;(三)对所托管的不同基金财产分别设置账户,确保基金财产的完整与独立;(四)保存基金托管业务活动的记录、账册、报表和其他相关资料;(五)按照基金合同的约定,根据基金管理人的投资指令,及时办理清算、交割事宜;(六)办理与基金托管业务活动有关的信息披露事项;(七)对基金财务会计报告、中期和年度基金报告出具意见;(八)复核、审查基金管理人计算的基金资产净值和基金份额申购、赎回价格;(九)按照规定召集基金份额持有人大会;(十)按照规定监督基金管理人的投资运作;(十一)国务院证券监督管理机构规定的其他职责。”

托人,后者主要为基金资产的托管受托人(见图9)。

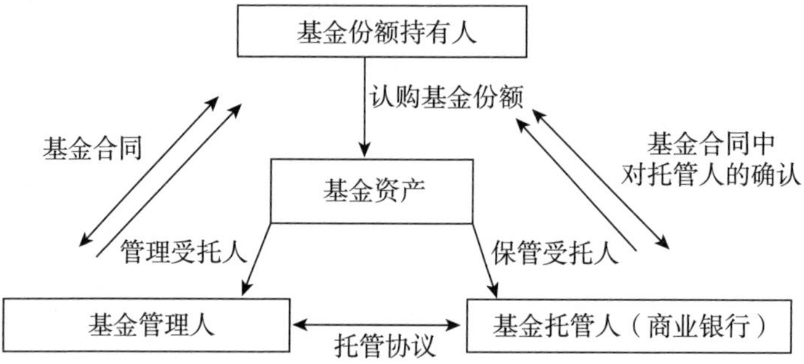

图9 契约型基金当事人的法律关系

投资账户上各主体间的法律关系中,投保人角色已经转换为“委托人”“投资人”,保险人的角色相应地转换为“受托人”“管理人”。其中,投资账户上当事人的法律关系可从以下三方面得到呈现(见图10)。

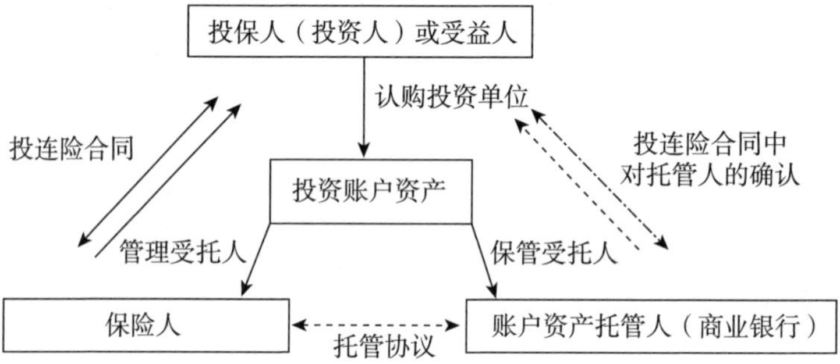

图10 投资账户当事人的法律关系

1. 投保人与保险人的法律关系

关于投保人(投资人)与保险人(投资账户资产管理受托人)的法律关系,在投资账户形式上仍表现为投保人与保险人的保险契约关系,但实质上两者之间的关系已经转化为投资人与投资账户资产管理受托人之间的投资合同关系。由于投资账户为实质上的投资基金,故该投资合同可与基金合同来进行比较分析。投资账户并非从一开始就单独设立,而是通过签订投连险合同成立。投保人所投入的保费需要在不同风险的投资账户中分配比例，即购买不同投资账户的投资单位。而保险人作为资金管理受托人决定投资账户的投资组合及运作方式。本书第二章也从《信托法》第 2 条对信托的界定来分析，投保人与保险人在投资账户上也构成了实质上的信托关系。遵循前述论及"实质重于形式"的路径，投保人与保险人在投资账户上的法律关系应按照投资人与资产管理受托人的法律关系展开分析，明确保险人（资产管理受托人）保值增值的主要职责和投保人（投资人）的收益权，以及监督权等共益权，而不是通过保险合同关系和一般委托代理关系来理解投资账户上的法律关系。

在投资基金中，作为受托人的基金管理是基金资产的实际经营者，负有将资金资产的投资风险降低到最低限度，并保证基金持有人收益最大化的职责。[1] 同理，保险人作为投资账户资产管理受托人，其职责应是实现投资账户上资产的保值增值的目的，实现投保人（受益人）利益的最大化。显然，如果以《保险法》的视角来观察合同当事人的法律关系，则不符合交易的经济实质，并由此带来投资权益保护的缺失。投资人（投保人）购买投资账户投资单位的主要目的在于获得投资收益的增长，并由此享有相应的投资收益权。投保人在投资账户上享有的收益权主要是根据其在投资账户中投资单位数量，享有与之相匹配的投资收益。传统民法依权利内容不同，划分为财产权和人身权。就财产权的权能内容，我国原《民法通则》（2009 年修正）第 71 条规定，财产所有权是指所有人依法对其财产享有占有、使用、收益和处分的权利，原《物权法》第 39 条同样持此规定，并在该法第 65 条明确规定，私人合法的储蓄、投资及其收益受法律保护。《民法典》第 125 条也明确规定，"民事主体依法享有股权和其他投资性权利"。因此，投保人将投资账户的收益权作为一种财产权，其享有与投资相匹配的资产收益具有天然的

---

〔1〕 参见张路、罗旭、郭晓婧编译：《中美英基金法比较与实务》，法律出版社 2007 年版，第 13 页。

正当性。事实上,对于投连险投保人而言,购买该类金融产品最主要的目的在于投资理财,期待获得投资收益。也就意味着,在投连险投保人诸多相关权利中,享有收益权是其最为关心的权利。[1]

同时,投保人对投资账户享有共益权,尤其是对投资账户资产管理受托人(保险人)的监督权。譬如,《证券投资基金法》第四章专门规定"基金的运作方式和组织",其中包括了基金持有人的监督权,尤其是基金份额持有人大会对基金管理人投资运作的监督。不过,在一般的集合理财产品中,投资者通常并不会十分关心与所投资金相应的共益权,如监督权。其原因主要有:

其一,投保人并非如同传统股东一样,除进行相应的出资外,还关注公司的治理。[2] 投保人对投连险的购买以及对投资账户资金的分配,其主要目的是获得投资收益,而对于各投资账户的具体运作、治理,以及投资账户资金参与对外投资所产生的投票权并不关心。换言之,其若对投资账户投资表现不满意,可通过赎回或者减少投资的方式来实现对投资风险的规避。

其二,尽管各投资账户总资金数额可能巨大,但投资账户是一种集合理财方式,人数众多,将这些共益权分配至各个投保人,则个体所享有的共益权又显得"微不足道",不足以引起投保人的重视。基金亦是如此,基金是广大中小投资者的集合,容易陷入"集体行动的悖论",每一个基金持有人都想"搭便车",不愿意承担监督的成本。[3] 尽管如此,投保人存在对投资账户

---

[1] 在投资账户上,投保人的收益权与证券投资基金法中投资人的收益权、信托关系人中受益人的受益权类似,但是与寿险合同受益人的受益权存在一定的差异。申言之,在投连险法律关系中,保险事故发生之前,投保人是投资账户投资收益分配的直接对象,即作为投资人身份享有的收益权。而此时合同受益人的受益权需等到约定保险事故成就时,投保人的收益权(或投资人的收益权)才转化为合同受益人的受益权。因为在保险法中,寿险合同受益人的受益权主要体现为保险金给付请求权。该种请求权为期待权性质,即于约定保险事故发生后,该项权利才成就,否则寿险合同受益人不能向保险人行使保险金给付请求权。

[2] 随着经济的发展,公司股东也不断出现异质化倾向。尤其在公众公司中,存在普遍的股东冷漠主义,该类股东对公司的表决权等共益权并不关心。

[3] 参见张路、罗旭、郭晓婧编译:《中美英基金法比较与实务》,法律出版社 2007 年版,第 322 页。

共益权的冷漠,但法律层面并不能否认其应然所享有的共益权。厘清投保人的共益权的目的在于,鼓励投保人行使对保险人投资账户投资管理的监督权,减少保险人对投保人的隐性欺压、投资决策的肆意性,以及其他违法违规行为。

2. 保险人(管理受托人)与账户资产托管人的法律关系

理论上,投资账户资产保值增值和资产安全的两个基本目标分离出资产管理受托人和账户资产托管人两个法律主体。资产管理人承担资产保值增值的主要职责,账户资产托管人承担资产安全的主要职责。但是,我国早期监管规则并没有要求对投资账户上的资金进行强制托管,后来在《中国保监会关于规范投资连结保险投资账户有关事项的通知》第 7 条明确规定,"投资账户的资产应全部进行托管。资产托管机构的市场准入、资格条件、服务范围等应符合相关监管规定"。这表明,在投资账户的法律关系中,还存在资产托管机构。

按照我国基金"一元信托结构"模式,投资账户管理受托人和资产托管人应是作为共同受托人。但是,我国《信托法》第 31 条规定,"同一信托的受托人有两个以上的,为共同受托人。共同受托人应当共同处理信托事务"。"共同受托人处理信托事务对第三人所负债务,应当承担连带清偿责任"(《信托法》第 32 条)。可见,投资账户上保险人作为资产管理受托人和基金托管人作为共同受托人与《信托法》上对共同受托人的界定存在差异。

上述区分投资账户受托人职责差异的意义在于,明确投资人(投保人)在受托人违反相应义务时的请求权基础存在差异。当投资账户资金的受托人(管理人和托管人)违反受托义务,投资人(投保人)是依《信托法》第 31 条、第 32 条所确定的"其他受托人应当承担连带赔偿责任",还是按照投资账户上资产管理人和托管人不同职责来进行责任认定。[1] 本书认为,投资

---

〔1〕 信托义务主要内容包括善良管理义务、忠实运营义务、谨慎注意义务等多个方面。参见肖海军:《信托投资机构信托义务的释义与认定》,载《社会科学》2009 年第 2 期。

人(投保人)于此情形下,其救济依据不应按照《信托法》上的连带责任规定。

其一,投资账户作为实质上的投资基金,应当类推基金的相应规则。契约型基金的基础法律关系为信托关系已在《证券投资基金法》第2条得以确认。[1] 根据这一特征,可将基金信托法律关系作为一种特殊的信托关系,基金份额持有人为信托的委托人,基金为特殊的信托产品。即《证券投资基金法》与《信托法》为特别法与一般法的关系。从而根据特别法优于一般法的原则,投资人(投保人)的救济应是类推适用《证券投资基金法》。

其二,从共同受托人的实际角色来看,在《信托法》下,共同受托人均参与信托财产的管理,而在类推适用《证券投资基金法》下,尽管投资账户托管人为共同受托人,但其职责并无管理、运用基金资产。[2] 在没有共同处理信托事务的情形下,却要承担投资账户资金管理人违反管理职责的连带责任。这显然不符合权利与义务相一致的原则。有学者也指出,基于"托管"与"管理"的功能分离,同为基金受托人的托管人和管理人不是《信托法》上的共同受托人,未必承担连带赔偿责任,应根据过错原则判断其是否尽到托管职责并因此独立承担责任。[3]

3. 投保人与账户资产托管人的关系

就投保人(投资人)与账户资产托管人的关系而言,虽然投保人并不直接介入保险人与资产托管机构的托管协议,但基于法律的直接规定,突破合同相对性,亦可将投保人、受益人、保险人、资产托管机构均作为投资账户上的基础法律关系主体。也就是说,类推适用投资基金的"一元信托结构"模式,投保人作为投资人,其可以直接依据所签订的投连险合同,行使对保险

---

[1] 《证券投资基金法》第2条规定,"本法未规定的,适用《中华人民共和国信托法》、《中华人民共和国证券法》和其他有关法律、行政法规的规定"。

[2] 也有观点指出,基金管理人和托管人不是共同受托人,只是对受托人职能的一种分解。参见吴晓灵主编:《投资基金法的理论与实践——兼论投资基金法的修订与完善》,上海三联书店2014年版,第19页。

[3] 参见洪艳蓉:《论基金托管人的治理功能与独立责任》,载《中国法学》2019年第6期。

人和投资账户资金托管人的合同权利,包括上述论及的监督权。

第三节　美国法中的分离账户基金属性

美国变额年金和变额寿险投资账户的法律属性非常清晰,通过判例法,将投资账户(separate account)定性为投资公司,并适用《1940 年投资公司法》。

一、美国分离账户:作为投资公司的规范方式

不同于我国《证券投资基金法》采取的统一立法模式,即该法包括基金公司的设立、运营、管理等规则和基金管理人的权利义务等规则,美国法上对于投资公司的法律规范采取分别立法的模式,即分别颁布《1940 年投资公司法》和《1940 年投资顾问法》。前者主要规范投资公司的注册、组织机构等围绕投资公司的规则,后者主要是规范基金管理人作为投资顾问时的设立、运作等方面的规则。

美国《1940 年投资公司法》对"公司"(company)的界定较为宽泛,不仅包括公司(corporation),还包括了合伙(partnership)、联营(association)、股份公司(joint-stock company)、信托(trust)、基金(fund)、任何不论是否注册的有组织机构的人(any organized group of persons whether incorporated or not),以及《美国法典》第 11 章下的破产清算人(receiver)、受托人(trustee)或者具有类似职能的官方代理人或清算代理人(similar official or any liquidating agent)。[1]

---

〔1〕《1940 年投资公司法》第 2(a)(8)条规定:"公司"是指公司、合伙企业、协会、股份公司、信托、基金或任何有组织的团体,无论是否成立;或任何接管人、根据《美国法典》第 11 章规定的案件中的受托人或类似高级职员或上述任何一方以其能力担任的清算代理人(原文为:"Company" means a corporation, a partnership, an association, a joint-stock company, a trust, a fund, or any organized group of persons whether incorporated or not; or any receiver, trustee in a case under Title 11 of the United States Code or similar official or any liquidating agent for any of the foregoing, in his capacity as such)。

对于这些投资公司种类,美国《1940 年投资公司》第 4 条进一步将投资公司划分为面额证券公司(face-amount certificate company)、单位投资信托(unit investment trust)、管理公司(management company)三种类型。[1] 其中占据主导是管理公司。[2] 从上可知,《1940 年投资公司法》调整对象十分宽广,投资公司的组织形式也丰富多样,具有灵活性和开放性,并不局限某一或某几种形式。有学者指出,《1940 年投资公司法》调整的投资公司实质上是指投资集合体。[3] 不过,尽管《1940 年投资公司法》调整对象宽泛,但依旧将保险公司排除在外,其原因在于美国州法已经对该类公司进行了集中的规范。[4]

正因为美国《1940 年投资公司法》调整对象的多样性,所以,才对变额寿险投资账户(separate account)是否为一种投资公司类型进行过激烈的

---

[1] 《1940 年投资公司法》第 4 条规定:(1)"票面金额证书公司"是指从事或拟从事发行分期付款类型的票面金额证书业务的投资公司,或已经从事这种业务并有任何这种证书未到期的投资公司。(2)"单位投资信托"是指(A)根据信托契约、保管或代理合同或类似文书组织;(B)没有董事会;(C)只发行可赎回的证券;每个证券代表特定证券单位的不可分割的利益,但不包括投票信托的投资公司。(3)"管理公司"是指除面额证书公司或单位投资信托以外的任何投资公司[原文为:(1)"Face-amount certificate company" means an investment company which is engaged or proposes to engage in the business of issuing face-amount certificates of the installment type, or which has been engaged in such business and has any such certificate outstanding. (2)"Unit investment trust" means an investment company which (A) is organized under a trust indenture, contract of custodianship or agency, or similar instrument, (B) does not have a board of directors, and (C) issues only redeemable securities, each of which represents an undivided interest in a unit of specified securities, but does not include a voting trust. (3)"Management company" means any investment company other than a face-amount certificate company or a unit investment trust]。

[2] 参见[美]托马斯·李·哈森:《证券法》,张学安等译,中国政法大学出版社 2003 年版,第 832 页。

[3] 参见黄辉:《资产管理的法理基础与运行模式——美国经验及对中国的启示》,载《环球法律评论》2019 年第 5 期。

[4] Wendell M. Faria, *Status of Insurance Companies and Insurance Company Separate Accounts Under the Investment Company Act*, in Clifford E. Kirsch ed., Variable Annuities and Variable Life Insurance Regulation, Practising Law Institute, 2018, p. 2 (Chapter 3).

探讨。[1] 美国 SEC、NAIC 等认为,变额年金规范都要求变额年金单独设置独立账户,并且在会计上独立于保险公司,达到资产隔离以及资金独立性的要求,而这种变额年金独立账户的设置与共同基金存在类似。[2] 美国联邦法院在 1964 年的美国保德信保险公司诉 SEC 案(Prudential Ins. Co. of America v. SEC)中将该分离账户界定为投资公司。该案所涉及的主要争议点在于保德信公司发行的变额保险分离账户是否属于投资公司,而不是保德信公司是不是投资公司。保德信公司主张只有特定的商业组织才是《1940 年投资公司法》所规范的对象,而分离账户并非一种组织架构,故不应认定分离账户为《1940 年投资公司法》所规定的投资公司。该案法院认为,保德信公司所销售该产品的投资账户价值基于其账户的投资单位,再依投资绩效分享利润或损失,且该账户资金目的在于从事证券投资,也并非对投资账户价值提供任何担保,该账户实际上为"基金",应受到投资公司法的规范。[3]

在保德信案后,关于分离账户在《1940 年投资公司法》下如何界定和适

---

〔1〕《1940 年投资公司法》对可变寿险的适用提出了三个问题:第一,为可变寿险保单提供资金的独立账户是否是《1940 年投资公司法》意义上的投资公司;第二,州保险法是否与《1940 年投资公司法》的规定相冲突;第三,禁止联邦法规损害州法律监管保险业务的《麦卡伦–弗格森保险管理法》是否限制了《1940 年投资公司法》的适用性(原文为:The application of the Investment Company Act of 1940 to variable life insurance raises three questions: first, whether separate accounts which fund variable life insurance policies are investment companies within the meaning of the Investment Company Act of 1940; second, whether state insurance laws conflict with the provisions of the 1940 Act; and third, whether the McCarran-Ferguson Insurance Regulation Act, which prohibits federal statutes from impairing state laws regulating the business of insurance, limits the applicability of the 1940 Act)。See Tamar Frankel, *Regulation of Variable Life Insurance*, 48 Notre Dame Law 1017, 1031 (1973).

〔2〕就风险承担角度而言,变额年金独立账户收益或损失风险与共同基金投资人承担其投资风险并无差异,都是承担投资的全部风险;在交易模式上,独立账户的资金是保险人基于投保人指示与投资标的公司发生交易,共同基金亦是如此,都是一种委托理财关系;于理财目的上,都是期待从专业机构理财的专业技能上寻求资金账户价值的增加,获得投资收益。

〔3〕See Prudential Ins. Co. of America v. SEC, 326 F.2d 383 (1964).

用,SEC 起初认为,分离账户属于定期支付计划(the periodic payment plan),[1]但后来,SEC 认识到变额年金和变额寿险是一种独特的金融产品,不同于定期支付计划,SEC 为此也颁布了一些特别针对分离账户的规则,如"6c-6 规则"(Rule 6c-6)。[2] 在 1996 年投资公司法修改时,为分离账户增设第 27(i)条,不再适用定期支付计划的相关要求。[3] 该条要求分离账户发行的必须是可赎回的证券(redeemable securities),而《1940 年投资公司法》中只有开放式管理公司(open-end management company)或单位投资信托(unit investment trust)才可以发行可赎回证券,故分离账户在早期被归类

〔1〕《1940 年投资公司法》第 2(a)(27)条规定:"定期支付计划"是指(A)规定持有人进行一系列定期付款的任何计划、投资合同或其他证券,并代表某些特定证券或全部或部分用这种付款所得购买的证券单位或基金的不可分割的权益,以及(B)其发行人也在发行(A)条款所述性质的证券,而且其持有人在完成这种证券规定的定期付款时拥有的权利和特权与(A)条款所述性质的证券持有人基本一致[原文为:"Periodic payment plan certificate" means (A) any certificate, investment contract, or other security providing for a series of periodic payments by the holder, and representing an undivided interest in certain specified securities or in a unit or fund of securities purchased wholly or partly with the proceeds of such payments and (B) any security the issuer of which is also issuing securities of the character described in clause (A) and the holder of which has substantially the same rights and privileges as those which holders of securities of the character described in clause (A) have upon completing the periodic payments for which such securities provide]。

〔2〕See Wendell M. Faria, *Status of Insurance Companies and Insurance Company Separate Accounts Under the Investment Company Act*, in Clifford E. Kirsch ed., Variable Annuities and Variable Life Insurance Regulation, Practising Law Institute, 2018, p. 20 (Chapter 3).

〔3〕《1940 年投资公司法》第 27(i)条规定:(1)本节不适用于任何为可变保险合同提供资金的注册独立账户,也不适用于此类账户的主办保险公司和主要承销商,第(2)款规定的情况除外。(2)任何为可变保险合同提供资金的注册独立账户,或此类账户的主办保险公司,出售任何此类合同都是非法的,除非——(A)此类合同是可赎回的证券;以及(B)保险公司遵守了第 26(f)条以及委员会根据第 26(f)条发布的任何规则或条例[原文为:(1) This section does not apply to any registered separate account funding variable insurance contracts, or to the sponsoring insurance company and principal underwriter of such account, except as provided in paragraph (2). (2) It shall be unlawful for any registered separate account funding variable insurance contracts, or for the sponsoring insurance company of such account, to sell any such contract unless— (A) such contract is a redeemable security; and (B) the insurance company complies with section 26(f) and any rules or regulations issued by the Commission under section 26(f)]。

为《1940 年投资公司法》下的开放式管理公司。[1]

由此可见,美国变额年金和变额寿险的分离账户是在投资公司范畴下进行法律适用的。[2] 而在美国《1940 年投资公司法》中,投资公司设立、运作中,扮演极为重要角色的是投资顾问。近 60% 的美国基金和信托发起人是独立投资顾问。[3] 在孵化期,投资顾问参与投资公司的设立过程,进入实际运营阶段后,投资顾问负责投资管理。[4] 而且,在投资公司类型中,以共同基金(mutual fund)为主,且共同基金是美国资本市场的主要参加者。[5]

不过,共同基金并非美国《1940 年投资公司法》的法定术语,其只是商业实践中广泛运用的表述。[6] 它是一种从公众投资者募集资金所形成的资金池,并交由专业机构投资不同证券产品的集合投资工具,[7] 可见,共同基金实际上是公司型的开放式基金。[8] 以共同基金为例,投资顾问在投资公司整个运行中扮演着至关重要的角色(如图 11 所示)。美国 SEC 也在"6e-2 规则"中明确规定,分离账户由投资顾问提供建议或咨询,并依《1940 年投资

---

〔1〕 See Wendell M. Faria, *Status of Insurance Companies and Insurance Company Separate Accounts Under the Investment Company Act*, in Clifford E. Kirsch ed., Variable Annuities and Variable Life Insurance Regulation, Practising Law Institute, 2018, p. 22 (Chapter 3).

〔2〕 如果独立账户是开放式投资公司,那么它们要受到各州保险法和《1940 年投资公司法》的监管(原文为:If separate accounts are open-end investment companies, they are subject to regulation by state insurance laws and by the 1940 Act)。See Tamar Frankel, *Regulation of Variable Life Insurance*, 48 Notre Dame Law 1017, 1041 (1973).

〔3〕 参见张路、罗旭、郭晓婧编译:《中美英基金法比较与实务》,法律出版社 2007 年版,第 36 页。

〔4〕 参见黄辉:《资产管理的法理基础与运行模式——美国经验及对中国的启示》,载《环球法律评论》2019 年第 5 期。

〔5〕 Vgl. Peter Lückoff, Mutual Fund Performance and Performance Persistence, Wiesbaden: Gabler, 2011, S. 1.

〔6〕 参见黄辉:《资产管理的法理基础与运行模式——美国经验及对中国的启示》,载《环球法律评论》2019 年第 5 期。

〔7〕 See Wallace Wen Yeu Wang, *Corporate Versus Contractual Mutual Funds: An Evaluation of Structure and Governance*, 69 Washington Law Review 927, 930 (1994).

〔8〕 参见郭锋、陈夏等:《证券投资基金法导论》,法律出版社 2008 年版,第 136 页。

公司法》登记、注册。[1]

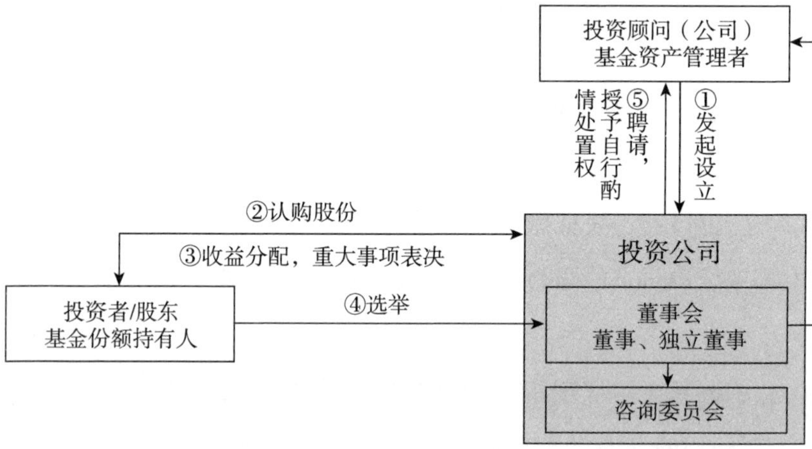

图 11　共同基金的组织架构[2]

美国《1940 年投资顾问法》第 202(a)(11)条采取“一般界定＋排除”的方式对“投资顾问”进行界定，即“任何以获取报酬，参与建议他人的业务，直接或者通过出版物或著作的方式，提供证券的价值分析或买卖证券投资建议的人；或者，以获取报酬为目的，并且作为常规业务的一部分，发表或公布关于证券的分析或报告的人”；[3]同时，该款将某些特定

---

[1] See 17 CFR § 270.6e－2.

[2] 参见黄辉：《资产管理的法理基础与运行模式——美国经验及对中国的启示》，载《环球法律评论》2019 年第 5 期。

[3] 《1940 年投资顾问法》第 202(a)(11)条规定：“投资顾问”是指为获得报酬，直接或间接通过出版物或著作发布或公布有关证券的分析或报告，就证券的价值或投资、购买或出售证券的可取性向他人提供建议的，或为获得报酬并作为常规业务的一部分的任何人(原文为：“Investment adviser” means any person who, for compensation, engages in the business of advising others, either directly or through publications or writings, as to the value of securities or as to the advisability of investing in, purchasing, or selling securities, or who, for compensation and as part of a regular business, issues or promulgates analyses or reports concerning securities)。

银行、[1]仅是偶尔提供建议的律师、会计、工程师等八大类主体排除在投资顾问之外。[2] 由此可见,《1940 年投资顾问法》界定投资顾问的范畴仍较为宽泛。在 1985 年的洛威诉 SEC 案(Lowe v. SEC)中,美国联邦法院确定以信赖关系作为界定投资顾问的关键因素。[3] 美国投资顾问主要提供两方面的服务,一是为客户提供定制化或非定制化的投资建议;二是为客户提供投资决策和账户管理等服务,包括选任合格托管人并对管理活动进行指示。[4]

为此,在处理"投资者—投资公司—投资顾问"之间的法律关系上,《1940 年投资顾问法》着重规范如下两方面内容。其一,赋予投资顾问的受信义务,防范利益冲突。譬如,美国在《1940 年投资顾问法》第 206 条明确了投资顾问的一些禁止行为:禁止投资顾问以任何手段、计划或手段欺骗任何客户或潜在客户;禁止从事任何欺诈或欺骗客户的交易、实践或业务;充当

[1] 《1940 年投资顾问法》第 202(a)(11)条规定:它不包括(A)银行或 1956 年《银行控股公司法》中定义的任何银行控股公司,该公司不是投资公司,但"投资顾问"一词包括任何银行或银行控股公司,只要该银行或银行控股公司为注册投资公司提供服务或作为投资顾问,但如果就银行而言,这种服务或行动是通过一个可单独识别的部门或分部进行的,该部门或分部,而不是银行本身,应被视为投资顾问[原文为:It does not include (A) a bank, or any bank holding company as defined in the Bank Holding Company Act of 1956, which is not an investment company, except that the term "investment adviser" includes any bank or bank holding company to the extent that such bank or bank holding company serves or acts as an investment adviser to a registered investment company, but if, in the case of a bank, such services or actions are performed through a separately identifiable department or division, the department or division, and not the bank itself, shall be deemed to be the investment adviser]。

[2] See Section 202 (a)(11) of Investment Advisers Act of 1940.

[3] 只要请愿人与其订阅者之间的沟通完全是非个人化的,并且没有发展成《1940 年投资顾问法》立法历史中详细讨论过的那种人与人之间的信托关系,以及投资顾问—客户关系的特点,我们认为这些出版物至少推定属于排除范围,因此不需要根据《1940 年投资顾问法》进行登记(原文为:As long as the communications between petitioners and their subscribers remain entirely impersonal and do not develop into the kind of fiduciary, person-to-person relationships that were discussed at length in the legislative history of the Act and that are characteristic of investment adviser-client relationships, we believe the publications are, at least presumptively, within the exclusion and thus not subject to registration under the Act)。See Lowe v. SEC, 472 U. S. 181 (1985).

[4] 参见黄辉:《资产管理的法理基础与运行模式——美国经验及对中国的启示》,载《环球法律评论》2019 年第 5 期。

自己账户的代理人,故意向客户出售证券或向客户购买证券,等等。[1]《1940年投资公司法》的核心实际是一个特别的反欺诈规则,即要求投资顾问遵守信托标准,且该标准贯穿投资顾问的整个行为中。[2]

其二,加强投资公司内部的治理结构,强化对投资顾问的监督和权力制衡。在美国《1940年投资公司法》中,投资公司由股东(投资者)、董事会和投资顾问构成一般的治理结构。股东按照一般公司的治理规则,有权选任董事会成员和投资顾问,并由董事会与投资顾问签订契约,同时表决投资公司的一些重大事项。不过,其中,董事会并非一般公司法治理中的执行机构。在投资公司法中董事会的主要职能是监督。董事会的主要职责在于评

---

[1] 《1940年投资顾问法》第206条规定:任何投资顾问不得通过使用邮件或州际商业的任何手段或工具,直接或间接地——(1)采用任何方法、计划或诡计来欺骗任何客户或潜在客户。(2)从事任何交易、实践或业务过程中,对任何客户或潜在客户进行欺诈或欺骗。(3)以自己的账户作为委托人,故意向客户出售任何证券或从客户处购买任何证券,或作为该客户以外的人的经纪人,故意为该客户的账户进行任何证券的出售或购买,而没有在该交易完成前以书面形式向该客户披露他的身份并获得客户对该交易的同意。本第(3)款的禁令不适用于与经纪人或交易商的客户进行的任何交易,如果该经纪人或交易商在该交易中没有作为投资顾问行事。(4)从事任何欺诈性、欺骗性或操纵性的行为、做法或业务过程。委员会应通过规则和条例,为本第(4)款的目的,界定并规定合理的手段,以防止这种欺诈性、欺骗性或操纵性的行为、做法和业务过程[原文为:It shall be unlawful for any investment adviser, by use of the mails or any means or instrumentality of interstate commerce, directly or indirectly— (1) to employ any device, scheme, or artifice to defraud any client or prospective client; (2) to engage in any transaction, practice, or course of business which operates as a fraud or deceit upon any client or prospective client; (3) acting as principal for his own account, knowingly to sell any security to or purchase any security from a client, or acting as broker for a person other than such client, knowingly to effect any sale or purchase of any security for the account of such client, without disclosing to such client in writing before the completion of such transaction the capacity in which he is acting and obtaining the consent of the client to such transaction. The prohibitions of this paragraph (3) shall not apply to any transaction with a customer of a broker or dealer if such broker or dealer is not acting as an investment adviser in relation to such transaction; or (4) to engage in any act, practice, or course of business which is fraudulent, deceptive, or manipulative. The Commission shall, for the purposes of this paragraph (4) by rules and regulations define, and prescribe means reasonably designed to prevent, such acts, practices, and courses of business as are fraudulent, deceptive, or manipulative]。

[2] 参见楼晓:《我国公司型基金治理结构的构建之路——以美国共同基金治理结构为视角》,载《法学评论》2013年第6期。

估所有相关信息并批准投资顾问合同，以实现股东利益的最大化。[1] 而股东表决的重大事项并非投资公司的运营决策，表决的内容主要是投资顾问管理费等事项。投资公司的执行机构以及投资决策的职能由投资顾问来行使。所以，在《1940 年投资公司法》中，投资顾问一方面在投资公司运作中享有重大经营权限，另一方面又有来自董事会和股东（投资者）的监督。譬如，《1940 年投资公司法》第 10(a)条规定，董事会成员中不得超过 60% 董事与投资顾问有利害关系。[2] 股东大会有权限制投资顾问的权力范围，增加或减少投资顾问数量，并将原来的投资顾问降级甚至更换，又或者选择与其投资回报预期、风险承受能力相适应的投资顾问，当然也可以用脚投票，赎回或转让所持有的基金份额[3]（《1940 年公司法》与一般公司法意义上的组织机构职能分配差异见表 17）。

表 17　《1940 年投资公司法》与一般公司法意义上的组织机构职能分配差异

职责功能	《1940 年投资公司法》	一般公司法
经营管理职能	投资顾问	董事会、管理层
监督职能	股东；董事会	股东；独立董事/董事会专门委员会；监事会

二、投资公司类型的注册：实务转向单位投资信托

美国目前很少有分离账户在 SEC 登记为开放式管理公司（共同基金），

---

〔1〕 See Gary E. Jenkins, *Regulation of Variable Insurance Products Under the Investment Company Act of* 1940, in Clifford E. Kirsch ed., Variable Annuities and Variable Life Insurance Regulation, Practising Law Institute, 2018, p. 31 (Chapter 3A).

〔2〕 《1940 年投资公司法》第 10(a)条规定：任何注册投资公司的董事会成员中，60% 以上的人是该注册公司的利益相关者（原文为：No registered investment company shall have a board of directors more than 60 per centum of the members of which are persons who are interested persons of such registered company）。

〔3〕 参见黄辉：《资产管理的法理基础与运行模式——美国经验及对中国的启示》，载《环球法律评论》2019 年第 5 期。

实践中,主要将分离账户登记为单位投资信托。[1] 美国目前主要采取将分离账户登记为单位投资信托的原因可能有:其一,公司型基金本身的运营成本高。公司型基金的治理结构导致极大交易费用的产生,如集中决策的费用、干预的费用等,特别是董事会在协商履行相关事务时的费用。[2] 其二,开放式管理公司以公司为组织形态,需要同时受到美国各州的公司法定限制,以及 SEC 对共同基金更为严格的规范。因此,美国实务通常做法为采取"双层结构模式",即先将分离账户在 SEC 登记为单位投资信托,诸多不同的分离账户资金再投资于登记为开放式管理投资公司(见图 12)。[3] 该双层模式主要是根据《1940 年投资公司法》第 12(d)(1)(E)条规定设立,[4] 并豁

---

〔1〕 See Wendell M. Faria, *Status of Insurance Companies and Insurance Company Separate Accounts Under the Investment Company Act*, in Clifford E. Kirsch ed., Variable Annuities and Variable Life Insurance Regulation, Practising Law Institute, 2018, p. 22 (Chapter 3).

〔2〕 参见楼晓:《我国公司型基金治理结构的构建之路——以美国共同基金治理结构为视角》,载《法学评论》2013 年第 6 期。

〔3〕 See Wendell M. Faria, *Status of Insurance Companies and Insurance Company Separate Accounts Under the Investment Company Act*, in Clifford E. Kirsch ed., Variable Annuities and Variable Life Insurance Regulation, Practising Law Institute, 2018, p. 22 (Chapter 3).

〔4〕 《1940 年投资公司法》第 12(d)(1)(E)条规定:本款的规定不适用于投资公司购买或获得的证券(或证券),如果——(i)该投资公司的存款人或主要承销商是根据 1934 年《证券交易法》注册的经纪人或交易商,或由该经纪人或交易商控制的人。(ii)这种证券是这种投资公司持有的唯一投资证券(或者这种证券是这种投资公司持有的唯一投资证券,如果这种投资公司是一个注册的单位投资信托基金,它发行两个或多个类别或系列的证券,每个类别或系列的证券规定积累不同投资公司的股份)。(iii)购买或收购是根据与证券发行人或证券发行人的主要承销商达成的安排进行的,据此,该投资公司有义务——(aa)就有关该证券的所有委托书的投票问题征求其证券持有人的指示,并仅根据这些指示投票。(bb)如果该投资公司不是注册投资公司,除非委员会以本法第 26 条规定的方式批准该替代,否则不得替代该证券[原文为:The provisions of this paragraph shall not apply to a security (or securities) purchased or acquired by an investment company if— (i) the depositor of, or principal underwriter for, such investment company is a broker or dealer registered under the Securities Exchange Act of 1934, or a person controlled by such a broker or dealer; (ii) such security is the only investment security held by such investment company (or such securities are the only investment securities held by such investment company, if such investment company is a registered unit investment trust that issues two or more classes or series of securities, each of which provides for the accumulation of shares of a different investment company); and (iii) the purchase or acquisition is made pursuant to an arrangement with the issuer of, or principal underwriter for the issuer of, the security whereby such investment company is obligated—(aa) either to seek instructions from its security holders with

免该法第12(d)(1)(A)条对FOF基金(fund of fund)限制的适用。也就是说,为了防止投资公司的聚合(to prevent "pyramiding")和潜在的重复支出,《1940年投资公司法》第12(d)(1)(A)条规定,下述三种情形是不合法的:某一投资公司收购另一家投资公司超过3%的投票权,或超过总资产的5%,或者不超过自身10%的资产投资另一家投资公司。[1]但是,在该法第12(d)(1)(E)条规定三种不适用第12(d)(1)(A)条的情形,其中包括该证券是该投资公司持有的唯一投资证券,并且该投资公司注册为单位投资信托。[2]因此,分离账户选择只投资某一共同基金并在SEC登记为单位投资信托即可避免对第12(d)(1)(A)条的适用。

---

regard to the voting of all proxies with respect to such security and to vote such proxies only in accordance with such instructions, or to vote the shares held by it in the same proportion as the vote of all other holders of such security, and (bb) in the event that such investment company is not a registered investment company, to refrain from substituting such security unless the Commission shall have approved such substitution in the manner provided in section 26 of this Act]。

[1] See Gary E. Jenkins, *Regulation of Variable Insurance Products Under the Investment Company Act of* 1940, in Clifford E. Kirsch ed., Variable Annuities and Variable Life Insurance Regulation, Practising Law Institute, 2018, p. 14 (Chapter 3A).

[2] 《1940年投资顾问法》第12(d)(1)(E)条规定:该证券是该投资公司持有的唯一投资证券(或者该证券是该投资公司持有的唯一投资证券,如果该投资公司是一个注册的单位投资信托,发行两个或多个类别或系列的证券,每个类别或系列的证券规定了不同投资公司的股份积累)[原文为:such security is the only investment security held by such investment company (or such securities are the only investment securities held by such investment company, if such investment company is a registered unit investment trust that issues two or more classes or series of securities, each of which provides for the accumulation of shares of a different investment company)]。

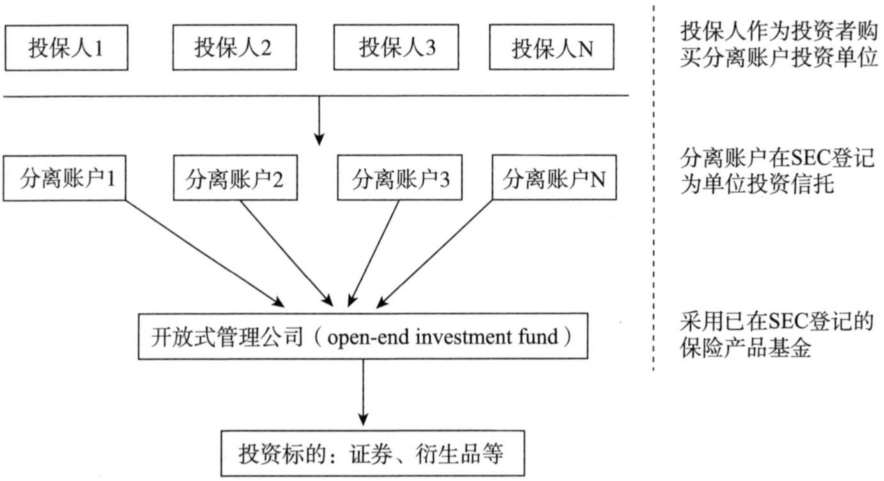

图12　分离账户登记为单位投资信托的运作模式

这种双层结构模式类似于“母子基金”(master-feeder fund)的操作模式。[1] 这些开放式管理公司主要通过分离账户向普通的投资者募集资金、分销股份,像一种零售共同基金的方式(resemble retail mutual funds)。[2] 这些开放式管理公司也称为基础基金(underlying fund),其又被称为“保险专项基金”(insurance dedicated funds),因为这些基金几乎只为分离账户服务,一般不直接面向公众。[3] 所以,该开放式管理公司在实践中并非专门重新设立,而是通过“克隆”(cloning)或复制现有保险产品基金的方式,因为它们都有相同的投资目标、投资策略、投资顾问,从而有利于提高行政效率、降低 SEC 的审查,以及可能向投资者呈现开放式管理公司过往的投资业

[1] See C. Christopher Spragua, *The Funding Vehicle*, in Clifford E. Kirsch ed., Variable Annuities and Variable Life Insurance Regulation, Practising Law Institute, 2018, p. 2 (Chapter 7).

[2] 这与机构投资者(Instituational funds)相对应。

[3] See Gary E. Jenkins, *Regulation of Variable Insurance Products Under the Investment Company Act of* 1940, in Clifford E. Kirsch ed., Variable Annuities and Variable Life Insurance Regulation, Practising Law Institute, 2018, p. 58 (Chapter 3A).

绩。[1] 同时,这种操作模式可以使得保险公司在单一实体(a single vehicle),即一个共同基金下累计资产(accumulated assets)的经济规模增长。[2]

但是,无论分离账户在 SEC 登记为开放式管理公司还是单位投资信托,都是《1940 年投资公司法》的调整对象。二者的主要差异在组织架构上,前者具有法律主体地位,有股东会、董事会等组织机构,而后者基于信托、契约成立,无法律主体资格,也无董事会等组织机构。[3] 所以,如果变额年金或变额寿险分离账户在 SEC 登记为单位投资信托,并非开放式管理公司,并不直接适用关于开放式管理公司的董事选举、批准投资顾问等组织治理规则。譬如,不适用于董事的选举规定,即《1940 年投资公司法》第 16(a)条任何人担任注册投资公司的董事需要在年度会议或特别会议(an annual or a special meeting)上选举产生。如果有 2/3 以上董事选举产生并就职,在存在董事职位空缺情况下,可通过其他方式填补。[4]

又如,《1940 年投资公司法》第 15 条关于投资顾问的规定不适用于登记为单位投资信托的分离账户。该条规定,投资顾问必须由有表决权的多

---

〔1〕 See C. Christopher Spragua, *The Funding Vehicle*, in Clifford E. Kirsch ed., Variable Annuities and Variable Life Insurance Regulation, Practising Law Institute, 2018, p. 2 (Chapter 7).

〔2〕 See Wendell M. Faria, *Status of Insurance Companies and Insurance Company Separate Accounts Under the Investment Company Act*, in Clifford E. Kirsch ed., Variable Annuities and Variable Life Insurance Regulation, Practising Law Institute, 2018, p. 22 (Chapter 3).

〔3〕 参见黄辉:《资产管理的法理基础与运行模式——美国经验及对中国的启示》,载《环球法律评论》2019 年第 5 期。

〔4〕 《1940 年投资公司法》第 16(a)条规定:任何人不得担任注册投资公司的董事,除非由该公司已发行的有表决权的证券的持有人在为此目的正式召开的年度或特别会议上选出;但如果在填补任何此类空缺后,当时在任的董事中至少有 2/3 的人在该年度或特别会议上被该公司已发行的有表决权的证券的持有人选出,则可按任何其他合法方式填补这些空缺(原文为:No person shall serve as a director of a registered investment company unless elected to that office by the holders of the outstanding voting securities of such company, at an annual or a special meeting duly called for that purpose; except that vacancies occurring between such meetings may be filled in any otherwise legal manner if immediately after filling any such vacancy at least two-thirds of the directors then holding office shall have been elected to such office by the holders of the outstanding voting securities of the company at such an annual or special meeting)。

数投票批准,并且该投资顾问合同必须要精确描述所支付所有报酬等事项。《1940 年投资公司法》第 16(a)条要求投资公司股东在年会或特别会议上选举董事会成员的规定就不适用在 SEC 登记为单位投资信托的分离账户。[1]

不过,需注意的是,即使分离账户登记为单位投资信托,投资公司法中的一些关于组织治理条款(the organizational and governance provisions)依旧适用分离账户。[2] 譬如,《1940 年投资公司法》第 9(a)条对关联人(affiliated persons)资格的规定,适用所有投资公司,包括开放式管理公司和单位投资信托等。[3] 又如,关于起始资金的要求,根据《1940 年投资公司法》第 14(a)条规定了投资公司的注册规模要求,其中启动资金至少有 10 万美元的净值。[4] 该项要求并未区分投资公司的类型,也意味着分离账户的起始资金也需要该项要求。

但是,SEC 颁布了"14a-2 规则"(Rule 14a-2),如果发起设立分离账户的保险公司满足合并资本和盈余(a combined capital and surplus)不少于 1

---

[1] 《1940 年投资公司法》第 16(a)条规定:任何人都不得担任注册投资公司的董事,除非由该公司已发行的有表决权的证券的持有人在正式召开的年度或特别会议上选出该职位(原文为:No person shall serve as a director of a registered investment company unless elected to that office by the holders of the outstanding voting securities of such company, at an annual or a special meeting duly called for that purpose...)。

[2] See Gary E. Jenkins, *Regulation of Variable Insurance Products Under the Investment Company Act of* 1940, in Clifford E. Kirsch ed., Variable Annuities and Variable Life Insurance Regulation, Practising Law Institute, 2018, p. 25 (Chapter 3A).

[3] 《1940 年投资公司法》第 9(a)条规定:以下人员以雇员、官员、董事、咨询委员会成员、投资顾问或任何注册投资公司的存款人,或任何注册开放式公司、注册单位投资信托基金或注册面额证书公司的主要承销商的身份任职或行事,均属非法(原文为:It shall be unlawful for any of the following persons to serve or act in the capacity of employee, officer, director, member of an advisory board, investment adviser, or depositor of any registered investment company, or principal underwriter for any registered open-end company, registered unit investment trust, or registered face-amount certificate company)。

[4] 原文为:"such company has a net worth of at least $100,000"。

亿美元,分离账户可以豁免适用《1940 年投资公司法》第 14(a)条。[1] 再如,关于资金托管的要求,《1940 年投资公司法》第 17(f)条要求登记为管理公司的投资公司发行证券所募集的资金在符合资质的机构托管(银行或全国性证券交易所的证券商或符合 SEC 要求的投资公司)。[2] 尽管该条规范对象为登记为管理公司的投资公司,但并非意味着单位投资信托无须托管。

譬如,根据美国《1940 年投资公司法》第 26(a)条规定的内容,对于单位投资信托的托管人银行,其在任何时候最低合计资本、盈余和未分配利润不少于 50 万美元。[3] 但是,在第 16(f)条又明确豁免注册为分离账户和该账

---

〔1〕 建立和维持该独立账户的保险公司应具有:(1)合并资本和盈余(如果是股份公司);(2)未分配盈余(如果是互助公司),在根据《1933 年证券法》提交的有关该合同的登记表或其任何修正案中所载的该保险公司的资产负债表中不少于 1,000,000 美元[原文为:the insurance company establishing and maintaining such separate account shall have (1) a combined capital and surplus, if a stock company, or (2) an unassigned surplus, if a mutual company, of not less than $1,000,000 as set forth in the balance sheet of such insurance company contained in the registration statement or any amendment thereto relating to such contracts filed pursuant to the Securities Act of 1933]。See SEC Rule 14a-2.

〔2〕 《1940 年投资公司法》第 17(f)条规定:每个注册管理公司都应将其证券和类似的投资置于以下机构的保管之下,并将其维持下去。(A)具有第 26(a)条第(1)款规定的单位投资信托受托人资格的一家或多家银行;(B)属于《1934 年证券交易法》定义的国家证券交易所成员的公司,但须遵守委员会可能不时规定的保护投资者的规则和条例;(C)此类注册公司,但只需遵守委员会可能不时规定的保护投资者的规则和条例或命令[原文为:Every registered management company shall place and maintain its securities and similar investments in the custody of: (A) a bank or banks having the qualifications prescribed in paragraph (1) of section 26(a) for the trustees of unit investment trusts; or (B) a company which is a member of a national securities exchange as defined in the Securities Exchange Act of 1934, subject to such rules and regulations as the Commission may from time to time prescribe for the protection of investors; or (C) such registered company, but only in accordance with such rules and regulations or orders as the Commission may from time to time prescribe for the protection of investors]。

〔3〕 《1940 年投资公司法》第 26(a)条规定:指定一个或多个受托人或保管人,每个受托人或保管人都是银行,并规定每个受托人或保管人在任何时候都应拥有特定最低数额的资本、盈余和未分配利润总额,该数额不得少于 50 万美元[原文为:designates one or more trustees or custodians, each of which is a bank, and provides that each such trustee or custodian shall have at all times an aggregate capital, surplus, and undivided profits of a specified minimum amount, which shall not be less than $500,000]。See 15 U.S.C. 80a-26(a).

户的保险公司和承销商对《1940年投资公司法》第16(a)条的适用。[1]

通过上述对美国分离账户管理模式的分析,可知,无论分离账户登记为开放式管理公司还是单位投资信托,都存在明确的内部治理规则。

开放式管理公司的设立依据主要为各州公司法,存在专门的董事会来履行监督职能,投资顾问履行经营职责。尽管单位投资信托主要是依据信托或基金契约来设立,没有专门的董事会机构来履行监督职能,但单位投资信托依据信托原理运作,基金份额持有人投入资金,形成基金资金,并有基金份额持有人大会的组织机构;基金管理人履行经营、投资职责;基金托管人负责资金的保管和监督,其内部依旧体现权力相互制衡的原理。除了变额年金和变额寿险分离账户适用《1940年投资公司法》上述规则之外,NAIC所颁布的模范法也体现这些规范要点。譬如,在1996年《变额寿险监管示范条例》(Variable Life Insurance Model Regulation)中,该规范第6条要求,保险人发行的变额寿险至少建立一个分离账户,账户资产都应托管,并接受州保险监督官的监督审查。

同时,美国变额保险分离账户资产管理人有明确的受信义务。如果分离账户登记为开放式管理公司,则直接适用《1940年投资公司法》中的受信义务规则。譬如,《1940年投资公司法》第36(b)条规定了投资顾问对服务报酬的收取承担受信义务。[2] 如果分离账户登记为单位投资信托,基金管理人的受信义务直接来源为所签订的信托契约或基金合同。如果管理人违

---

〔1〕《1940年投资公司法》第26(f)条规定:免责条款。——(1)一般规定。——(a)款不适用于任何为可变保险合同提供资金的注册独立账户,也不适用于此类账户的主办保险公司和主要承销商[原文为:Exemption.—(1) In General—Subsection (a) does not apply to any registered separate account funding variable insurance contracts, or to the sponsoring insurance company and principal underwriter of such account]。

〔2〕《1940年投资公司法》第36(b)条规定:就本款而言,已注册的投资公司的投资顾问应被视为在接受服务补偿方面负有信托责任(原文为:For the purposes of this subsection, the investment adviser of a registered investment company shall be deemed to have a fiduciary duty with respect to the receipt of compensation for services... purposes of this subsection, the investment adviser of a registered investment)。

反受信义务,则将承担相应的民事责任。

简言之,对于美国法上开放式管理公司(共同基金)和单位投资信托的关系,可以以公司型基金和契约型基金来理解。

第四节　保险人的义务群

一、"卖者尽责,买者自负"的交易构造[1]

目前,多数国家和地区都兴起金融消费者倾斜保护的理念,实现法律对实质公平价值的追求。金融消费者保护理念反映到投资账户的私法关系中,则需要由"买者自负"的交易结构转向"卖者尽责,买者自负",强调保险人义务的履行,从而实现投资权益保护的目标。否则,容易出现本书第二章论述的投连险司法适用中存在"买者自负"适用片面问题,造成投资权益保护不周。故有必要对"买者自负"适用逻辑进行分析,以此明确"卖者尽责"的重要性和投资账户上的交易构造。

"买者自负"是英美法系中的一句古老格言(maxim),[2]其成为英美判例法的规则是通过 1603 年的常得乐诉洛普斯案(Chandelor v. Lopus)[3]和 1802 年的帕金森诉李案(Parkinson v. Lee)。[4] 在巴纳德诉凯洛格案

---

〔1〕 参见李游:《"买者自负"的适用逻辑与金融消费关系的"不平等"》,载《北京社会科学》2019 年第 7 期。

〔2〕 See Walton H. Hamilton, *The Ancient Maxim Caveat Emptor*, 8 Yale Law Journal 1133, 1136 (1931).

〔3〕 在该案中,被告常得乐(Chandelor)作为一名金匠,将其声称(affirm)的牛黄(bezar stone)以 100 英镑的高价出售给原告洛普斯(Lopus)。后来,原告发现其所购买的并非牛黄,故以欺诈起诉至法院。法院认为,被告仅仅是声称(the bare affirmation)系争商品为牛黄,并未明确保证(not expressly warranted),并不构成欺诈(fraud)。因为每个人在销售商品时总声称是好的,是否为牛黄的风险由原告来承担。See Smith, John William, *A Selection of Leading Cases on Various Branches of the Law: With Notes* (Vol. 1), Charles H Edson and Co., 1888, p. 319 - 353.

〔4〕 在 1802 年的 Parkinson v. Lee 案,法院同样以卖方并未明确保证,不构成欺诈,以"买者自负"原则判决原告败诉。See Parkinson v Lee, 102 ER 389 (K. B. 1802).

(Barnard v. Kellogg)中,美国联邦法院戴维斯(Davis)大法官指出:“买者自负原则是被认为最能适合商业交易需求的,它要求卖者当心自己的利益,并且该要求也不存在任何困难。因为他如果不相信自己的判断,他可以要求卖方保证其所购买的商品和样品相符。买者在无卖者保证情形下对商品满意,并放弃自己可以检查商品的机会,由此买者应承担其购买商品的质量风险。”[1]

可见,“买者自负”交易规则的形成建立在早期简单的交易商品结构之上,买方对交易客体的了解并不需要建立在卖方有义务的披露相应信息之上,双方不存在明显的信息不对称。但是,到了19世纪末20世纪初,商品经济出现生产集中和资本集中的现象,打破原有自由竞争的市场结构,托拉斯等垄断组织形成,让原本简单的市场交易结构发生了改变,使交易双方的不平等特征明显化,使“买者自负”所建立的经济基础假设已经动摇,“买者自负”原有在司法中无条件适用的现状得以缓和,开始关注“卖者有责”(caveat vendor)。如在佩里诉沙仑公司案(Perry v. Sharon Dev. Co.)中,法院认为购买者并无能力去检查和发现系争房子的质量,同时卖者在合同中也存在隐性保证,未以“买者自负”作为裁判依据。[2] 尤其是“消费者保护”理念的兴起与发展,使购买者与出售者之间的关系不再视为一种平等的民事交易关系,立法强调出售者的责任,专门颁布相应法律给予消费者更多倾斜保护。因此,在合同交易中,传统基于契约严守“买者自负”的内在逻辑已明显改变,不宜单方强调“买者自负”,而忽视交易基础的变化。

金融领域也经历了从“买者自负”到“卖者尽责,买者自负”的历程。自1602年阿姆斯特丹证券交易所诞生以来,证券的发展与“买者自负”演进一

---

[1] See Barnard v. Kellogg, 77 U.S. 383 (1869).

[2] See Perry v. Sharon Dev. Co., 4 All E.R. 390, 395 - 396 (C.A. 1937). Also see Alan M. Weinberger, *Let the Buyer Be Well Informed? —Doubting the Demise of Caveat Emptor*, 55 Maryland Law Review 387, 397(1996).

致，证券交易中“投资者风险自担”无疑深深烙下“买者自负”的内涵与逻辑。在证券交易领域，投资者与卖者（证券的发行人及其服务机构）之间并非直接面对面交易，呈现在买者面前的证券已经经过了承销商、会计所、律师所等多种证券服务机构“专业加工或包装”，证券背后呈现的实体信息并非买者如同一般商品般容易检查，证券交易买卖方之间存在明显的信息不对称。

尽管如此，在自由主义和个人理性为价值导向的早期证券法仍无条件奉行“投资风险自担”，这导致证券交易中充斥大量的欺诈和不法行为。直到 1697 年，英国才颁布一项立法，来限制经纪商和股票经纪人的数量及其不良做法，但该法案并未有效遏制欺诈行为，不久便爆发了“南海泡沫”。[1] 之后，英美法颁布一些法律规定强制披露一些信息，如注册登记、披露招股说明书等来降低信息的不对称。这反映出在证券交易领域奉行“买者自负”的同时，对证券的卖者课以一定披露义务。在 1929 年经济危机后，美国罗斯福总统宣布证券法应从“买者自负”向“卖者有责”进行转变，并以信息披露作为证券的立法哲学。[2] 也就是说，“公开这盏耀眼的明灯”是证券法的规范基础。[3]

因此，对于投资账户上的私法关系，有必要从“买者自负”的单方强调转移到“卖者尽责，买者自负”的适用逻辑，[4] 实现对投保人的公平保护。对于“卖者尽责”的内容，现代法主要是课以保险人诸多不同的义务，并要求保险人履行这些义务，从而达到金融商品交易的公平性。其中，“卖者尽责”主要有保险人的受信义务、信息提供义务、说明义务和适当性义务等义务。下

---

〔1〕 参见［美］路易斯·罗思、［美］乔尔·赛里格曼：《美国证券监管法基础》，张璐等译，法律出版社 2008 年版，第 1 页。

〔2〕 See Franklin D. Roosevelt: *Statement on Signing the Securities Bill*, May 27, 1933, http://www.presidency.ucsb.edu/ws/index.php? pid = 14654.

〔3〕 参见［美］路易斯·罗思、［美］乔尔·赛里格曼：《美国证券监管法基础》，张璐等译，法律出版社 2008 年版，第 27～28 页。

〔4〕 参见李游：《“买者自负”的适用逻辑与金融消费关系的“不平等”》，载《北京社会科学》2019 年第 7 期。

文分而述之。

二、账户资产的管理与保险人的受信义务

我国《保险法》对于保险人义务并非明确为受信义务。前已述及,投连险中包括了委托理财法律关系,且投资账户作为实质信托结构存在,按照前述的“实质重于形式”的适用思路,保险人作为资产管理人应当承担受信义务,而非仅依《保险法》规则确定保险人的义务。但是,保险公司的角色在投连险的发行、运作过程中是不可或缺的,这既是保险人在投资账户委托理财中的角色体现,也是反映投保人对于保险人作为专业理财的信任,因为投连险一旦被销售、发行以及运作的管理等服务都需要由保险公司来提供或完成。这层委托理财关系与受信义务的信任基础是一致的。

在英美法系中,受托人所负有的义务为受信义务(fiduciary duty),是委托人对受托人的信赖关系,[1]是基于一方对他方的信任而产生的法律关系。受托义务是在英美法为衡平法中产生的,并且传统上受信义务原本局限于信托关系中。但是,英美法系的普通法发展至13世纪,多元的社会信赖关系要求履行更高标准的受信义务。在此背景下,衡平法依一些格言,以抽象公平正义等理念使法官能够充分发挥自由裁量权,弥补普通法的僵化。衡平法在诸多涉及一方滥用他人对自己信赖的情形下而赋予的救济。[2] 随着衡平法的发展,受信义务的基础建立在信赖(trust and confidence)之上,代替早期过于抽象的表述。[3] 受信义务也因此在其他领域得到扩张和适用。[4] 譬如,如果客户对承诺为该客户或代表该客户行事的银行家等表示信赖

---

[1] See Tamar Frankel, *Fiduciary Law*, Oxford University Press, 2010, p. 106.

[2] See Deborah A. DeMott, *Beyond Metaphor: An Analysis of Fiduciary Obligation*, 1988 Duke Law Journal 879, 880 (1988).

[3] See LS Sealy, *Fiduciary Relationships*, 20 Cambridge Law Journal 69, 70 – 71(1962).

[4] 譬如,公司法上股东与管理层的代理关系、医生与患者之间的医疗关系以及监护、合伙等领域。See Scott T. Fitzgibbon, *Fiduciary Relationships Are Not Contracts*, 82 Marquette Law Review 303, 306 (1999).

(trust and confidence),则建立了信托关系。[1] 在库尔特诉范霍恩案(Kurth v. Van Horn)中以此认为银行与客户之间存在受信关系,负有受信义务。该案对受信关系进行界定:

> 这(受信关系)是一个开放的术语,包括名义上的信托关系和存在于一个人信任或依赖另一个人的任何地方的非名义信托关系。该关系是通过对一个人对另一个人的诚实和忠诚而建立的信任或信赖。只要对他方的信赖存在,并且支配和影响他人,就会产生受信关系。该关系可以是合法的、大众的、家庭的或仅仅是个人的。当存在对忠诚、信赖和信任的重新定位,以及一方对另一方的判断和建议的依赖时,受信关系就存在。[2]

某项法律关系是否为受信关系的认定是谨慎的,因为受信关系的界定意味着受托人将承担最为严格的受信义务。委托人对受托人的“信赖”较为抽象,何种程度信赖关系应认定为受信关系呢?受信关系的核心在于信赖、事实控制和支配地位,[3]即这种信赖是建立在受托人专业基础上做出的决策。即使是精明的受益人也需要受信义务的保护,因为受信关系的性质会带来受托人权利滥用的危险。[4] 在美国诉罗伯特·切斯特曼案(United

---

[1] See M. H. Ogilvie, *Banks, Advice-Giving And Fiduciary Obligation*, 17 Ottawa Law Review 263, 274 (1985).

[2] 原文为:A very broad term embracing both technical fiduciary relations and those informal relations which exist wherever one man trusts in or relies upon another. One founded on trust or confidence reposed by one person in the integrity and fidelity of another. A "fiduciary relation" arises whenever confidence is reposed on one side, and domination and influence result on the other; the relation can be legal, social, domestic, or merely personal. Such relationship exists when there is a reposing of faith, confidence and trust, and the placing of reliance by one upon the judgment and advice of the other。See Kurth v. Van Horn, 380 N. W. 2d 693, 695 - 696 (1986).

[3] See United States v. Margiotta, 688 F. 2d 108 (2d Cir. 1982).

[4] See Frankel, *Fiduciary Law*, 71 California Law Review 795, 810 (1983).

States v. Robert Chestman)中,法院认为信托关系涉及自由裁量权和依赖关系:一个人依赖另一个人(受托人)来为他的利益服务。在依托受托人为其利益行事时,该关系的受益人可以委托受托人对这种或那种财产进行管理。由于受托人获得了这种财产的使用权以服务于信托关系的目的,因此他有义务不将财产用于自己目的的使用。[1]

不过,值得注意的是,英美法系存在"双重所有权",与大陆法系信托存在一定差异,特别是在传统理论认为,对于信托财产,英美法系的双重所有权并不符合大陆法系"一物一权"的权利结构。基于此,对信托财产的归属产生分歧。事实上,在英美法系中,所谓的"双重所有权"并非完全对应大陆法系的"所有权"。英美法信托中,受益人的所有权通常只是衡平法上的所有权,而非普通法上的所有权。受益人对信托财产衡平法意义上的所有权不过是一种救济权而已,不能像大陆法系所有权那样具有占有、使用、收益与处分的权能。[2] 在这个意义上说,受托人对信托财产的所有权是"显性所有权",具有同大陆法系物权法上所有权一样的权利外观与权能;而受益人对信托财产的所有权是"隐形所有权",不具有物权法上所有权的法律意义。[3] 因此,英美法系"双重所有权"并非大陆法信托关系确立及其权利义务内容认定的障碍要素。

我国《信托法》第2条在对信托的定义中采"信任""委托给"等表述,以及立法机关坚持"信托作为一种理财制度,或者称之为财产管理制度,它的核心内容就是'受人之托,代人理财'。这种托付是以信任为基础的,有信任才有托付;这种托付是一种委托"[4]。可以看出,我国信托关系也是定位于当事人的信赖基础关系。前已述及,投连险投资账户上投保人对保险人的

---

〔1〕 See United States v. Robert Chestman, 947 F.2d 551 (2d Cir. 1991).

〔2〕 参见赵磊:《信托受托人的角色定位及其制度实现》,载《中国法学》2013年第4期。

〔3〕 同上。

〔4〕 《中华人民共和国信托法释义》,载中国人大网,http://www.npc.gov.cn/npc/flsyywd/jingji/2003-11/14/content_324178.htm。

委托理财关系和我国信托“委托—受托”关系的法律基础结构相同，且信赖基础关系一致。二者实质都在于资产管理，都是基于信赖而产生的基础法律关系，期待通过专家理财方式实现账户资金的增值，在投资决策上依赖于受托人的投资建议，故投连险保险人承担的受信义务理论基础可从投保人的信赖基础寻求。

同时，从域外立法来看，很多法域都普遍赋予金融机构受信义务。譬如，美国《多德－弗兰克法》将受信义务扩张至金融机构，该法第913(g)条规定，所有证券商、经纪人对客户负有受信义务(authority to establish a fiduciary duty for brokers and dealers)。[1] 日本2006年《金融商品交易法》也规定了金融机构的受信义务，如对客户的诚信义务(第36条)等。欧盟《金融工具市场指令》(Markets in Financial Instruments Directive)第21条明确受托人最佳执行义务(best execution)，对客户要尽一切合理举措(take all reasonable steps)、以最优的回报(the best possible result)。[2] 由此可见，受信义务是在英美法系衡平法中产生的，传统上受信义务原本局限于信托关系中，后将该义务普遍适用于金融机构，无论证券商还是证券投资顾问，抑或银行与其客户。因此，不区分金融机构的具体类型，承担受信义务是一种普遍的趋势。

我国法的受信义务适用目前局限于有明确的信托关系的理财产品，即除了名义存在“信托”产品外，实质上具有信托关系或其他委托理财产品的信赖关系中如何适用受信义务，则不明晰。也就是说，前已述及，投资账户上的法律关系应采取类推适用，但以何种解释路径实现，本书在第六章进一步探讨。

---

〔1〕 See *Dodd-Frank Wall Street Reform and Consumer Protection Act*, https://www.congress.gov/111/plaws/publ203/PLAW-111publ203.pdf.

〔2〕 See *Directive* 2004/39/*Ec Of The European Parliament And Of The Council Of* 21 *April* 2004, https://eur-lex.europa.eu/legal-content/EN/TXT/?uri=CELEX%3A32004L0039.

三、适当性义务、信息提供义务和说明义务

保险人受信义务是“卖者尽责”最重要的内容表现，但并非保险人的全部义务。保险人“尽责”义务和内容还包括了信息提供义务、说明义务、适当性义务等。这些义务都是不以合同约定为限，作为法定义务呈现。譬如，最高人民法院在裁判中也明确，受信义务作为一项法定义务，不以合同约定为限，自动适用于受托人义务的履行，有利于保护委托人和受益人利益。[1] 但是，保险人的这些义务内容存在一定的重合性。譬如，受信义务的主要内容表现在勤勉义务和忠实义务，要求受托人为受益人的最大利益处理信托事务，履行诚实、信用、谨慎、有效管理等义务内容（后文对此将进行更加详细的讨论）。可见，受信义务所涉内容范围宽广和抽象，从某种层面来理解，信息提供义务、说明义务和适当性义务可视为保险人受信义务的一种具体表现。例如，在保险人为受益人谋求最大利益的资产管理中，不可避免地需要向委托人提供信息，履行报告义务。但是，尽管这些义务内容存在重合性，但都具有独立的制度价值，不可相互替代，且存在不同的内容侧重，共同构成保险人的义务群。

对于保险人的说明义务，我国《保险法》第 17 条已经予以明确，并作为保险人的先合同义务。说明义务的传统理论基础在于，投保人的弱势地位和保险法上的诚信原则。所以，这种说明义务与信息提供义务存在规范目的的一致性，都是为了使购买人的选择能够建立在充分的信息基础之上，从而作出理性决策。

就保险人的信息提供义务而言，该义务与投保人的知情权相对应。明确保险人的信息提供义务，是为了凸显投保人的信息知悉权。因为投保人

---

〔1〕 参见甘孜州农村信用联社与国际信托股份公司等合同纠纷案，最高人民法院民事判决书（2017）最高法民终 880 号。

作为保险消费者，享有产品的知情权。[1] 保险消费者现实存在，消费者的消费行为建立在市场信息充分的基础上，市场信息的充分化是消费者消费行为理性化的保障。[2] 对于投保人（购买人）而言，掌握投连险一定的信息是其作出购买选择、投资决策等行为的前提，但投连险合同作为定型化合同，投保人因缺乏必要的专业知识等原因处于信息不对称的弱势地位。[3] 同时，实务中保险人及其代理人往往过于强调该账户的收益而回避可能面临的投资风险。[4] 故保险人的信息提供义务直接关乎投保人的知情权，这对减少合同欺诈起到重要作用。

说明义务和信息提供义务是否存在差异？有学者已指出，两者在法律上可以交互使用的事实表明，两者之间不存在本质的差异。[5] 但是，在消费者是否已了解方面，说明义务的履行必须以金融消费者的理解为前提，而信息披露义务重视的是信息充足环境的建立，使消费者处于可随时获取该等

---

〔1〕 保险消费者是否为《消费权益保护法》所保护的对象存在争议。譬如，有法院认为，原告要求人寿公司承担《消费者权益保护法》意义上的"假一赔三"责任，并无事实与法律依据。参见吴某某与中国人寿保险股份有限公司上海市分公司人身保险合同纠纷上诉案，上海市第二中级人民法院民事裁定书(2017)沪02民终7641号。但也有法院认为，个人消费者购买保险产品属于《消费者权益保护法》所规定的为生活消费需要接受服务的情形。保险公司在提供服务过程中有欺诈行为的，保险人可以依据《消费者权益保护法》所规定的惩罚性赔偿制度，要求增加赔偿其受到的损失。参见尤某某诉新华人寿保险股份有限公司、新华人寿保险股份有限公司上海分公司人寿保险合同纠纷案，江苏省无锡市中级人民法院民事判决书(2015)锡商终字第1110号。

〔2〕 参见庹国柱、朱俊生：《重新反思人身险新型产品》，载《中国保险报》2003年第8期。

〔3〕 See Notes, *Federal and State Regulation of the Variable Annuity*, 44 Minnesota Law Review 289, 291 (1959).

〔4〕 参见丁某某与中国平安人寿保险股份有限公司北京分公司人寿保险合同纠纷案，北京铁路运输法院民事判决书(2015)京铁民(商)初字第439号；赵某诉中宏人寿保险有限公司广东分公司人身保险合同纠纷案，广州市天河区人民法院民事判决书(2014)穗天法民二初字第13号。这种现状在当前互联网金融背景下，相对于产品或服务的提供者，金融消费者在信息、技术、资金方面的弱势地位更加突出。参见毛玲玲：《发展中的互联网金融法律监管》，载《华东政法大学学报》2014年第5期。

〔5〕 参见于海纯：《保险消费者权益保护制度研究——以保险人说明义务规制为重点》，对外经济贸易大学出版社2015年版，第152页。

信息的环境中,原则上并不关注消费者是否可以理解。[1] 同时,从说明义务的履行时间来看,说明义务通常只是作为先合同义务,于合同订立前履行完成。对于投资账户上应然的信息披露,一般有事前、事中后的持续披露要求。譬如,在事前信息披露中,对于投连险产品说明书,则应包括风险提示、利益演示,以及产品的基本特征等信息;在事中、事后的信息披露中,保险人应向投保人披露投资账户上投资策略、投资单位价格、收益情况,以及定期提供保单状态的报告等信息。所以,尽管说明义务与信息披露都是信息提供制度,都是为了使购买人的选择能够建立在充分的信息基础之上,从而作出理性决策,但投资账户上的诸多信息的披露无法被说明义务所涵盖。

就保险人适当性义务而言,从现代法的发展来看,在金融产品销售过程中,要求金融产品销售者承担适当性义务,即对购买者适格性的识别,是"卖者"是否"尽责"的重要体现和评价依据。该项义务要求金融产品销售者对投资者风险承受能力进行评估,要求保险人"了解产品""了解客户",进行合适性推介。向客户推荐或销售证券时考虑客户的风险阈值(risk threshold),使客户自己决定是否适合购买。[2] 因为经营者在商人的逐利本性驱使下极易在交易中侵害消费者的权益。[3] 金融产品销售具有典型的营利性,通常而言,产品销售越多,则越能获利,也越容易侵害投保人权益,故早期销售者的适当性义务,主要是一项道德义务,并没有上升到法定义务。在"买者自负"向"卖者尽责,买者自负"司法适用的转变过程中,投资者的适当性管理已经成为金融产品销售者的法定义务(如我国《证券投资基金法》第98条)。[4]

---

〔1〕 参见刘媛:《金融消费者法律保护机制的比较研究》,法律出版社2012年版,第174页。

〔2〕 See Robert H. Mundheim, *Professional Responsibilities of Broker-Dealers: The Suitability Doctrine*, 1965 Duke Law Journal 445, 449(1965).

〔3〕 参见张斌主编:《金融消费者保护理论与判解研究》,法律出版社2015年版,第5页。

〔4〕 参见李游:《"买者自负"的适用逻辑与金融消费关系的"不平等"》,载《北京社会科学》2019年第7期。

就说明义务和适当性义务的差异而言，说明义务侧重于金融商品交易者是否向投资者进行信息披露，而适当性规则侧重于所推介或销售的金融商品是否适合客户的投资目标和风险承受能力。[1] 因为新型金融商品与服务一方面丰富了金融消费者的选择权，另一方面也暴露了消费者在专业水平、认识能力等上的局限性，尤其是金融产品销售不择手段，往往会采取夸大收益水平、擅自给出判断、隐瞒风险等误导销售行为。[2] 所以，从金融消费者保护角度上，适当性义务弥补了信息提供和说明义务的不足，减少销售欺诈的风险。在适用阶段上，适当性义务通常是作为说明义务的前置程序，而说明义务则在适当性义务后方才适用。[3] 在实际状况下，从交易前的推介到完成交易，适当性确认与说明义务履行会交互进行。[4]

本章小结

由于投连险的法律属性主要表现为证券属性，而该投资属性以投资账户为载体呈现，并也因此造成现行法上的冲突。所以，本章内容主要探讨了投连险在私法层面当事人的权利义务关系。

投资账户上的“金融委托理财”在理论上存在“委托合同关系”“信托关系”“新型法律关系”等不同认识。《民法典》对“委托合同”的规定，不能契合投资账户上应然的权义关系内容，两者在受托人权限、义务和归责等方面存在诸多差异。具体在投资账户关系的分析上，“信托关系”和“新型法律关系”之间不存在本质差异，二者都是为了强化保险人的义务，都为保险人受信义务的履行提供依据。与此同时，在投连险合同中，存在投资账户上的

---

〔1〕 参见黄爱学：《金融商品交易反欺诈制度研究》，法律出版社 2012 年版，第 174 页。
〔2〕 参见张斌主编：《金融消费者保护理论与判解研究》，法律出版社 2015 年版，第 6 页。
〔3〕 参见张晓萌：《保险契约适合性义务研究》，中南财经政法大学 2018 年博士学位论文，第 18 页。
〔4〕 参见黄爱学：《金融商品交易反欺诈制度研究》，法律出版社 2012 年版，第 173 页。

“委托理财”和传统寿险的不同条款性质和内容。这两部分内容不宜采取“吸收说”和“结合说”的解释,而应将二者关系解释为有依存关系的合同联立,进而在法律适用上采取“类推适用”。

投资账户的法律属性不同于传统寿险的性质与功能。从投资账户的特点、运作模式等方面来看,该账户契合证券投资基金的法律属性,是实质意义上的证券投资基金。投资账户上当事人的法律关系也应当按照基金的相应规则展开。投保人作为投资人享有账户上的收益权、监管权等私法权利,保险人作为受托人也应当承担资产管理人的受信义务。

美国通过判例法将投资账户定性为投资公司,并适用《1940 年投资公司法》。尽管美国实务多将投资账户在 SEC 处登记为单位投资信托,与登记为开放式管理公司存在一定差异的法律适用。但都在内部治理规则上体现了权利(力)相互制约的基本理念,尤其是保险人作为资产管理人的受信义务是明确的。

我国投连险投资账户的私法关系上也应当更加强调保险人的义务,并且在私法适用上,倡导金融消费者倾斜保护的理念,以“卖者尽责,买者自负”适用逻辑展开私法关系的分析。保险人在“卖者尽责”上,主要是通过其对受信义务、说明义务、信息提供义务、适当性义务等义务的履行体现。尽管这些义务的内容存在部分重叠,但彼此都存在独立的制度价值和内容侧重,一起构成保险人的义务群。

第五章
公法适用中的监管关系及其厘清

本书第三章已述及投连险的法律探讨不应执着于投连险法律定性本身,其应遵循“实质重于形式”的法律适用路径。在监管层面亦是如此,对于投连险也应按照产品实际的商业逻辑和法律特点进行监管。由于我国监管以行政监管为主导,故本章主要探讨如何对投连险进行有效的公权监管,不涉及行业自律监管等市场监管方式。

第一节 当下投连险监管主体权力的形成及其规则局限[1]

一、原保监会对投连险监管权形成的时势与成因

对于投连险的公权监管,原保监会在 2000 年就率先颁布《投资连结保险管理暂行办法》,自此将投连险纳入原保监会监

---

〔1〕 参见李游:《投资连结保险的监管路径及其审思》,载《清华法律评论》编委会编:《清华法律评论》第 10 卷第 2 辑,法律出版社 2021 年版,第 144~169 页。

管框架之内。然而,依前述分析,投连险具备复合法律属性,尤其是明显的证券属性,故有必要进一步追问的是,就机构成立时间来看,证监会成立于1992年,而原保监会成立于1998年,那么这种具有明显投资性质的金融产品为何一开始并未纳入证监会监管范畴,而是由原保监会来进行监管?

首先,从证监会的视角来看,对于证券市场,证监会形成全国集中统一的监管机构并非在其成立之初。证监会的成立,是呼应当时经济发展的需要。正如证监会首任主席刘鸿儒所言,改革开放以来,随着股份制改革的深化和各种有价证券的发行,特别是股票市场的迅猛发展,我国很需要建立一个集中统一的监管机构,统一法规、统一制度、统一监管。[1] 同时,1992年发生的震惊中央高层的"深圳8·10群体事件",进一步加快了建设证券市场专门的监管机构的进程。1992年10月,负责监管证券市场的国务院证券委员会和中国证券监督管理委员会两个机构建立。前者对证券市场进行统一宏观管理,而后者是前者的监管执行机构。到了1998年,国务院证券委并入证监会,合并后的证监会成为国务院直属正部级事业单位,集中统一的全国证券监管体制基本形成。这就说明,虽然证监会成立于1992年,但之后几年的时间里,证监会并未作为全国集中统一监管权的监管机构存在。即使1998年证监会成为证券市场的统一监管机构,其也需要对原本两个机构的事务、人员、管理等多方面进行整合。此外,证监会当时忙于处理大庆联谊等诸多公司的财务舞弊案件,其主要任务集中在如何活跃市场,也导致证券会无暇顾及投连险的监管。上述事实说明,证监会成立时间早于原保监会并不意味着,证监会在投连险的监管上具备时间上的优势。

其次,从原保监会的视角来分析,投连险是作为新型人身保险产品,由原保监会倡导引进的。在20世纪90年代,我国银行利率经历了较大的调整(见表18),而这种利率的变化所带来的风险并未被当时的保险公司识别。

---

〔1〕 参见刘鸿儒、南焱:《证监会诞生的台前幕后》,载《中国经济周刊》2009年Z2期。

因此,也使当时保险业的发展陷入困境。为了降低利差损风险,监管层对于新产品的开发态度亦是非常明确的。譬如,马永伟(保监会首任主席,1998年11月至2002年10月)要求加快研制和开发新产品,以满足保险市场发展的需要,[1]"开发投资连结产品是目前我国保险业尤其是寿险业防范和化解经营风险的有效方式,也是减少寿险业受银行利率波动影响、使我国的寿险产品逐步与国际接轨的一剂良方"。[2] 时任保监会副主席吴小平亦明确表示,鼓励各保险公司大力开发投资连结和分红类寿险产品,并称:"中国寿险业目前已进入传统寿险产品向非传统寿险产品转变的关键时期","这一转变将使中国这个世界上最大的寿险潜在市场变为现实市场"。[3]

表18　1990~1999年一年定存年利率的调整

单位:%

调整时间	一年定期存款年利率	调整时间	一年定期存款年利率
1990年4月15日	10.08	1996年8月23日	7.47
1990年8月21日	8.64	1997年10月23日	5.67
1990年4月21日	7.56	1998年3月25日	5.22
1993年5月15日	9.18	1998年7月1日	4.77
1993年7月11日	10.98	1998年12月7日	3.78
1996年5月1日	9.18	1999年6月10日	2.25

资料来源:中国人民银行官网,http://www.pbc.gov.cn/zhengcehuobisi/125207/125213/125440/125838/125888/17094/index2.html。

最后,彼时的经济环境也亟须引进投连险等产品推动保险行业的发展。有观点指出,对于当时饱受降息折磨的寿险行业而言,投连险等投资型保险好像一剂补药,不仅能够解"利差损"之饥渴,而且可以于短时间内做大资产

[1] 参见俞燕:《保险监管20年:三任主席,三重人生》,载《财经》2018年第6期。
[2] 参见袁可名:《保险公司齐打投资牌》,载人民网,http://people.com.cn/GB/channel3/22/20001218/353801.html。
[3] 同上。

管理规模。[1] 在这种背景下,中国平安聘请了一名叫特里沃(Travor)的知名精算师负责开发投连险。特里沃在新产品报告会说,世界保险产品的发展路线实现了从保障型到投资型的提升,投连险不但具有保障功能,还有投资功能。当时中国平安主管也认为,新产品的投资收益可以弥补降息带来的利差损。因此,1998年1月26日,在中国平安内部,一项命名为"凤凰计划"的投资连结保险研究项目成立。[2] 1999年10月23日,中国平安正式推出我国第一款投连险——"世纪理财投资连结保险"。当时,中国平安在该产品的推介会上声称:这是平安发展史上的里程碑,也标志着中国寿险业进入传统与非传统产品并举的新时期。[3] 同样,中国人寿、太平洋人寿等保险公司也各自选择一款投资型保险作为摆脱发展困境的举措。2000年10月1日,太平洋保险推出我国第一款万能寿险——"太平盛世·长发两全保险";2000年,中国人寿开发了我国第一款分红保险——"千禧理财"。

事实上,这些投资型保险的开发,在当时备受市场青睐,属于火爆产品。其中,投连险的销售尤为惊人。譬如,2000年以来上海每月有超过一万人购买投资连结产品,当年4月7日,中国平安将试销范围从上海扩大到了北京,而北京的销售更为火爆,仅推出当天,即入账几百万元,同比大大高于上海;[4] 投连险如此热销的成绩,使中国平安市场份额迅速扩大。从1999年起,中国平安(上海市场份额42%)就超过中国人寿(37%),到了2001年,中国平安寿险的市场份额已经上升为51%。[5] 由此可见,投连险等投资型保险一经推出,即成为市场的新宠,迅速发展,并引起我国寿险业格局的剧变。有学者打趣地评价,这类险一经推出就风头大起,打破长期以来我国寿险市

---

[1] 参见陈恳:《迷失的盛宴:中国保险史1978—2014》,浙江大学出版社2014年版,第58页。

[2] 参见王禾生:《大道平安》,中信出版社2008年版,第122~123页。

[3] 同上书,第126页。

[4] 参见袁可名:《保险公司齐打投资牌》,载人民网,http://people.com.cn/GB/channel3/22/20001218/353801.html。

[5] 数据来自上海保险同业公会的统计。转引自陈恳:《迷失的盛宴:中国保险史1978—2014》,浙江大学出版社2014年版,第60页。

场少儿保险、养老保险、定期返还型保险、重大疾病保险及普通寿险等“五朵金花”一统天下的局面。[1]

由上可知,投连险等投资型保险是作为人身保险新型产品在原保监会鼓励倡导下而引进的。这些产品都是由我国保险公司主导引进,以人身保险的名义发行。尽管投连险存在明显的投资属性,但在其诞生之初,其中的证券属性并未得到清晰的认识,所存在的投资问题也并未暴露出来。此外,当时“分业经营、分业管理”金融体制也已经建立,即使证监会有心介入,其也无法突破基本法规定的分业监管。这些因素使原保监会形成了对投连险等投资型寿险的全面监管权。

因此,原保监会捷足先登颁发一系列规范文件管理(见表19,加粗为投连险规范),将其纳入保险监管框架也在情理之中、意料之内。结合上述原保监会对投连险监管的特征,规范文件的颁发大致可以分为四个阶段。其一,2000～2007年,投连险监管规则体系的建立阶段。该阶段颁布的规范主要是为填补投连险规范的空白,规范的内容较为空泛。譬如,《投资连结保险管理暂行办法》(保监发〔2000〕26号)主要是为投连险发展提供基本规则。其二,2007～2012年,销售风险防范的严管阶段。该时期发生了几起大规模投连险退保事件,保监会所颁布的投连险规范主要是为了严控销售风险。其三,2012～2015年,保险投资范围的松绑阶段。该时期主要是为了扩大保险的投资范围,公权监管也不断放松对投连险的管制。其四,2015年至今,回归“保险姓保”的监管阶段。该阶段的保监会颁布投连险等规定,主要是强调人身保险产品的保险保障功能,回归保险本源。譬如,在《中国保监会关于规范人身保险公司产品开发设计行为的通知》(保监人身险〔2017〕134号)要求保险公司在开发设计产品的过程中切实发挥人身保险产品的保险保障功能。

---

〔1〕 参见郭雳:《投资型保险及其法律问题》,载《金融法苑》2001年第4期。

表 19 关于投资型寿险的主要规范

序号	规范名称 (加粗的文件涉及投连险)	规范要点	备注
1	2000 年《分红保险管理暂行办法》(保监发〔2000〕26 号)	每一会计年度向保单持有人实际分配盈余的比例不低于当年全部可分配盈余的 70%	已失效①
2	**2000 年《投资连结保险管理暂行办法》(保监发〔2000〕26 号)**	为规范投资连结保险健康发展。明确保险公司的投资账户的独立性	已失效②
3	**2001 年《人身保险新型产品信息披露管理暂行办法》(保监会令〔2001〕6 号)**	风险提示、产品基本特征、投资账户情况说明、犹豫期及退保	已失效
4	**2003 年《关于印发人身保险新型产品精算规定的通知》(保监发〔2003〕67 号)**	分红保险采取终身寿险、两全保险或年金保险的形式。投资连结保险产品及投资账户均不得保证最低投资回报率。万能保险的保单可以提供一个最低保证利率,其结算利率不得高于单独账户的实际投资收益率,二者之差并不得高于 2%	已失效③
5	**2007 年《投资连结保险精算规定》(保监寿险〔2007〕335 号)**	保单签发时的死亡风险保额不得低于保单账户价值的 5%	部分失效
6	2007 年《万能保险精算规定》(保监寿险〔2007〕335 号)	应当提供最低保证利率,最低保证利率不得为负,并应当设立万能账户。设立平滑准备金,用于平滑不同结算期的结算利率	部分失效

续表

序号	规范名称 (加粗的文件涉及投连险)	规范要点	备注
7	**2009年《人身保险新型产品信息披露管理办法》(保监会令2009年第3号)**	采用通俗易懂的语言,准确描述与产品相关的信息。应当对信息披露的客观性、真实性负责,无重大遗漏,不得欺骗、误导和隐瞒;投保人确认栏写有,“本人已阅读保险条款、产品说明书和投保提示书,了解本产品的特点和保单利益的不确定性”	现行有效
8	**2009年《关于进一步加强投资连结保险销售管理的通知》(保监发〔2009〕10号)**	销售给具有相应风险承受能力的客户人群。销售人员拥有资格证书等资质要求	现行有效
9	2015年《关于推进分红型人身保险费率政策改革有关事项的通知》(保监发〔2015〕93号)	定利率不高于3.5%的,报送保监会备案;预定利率高于3.5%的,报送保监会审批	现行有效
10	**2015年《关于规范投资连结保险投资账户有关事项的通知》(保监发〔2015〕32号)**	流动性资产的投资余额不得低于账户价值的5%;基础设施投资计划、不动产相关金融产品、其他金融资产的投资余额不得超过账户价值的75%,其中单一项目的投资余额不得超过账户价值的50%	第11条第1项、第2项已修改
11	2016年《关于规范中短存续期人身保险产品有关事项的通知》(保监发〔2016〕22号)	(1)重新定义高现价产品为中短期存续品; (2)严格控制中短期存续品收入规模	已失效
12	**2016年《进一步完善人身保险精算制度有关事项的通知》(保监发〔2016〕76号)**	(1)责任保额与累计已交保费或账户价值的比例对应不同区间的到达年龄设置下限; (2)万能险责任准备金评估利率上限调整为3%; (3)投连、变额年金,应按照中短存续期产品的定义要求进行评估和报告	部分失效

续表

序号	规范名称 (加粗的文件涉及投连险)	规范要点	备注
13	**2016 年《关于强化人身保险产品监管工作的通知》(保监寿险〔2016〕199 号)**	人身保险产品实行事后备案和事后抽查管理	现行有效
14	**2016 年《关于进一步加强人身保险监管有关事项的通知》(保监发〔2016〕113 号)**	中短存续期产品季度规模保费收入占当季总规模保费收入比例高于 50% 的人身保险公司一年内将不予批准新设分支机构	已失效
15	**2017 年《关于规范人身保险公司产品开发设计行为的通知》(保监人身险〔2017〕134 号)**	(1)首次生存保险金给付应在保单生效满 5 年之后; (2)每年给付或部分领取比例不得超过已交保险费的 20%; (3)保险公司不得以附加险形式设计万能型保险产品或投资连结型保险产品	现行有效
16	**2017 年《关于进一步加强人身保险公司销售管理工作的通知》(保监人身险〔2017〕136 号)**	对虚假信息的炒作行为和虚假宣传引诱投保人订立保险合同等违规销售问题开展全面清查和责任追究	现行有效

① 失效依据:2015 年《中国保监会关于推进分红型人身保险费率政策改革有关事项的通知》。
② 失效依据:2015 年《中国保监会关于推进分红型人身保险费率政策改革有关事项的通知》。
③ 失效依据:2015 年《中国保监会关于推进分红型人身保险费率政策改革有关事项的通知》。

二、原保监会规则中体现的思路和方式

投连险在我国已有近 20 年的发展历史,原保监会作为监管机构,主要采取如下的监管方式。

(一)采取类似于证券投资基金的信息披露思路

原保监会于 2000 年 2 月发布的《投资连结保险管理暂行办法》是我国

第一部专门关于投连险的规范性文件。该暂行办法的主要内容表现在三方面：首先，该办法对投连险的定义、运作、产品发行要求、销售人员基本条件进行明确规定；[1]其次，该办法对投资账户的特征、风险承担、管理要求、投资账户资金投资范围等方面作出要求；[2]最后，该办法明确规定了投连险的信息披露制度。[3] 可见，《投资连结保险管理暂行办法》确立了投连险的监管的基本框架，并且采取了有别于传统寿险的规范方式，明确了投资账户上风险承担的主体以及信息披露。然而，这些规范思路在内容上表现得比较笼统，尤其是信息披露方面非常粗糙、披露标准要求低。譬如，该办法在内容上要求披露投资账户上的财务状况、投资收益率、管理费用等内容，频次上要求至少每半年披露一次，以及形式上要求在指定的报纸上披露。但是，这些尚不足以回应当时投连险的规范需求。

进入21世纪，我国股市呈现繁荣现状。尤其是在2001年7月，上证指数已经达到2245点，创下新高。但是，随后几年遭遇熊市，股指一路走低。投连险投资账户的投资表现也因此欠佳，亏损严重，引起了投保人的不满。与此同时，投连险的销售过程中，存在误导性销售、隐瞒亏损真相等欺诈情形，最终引发了中国平安投连险大规模退保事件。有分析已指出，这场大规模退保事件与原保监会《投资连结保险管理暂行办法》要求不够全面和详细有关。[4]

为了补足投连险等新型金融产品的信息披露，原保监会在2001年12月专门颁布《人身保险新型产品信息披露管理暂行办法》。相较之前的信息披露规定，该办法增加了多重信息披露的方式，如产品说明书、保险利益测算

〔1〕 参见《投资连结保险管理暂行办法》第2条、第5条、第6条、第7条、第8条、第9条、第10条、第14条、第16条。

〔2〕 参见《投资连结保险管理暂行办法》第3条、第4条、第11条、第12条、第13条。

〔3〕 参见《投资连结保险管理暂行办法》第15条、第16条、第21条、第22条。

〔4〕 参见俞燕：《保险监管20年：三任主席，三重人生》，载《财经》2018年第6期。

书、公告、客户报告、建议书、招贴画、宣传单等形式。[1] 同时,该办法第二章专门规定"投资连结保险信息披露"。在披露内容上,要求产品说明书包括风险提示、产品基本特征、投资账户情况、犹豫期等。[2] 但是,该办法主要基于新型人身保险产品间的差异,对投连险、万能保险、分红保险提出不同的信息披露要求,内容方面仍不详细。2009 年,原保监会颁布《人身保险新型产品信息披露管理办法》对之前的信息披露进一步完善和细化。譬如,对信息披露方式增加了"客户服务人员的回访""定期寄送报告资料"。[3]

从上分析可知,原保监会尽管将投连险界定为保险产品,但其实质上意识到了投连险的证券属性,并采取了类似证券投资基金的信息披露方式。不过,尽管原保监会的这种信息披露采取了类似基金的做法,但其又明确"保险公司及其代理人进行新型产品的信息披露,不得使用比率性指标与其他保险产品以及银行储蓄、基金、国债等进行简单对比"。[4] 可见,原保监会对投连险采取信息披露的方式是片面的,并不完全彻底。

(二)严格的销售监管和购买者适格性的管理

前已述及,投连险一经引进,即在我国市场上成为明星产品。平安保险更是因为这款保险迅速脱离了 20 世纪 90 年代保险业面临的发展困境。然而,投连险的"粗放式"推广、发展,也导致了 2001 年和 2008 年的两次投连险大规模退保事件。因此,原保监会实行严格的销售监管和购买者适格性的管理。

第一次大规模退保事件发生在 2001 年。国务院于 2001 年 6 月 6 日发布《减持国有股筹集社会保障资金管理暂行办法》(现已失效),规定"国有股减持主要采取国有股存量发行的方式。凡国家拥有股份的股份有限公司

[1] 参见《人身保险新型产品信息披露管理暂行办法》第 3 条。
[2] 参见《人身保险新型产品信息披露管理暂行办法》第 8 条。
[3] 参见《人身保险新型产品信息披露管理办法》第 3 条。
[4] 参见《人身保险新型产品信息披露管理办法》第 8 条。

(包括在境外上市的公司)向公共投资者首次发行和增发股票时,均应按融资额的10%出售国有股”。[1] 这种“存量发行”“市场定价”的方式,在股权分置的背景下,使国有股减持的方式有失公平,政府“与民争利”,广大公众投资者感到心寒,其投资信心也遭受了严重打击。[2] 股市深受此影响,上证指数从2001年6月14日的2245.43点下降到2002年1月22日的1348.79点,跌幅39.93%。[3] 这种股市大幅度下跌的行情也迅速反映到投连险投资账户的投资表现。譬如,投连险投资账户在2001年出现不同程度亏损,其中发展账户亏损454万元,基金投资亏损305万元;基金账户亏损6655万元,基金投资亏损1972万元。[4] 这些投连险亏损的情况被多家媒体报道。[5] 例如,全国较有影响力的杂志《南方周末》于2001年12月发表了《平安“世纪理财”:被隐藏了的亏损真相》,该文指出,“赚钱的只占总销售额的0.67%,到目前为止仍‘入不敷出’的人占了99%以上”。[6] 这些报道被市场广泛关注,最终由平安福建地方性的投连险退保事件蔓延至全国大规模退保事件。

第二次退保风波发生在2008年。受2006年股市的恢复,2007年投连险

---

〔1〕 参见国务院《关于印发减持国有股筹集社会保障资金管理暂行办法的通知》(国发〔2001〕22号)第5条。政府所有权可能会使通常的委托—代理问题复杂化,因为政府所有者可能会追求与少数股东(如利润最大化)相冲突的目标(如保持就业水平)[原文为:Government ownership might complicate the usual principal-agent problem by introducing a multiple-principal problem as government owners could pursue objectives (e. g., maintaining employment levels) that are in conflict with minority shareholders (e. g., profit maximization)]。See Bing-Bing Jiang, James Laurenceson, and Kam Ki Tang, *Share reform and the performance of China's listed companies*, 19 China Economic Review 489, 490(2008).

〔2〕 参见甘培忠:《国有股减持中的政府与市场——国有股减持困境的经济法分析》,载《法学家》2002年第4期。

〔3〕 参见上海证券交易所官网公布的统计,载 http://www.sse.com.cn/aboutus/publication/yearly/。

〔4〕 参见陈恳:《迷失的盛宴:中国保险史1978—2014》,浙江大学出版社2014年版,第83页。

〔5〕 《21世纪经济报道》报道《投连险“高峰体验”之后:谁偷了顾客的奶酪?》,《福州晚报》发表了《平安投资连结险福州遇险》《要退这个“保”该咋办?》等文章。

〔6〕 参见《平安保险“世纪理财”:被隐藏了的亏损真相》,载北方网,http://economy.enorth.com.cn/system/2001/12/07/000211041.shtml。

也呈现爆发式增长。2007年投连险保费收入393.83亿元,同比增长558.37%,占寿险公司保费收入的7.96%,同比上升6.48个百分点。[1] 但是,好景不长。在"从紧"货币政策和世界金融海啸的双重影响下,正在进行艰难的股权分置改革、面临"大小非"解禁问题的中国股市在2008年经历了史上最严重的"熊市"。[2] 上证综指从2007年10月16日的6120.04点跌到2008年10月28日的1664.93点,熊市期间累计下跌的幅度为70.71%。[3] 在这种背景下,海康人寿、生命人寿公司均发生了大规模的退保事件。[4] 譬如,2008年8月至10月的两个多月时间里,保险业监管部门收到的关于海康人寿的投诉就超过了270件,单单9月一个月就超过了220件,不少投保人都要求海康人寿予以全额退保处理。[5]

分析两次大规模退保事件,其原因主要有二:其一,股市出现大规模下跌时,投资账户往往呈亏损状态,引起投资者的不满;其二,投连险的销售过程中出现严重的销售误导行为。因为投连险合同中明确,投资账户的风险由投保人承担,而非保险公司承担。但是,投连险作为一种新型金融产品,尤其是发行在寿险名义下,诸多投保人并未意识到该类险与传统寿险的差异,也并未接受这种风险分配。更为严重的是,投连险的销售中,销售人员

---

〔1〕 数据来自原保监会主管、原保监会办公厅主办的《中国保险年鉴》。参见《中国保险年鉴》编辑委员会编辑:《中国保险年鉴2008》,中国保险年鉴社2008年版,第21页。

〔2〕 参见谢百三、刘美欧:《2008年中国股市深幅调整的原因及未来展望》,载《价格理论与实践》2009年第1期。这项改革邀请不可交易的股东和可交易的股东就不可交易的股票的转让和价格进行谈判,到2006年3月底,769家上市公司已经完成或启动了他们的不可交易股票改革进程(原文为:This reform invited non-tradable and tradable shareholders to bargain over the transfer and price of non-tradeable shares, and at the end of March 2006, 769 listed companies had either completed or initiated their non-tradable shares reform process)。See Andrea Beltratti & Bernardo Bortolotti, *The nontradable share reform in the Chinese stock market*, 131 Nota di Lavoro 2, 3 (2006), http://hdl.handle.net/10419/74107.

〔3〕 参见上海证券交易所官网公布的统计,载 http://www.sse.com.cn/aboutus/publication/yearly/。

〔4〕 同上。

〔5〕 参见陈天翔:《投连险连"惹祸"海康人寿山东身陷退保风波》,载新浪财经网,http://finance.sina.com.cn/column/complain/20081017/14145402317.shtml。

一味追求销售业绩，隐瞒亏损，过于强调收益，并没有强调风险承担的差异性和风险。譬如，在平安"世纪理财"的销售过程中，当时平安保险的业务员说服客户购买投连险最有力的成绩是，"世纪理财"的月收益最高为4.87%，运作14个月已累计为客户创造16.14%的收益率。[1] 当时很多的产品说明书上宣传，"一次性投入5万元，每年与其回报率如果是20%，30年后，连本带利将达1068.23万元"[2]。鉴于此，为了防止误导性销售，投连险的销售管理一直是原保监会监管的重心，并颁布了一系列规范文件来规范投连险的销售行为（见表20）。

表20　关于投连险销售的主要规范

序号	规范名称	规范要点	备注
1	《关于银行代理销售投资连结和万能保险产品的通知》（保监发〔2004〕22号）	为促进银行代理人身保险业务的发展，拓展人身保险新型产品的销售渠道； 保险公司应切实加强银行代理人身保险新型产品的信息披露管理和宣传管理	已失效
2	《关于加强投资连结保险销售管理有关事项的通知》（保监发〔2007〕76号）	将销售误导作为行业重要风险予以防范； 加强销售队伍管理，提升销售队伍整体素质； 完善电话回访制度，加大对销售行为事后监督	已失效
3	《关于进一步加强投资连结保险销售管理的通知》（保监发〔2009〕10号）	通过合格的销售人员，将投资连结保险销售给具有相应风险承受能力的客户人群； 销售人员必须拥有资格证书，至少拥有1年寿险销售经验，不少于40个小时的专项培训	现行有效

〔1〕 参见陈恳：《迷失的盛宴：中国保险史1978—2014》，浙江大学出版社2014年版，第83页。

〔2〕 同上。

续表

序号	规范名称	规范要点	备注
4	《人身保险销售误导行为认定指引》(保监发〔2012〕87 号)	规范对人身保险销售误导行为的认定,明确执法标准,有效惩处销售误导行为; 人身保险销售误导行为进行界定	现行有效
5	《人身保险公司销售误导责任追究指导意见》(保监发〔2012〕99 号)	强化各人身保险公司对销售误导问题的责任追究力度	现行有效
6	《关于进一步加强人身保险公司销售管理工作的通知》(保监人身险〔2017〕136 号)	规范人身保险市场秩序、整治市场乱象	现行有效
7	《北京地区人身保险经营行为管理办法》(京保监发〔2014〕213 号)	加强保险销售从业人员的资质审核和管控	失效
8	《北京地区人身保险经营行为管理办法》(京保监发〔2018〕81 号)	投资连结保险和变额年金保险产品销售适用管理制度	现行有效

首先,《关于银行代理销售投资连结和万能保险产品的通知》(保监发〔2004〕22 号)是早期关于投连险销售的规范性文件。该文件要求保险公司应切实加强银行代理人身保险新型产品的信息披露管理和宣传管理,以及加强对代理销售人员的培训和管理。[1] 但是,该文件规范内容并不具体,对宣传管理以及销售人员的培训并未提出明确要求,而是交由保险公司自行处理。

其次,在 2007 年,原保监会收到反映投连险销售误导方面的投诉,主要表现为对产品解释不清、隐瞒费用扣除和夸大合同收益等情形。[2] 在该背景下,原保监会专门颁布了《关于加强投资连结保险销售管理有关事项的通知》(保监发〔2007〕76 号)。该规定要求销售人员具备一定的资质,并且要

〔1〕 参见《关于银行代理销售投资连结和万能保险产品的通知》第 3 条、第 4 条。
〔2〕 参见《关于加强投资连结保险销售管理有关事项的通知》。

求在犹豫期内实行100%电话回访。[1] 2009年,原保监会颁布《关于进一步加强投资连结保险销售管理的通知》(保监发〔2009〕10号)。该文件对投连险的销售进行明确的细致化规范。譬如,对销售人员的资格提出了具体要求,如需要具备1年寿险销售经验,并无不良记录,且接受不少于40个小时的专项培训;更为重要的是,该文件提出了投保人的适格性,并要求保险公司建立风险测评制度。销售人员需与客户共同完成对客户财务状况、投资经验、投保目的,以及对相关风险的认知和承受能力的分析。[2] 在2012年,原保监会又颁布两项文件来防范销售误导。《人身保险销售误导行为认定指引》(保监发〔2012〕87号)中进一步列举一些销售误导的行为,主要分为"不得欺骗的行为"[3]、"不得隐瞒行为"[4]。《人身保险公司销售误导责任追究指导意见》(保监发〔2012〕99号)中明确人身保险公司发生销售误导问题,应当进行责任追究的情形,如行政处罚、发监管函或者监管谈话;[5]同时,在该文件中,对"重大群体性事件"进行界定,[6]并将重大群体性事件分为三个响应层级。

最后,地方甚至颁布了比原保监会的规章更加严格的地方性规范。譬如,《北京地区人身保险经营行为管理办法》(京保监发〔2018〕81号)对投连险的监管是在原保监会文件下,实行更为严格的销售管理。该办法第六章专章规定"投资连结保险和变额年金保险产品销售适用管理制度"。[7] 在该办法2018年修订之前,对于销售人员的资格,明确要求具备大学本科及以

---

〔1〕 参见《关于加强投资连结保险销售管理有关事项的通知》第2条、第4条。
〔2〕 参见《关于进一步加强投资连结保险销售管理的通知》第3条、第4条、第6条。
〔3〕 参见《人身保险销售误导行为认定指引》第6条。
〔4〕 参见《人身保险销售误导行为认定指引》第7条。
〔5〕 参见《人身保险公司销售误导责任追究指导意见》第3条。
〔6〕 参见《人身保险公司销售误导责任追究指导意见》第4条。
〔7〕 参见《北京地区人身保险经营行为管理办法》(京保监发〔2018〕81号)。

上学历[1]、一年以上寿险产品销售经验、无重大违规行为和欺诈行为。[2]同时,也强调了投保人的适格性,要根据投保人的风险承受能力推荐相应风险等级的产品,将适合的产品销售给适合的投保人。[3]

三、投连险监管规范不足的审思

尽管原保监会在投连险的发展中充当重要角色,对其监管也积累了诸多的经验,但与此同时,原保监会对投连险的监管也存在诸多的问题,主要体现在原保监会作为投连险的监管机构,其监管态度和规则是不统一甚至是矛盾的,这值得我们反思。

一方面,当前的监管层将投连险定位为"人身保险新型产品"。从文义上来看,这一表述并不通畅,因为如果仅是说明投连险等是非传统的人身保险产品,那么其采取"新型人身保险产品"的表述似乎更加合理。然而,原保监会并未采取这种更加符合表达习惯的用语,其背后的传递似乎是强调投连险是人身保险范畴下的产品。其实,这种表述并非问题本身,将其定位于人身保险的创新产品的背后反映的是保险功能的拓展与衍生。因为保险在保障功能的基础上不断衍生新功能,既是产品创新的需要,又是制度创新的必要。[4] 原保监会在《关于促进人身保险产品创新工作的指导意见》强调,在促进经济增长、保障社会发展方面,人身保险业所发挥的作用最终是要通过产品创新来实现的。[5] 时任保监会副主席陈文辉 2012 年 5 月 30 日在"寿险业提高产品竞争力座谈会"中也明确,"提高寿险产品竞争力,首先要结合行业实际,确立以'风险保障 + 适当的理财'为主流业务的导向性的产

---

[1] 北京保监局 2018 年对该办法进行修订,将销售人员的大学本科学历等要求删除。

[2] 参见《北京地区人身保险经营行为管理办法》第 7 条。

[3] 参见《北京地区人身保险经营行为管理办法》第 28 条。

[4] 参见庹国柱、朱俊生:《论当前保险发展与风险防范——从"保险泡沫论"说起》,载《保险研究》2004 年第 12 期。

[5] 参见《关于促进人身保险产品创新工作的指导意见》第 2 条。

品发展战略”。[1] 与此同时,原保监会颁布的规范性文件也表明投连险的证券属性得到了监管机构的认可。譬如,前已述及,原保监会采取了类似证券的监管思路,至少是不同于传统寿险的监管思路。同时,又明确投连险是一款理财产品。譬如,在“中国保监会有关部门负责人就《关于进一步加强投资连结保险销售管理的通知》答记者问”中,就明确投连险“是一种偏重投资理财的保险产品”。[2] 新华社的报道也强调了“投连险是一种与资本市场相联系的、兼具投资与保障功能的投资型寿险产品”。[3] 《中国保监会关于规范中短存续期人身保险产品有关事项的通知》(现已失效)中又将投连险、变额年金排除在该规范之外,实质上也是其对作为理财产品的投连险、变额年金的规范思路的体现。[4]

另一方面,监管层对于投连险的定位不确定,且在监管内容、理念上存在矛盾。例如,在《中国保监会关于强化人身保险产品监管工作的通知》中,要求不断突出保险产品的责任特点,保险公司不得使用“利息”“预期收益”等词语宣传产品。[5] 在《中国保监会关于规范人身保险公司产品开发设计行为的通知》中进一步要求“保险产品定名、产品说明书以及相关产品宣传材料中不得包含‘理财’‘投资计划’等表述”。[6] 当然,监管层的理念是将保险回归保险保障的功能范畴,防范金融风险。然而,“保险姓保”的含义在于强调传统保险的保障功能定位,以及保险业以保险保障为根本的基调,并非意味着保险业仅局限于保险保障。投连险从其产生之初,就具有理财产

[1] 参见陈文辉:《我国寿险产品竞争力的现状及对策》,载《保险研究》2012 年第 7 期。
[2] 参见《保监会就加强投资连结保险销售管理通知答记者问》,载中央政府门户网站,http://www.gov.cn/gzdt/2009-02/02/content_1219876.htm。
[3] 参见《保监会部署打击投资连结保险市场销售误导现象》,载中央政府门户网站,http://www.gov.cn/jrzg/2007-09/11/content_745712.htm。
[4] 参见《中国保监会关于规范中短存续期人身保险产品有关事项的通知》(保监发〔2016〕22 号)第 1 条。
[5] 参见《中国保监会关于强化人身保险产品监管工作的通知》(保监寿险〔2016〕199 号)第 6 条。
[6] 参见《中国保监会关于规范人身保险公司产品开发设计行为的通知》(保监人身险〔2017〕134 号)第 3 条。

品的金融属性。这种偏重理财的金融产品完全回归保险保障的功能范畴实质是对该产品的扼杀。事实上,我国近年来不断倡导金融回归本源,服务于实体经济,投保连结保险投资账户资金进入资本市场,参与投资,最终也可以服务于实体经济的发展。

对于投连险而言,其从一诞生或从产品设计本身就与传统寿险不同,其中包含了明显的投资特点。强行将投连险束缚于传统寿险保障功能的范畴,势必扭曲产品本身的特性,从而直接影响到该类金融产品的发展。

更为重要的是,投连险本身容易存在误导性销售问题,若宣传材料中不得包含"理财"等表述,势必又会增加公众对该类险本身的误解。由上可知,监管机构对投连险的正当性认识不足。监管层对于投连险的态度徘徊于"问题产品"与"创新产品"之间。

毫无疑问,对于保险的认识必须建立在传统保险保障的核心理念上。[1] 但是,保险也并非只能局限于传统保险的核心理念而裹足不前。现代金融的创新与复合导致保险产品的复合化,即基本功能与衍生功能的并存。从寿险产品的发展形态来看,人寿保险产品发展经历了单纯保险保障功能的人寿保险到具有储蓄功能的人寿保险,再到投资型寿险的历程。投连险在我国的出现,是符合这一发展趋势的,反映着我国寿险产品在发展过程中的转型,以及寿险产品的丰富与拓展。[2]

同时,投连险的出现也说明了从保险业走向混业经营趋势的经济现实。保险基于业务内容可以划分为保险业务和投资业务,保险的业务的发展并

---

〔1〕 保险机构的意义在于通过风险的聚集和分散,提高对资本的使用效率。负债管理是保险公司的运营核心,也是监管部门对其偿付能力的监管重点。保险人与银行等资管行业最大差异在于保险人是通过负债管理来实现其运营和发展的。这是保险人存在价值的意义,即提供保险保障乃是保险人的生存之本。

〔2〕 从域外保险业市场的发展来看,投资业务已成为保险业的重要组成部分。譬如,英国在1994~2004年投连险保费收入年均增长率高达6.6%,寿险总保费中投连险占比在2004年达到58.06%。参见缪建民等:《保险资产管理的理论与实践》,中国经济出版社2014年版,第18页。

非仅局限于传统保险业务，近年来投资业务也取得了长足发展。投连险中保险账户上反映的是保险业务，投资账户上承载的是投资业务。譬如，从我国保险市场发展情况来看，尽管发展并不稳定，但投连险仍是保险市场的重要组成部分（见表21）。时下某些金融公司尽管在法律上独立存在，但实际上是属于某金融控股集团。这实际上即为金融混业经营趋势的写照。

表21　我国投连险的市场份额

单位：百万元

年份	投连险	人身险	年份	投连险	人身险
2000	1660	98,956	2010	552.23	1,050,088
2001	10,661	142,404	2011	454.24	956,000
2002	6935	227,464	2012	436.33	995,789
2003	6389	301,099	2013	8317.51	1,074,093
2004	5295	319,359	2014	28,949.79	1,269,028
2005	4584	364,623	2015	67,788.33	1,585,913
2006	5982	406,109	2016	93,897.44	2,169,281
2007	39,383	494,897	2017	47,041.76	2,603,955
2008	42,549.8	733,757	2018	33,285.30	2,626,087
2009	11,247.8	814,418	2019	37,600.00	2,275,400

资料来源：保监会办公厅主办的历年《中国保险年鉴》、保监会官网、银保监会官网。

目前，中国保险机构的混业经营体现在两个方向：其一，保险公司开始向其他非保险的金融业务延伸；其二，以非保险起家的其他机构不同程度地参与到保险市场中，金融综合经营的发展趋势越来越明显。[1] 例如，中国平安于1988年诞生于深圳，现已成为我国三大综合金融集团之一。该集团旗下子公司包括平安寿险、平安产险、平安养老险、平安健康险、平安银行、平

〔1〕 参见许闲：《保险大国崛起：中国模式》，复旦大学出版社2019年版，第240页。

安信托、平安证券、平安基金等,涵盖金融业各个领域。[1] 中国中信集团有限公司、[2] 中国光大集团股份公司[3] 等亦是如此,业务涉及多项金融领域,早已在集团层面迈向了混业经营。因此,对投连险的监管态度是值得改进的。

综上,投连险只不过是顺应时代发展而出现的金融产品,是保险业发展过程中险种不断丰富的一种创新表现,反映了寿险大致从保障型到储蓄型再到投资型的发展历程,也描述了保险功能从经济补偿到资金融通再到社会管理的演进过程。对于投保人(投资人)而言,只不过是为其提供更多的金融产品的购买选择而已。而投连险对现有法律造成了冲击,并非产品本身的问题。正如有学者指出的,“继往开来的评价,金融创新、监管套利、监管俘获等并不具备十恶不赦的‘原罪’,相反,它们促进了市场的改良与法律良劣的新陈代谢”[4]。因此,对于监管层而言,需要通过采纳合理的监管理念、监管手段等行动来有效、合理地监管投连险,避免发展与监管产生冲突。

第二节 投连险监管规则的理念转变与当下改进

2017 年全国金融工作会议明确,“加强宏观审慎管理制度建设,加强功能监管,更加重视行为监管”。[5] 对于投连险的监管,也将以此为改进方向。

---

[1] 参见中国平安官网,http://pingan.cn/about/overview.shtml。

[2] 参见中信官网,https://www.group.citic/html/About_CITIC/Brief_Introduction/。

[3] 参见光大官网,https://www.group.citic/html/About_CITIC/Brief_Introduction/。

[4] 黎四奇:《对后危机时代金融监管体制创新的检讨与反思:分立与统一的视角》,载《现代法学》2013 年第 5 期。

[5] 参见《全国金融工作会议》,载中国政府网,http://www.gov.cn/xinwen/2017-07/15/content_5210774.htm。

一、功能监管与行为监管

对于传统金融机构监管模式的反思与改进，功能监管和行为监管理论无疑是当下全球最有影响力的监管理论，尤其在2008年金融危机后，其成为金融监管领域中最为人熟知的监管理论。

功能监管是由曾获诺贝尔经济学奖的默顿教授（Robert C. Merton）提出的，是在金融混业经营背景下提出金融监管的法律应对，即在混业经营下，金融产品的监管以其功能为导向。[1] 该功能监管理念存在两个基本假定：其一，金融功能比金融机构更加稳定（financial functions are more stable than financial institutions）；其二，竞争能够使金融组织结构变化，促进金融体系更加高效（competition will cause the changes in institutional structure to evolve toward greater efficiency in the performance of the financial system）。[2] 默顿将金融功能划分为六方面，即“提供商品和服务交换的支付功能（a payment system for the exchange of goods and service）、为企业提供融资机制（a mechanism for the pooling of funds to undertake large-scale indivisible enterprises）、跨时空的经济资源转移（a way to transfer economic resources through time and across geographic regions and industries）、管理不确定性风险（a way to manage uncertainties and control risks）、协调不同经济领域中分散决策的价格信息（price information that helps coordinate decentralized decision-making in various sectors of the economy）、处理信息不对称和激励问题（a way to deal with the asymmetric-information and incentive problems）”。[3]

对于行为监管，有学者考察到，该概念最早于20世纪70年代由NAIC

---

〔1〕 See Robert C. Merton, *A Functional Perspective of Financial Intermediation*, 24 Financial Management 23, 23－41(2009).

〔2〕 Ibid., p. 23.

〔3〕 Ibid., p. 24.

在其发布的《市场行为检查手册》中提出“市场行为监管”(market conduct regulation),但基于当时自由主义盛行,该主张并未得到重视。[1] 后来,英国学者泰勒(Michael Taylor)将行为监管概念上升为重要的金融监管理论。泰勒于1995年提出“双峰监管”(Twin Peaks)理论,认为金融监管存在审慎监管和行为监管两个目标。前者包括宏观审慎和微观审慎两个层面,即金融监管目标在于防范金融系统性危机(宏观)和维护金融机构的稳健经营(微观);后者主要包括提高金融效率,防范金融欺诈、保护金融消费者权益等方面。[2] 该理论认为,如果某一机构同时负责宏观审慎和行为监管两个目标,则可能顾此失彼,不能有效兼顾。所以,该理论倡导由两个不同的机构来负责实现金融监管的两个目标。

上述功能监管和行为监管理论有利于我国金融监管的完善,提供了诸多对我国金融监管现状有益的启示,因而受到青睐和倡导。譬如,对于余额宝产品,有观点指出,该产品实际上也涉及保险经营,如2014年推出的“用户专享权益2期”实际上是一款由余额宝和珠江人寿共同销售的万能险产品,按照功能监管理念,原保监会应当参与到余额宝的金融监管中。[3]

2017年全国金融工作会议明确,加强功能监管,更加重视行为监管。[4] 这种在中央层面定调以后监管的完善路径,也为目前投连险监管的改进提供了方向。

就功能监管而言,目前一个带有共性的探索框架日渐成型,即以框架、立法、信息和平台为主要切入点,以分工重构(setting responsibility)、政策协

---

〔1〕 参见廖岷:《对危机后银行业“行为监管”的再认识》,载《金融监管研究》2012年第1期。

〔2〕 See Michael Taylor, *Redrawing the Regulatory Map: A Proposal for Reform*, 5 *Journal of Financial Regulation and Compliance* 49, 49 - 58 (1996); Michael Taylor, *The Search for a New Regulatory Paradigm*, 49 Mercer Law Review 793, 793 - 807 (1998).

〔3〕 参见许闲:《保险大国崛起:中国模式》,复旦大学出版社2019年版,第79页。

〔4〕 参见《全国金融工作会议》,载中国政府网,http://www.gov.cn/xinwen/2017-07/15/content_5210774.htm。

同(coordination policy)、监管协调(cooperation supervisory)、金融消费者保护(commuter protection)、立法支持(improving legislation)、架构调整(institutional adjustment)、信息共享(information sharing)、业界共治(industry multi-governance)为八个探索方向。[1]

同时,可以围绕上述内容进一步分析我国金融的金融监管。[2] 就分工重构而言,我国金融监管在传统"一行三会"下,于传统金融产品下而言,各自分工明确,但在金融复合型产品等领域,却存在不同的监管标准。在政策协同上,各部门之间行政级别相同,在涉及金融交叉领域上,职责不清,缺乏强有力的监管协调机制。

在金融消费者保护上,尽管各部门强调消费者保护的重要性,也倡导金融消费者保护理念,但在具体实施过程中,金融消费者保护的力度仍有不足。譬如,在各监管机构中,设有金融消费者保护的分部门,但其行政定位不够高,并没有上升到金融监管框架的核心位置。在立法支持上,我国的监管立法主要依靠各个监管机构来推动,目前金融基本法层面仍停留在"分业经营、分业管理"的格局上。在架构调整上,目前的金融架构仍是以分业为主而建立的,在横跨多个金融领域的金融产品上,仍是以传统机构监管应对。在信息共享上,我国也建立起部际联席会议机制,以此强化监管部门之间的信息共享,但其实然效果并不彰显。在业界共治上,我国依托的是行政干预,尽管存在行业协会等市场组织,但这些组织实质上也是充当行政管理的一部分。行业自律还未和政府监管达到真正的业界共治的层面。结合投连险前述所探讨的不足,功能监管所探索的八个方向也正是投连险监管亟

---

〔1〕 参见郑杨等:《全球功能监管实践与中国金融综合监管探索》,上海人民出版社2016年版,第7页。

〔2〕 我国对于金融机构的基本功能主要是银行的创造信用货币功能、证券机构的融资中介功能、保险公司的经济补偿功能、资产管理机构的资产管理功能。参见吴晓灵:《完善金融立法与强化金融监管》,载《经济导刊》2017年第10期。

待改进的地方。[1]

行为监管理论给我国金融监管的启示主要在于处理宏观审慎管理和行为监管的关系、金融消费者保护等方面。对于金融监管的两个目标,我国历年监管理念是侧重宏观审慎监管,强化金融风险的防范,但并未足够重视行为监管。就我国专门负责金融消费者保护的机构而言,都是在传统"一行三会"框架下,在相应机构中内设金融消费者保护局,局限于本行业监管范围(原保监会于2011年4月设立保险消费者权益保护局,[2]证监会于2011年12月设立投资者保护局,[3]中国人民银行于2012年7月成立金融消费者权益保护局,[4]原银监会于2012年11月成立银行业消费者权益保护局)。[5]由于金融消费者保护由多个部分负责,在涉及金融复合型产品情形时,容易出现职责不清的情形。而且救济方式主要依托"投诉"来进行,但投诉的流程、时限、通道等并不完善。

总言之,我国金融消费者保护还存在一些不足,没有完全得到有效落实,投连险投资权益保护问题并未得到根本的解决。须强调的是,我国于2023年在银保监会基础上组建了国家金融监督管理总局,并且将中国人民银行对金融控股公司等金融集团的日常监管职责、有关金融消费者保护职责,以及证监会的投资者保护职责划入国家金融监督管理总局。这说明,我国金融机构改革得到进一步完善,投连险监管将更为合理科学。

---

[1] 这些功能监管的探索框架会在后文论述投连险相关问题时进行相应展开。其中,对于"业界共治"这一问题,无疑这也是投连险监管需要面临的一个课题,但由于本章侧重于投连险公权监管的分析,故对投连险"业界共治"并不做重点探讨。

[2] 关于保险消费者权益保护局职能介绍等更多信息,可参见原保监会官网,http://bxjg.circ.gov.cn/web/site0/tab5175/。

[3] 关于证监会投资者保护局职能介绍等更多信息,可参见证监会官网,http://www.csrc.gov.cn/pub/newsite/tzzbh/。

[4] 关于金融消费者权益保护局职能介绍等更多信息,可参见中国人民银行官网,http://www.pbc.gov.cn/jingrxfqy/145720/145821/index.html。

[5] 原银监会官网并未对银行业消费者权益保护局进行专门介绍,其职责信息可参见《中国银监会银行业消费者权益保护局正式成立》,载新华网,http://www.xinhuanet.com/politics/2012-11/20/c_113742210.htm。

二、我国“穿透式”监管的提出与投连险监管的应然范式

对于功能监管和行为监管理论，我国金融监管层一直在探索如何进行本土化运用。近年来，监管层提出了一种“穿透式”监管（the look-through supervision）来补足传统监管的缺陷。在域外也有相近的情形，但域外通常采取的是“穿透条款”（look-through provision）或“穿透方法”（look-through approach）。〔1〕

我国规范性文件在2016年提出“穿透式”监管。国务院于2016年为防范互联网金融风险，颁布了《互联网金融风险专项整治工作实施方案》，该方案第2条部门分工协作中明确“采取‘穿透式’监管方法，根据业务实质明确责任”。〔2〕此后，基于我国资产管理业务存在多层嵌套等乱象，监管层的一系列文件也采纳了“穿透式”的监管理念。譬如，《商业银行理财业务监督管理办法》（银保监会令2018年第6号）第7条规定，对理财业务实行穿透式监管，向上识别理财产品的最终投资者，〔3〕向下识别理财产品的底层资产，〔4〕并对理财产品运作管理实行全面动态监管。〔5〕《中国保监会关于进一步完善人身保险精算制度有关事项的通知》（保监发〔2016〕76号）第5条

---

〔1〕譬如，美国《1940年投资公司法》第3（c）（1）（A）条。为了防止规避100名投资者的限制，第3（c）（1）（A）条（“穿透性规定”）要求，在某些情况下，寻求依靠第3（c）（1）条的基金必须穿透某些持有其投票权证券的公司（例如，公司、伙伴关系和其他非自然人投资者），并将该公司的证券持有人计算为基金证券的实际所有人［原文为：To prevent circumvention of the 100 - investor limit, section 3（c）（1）（A）（the “Look-Through Provision”）requires, in some instances, that a fund seeking to rely on section 3（c）（1）“look through” certain companies（e. g. , corporations, partnerships and other investors that are not natural persons）that hold its voting securities and count the company’s security holders as beneficial owners of the fund’s securities］。

〔2〕参见《互联网金融风险专项整治工作实施方案》（国办发〔2016〕21号）。

〔3〕《商业银行理财业务监督管理办法》第29条进一步强调，商业银行应当按照穿透原则，有效识别资产管理产品的最终投资者。

〔4〕《商业银行理财业务监督管理办法》第42条进一步强调，商业银行计算理财产品总资产时，应当按照穿透原则合并计算理财产品所投资的底层资产。

〔5〕《商业银行理财业务监督管理办法》第45条也进一步明确，按照穿透原则，对交易对手实施尽职调查和准入管理，设置适当的交易限额并根据需要进行动态调整。

规定:“各公司应严格执行《中国保监会关于规范中短存续期人身保险产品有关事项的通知》(保监发〔2016〕22 号)有关规定,按照实质重于形式的原则和相关认定标准做好产品预期存续时间的评估工作。”“穿透式”监管是监管者发现市场参与者的真实身份,识别隐藏在形式背后的实质交易,再借助恰当的法律规范和监管手段,实现对金融交易关系的深度和有效调整。[1]

可见,这种“穿透式”监管主要是弥补我国传统金融监管的不足。因为传统机构监管固化了监管者与被监管者之间的领域,随着互联网的发展和各种金融复合理财产品的创新与交融而使传统金融监管陷入困境。譬如,投连险等金融理财产品不断地突破分业经营的立法规范,于此情况下,监管层对跨业、多层嵌套等金融产品和行为,采取“穿透式”监管是必要的。[2]

事实上,“穿透式”监管反映的亦是“实质重于形式”。两者在内容上存在共同性,即为根据产品功能、业务性质和法律属性明确监管主体和适用规则,对金融机构的业务和行为实施全流程监管。[3] “穿透式”监管的核心原则是实质重于形式,秉持的理念应是提升市场透明度,[4]目的是防范系统性

---

〔1〕 参见叶林、吴烨:《金融市场的“穿透式”监管论纲》,载《法学》2017 年第 12 期。

〔2〕 我国立法尽管坚守“分业经营、分业管理”原则,但也存在松绑的趋势。譬如,国务院在 1993 年《关于金融体制改革的决定》(国发〔1993〕91 号)第六部分“正确引导非银行金融机构稳健发展”中明确,“要适当发展各类专业保险公司、信托投资公司、证券公司、金融租赁公司、企业集团财务公司等非银行金融机构,对保险业、证券业、信托业和银行业实行分业经营”。之后,在 1995 年《商业银行法》第 43 条、1995 年《保险法》第 8 条、1998 年《证券法》第 6 条、2007 年《信托公司管理办法》第 7 条中规定或明确“分业经营、分业管理”原则。但是,在《商业银行法》2003 年修正、《保险法》2009 年修订、《证券法》2013 年修正中,均对“分业经营、分业管理”有兜底条款,即“但国家另有规定的除外”。这反映出基本法对“分业经营、分业管理”原则的松绑。在部门规章层面,2005 年中国人民银行、原银监会和证监会三部委联合发布《商业银行设立基金管理公司试点管理办法》,之后相关监管部门相继发布《信贷资产证券化试点管理办法》《银行并表监管指引(试行)》《保险集团公司管理办法(试行)》《保险机构投资设立基金管理公司试点办法》《商业银行投资保险公司股权试点管理办法》等一系列混业经营规章制度。这也反映监管层对“分业经营、分业管理”原则的突破。

〔3〕 参见荀文均:《穿透式监管与资产管理》,载《中国金融》2017 年第 8 期。

〔4〕 参见叶林、吴烨:《金融市场的“穿透式”监管论纲》,载《法学》2017 年第 12 期。

风险、规避监管盲区、防止错误销售以及适应对混业经营进行监管的需求。[1] 因此,这种监管方式有利于防范系统性金融风险、减少金融监管盲区,弥补传统机构监管"各管一段"体制的不足。

需指出的是,"穿透式"监管和功能监管、行为监管存在诸多共同之处。但是,"穿透式"监管并不等于功能监管、行为监管理论。尤其是"穿透式"监管目前仅是描述我国金融监管实务中的一种做法,并未形成严格的法律术语,其在金融监管领域的应然仍处于探讨阶段。就这些监管方式的差异而言,功能监管和行为监管主要是在传统分业经营的基础上,为了提高金融稳定性和效率而产生的,与之对应的监管方式主要是机构监管。"穿透式"监管的应用并不局限于分业经营或混业经营的背景,其作为一种监管方法(approach),理论上可广泛应用于金融监管领域。有学者指出,要实现功能监管和行为监管的目标,需要采用"穿透式"的监管方式和监管手段。[2] 也有观点指出,与其说"穿透式"监管的理论渊源来自功能监管和行为监管,毋宁说"穿透式"监管是"穿透式"理念应用于功能、行为监管的成果。[3]

就我国而言,如果完全采纳功能监管,则需要对金融机构框架作出较大调整,而这种做法并不符合我国金融体制改革的稳定性要求。因为就我国金融 70 年的监管经验而言,一旦金融运行秩序不稳定,必将严重影响金融各项功能的正常发挥、金融市场的开放进程和金融发展成果的巩固,也必将直接威胁实体经济乃至整个国民经济的发展,也就谈不上金融改革的继续深化了。在此背景下,再好的金融改革方案也是不能实施的。因为在推进金融改革开放过程中,金融运行秩序的稳定"压倒一切"。[4] 但是,从长远来

---

〔1〕 参见谭人友、叶瑶、于涛:《"穿透式"监管的内涵、目的与实践》,载《国际金融》2017 年第 11 期。

〔2〕 参见苟文均:《穿透式监管与资产管理》,载《中国金融》2017 年第 8 期。

〔3〕 参见杜佳佳:《金融领域穿透式监管探析:制度源起与适用前瞻》,载《西南金融》2019 年第 2 期。

〔4〕 参见王国刚:《中国金融 70 年:简要历程、辉煌成就和历史经验》,载《经济理论与经济管理》2019 年第 7 期。

看,金融混业经营是金融发展的不可避免的趋势,在未来金融机构的进一步调整中,应不断以功能监管、行为监管为导向。[1]

就当下而言,金融市场一旦引入"穿透式"监管,尤其是将"穿透"指向金融产品时,确实能为功能监管奠定良好的基础。[2] 对于"穿透式"监管的内容可分为"主体穿透""产品属性穿透""嵌套层级穿透",[3]这些内容可以应对多种复杂的交易情形,以实现实质规范的目的。譬如,"对保险业来说,引入穿透式监管的理念,可以改良现行监管模式,使保险监管进一步适应混业经营的趋势。在资本端,识别保险公司的最终控制人和资本;在资产端,识别保险资产的最终投向;在负债端,识别保单风险收益的最终承担者"[4]。具体于投连险而言,其主要涉及产品属性的"穿透","穿透"投连险的表面形态,呈现投连险实际所涉金融业务的多元性,再根据其金融业务形态进行监管,故"穿透式"监管理念对解决投连险的监管不足,是有重要意义的。

但是,"穿透式"监管仅仅是解决投连险复合属性产品属性的穿透,仅是作为一种监管方法或手段,而不是监管理论或理念,并不能解决投连险法律适用问题。即其未能为证监会对投资账户监管提供合理性,或者为国家金融监督管理总局(银保监会)依证券法相关法律对投连险进行法律适用提供依据或方法。然而,进一步分析"穿透式"监管,可发现"穿透式"监管兴起的主要目的仍在于宏观审慎监管,并非主要在于解决金融消费者保护的问题。而金融消费者法律保护体系是混业监管时代最为重要的制度之一。[5]

由此可见,目前"穿透式"监管是功能监管和行为监管在我国的部分实践。在功能监管和行为监管理念的引领下,投连险业务打破了限于某个单

---

〔1〕 在中国金融市场发展到一定阶段后,金融监管体制应当考虑更加根本性的改革,实现监管模式转变。参见黄辉:《中国金融监管体制改革的逻辑与路径:国际经验与本土选择》,载《法学家》2019 年第 3 期。

〔2〕 参见叶林、吴烨:《金融市场的"穿透式"监管论纲》,载《法学》2017 年第 12 期。

〔3〕 同上。

〔4〕 王福凌:《穿透式监管理念在保险监管中的应用》,载《中国保险报》2017 年 12 月 15 日,第 4 版。

〔5〕 参见马建威:《金融消费者法律保护:以金融监管体制改革为背景》,载《政法论坛》2013 年第 6 期。

一金融机构监管的固有模式,开始进行金融机构之间的协调或者多个金融监管者的共同监管,并且特别关注对金融投资者的保护。[1]

第三节　我国机构监管的演进与投连险的监管探索

一、我国金融机构的演进与改革

1949 年至今,我国金融行业及其监管的演进大致可划分如下 5 个阶段(见图 13):[2]

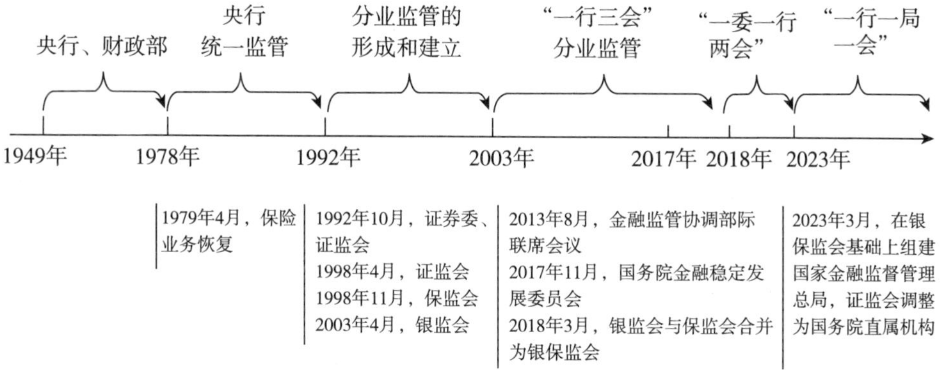

图 13　我国金融机构演进

---

〔1〕 有学者也指出,市场型金融创新凸显了规范与现实之间的冲突。无论是选择性监管路径,还是规则扩张式监管路径,抑或是以监管沙箱为代表的实验式监管路径,都不能很好地解决该冲突。以上三种路径,都是在“术”的层面上展开。为了超越以上三种路径,我国应在“道”的层面上进行理念与制度完善,即我国需要完善金融法治基础,建构金融法治哲学,制定“金融法典”或“金融法总则”。参见邢会强:《市场型金融创新法律监管路径的反思与超越》,载《现代法学》2022 年第 2 期。

〔2〕 也有学者将新中国成立 70 年以来的中国金融发展分为三个时期:社会主义金融体系的探索时期(1949～1978 年)、中国特色社会主义金融体系的建设时期(1979～2017 年)、中国现代金融体系的构建时期(2018 年至今)。参见王国刚:《中国金融 70 年:简要历程、辉煌成就和历史经验》,载《经济理论与经济管理》2019 年第 7 期。而对于改革开放 40 年保险监管,有学者划分为三个阶段:1979～1998 年为初级阶段;1998～2006 年是市场行为监管和偿付能力监管并重阶段;2006 年以来是“三支柱”监管阶段。参见郑伟:《改革开放 40 年的保险监管》,载《保险研究》2018 年第 12 期。

第一阶段为1949～1992年。该阶段是我国保险业长期停办和开始恢复保险业的时期,也是我国金融混业监管的时期。该时期大致以1978年改革开放为分界线,进一步划分为两个重要时间段。1949～1978年,是由中国人民银行和财政部主导金融监管的时期。[1] 1978～1992年,我国的工行、农行、中行、建行、交通五大国有银行先后从央行、财政部中独立出来。由于国内保险停办多年,中国人民银行在1979年发布《关于恢复国内保险业务和加强保险机构的通知》(1979银保字第16号)(现已失效),恢复国内保险业务;1983年国务院颁布《关于中国人民银行专门行使中央银行职能的决定》,明确"中国人民银行是国务院领导和管理全国金融事业的国家机关",标志着央行统一监管的形成。[2] 1984年,中国人民保险公司在央行中正式独立出来;为了加强国家对保险企业的管理,促进保险事业的发展,国务院于1985年颁布《保险企业管理暂行条例》(国发〔1985〕33号)(现已失效)。[3] 经过上述改革,我国保险业已逐步开始恢复、发展,其他金融各行业、机构亦是如此,金融业的基本格局形成。

第二阶段为1992～2003年。该阶段是我国金融行业从混业监管走向分业经营,以及分业管理建立的时期。我国金融业在20世纪80年代恢复、建立,但存在明显的金融经营风险。当时,各类金融机构很多都没有核心主业,都在开展或变相开展企业贷款业务,有的还在从事吸收公众资金的类存款业务,同时还大量存在金融"三乱"问题(乱集资、乱设金融机构和乱办金融业务)。[4] 中共中央、国务院在1993年颁布《关于当前经济情况和加强宏观调控的意见》(中发〔1993〕6号)中指出,"人民银行、专业银行和商业银行兴办的非银行金融机构和其他经济实体要与银行彻底脱钩,首先在人事、财

---

〔1〕 需注意的是,1969年人民银行并入了财政部,后在1978年,央行又从财政部独立出来。

〔2〕 参见《关于中国人民银行专门行使中央银行职能的决定》(国发〔1983〕146号)第1条。

〔3〕 参见国务院《保险企业管理暂行条例》(国发〔1985〕33号)第1条。

〔4〕 参见时磊、李立群等:《格局变迁:中国金融监管的"分与合"》,载《中国银行业》2019年第1期。

务和资金方面完全脱钩。人民银行要带头尽快脱钩”。〔1〕 同年，国务院颁布《关于金融体制改革的决定》（国发〔1993〕91号），明确提出“对保险业、证券业、信托业和银行业实行分业经营”。〔2〕 之后，“分业经营、分业管理”在我国《商业银行法》等法律中确立，并在1998年成立保监会、2003年成立银监会。〔3〕 至此，我国“一行三会”的分业经营、分业管理金融体制建立。

第三阶段是2003～2018年，为我国“一行三会”的金融监管时期。“分业经营、分业管理”的确立，使金融行业监管职责明确，相应的监管机构对自己负责的领域监管效力和能力不断加强。然而，21世纪以来，随着金融市场的现代化发展和金融创新，混业经营趋势日益明显，产生了很多跨行业、跨市场的金融机构、业务和产品改变了金融系统内部的风险性质和风险组合，导致我国的金融监管体制面临各种问题和挑战。〔4〕 譬如，分业监管和混业经营的错配导致了三大监管问题：监管套利、监管冲突、监管重复及真空。〔5〕

第四阶段为2018年～2023年3月，是我国“一委一行两会”的金融监管时期。由于“一行三会”下的监管信息不能有效共享（如证监会无法有效知悉保险公司在资本市场资金运作的相关信息），所以，为了加强监管机构之间的信息沟通等金融监管协调问题，国务院在2013年同意建立由中国人民银行牵头的金融监管协调部际联席会议制度。〔6〕 联席会议成员名单包括中国人民银行（牵头）、原银监会、证监会、原保监会、外汇局，必要时可邀请发

〔1〕 参见《关于当前经济情况和加强宏观调控的意见》第7条。

〔2〕 参见《关于金融体制改革的决定》第六部分。

〔3〕 2003年3月10日第十届全国人民代表大会第一次会议《关于国务院机构改革方案的决定》，明确“健全金融监管体制，设立中国银行业监督管理委员会”。

〔4〕 参见黄辉：《中国金融监管体制改革的逻辑与路径：国际经验与本土选择》，载《法学家》2019年第3期。

〔5〕 参见张瑜：《改革开放四十周年：我国金融监管体系的演变》，载《时代金融》2019年第9期；黄辉：《中国金融监管体制改革的逻辑与路径：国际经验与本土选择》，载《法学家》2019年第3期；杨东：《金融服务统合法论》，法律出版社2013年版，第452页。

〔6〕 参见《国务院关于同意建立金融监管协调部际联席会议制度的批复》（国函〔2013〕91号），载http://www.gov.cn/zwgk/2013-08/20/content_2470225.htm。

展改革委、财政部等有关部门参加，包括“金融监管政策、法律法规之间的协调”等职责。不过，这只是一个由央行牵头的一个沟通机构而已，不具有行政监管与处罚的权力。[1] 出于进一步加强金融宏观上的统筹以及防范金融系统性风险等的考虑，2017 年的“全国金融工作会议”决定设立“国务院金融稳定发展委员会”，该委员会于同年 11 月正式成立。[2] 2018 年 3 月 13 日，“为深化金融监管体制改革，解决现行体制存在的监管职责不清晰、交叉监管和监管空白等问题”，[3]在第十三届全国人民代表大会第一次会议上通过《关于国务院机构改革方案的决定》，其中包括组建中国银行保险监督管理委员会。由此可见，我国金融监管体制从“一行三会”转向“一委一行两会”（见图 14）。[4]

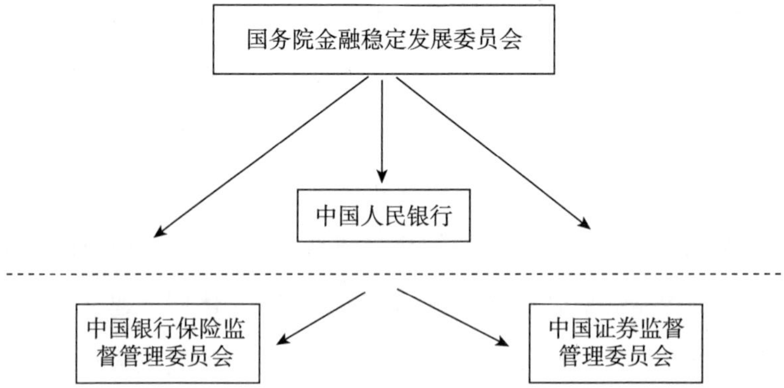

图 14 “一委一行两会”

〔1〕 参见朱慈蕴：《中国影子银行：兴起、本质、治理与监管创新》，载《清华法学》2017 年第 6 期。

〔2〕 这也是实现“功能监管”的良好契机。参见朱慈蕴：《中国影子银行：兴起、本质、治理与监管创新》，载《清华法学》2017 年第 6 期。

〔3〕 参见王勇：《关于国务院机构改革方案的说明》，载新华网，http://www.xinhuanet.com/politics/2018lh/2018-03/14/c_1122533011.htm。

〔4〕 有学者进一步指出，未来我国的金融监管体制还可能继续作出调整，但短时间内“一委一行两会”应该会保持不变。在此金融监管体制前提下，在今后一段时期内，如何厘定、强化和发挥好金稳会的职能，加强金融监管协调、补齐监管短板，将是我国金融监管体制改革的重点任务。参见邢会强：《国务院金融稳定发展委员会的目标定位与职能完善——以金融法中的“三足定理”为视角》，载《法学评论》2018 年第 3 期。

从上述我国金融机构改革的演进来看,我国金融监管主要存在如下不足:其一,宏观审慎监管和行为监管的关系失调。我国历年金融机构的改革都是强调防范系统性金融风险,侧重宏观审慎监管,对行为监管关注较少;同时,行为监管方面的内容较为抽象。譬如,投连险信息披露、销售管理等方面已建立了基本的规章制度,但内容仍显粗略。尤其是这些行为监管内容只是局限于行政管理层面,民事层面缺乏救济,对金融消费者保护的力度有限。其二,部门之间存在监管协调问题。“分业经营、分业管理”的金融体制在我国已实施多年,监管部门之间存在规范重叠、冲突、套利等情形。

针对上述所存在的金融监管不足,理论上多主张采用目标(双峰)监管模式,按照行为监管和审慎监管的目标差异划分监管职责和设立监管机构。[1] “一委一行两会”的金融机构模式也是对这种不足的回应与改进。在“一委一行两会”的架构中,国务院金融稳定发展委员会和央行负责宏观审慎监管,发挥对整个金融领域的统筹作用,对监管政策、信息等方面的协调作用,防范系统性金融风险。而银保监会和证监会并不侧重对宏观审慎的监管,而是侧重对个体金融机构以及市场具体行为进行监管。这种金融架构也契合国际金融“双峰监管”的架构。而且在此基础之上,对于行为监管方面,银保监会和证监会又进一步遵循了直接融资和间接融资不同模式的监管差异。即银保监会负责对间接融资领域的资本充足、偿付能力等方面进行监管,而证监会对直接融资领域进行信息披露等方面监管。在这种模式下,银保监会和证监会作为融资领域的平行的金融机构,对于改善传统间接融资比率过大,提高直接融资比重的现状有着深远意义。但是,这次金融改革仍不彻底。譬如,国务院金融稳定发展委员会的独立性不足。在人员配置上,机构负责人并非以专职的方式担任,而是由其他机构负责人兼任。尽管人员具有较高级别,但他们或许对部分内容未必能够投入足够的

〔1〕 参见黄辉:《中国金融监管体制改革的逻辑与路径:国际经验与本土选择》,载《法学家》2019年第3期。

关注度和监管精力。此外,仍缺乏相应的规章建设。当然,这可能是新机构成立不久的原因,未来应对此改进。有学者建议,国务院金融稳定发展委员会应将自己定位为"金融政策委员会",在金融效率、金融安全与金融公平之间求得平衡;且应"制定《国务院金融稳定发展委员会条例》,细化金稳会的职权、程序、运行机制和问责机制"。[1] 总而言之,监管层已经尝试对监管机构进行改进,这种宏观层面的调整将直接影响投连险监管问题的解决和探索。

第五阶段为2023年3月至今,是我国金融"一行一局一会"的监管格局时期。2023年3月《国务院关于提请审议国务院机构改革方案的议案》提出,在银保监会基础上组建国家金融监督管理总局;证监会由国务院直属事业单位调整为国务院直属机构。其中,国家金融监督管理总局作为国务院直属机构,统一负责除证券业之外的金融业监管,强化机构监管、行为监管、功能监管、穿透式监管、持续监管,统筹负责金融消费者权益保护,加强风险管理和防范处置,依法查处违法违规行为。同时,中国人民银行对金融控股公司等金融集团的日常监管职责、有关金融消费者保护职责,以及证监会的投资者保护职责也划入国家金融监督管理总局。[2] 2023年3月,十四届全国人大一次会议表决通过了关于国务院机构改革方案的决定,批准了这个方案。之后,中共中央、国务院印发了《党和国家机构改革方案》。值得注意的是,在深化党中央机构改革中,组建中央金融委员会,不再保留国务院金融稳定发展委员会及其办事机构。[3] 由此可见,本次改革明确强化将行为监管统一到一个机构,即国家金融监督管理总局,而中国人民银行主要负责

---

〔1〕 参见邢会强:《国务院金融稳定发展委员会的目标定位与职能完善——以金融法中的"三足定理"为视角》,载《法学评论》2018年第3期。

〔2〕 参见《组建国家金融监督管理总局》,载新华网,http://www.xinhuanet.com/politics/2023-03/07/c_1129419104.htm。

〔3〕 参见《中共中央 国务院印发〈党和国家机构改革方案〉》,载中国政府网,http://www.gov.cn/xinwen/2023-03/16/content_5747072.htm;《国务院关于机构设置的通知》(国发〔2023〕5号)。

货币政策和宏观审慎监管，形成具有中国特色的“双峰监管”，金融监管格局得到进一步完善。

二、投连险监管困境的解决与探索

（一）投连险的共同监管

投连险中的金融业务具有多元性，投连险的监管主体局限于原保监会（银保监会或国家金融监督管理总局）并不能完全覆盖投连险所涉业务。投连险作为一款复合型金融产品，其保险账户上的资金来源与传统寿险无异，即亦采取间接融资方式；此外，其投资账户的资金并非出自保险保障，而是投资理财，实为一种直接融资手段。那么，根据功能监管理念和我国当下金融机构的现状来看，金融监管者对投连险采取了共同监管模式。即国家金融监督管理总局（银保监会）负责投连险间接融资部分，而证监会负责投连险的直接融资部分。[1] 同时，由于投连险的投资账户存在一定的独立性，能够与保险账户区别开来，这就使证监会负责监管该险投资账户具备可操作性。

上述对投连险的应然监管主体的规定，并非意味着国家金融监督管理总局并不能监管投连险的投资账户。尤其是，对于金融复合型产品，监管的重叠和冲突在实践中是不可避免的。因为监管竞争刺激各个监管机构倾向于通过立法竞争抢占和扩大“地盘”，从而加剧监管对市场的管控，并引发监管抢占、监管重叠和监管过剩等负面效应。[2] 即投连险的监管权分配本身会涉及部门之间的利益之争。设置一个统一独立的金融监管协调机构是十

---

〔1〕 有学者指出，在可被预见的将来，以直接融资和间接融资为主要区分的分业监管模式仍是实现“功能监管”最为有效的监管方式。参见郑彧：《论金融法下功能监管的分业基础》，载《清华法学》2020 年第 2 期。

〔2〕 参见冯辉：《论金融监管竞争及其法律治理》，载《法学家》2019 年第 3 期。

分必要的(如“金融委”),其可以对金融机构之间监管权竞争进行协调。[1]就我国而言,经过多年发展,各金融监管机构间已形成监管竞争格局,对金融市场具有多重复杂效应,应予高度重视。[2] 事实上,无论在哪个法域,对金融监管的协调,均直接涉及部门利益博弈。例如,美国变额年金的监管也是如此,在美国联邦和美国各州之间存在监管竞争,最终形成变额年金共同监管的局面。

在美国法中,尽管《1945 年麦卡伦 - 弗格森法》确立了保险的监管格局,但是联邦对保险统一监管权的争取并未停止。由于保险公司成为各州的主要财政来源,并基于这种贡献能够影响州的立法,甚至有些保险公司以抵制、联合等手段去维持其在本州的垄断地位,这些做法也引起联邦政府介入的必要性。[3] 同时,联邦之所以对保险监管一直存在兴趣,是因为保险业在国家经济中扮演着重要角色、保险市场的行为影响州际贸易(interstate commerce)、周期性危机(如 20 世纪 80 年代的许多保险公司破产引起对州监管有效性的质疑),以及保险公司本身控制大量的资源等。[4] 但是,基于《1945 年麦卡伦 - 弗格森法》的明确规定,“禁止联邦法削弱(impair)或取代(supersede)各州保险法规定”,[5]因此,联邦政府无正当依据介入各州对于保险行业的监管,而各州在美国大萧条时期也已经证明其能够独立有效地

---

〔1〕 有学者同样指出,在监管竞争中抑制监管套利、监管过剩等竞争负外部性的方法,关键也是在监管竞争的基础上构建有效、实质性的监管协同。并且建议,在组织构建层面应以“国务院金融稳定发展委员会”作为金融监管协同的实体组织。参见冯辉:《论金融监管竞争及其法律治理》,载《法学家》2019 年第 3 期。

〔2〕 参见冯辉:《论金融监管竞争及其法律治理》,载《法学家》2019 年第 3 期。

〔3〕 See Tamar Frankel, *Regulation of Variable Life Insurance*, 48 Notre Dame Law 1017, 1044 (1973).

〔4〕 See Robert W. Klein, *An Overview of the Insurance Industry and Its Regulation*, p. 15(2009), https://www.researchgate.net/publication/228341618_An_Overview_of_the_Insurance_Industry_and_Its_Regulation.

〔5〕 国会的任何法案都不得被解释为无效、损害或取代任何国家为管理保险业务而制定的任何法律,或对这种业务征收费用或税收(原文为:No Act of Congress shall be construed to invalidate, impair, or supersede any law enacted by any State for the purpose of regulating the business of insurance, or which imposes a fee or tax upon such business)。See 15 U.S.C. § 1012 (b).

监管保险行业。[1] 尽管如此，联邦政府并未停止其试图影响州保险监管的行为，如建立一些农作物保险和洪水保险（crop and flood insurance）来豁免州的监管、设置一些强制性标准等。[2] 随着存在明显投资性质的变额年金出现，“以各州对其保险法规制还是联邦证券法规制”的争议再次明显反映了美国联邦与各州之间对保险监管的权力博弈。

一方面，在美国联邦立场看来，变额年金相较于保险，更加接近于投资证券。[3]《1945 年麦卡伦 - 弗格森法》将各州对保险的监管权限制在与明确保险业相关的活动（specifically relates to business of insurance），[4]但该法案并未界定何为“specifically relates”和“business of insurance”及其相应范围。在一般认识上，对于传统规制的活动，如取得各州保险业营业执照、承保、广告销售、准备金的计算、保单持有人权益保护等活动被认为是保险业的范畴。[5] 但是，对于具有明显证券投资性质、不同于传统保险的变额年金，寿险公司发行该产品并不属于《1945 年麦卡伦 - 弗格森法》下的“保险业”。尤其是经过司法的演进，“business of insurance”大体限制在“保单持有人的风险转移”（transferring or spreading a policyholder's risk）、“保险人与被保险人的保险关系”（the policy relationship between the insurer and the

---

〔1〕 See Tamar Frankel, *Regulation of Variable Life Insurance*, 48 Notre Dame Law 1017, 1045 (1973).

〔2〕 See Robert W. Klein, *An Overview of the Insurance Industry and Its Regulation*, p. 16 (2009), https://www.researchgate.net/publication/228341618_An_Overview_of_the_Insurance_Industry_and_Its_Regulation.

〔3〕 See Arthur H. Haussermann, *The Security in Variable Annuities*, 1956 Insurance Law Journal 382, 392 (1956).

〔4〕 国会的任何法案都不得被解释为无效、损害或取代任何国家为管理保险业务而制定的任何法律，或对这种业务征收费用或税收，除非该法案具体涉及保险业务（原文为：No Act of Congress shall be construed to invalidate, impair, or supersede any law enacted by any State for the purpose of regulating the business of insurance, or which imposes a fee or tax upon such business, unless such Act specifically relates to the business of insurance...）。See 15 U. S. C. § 1012(b).

〔5〕 See Tamar Frankel, *Regulation of Variable Life Insurance*, 48 Notre Dame Law 1017, 1053 (1973).

insured)、“保险业”(insurance industry)三个要件。[1] 因此,变额年金应属于联邦政府监管。另一方面,从美国各州回应来看,保险产品的多元化和保险业地域范围的扩张会影响到本州对保险的监管权。在保罗诉弗吉尼亚案(Paul v. Virginia)后,各州主管机关于1871年成立NAIC。NAIC成立目标之一在于推进保险规范的统一化,建立一个“全国性的”保险监管系统。[2] NAIC尝试使美国各州保险法统一化,减少不同州法对保险业的影响,目的在于维护州监管保险,减少联邦介入的风险。[3] 例如,为了规制保险业中的反欺诈行为,NAIC于1947年就已经颁布《不公平交易行为模范法》(Model Unfair Trade Practice Act)。该模范法被美国所有各州和哥伦比亚特区直接采纳或者在州保险法中规定与之类似的条款。[4]

但是,NAIC模范法与联邦《1934年证券交易法》在反欺诈规定方面侧重不同,主要差异在于模范法侧重于行政监管的公权救济,对反欺诈行为予以行政处罚或是提起刑事诉讼,而联邦证券交易法则侧重于民事诉讼的私权救济,受害人能够自己发起私人诉讼,维护自己权益。这种规范现状导致州法适用受阻,民事救济不畅,使联邦法在私人执行上更有利于维护保单持有人利益。譬如,保险人需要对其产品说明书负责,因为购买者往往是基于这方面的承诺而作出选择,但纽约州保险法不将产品说明书视为保单的部分内容,即使产品说明书等广告宣传存在明显误导。[5] 若使变额年金完全适用州保险法,保单持有人的投资利益则得不到相应的信息披露等制度的

---

〔1〕 See Union Labor Life Ins. Co. v. Pireno, 458 U. S. 119, 129,131 (1982).

〔2〕 See Susan Randall, *Insurance Regulation in the United States: Regulatory Federalism and the National Association of Insurance Commissioners*, 26 Florida State University Law Review 625, 635 (1999).

〔3〕 Ibid., p. 640.

〔4〕 See Tamar Frankel, *Regulation of Variable Life Insurance*, 48 Notre Dame Law 1017, 1029 (1973).

〔5〕 29 N. Y. Jur. Insurance § 638 (1963); Tamar Frankel, *Regulation of Variable Life Insurance*, 48 Notre Dame Law 1017, 1029 (1973).

保护。因此,NAIC 模范法并未弱化联邦对变额年金监管的争夺。由此观之,自变额年金在美国市场诞生以来,美国相关的监管机构之间就存在对变额年金的监管权竞合。美国联邦法院在裁判中将变额年金的法律属性引向证券法的规范方向,最终推动了联邦与各州对变额年金的共同监管局面的形成。

(二)投连险共同监管的实现举措及其监管竞争的治理

本书所强调的是,就学理而言,对于投连险的应然监管方式,保险监督管理机构(国家金融监督管理总局或银保监会)不能独揽投连险的整个监管权,证监会具备介入"投资账户"监管的必要性与合理性。否则,既不符合保险与证券的现有金融监管逻辑,也不符合当下金融监管改革的理念,达不到真正对投连险有效、合理的监管。对投连险的共同监管可从如下几方面实现。

其一,基本法对投连险投资属性进行回应和认可。国家金融监督管理总局和证监会共同监管投连险的最大阻碍是当下基本法未对投连险的证券属性进行回应和认可。"以事实为依据,以法律为准绳"是成文法国家法律适用的基本原则,基本法对投连险证券属性的回应是当下定分止争最有力的方式。投连险从其诞生,发展至今,其法律定性和相关法律适用问题备受质疑。就投保人而言,当其权益无法得到法律保障,投资账户又表现不佳时,容易出现大规模退保事件或者通过"上访"等非法律途径来寻求救济。这并非现代法治国家私人纠纷解决的应然之道。对于监管者而言,基本法若不回应投连险的证券属性,则无法有效地对其进行监管。缺乏基本法的回应,原保监会也无法适用证券法等法律对投连险进行监管,无法直接适用现有规则。原保监会采取类似于信息披露规则或者单独颁布一些内容笼统的规章,在实然效果上是不彰的,也增加了监管成本。同时,由于缺乏成文法的规定,也导致证监会对投连险投资账户的监管缺乏法律依据。尤其是证券法上证券范围的扩大。譬如,有观点指出,产品"穿透"的核心其实应当是如何认定《证券法》上的“证券”。[1] 扩大证券法上的证券范围或采纳实质证券的定义,则是对投连险等投资产品法律适用的关键。此外,就产品本身而言,投连险作为一种金融复合型产品,在我国的发展过程中,时而以“创新产品”作为肯定评价,时而以“问题产品”对其压制。这种不合理的现象也有待基本法的正本清源。因此,基本法的回应是对投连险有效、合理监管的一个基础性问题。

其二,充分发挥中央金融委员会协调职能的力度。对于投连险的共同监管,容易存在监管标准、门槛要求不同,或者监管权力的重合与竞争等问题。这是金融复合型产品监管所面临的共同的问题。因此,对于共同监管的不足,设置一个统一、独立的金融协调机构尤为重要。[2] 其协调的目标不仅限于解决监管竞合的权力分配问题,而且在于审查和解决监管规则的重叠和冲突问题。但是,传统监管强势机构央行并不适合作为当下的金融监管机构竞争的协调机构。

从现有设立的协调机构来看,前已述及,我国监管层曾通过设立金融监管协调部际联席会议来改善传统机构监管信息共享的不足。但是,联席会议制度只是监管顶层一种倡导性的协调机制,无法律强制力,没有从根本上解决传统金融监管体制,效果不彰。2017 年成立的国务院金融稳定发展委员会则不一样,其存在更多的实质改进。尽管其和金融监管协调部际联席会议一样,是一种议事协调机构,但是两者存在重大区别。首先,从机构的成立来看,国务院金融稳定发展委员会比金融监管协调部际联席会议的位阶和定位更高。前者冠以“国务院”,是在全国金融工作会议明确提出设立的机构,是“作为国务院统筹协调金融稳定和改革发展重大问题的议事协调

---

〔1〕 参见叶林、吴烨:《金融市场的“穿透式”监管论纲》,载《法学》2017 年第 12 期。

〔2〕 “一放就乱、一管就死”的恶性循环就是三类监管规则未能协同的体现。参见冯辉:《论金融监管竞争及其法律治理》,载《法学家》2019 年第 3 期。

机构”;[1]而后者是由中国人民银行牵头倡导的,并非一个独立的机构。“联席会议不刻制印章,不正式行文”。[2] 其次,从机构的职责和任务来看,两个机构均强调金融监管政策、跨市场金融创新等方面的协调。但是,前者缺乏监管职能等实质层面的协同,不是解决交叉性金融产品和新金融产品系统性风险控制的有效举措。[3] 除此之外,国务院金融稳定发展委员会还审议金融业改革发展重大规划,统筹金融改革发展与监管等方面职责,更加侧重于宏观审慎,防范系统性风险。[4] “设立国务院金融稳定发展委员会,强化人民银行宏观审慎管理和系统性风险防范职责。”[5]再次,从成员的组成来看,国务院金融稳定发展委员会的配置更高,如“主任”由国务院副总理担任,其他组成人员为其他监管机构的主要负责人。最后,从牵涉的机构来看,金融监管协调部际联席会议涉及机构为中国人民银行、原银监会、原保监会、证监会、外汇局,但国务院金融稳定发展委员会还包括了国家监察委、中央组织部、公安部、国务院原法制办、最高人民法院等协作单位。[6] 可见,国务院金融稳定发展委员会比以往金融协调机构有实质性的改进,对投连险等金融复合型产品的监管冲突和竞合能够起到实质性的协调作用。譬如,国务院金融稳定发展委员会成立后实行的第一项主要工作就是促使《关于规范金融机构资产管理业务的指导意见》(银发〔2018〕106 号)的颁发,其中涉及中国人民银行、证监会等监管部门,就金融资产管理业务作统一调

---

〔1〕《国务院金融稳定发展委员会成立并召开第一次会议》,载中国政府网,http://www.gov.cn/guowuyuan/2017-11/08/content_5238161.htm。

〔2〕参见《国务院关于同意建立金融监管协调部际联席会议制度的批复》(国函〔2013〕91 号),载 http://www.gov.cn/zwgk/2013-08/20/content_2470225.htm。

〔3〕参见冯辉:《论金融监管竞争及其法律治理》,载《法学家》2019 年第 3 期。

〔4〕参见《国务院金融稳定发展委员会成立并召开第一次会议》,载中国政府网,http://www.gov.cn/guowuyuan/2017-11/08/content_5238161.htm。

〔5〕《全国金融工作会议在京召开》,载中国政府网,http://www.gov.cn/xinwen/2017-07/15/content_5210774.htm。

〔6〕参见《新一届国务院金融稳定发展委员会召开第一次会议》,载中国政府网,http://www.gov.cn/guowuyuan/2018-07/03/content_5303229.htm。

整,打破以往各部门各自颁布自己监管领域的资产管理业务规范的现象。

2023年3月,《党和国家机构改革方案》提出组建中央金融委员会,“加强党中央对金融工作的集中统一领导,负责金融稳定和发展的顶层设计、统筹协调、整体推进、督促落实,研究审议金融领域重大政策、重大问题等,作为党中央决策议事协调机构。设立中央金融委员会办公室,作为中央金融委员会的办事机构,列入党中央机构序列。不再保留国务院金融稳定发展委员会及其办事机构。将国务院金融稳定发展委员会办公室职责划入中央金融委员会办公室”。[1] 由此可见,党中央对金融工作的重视提高到新的高度,使我国金融工作的机构设置和职能配置进一步得到优化,金融监管协调得到进一步强化,有助于统筹监管力量,相应统筹协调等职能发挥将会更加高效。

(三)国家金融监督管理总局、证监会的不同监管内容侧重

投连险应受到国家金融监督管理总局和证监会的共同监管,两种监管不可避免地在某种程度或某些内容上重复,但彼此监管内容和重心不同,并非一种当然的互斥关系。因此,除了有统一的协调组织或机制之外,还有必要明确监管主体之间监管的重心和内容,最大限度上减少重复监管给保险公司带来的压力和成本。

其一,国家金融监督管理总局和证监会存在不同的监管内容侧重。对于国家金融监督管理总局监管的主要内容,应是一种全方位的监管,内容较为全面,涉及经营资格、产品结构费用、产品定价、产品销售、偿付能力充足率、责任准备金,以及投资账户单独管理等方面的监管。其监管思路仍遵循

---

〔1〕 参见《中共中央 国务院印发〈党和国家机构改革方案〉》,载中国政府网,http://www.gov.cn/xinwen/2023-03/16/content_5747072.htm。

间接融资的逻辑，对保险公司负债管理的监管。[1] 对于证监会监管的主要内容，主要在于能够引用《证券法》《证券投资基金法》等基本法上关于信息披露的规定，从而对投连险投资账户进行监管。譬如，按照投资基金方式注册登记。证监会对于投资账户监管的主要内容为信息披露、反欺诈以及销售行为。

其二，投连险金融风险的防范及其监管手段的改进。投连险在法律上由某一保险公司与不特定多数的购买者签订的众多合同组成，这中间存在一个契约群体。这使保险公司经营状况和投资表现会直接影响不特定多数的购买者利益。众多购买者之间又常会因为信息不对称而易滋生敏感性，出现从众效应，同时大量购买或退保。并且，投资账户之间存在相互投资、层层嵌套等情形，拉长保险资金运用的链条，各环节风险容易传播。一旦出现大规模违约，所产生的法律效果可能并不局限于该产品本身内部而蔓延、传染到该产品外部，还存在引发金融风险的可能。就未来改进的方向而言，除了前述论及的监管理念改进之外，监管方法和手段也应当完善。[2] 譬如，不再将审批和惩戒作为最重要、最常用的监管手段，可以大量引入信息披露、信息性监管工具以及风险监测、危机预警等动态化、常规化的监管工具，[3] 以及在信贷评级监管、金融工具复杂性治理等方面做出更多努力。[4]

---

〔1〕 有观点认为，对于复杂金融产品建立独立审批规则，即“复杂金融产品强制许可制度”一项不可或缺的内容是，确立一套标准用以判定某种金融产品的特征是否具有独立性，从而加以独立审批。参见刘庆飞：《多重背景下金融监管立法的反思与改革》，上海人民出版社 2015 年版，第 186 页。

〔2〕 有观点指出，面对规则与现实之间的冲突，是选择法律实证主义的立场，还是选择自然法的立场，是法哲学史上经久不衰、时谈时新的根本性问题。如果确信制定法显著落后于现实，就应该推动修订制定法，或者运用法律解释和法律续造技术推动法律的发展。参见邢会强：《市场型金融创新法律监管路径的反思与超越》，载《现代法学》2022 年第 2 期。

〔3〕 参见冯辉：《论金融监管竞争及其法律治理》，载《法学家》2019 年第 3 期。

〔4〕 参见沈伟：《复杂结构金融产品的规制及其改进路径——以香港雷曼兄弟迷你债券事件为切入点》，载《中外法学》2011 年第 6 期。

本章小结

本章主要是对投连险的公权监管层面进行反思(不涉及自律监管),探讨改进的举措。

就公权监管而言,原保监会对投连险监管权形成存在特殊的时势和成因。主要表现在,投连险是作为新型的寿险,在原保监会倡导下引进,并且原保监会于21世纪初就通过一系列规范文件将投连险纳入其监管权限范围内。而证监会在彼时刚形成全国统一的证券监管机构,且自身存在诸多的特殊时代背景而无法顾及投连险的证券特性。

原保监会对于投连险的监管,主要是通过采取类似证券投资基金的信息披露的思路,以及严格的销售监管等方式。这些方式是对投连险证券属性的实质认可。但是,原保监会在对投连险证券属性的认识上举棋不定,监管规则并不完善。投连险作为新型金融复合型产品,打破了传统的"分业经营、分业管理",从而导致了监管不足。就监管的改进而言,投连险的监管应当是以功能监管、行为监管理念为导向,由国家金融监督管理总局和证监会共同监管,并侧重于不同的监管内容,从而实现强化投保人等金融消费者保护和金融风险防范的目标。

第六章

规则适用的完善:以反欺诈等内容为主要分析

由于投连险产品横跨保险、证券、信托等领域,涉及多部基本法、行政法规、部门规章、通知等多位阶的规则适用,本书无法一一探讨这些具体规则的适用。基于投连险在实务中的争议主要在于销售欺诈,本章对于投连险的法律适用主要探讨相关“反欺诈”交易及其监管规则的适用,同时也会对其他规则进行一些分析、探讨。

第一节　保险法中的诚信规则

投连险对《保险法》诸多条文构成了挑战,需经过解释方可适用,下文主要分析《保险法》中诚实守信原则下的第 16 条告知义务、第 17 条说明义务的适用,同时对相应的监管规则和司法解释一并分析。

一、投保人告知义务的履行与法律效果

(一)告知义务的履行时间、主体、内容

对于告知义务履行时间,《保险法》第16条规定为“订立保险合同”,投保人告知义务应于保险合同订立时进行。[1] 也有观点认为,投保人对于要约之后、承诺之前发生的危险状况应负担《保险法》第52条规定的危险增加的通知义务。[2] 但这种“追加告知”要求对投保人来说过于苛刻,明显与询问回答式的告知模式在价值目标上存在冲突,告知时期为订约时或为缔约的意思表示时。[3] 《保险法》第16条规定告知义务限定在“订立保险合同”及其解除权的除斥期间从合同成立之日起计算,可以看出,立法将告知义务视为先合同义务而存在。自双方当事人为缔结合同而进行磋商、接触或准备始,至合同生效止,是先合同义务的存续阶段。也就是说,先合同义务只可能存在于这一特定阶段。[4] 因此,投连险的告知义务履行时间应限于合同订立时。

对于告知义务的履行主体,《保险法》第16条将告知义务的主体规定为投保人,但被保险人是否为告知义务主体则是不明确的。我国《保险法》并没有涉及被保险人知悉情况的告知义务问题,属于立法上的法律漏洞。[5] 本书认为,无论是传统寿险还是投连险,告知义务的主体均应包括投保人和被保险人。

---

[1] 参见温世扬、黄军:《论保险法上的告知义务》,载《法学评论》2002年第2期;李玉泉:《保险法》(第2版),法律出版社2003年版,第60页。

[2] 参见仲伟珩:《投保人如实告知义务研究——以中德法律比较为出发点》,载《比较法研究》2010年第6期。

[3] 参见李飞:《保险法上如实告知义务之新检视》,载《法学研究》2017年第1期。

[4] 参见范军:《论先合同义务与相关合同义务之关系》,载《复旦学报(社会科学版)》2006年第1期。

[5] 参见仲伟珩:《投保人如实告知义务研究——以中德法律比较为出发点》,载《比较法研究》2010年第6期。

告知义务履行主体问题产生原因在于《保险法》第 10 条规定保险合同当事人为投保人和保险人，基于合同的相对性原则，被保险人作为合同关系人而非合同的当事人，并无向保险人告知的义务。但是，《保险法》第 12 条第 5 款规定被保险人是保险合同保障的对象，享有保险金请求权。保险金以被保险人有损害时才给付，被保险人是保险金请求权的原始受益人，在受益人为被保险人之外的第三人时，该第三人为继受受益人。为了防范道德风险，《保险法》第 12 条规定投保人为被保险人投保时须具备保险利益。[1] 可以看出，我国保险合同权利义务架构中，尽管投保人作为合同当事人，负有交纳保费等合同义务，投保人以自己作为被保险人，直接享有保险请求权不无疑问。但是，投保人以他人为被保险人而签订的保险合同，保险金请求权直接享有者并非投保人而是被保险人，该合同实质上为“为他人利益”的利他合同。[2] 被保险人作为利他合同非当事人，享有履行请求权，但并非不负担任何的义务。

如果将《保险法》第 16 条第 1 款告知义务的履行主体限于投保人，则有违当事人权义一致原则和法律的公平性。[3] 因为被保险人自身对自己的健康状态和既往症等方面都最为清楚，如果被保险人非告知义务主体，则保险人获得被保险人真实信息难度增大，有可能不能实现该制度本来的价值和规范目的。因此，基于权义一致原则，《保险法》第 16 条第 1 款应将被保险人纳入告知义务履行主体范围。投保人在购买投连险时，不仅其自身需要

〔1〕 我国《保险法》第 31 条在司法适用过程中，法院并非依单一方法来确认投保人对被保险人的人身保险利益，而是结合现实案例，运用社会一般经验法则进行综合判断，或主要基于利益原则，或主要基于同意原则。参见李游：《人身保险利益的内涵界定与制度定位——基于 296 份司法判决书的分析》，载《政治与法律》2017 年第 6 期。

〔2〕 有学者指出，从合同法原理来看，大陆法系国家保险法所采之“三分法”体制在本质上是以“为他人利益保险”的法理来架构保险合同的主体及其权利义务结构的。参见樊启荣：《中国保险立法之反思与前瞻——为纪念中国保险法制百年而作》，载《法商研究》2011 年第 6 期。

〔3〕 参见李飞：《保险法上如实告知义务之新检视》，载《法学研究》2017 年第 1 期；马宁：《保险法如实告知义务的制度重构》，载《政治与法律》2014 年第 1 期。

履行如实告知义务,被保险人亦需要承担同样义务。

《保险法》第16条规定,保险人就保险标的或者被保险人的有关情况提出询问的,投保人应当如实告知。“有关情况”通常认为是“重要事项”,即能够影响风险评估的事项。譬如,如果保险人必须加费承保,必因该事项之发生具有决定性之影响;[1]或者未告知事项与保险事故的发生无因果关系。[2]但是,该“重要事项”是以保险人的主观判断或客观判断为依据,存有不同见解。有人认为,主观标准不利于督促保险人提升风险评估能力,也难证明,易于诱发保险人的恶意拒赔。[3]亦有学者对此见解持怀疑态度,从对价平衡原则视角出发,认为主观标准相对于客观标准有相当的合理性。[4]

本书认为主观判断更为恰当,“重要事项”依保险人的主观判断,即书面询问背景下所有询问事项均是告知对象。首先,保险人询问的范围并非无限的,原保监会要求保险人必须以书面方式询问,[5]技术层面也限制了保险人询问范围的可能容量,实践中主要是在告知栏中打钩选择“是”或“否”。[6]其次,从合同对价来看,保险人询问的事项已作为保险格式合同的部分内容,告知义务事项的范围事实上已通过风险的大数法则等数理技术计算、厘清,并以保费对价呈现。于此情形下,投保人选择缔约,则意味着对合同内容的认可,产生拘束力,进而履行个案产品相应的告知义务。保险人未予询问的,即使投保人知道某些可能重要的事项亦可不予告知。[7]既

〔1〕参见江朝国:《保险法基础理论》,中国政法大学出版社2002年版,第235页。

〔2〕告知事项与保险事故的发生无证据证明有因果关系,不具备保险合同解除的条件。参见泰康人寿保险有限责任公司河南分公司与曹某某保险合同纠纷上诉案,河南省许昌市中级人民法院民事判决书(2018)豫10民终895号。

〔3〕参见马宁:《保险法如实告知义务的制度重构》,载《政治与法律》2014年第1期。

〔4〕参见李飞:《保险法上如实告知义务之新检视》,载《法学研究》2017年第1期。

〔5〕参见原保监会《关于提醒人身保险投保人正确履行如实告知义务有关事项的公告》(保监公告第55号)第2条。

〔6〕如“太平福利健康C款终身寿险”。

〔7〕“保险公司放弃了对投保人就相关情况的询问,投保人据此不需履行告知义务”。参见中国平安人寿保险股份有限公司宜昌中心支公司与张某某人身保险合同纠纷上诉案,湖北省宜昌市中级人民法院民事判决书(2018)鄂05民终47号。

然某些重要事项由保险人判断,其在产品设计时就应将重大事项评估进去,其未予询问重要事项的疏忽不能转嫁由投保人来承担。最后,告知义务的外围环境也使不必过于担心保险人会无限扩大其对“重要事项”的询问,因为在市场经济环境下,各保险人及其产品之间存在竞争,市场同类产品会自主架构一种隐形的一般“重要事项”参考标准,如个别保险产品列入“重要事项”过多,超过一般标准,苛求告知范围太广,则会失去个案产品竞争力而被淘汰。同时,强化保险消费者保护的趋势以及保险条款存疑时对保险人的不利合同解释,[1]都为告知义务“重大事项”的主观判断提供了防范机制。此外,投保人还存在免于告知的事项。《保险法》第 16 条第 6 款规定保险人在合同订立时已经知道投保人未如实告知的情况,以及《保险法司法解释(二)》第 7 条“保险合同成立后知道或者应当知道投保人未履行如实告知义务,仍然收取保险费”,保险人不得以此解除合同。[2] 因此,告知义务的“有关情况”由保险人主观判断更为合理。

(二)违反告知义务的法律后果:区分“风险保费”和“投资保费”

投保人和保险人签订投连险合同,进入投资账户的资金虽名为“保险费”,但不同于传统意义上的风险保费,故在确认合同无效的法律效果时,有必要依照前文分析采用的“实质重于形式”思路,将投保人所交纳的“保险费”区分为“风险保费”和“投资保费”对待。

1.“风险保费”类推传统寿险保费的返还效果

投保人和被保险人违反告知义务,可能导致合同的无效。《保险法》第

---

〔1〕“采用保险人提供的格式条款订立的保险合同,保险人与投保人、被保险人或者受益人对合同条款有争议的,应当按照通常理解予以解释。对合同条款有两种以上解释的,人民法院或者仲裁机构应当作出有利于被保险人和受益人的解释。”参见《保险法》第 30 条。

〔2〕有学者认为,免于告知包括保险人已知的事实以及保险人应知但因过失或重大过失而未知的事项。参见温世扬、黄军:《论保险法上的告知义务》,载《法学评论》2002 年第 2 期。亦有学者认为,保险人未问及的、已知或应知的、一个理性保险人认为对是否承保和确定保费不重要的、投保人回答不完全正确而保险人未核实的、保险人申明无须告知的等情形为无须告知的事项。参见马宁:《保险法如实告知义务的制度重构》,载《政治与法律》2014 年第 1 期。

16条第2款规定投保人“故意”或“重大过失”未履行告知义务,保险人有权解除合同,同时该条进一步区分投保人“故意”和“重大过失”不同主观状态下的不同法律后果,即该条第4款规定“故意”情形下,保险人除了解除合同,也不承担保险金给付责任,并且不退还保费;[1] 在“重大过失”情形下,保险人有权解除合同,不负保险金给付责任,但应退还保费。

由此可见,对于《保险法》第16条告知义务履行的法律后果,可以区分如下:若投保人和被保险人如实履行告知义务,保险人承担保险责任;若投保人和被保险人存在“故意”或“重大过失”情形,未履行告知义务,保险人则不承担保险责任。对于上述告知义务履行的法律后果,保险人的保险责任只存在要么承担要么不承担两种情形,即“全有全无模式”。

但是,该模式存在一些不足。譬如,投保人和被保险人履行告知义务时存在一般过失,是否影响保险人保险责任的承担,则是不明确的。如果从合同对价原则来分析,以对价平衡原则为解释基础,投保人存在的一般过失也应作为法律效果的评价依据。即《保险法》上违反告知义务的法律后果“全有全无模式”应转向“对应调整模式”。[2] 有学者指出,坚持对价平衡原则才能从根本上实现对保险消费者的保护。[3] 对价平衡原则由德国学者威廉·莱克西斯(Wilhelm Lexis)提出,该原则强调投保人交纳保费与保险人承担风险之间的对价必须维持必要的平衡,并以公式 $P = \omega Z$ 表示(P 为纯保费,ω 为事故率,Z 为保险金)。[4] 可见,投保人所交纳保险 P 与 ωZ 呈正相关,即 ω 或 Z 越大,P 值越高。该原则与保险合同的有偿性、双务性等特点

---

〔1〕 即产生保险人免除赔付责任与解除权产生两个层面的法律后果。参见武亦文、潘重阳:《保险合同索赔欺诈私法效果论》,载《保险研究》2016年第7期。

〔2〕 参见李飞:《保险法上如实告知义务之新检视》,载《法学研究》2017年第1期;王家骏:《我国保险法告知义务“全有全无模式”之批判与制度改革选择》,载《法律科学》2018年第1期。

〔3〕 参见武亦文:《投保欺诈的法律规制路径》,载《法学评论》2019年第5期。

〔4〕 Vgl Wilhelm Lexis, Allgemeine Volkswirtschaftslehre, Druck und Verlag von BG Teubner,1910, p.563. 转引自范庆荣:《从对价平衡原则看重复保险的保费返还法律规定的适用》,载《政治与法律》2015年第6期。

相呼应,体现了告知义务本身反映风险评估和保险合同对价平衡两方面内涵。这就要求保险人承担风险与投保人交纳的保费成对价关系,二者之间相互匹配,给付均衡,即在缔约时,要求投保人告知保险人所询问的事项,以便于进行评估承担风险的相应保费对价。

因此,对于投保人和被保险人告知义务的法律后果事实上可以区分为四种情形:其一,投保人和被保险人如实履行告知义务,保险人承担约定的保险责任。其二,投保人和被保险人在故意隐瞒一些确定性的健康情形下,保险人有权撤销合同,并不负担保费的返还。该种"故意"情形属于合同欺诈行为,在现行《保险法》第16条下,保险人享有合同解除权。但是,根据原《合同法》第54条第2款的规定,保险人亦有撤销保险合同的解释空间。[1]也就是说,在这种情况下,可以根据保险人自身意愿来决定合同效力,如保险人选择解除合同,则合同归于无效;若保险人选择可变更、可撤销,合同并不一定无效。从《保险法司法解释(二)》第8条规定来看,保险人未行使合同解除权,不得直接依投保人"故意"或"重大过失"拒绝赔偿,"但当事人就拒绝赔偿事宜及保险合同存续另行达成一致的情况除外"。可以看出,在《保险法司法解释(二)》中,存在投保人因违反告知义务,其法律后果有变更合同的可能性。因此,"故意"情形下,《保险法》第16条第2款应解释为保险人有权撤销合同而非有权解除合同。其三,投保人和被保险人在重大过失情形下,保险人有权解除合同,并返还保费,或者变更合同,如追加保费或降低保险金给付以维护合同效力。其四,投保人和被保险人对于一些告知事项存在一般过失,也应允许保险人基于对价平衡原则,要求增加保费或者降低保险金给付金额;同时,为防范保险人基于自己的优势地位于一般过失情形而轻易解除合同,使合同目的落空,受益人利益得不到保护,保险人于投保人和被保险人一般过失情形下,不能解除合同或者以其他方式终止

[1] 参见韩永强:《〈保险法〉第16条中被误读的"告知义务"》,载《法学》2010年第2期。

合同。

2.“投资保费”现金价值返还的解释和依据

无论投保人主观故意还是重大过失,《保险法》第16条所规定的法律效果,除了合同解除(或撤销)的法律后果外,只能限于风险保费的不退还,但不能及于投资账户上。对于投资账户上的资金(“投资保费”)的现金价值应当返还。其原因分析如下:

其一,“投资账户”的存续受制于合同保险部分内容的效力。在通常情况下,“投资账户”效力的依附性会作为投连险合同的必要点。所谓合同必要之点,是每种合同类型中决定该合同类型本质的要素,只要具备了这些本质要素,法官就可以进行法律适用乃至补充解释,如在双务合同中,给付、相互性、给付方式、价格则是必要之点。[1] 本书在第二章论述投连险合同至少应包括“提供死亡或生存保险保障”“专设独立的投资账户”“投保人完全承担投资风险”三要素。该三要素均为投连险合同的必要之点。其中,“专设独立的投资账户”是投连险投资属性的载体和集中体现。不过,尽管投资账户具有相当的独立性,但设置于传统寿险下,又无法摆脱其投资属性依附保险部分的特性。因此,投保人和被保险人存在“故意”或“重大过失”,导致合同的保险内容无效,但基于“投资账户”的依附性,保险内容的无效将直接导致整个合同的无效,进而投资账户存在的基础丧失,投资账户上的法律关系也随即终止。

其二,投保人所交纳保险并非完全用来作为保险风险的对价。前已述及,虽然投连险投保人交纳资金名为“保费”,但投保人所投入“保费”资金进入投资账户后,是为了获取投资收益增长,而非风险保障。根据证券投资风险自担“买者自负”规则,该账户资金所产生的收益增长或亏损均由投保人承担。如果投保人和被保险人在履行告知义务过程中存在“故意”情形,合

〔1〕 参见王洪亮:《论合同的必要之点》,载《清华法学》2019年第6期。

同虽然无效，但保险人不予退还的应仅限于传统寿险风险保费的那部分，对于投资账户上的“保费”则应退还现金价值。在“重大过失”情形时，原理亦是如此，合同被解除，保险人所退还的“保费”应是传统寿险风险保费和投资账户的现金价值，并非全部保费。否则，投保人在投资失利时，将主张契约无效请求返还全部保险费，借以将投资亏损转移给保险人。[1]

其三，投资账户上“保费”资金返还依据类推适用《保险法》第 32 条。《保险法》第 16 条规定在“故意”和“重大过失”情形下，均产生合同解除的法律效果，都涉及投连账户“保费”如何返还的问题。依前所述，这两种情形“保费”返还的处理不能依据《保险法》第 16 条，因为投资账户上“保费”的返还应是投资账户的现金价值。《保险法》第 32 条、第 47 条等条文规定了人身保险合同被解除时，归还现金价值的内容。其中，第 47 条规定投保人解除合同，保险人应按照现金价值返还，但告知义务出现“故意”或“重大过失”情形，享有解除权的是保险人而非投保人。在《保险法》规定合同解除返还现金价值的条文中，《保险法》第 32 条，最类似于告知义务在“故意”或“重大过失”情形时，“投资账户”保费的返还处理规则。该条规定，被保险人年龄不真实，保险人可以解除合同，并返还现金价值。可见，该条在法律后果的处理上类似于“告知义务履行出现故意或重大过失情形”；同时，《保险法》第 32 条规定，“保险人行使合同解除权，适用本法第十六条第三款、第六款的规定”。《保险法》第 16 条第 3 款规定的是保险人解除权行使的除斥期间，第 6 款规定保险人知道投保人未如实履行事由，不得解除合同。事实上，这两款内容反映保险人解除行使的懈怠和放弃。这种限制同样适用在《保险法》第 32 条规定保险人享有解除权的情形。这就说明，《保险法》第 32 条与《保险法》第 16 条本身就存在一定的牵连性或关联性。因此，投资账户“保费”资金的现金价值的返还的依据可类推适用《保险法》第 32 条。

---

〔1〕 参见叶启洲：《投资型保险契约无效时之保险费返还与缔约上过失责任》，载《环球法律评论》2014 年第 6 期。

不过,需注意的是,在一些司法实务中,投资型保险合同在无效时,保险费的返还常以民法中的不当得利为依据。[1] 在该思路下,保险人作为善意的不当得利受领人,对于投资账户亏损部分,不负有返还亏损资金,而对于"投资账户"取得收益情形,保险人则应返还该收益部分,以避免额外获利。该思路具有一定的参考性,但其合理性也值得商榷。因为在合同无效情形中,投资账户资金遵循"占有即所有"规则,保险人作为该账户资产的管理人,对外进行投资运作,其仍是投连险投资账户资金名义上的所有人。保险人于此情形作为投资账户资金的所有权身份基于"占有"的事实基础,并不因投连险合同无效而消失。保险人运作投资账户资金所产生的收益或亏损均难以解释为:保险人是基于不当得利所获的损失或收益。因此,投资账户上"保费"资金返还的法律后果不宜按照不当得利作为请求权基础展开。

二、保险人说明义务的履行与法律效果

本书第二章已经探讨,在投连险中,保险人若仅局限于原有保险法框架规定的说明义务对象,则无法确保投保人能充分理解签订的保险合同。因此,保险人的说明义务对象有必要扩张到合同的投资部分内容。当然,投连险合同的信息供给制度不能全部依赖于说明义务,还更应类推适用证券法上的信息披露等制度(后文对此有适用上的分析)。本书于此处,需要探讨的是,保险人的说明义务在投连险合同中"投资风险自担条款"的适用问题。

投连险合同中一般均会规定投资账户投资风险的自担性,如"投保人可以选择投资账户,投资风险完全由投保人承担"。[2] 事实上,"投保人投资风险自担条款"作为投连险产品区别其他保险产品的关键,也是合同最重要

---

〔1〕 参见叶启洲:《投资型保险契约无效时之保险费返还与缔约上过失责任》,载《环球法律评论》2014 年第 6 期。

〔2〕 参见《海尔纽约人寿生财智道投资连结保险条款》(海尔纽约人寿〔2009〕终身寿险 018 号)第 44 条。

的条款。所以，司法实务中，法院一般要求对投连险合同中“投资风险自担条款”予以说明。司法一般思路为：我国《保险法》第 17 条明确说明的内容为“免责条款”，即“保险合同中免除保险人责任的条款”，所以，法院通常将“投资风险自担条款”解释为“免责条款”，进而判断保险人是否善尽说明义务。〔1〕问题在于，“投资风险自担条款”与保险人“免责条款”本身内涵相去甚远，同时该条款并未规定在该合同中的“免责条款部分”，那么在《保险法》未规定投连险的情况下，该款适用免责条款，进而判断保险人的说明义务，存在明显的法律适用问题。这种适用上的不合理主要如下：

其一，“免责条款”内涵与“投资风险自担条款”不同。我国《保险法》第 17 条对说明义务的履行内容，分为一般格式条款和免责条款，对于一般格式条款，保险人应当说明、解释，而对于免责条款，保险人必须特别提示、说明。可见，说明义务主要规范内容为格式合同中的免责条款。其原理在于，《保险法》课以保险人免除其责任的条款“提示”“明确说明”义务，意在揭示或阐明合同条款的含义，〔2〕彰显“免除保险人责任的条款”对投保人缔约决策的重要性。〔3〕所以，保险人基于诚实信用原则下的先合同义务，也应将免除保险人责任条款的内容告知投保人，并提请投保人注意，甚至协助投保人准确理解。〔4〕然而，对于“投资风险自担条款”，是作为一种证券投资风险自担“买者自负”原则的内容体现。

其二，“免责条款”本身范畴争议甚大。譬如，有观点认为，对说明义务必须说明的“免责条款”，应当予以扩大解释，不仅应当说明免除保险人责任

〔1〕譬如，“投资连结保险中保险人明确说明义务的履行”，山东济南市中级人民法院民事判决书〔2012〕济南终字第 214 号，参见中国保险行业协会组织编写：《保险诉讼典型案例年度报告》（第 5 辑），法律出版社 2013 年版，第 54～58 页。

〔2〕参见温世扬：《保险人订约说明义务之我见》，载《法学杂志》2001 年第 2 期。

〔3〕参见于海纯：《保险消费者权益保护制度研究——以保险人说明义务规制为重点》，对外经济贸易大学出版社 2015 年版，第 174 页。

〔4〕参见邹海林：《保险法学的新发展》，中国社会科学出版社 2015 年版，第 194 页。

的条款，还应说明限制保险人责任的条款，如附条件或附期限的条款。[1] 也有观点认为，免责条款主要包括三类：不负赔付责任条款、限制责任条款、涉及合同生效等效力的条款。[2] 由此可见，《保险法》第17条规定明确说明的"保险人免责条款"外延存在诸多分歧。司法实务层面对此也有不同认识，譬如，江苏省高级人民法院认为，"责任免除""除外责任"及其他有关免赔率、免赔额等部分或者全部免除保险人赔偿或者给付保险金责任的条款，是《保险法》第17条规定的免责条款。[3] 但是，无论上述如何拓展"免责条款"范围，其都是围绕保险事故展开的。《保险法》的免责条款针对传统产品中保险人免于承担的责任。即保险责任条款本质上是一种风险保障条款，而免责条款则主要针对风险排除事项。[4] 在投连险中，投保人承担的风险，并非传统寿险保险人所承担的保障风险。若将"投保人投资风险自担条款"作为"免责条款"，显然不符合"免责条款"的范围。

其三，若将该条视为"免责条款"，可能带来一些不合理的法律后果。根据《保险法》第17条的规定，对于免责条款，保险人未作提示或者明确说明的，该条款不产生效力。所以，将投保人投资账户风险自担条款作为免责条款，若被法院认定保险人未尽说明义务，进而将该条款认定无效时，则将投资账户上的风险转移至保险人，违背了证券投资风险"买者自负"的原则，不符合投连险本身的经济运作，也带来权利义务分配上的不公。

由上可知，投连险合同中"投保人投资风险自担条款"与传统保险"免责条款"内涵存在明显差异，不宜以"免责条款"思路分析保险人对"投资风险自担条款"的说明义务。但如果将"投资风险自担条款"不视为免责条款，则保险人又可能不受到《保险法》第17条"明确说明"的限制，对投保人产生不

---

〔1〕 参见邹海林：《保险法学的新发展》，中国社会科学出版社2015年版，第182页。

〔2〕 参见梁鹏：《新〈保险法〉下说明义务之履行》，载《保险研究》2009年第7期。

〔3〕 参见江苏省高级人民法院《关于审理保险合同纠纷案件若干问题的讨论纪要》（苏高法审委〔2011〕1号）第1条。

〔4〕 参见马涛：《保险合同免责条款的司法认定研究》，载《财经法学》2015年第3期。

利影响，容易诱发销售欺诈行为。因此，对于"投资风险自担条款"的说明，《保险人》第17条面临两难困境。也就是说，基于投连险的复杂性、保险人说明的必要性，《保险法》第17条从一般格式条款和免责条款视角来规定说明义务内容欠妥。对此，本书认为，可以从说明义务履行的"重要事项"标准等方面考量、改进。

投保人投资账户上的风险自担应视为保险人对投连险的风险提示，是保险人在销售投连险产品中必须说明的，保险人应当分析投保人的风险承担能力是否合格，并予以提示。这样也更加契合说明义务的规范目的，即以法定义务方式，要求保险人对合同的重要事项向投保人说明、解释，提请投保人注意、理解其所意欲购买的金融产品风险特性。

三、导致合同无效的其他欺诈行为：保费返还与责任承担

在其他一些条款上，相应的法律后果不能及于投资账户。譬如，《保险法》第27条第1款规定，被保险人或受益人谎称发生保险事故，保险人有权解除合同，并不退还保费。该款是针对传统保险而言，但在投连险中，投资账户中的"保费"并不受该条约束，即发生该条的法律效果时，保险人不退还的仅限于风险保费部分的资金。其法理同于未尽告知义务时的法律效果。《保险法》第27条第2款规定，故意制造保险事故，保险人不承担保险责任，并不退还保费。但是，该法第43条也规定，如果保费交满两年以上，保险人则应退还保单的现金价值。对于该条于投连险中的适用，如投连险所交保费超过两年，投保人或被保险人故意制造保险事故，保险人有权解除合同，并退还保单的现金价值。但是，若保费未交满两年，保险人解除合同，其不退还的保费也仅限于风险保费部分，不包括投资账户上的现金价值。

第二节　适当性规则

一、规范依据、履行主体等基本范畴的适用

投连险是一款复杂和高投资风险的金融产品，投保人需具有一定的购买门槛和适格性，以减少投连险的销售欺诈。所以，在投连险合同签订前，保险人应对投保人的风险承担能力作出合理识别。如果投保人的风险承担能力弱，则应不建议其购买该产品。

但是，我国《保险法》没有确定该义务，其仅规定在原保监会的一些部门规章、通知中。[1] 譬如，《关于进一步加强投资连结保险销售管理的通知》(保监发〔2009〕10 号)第 1 条规定，“通过合格的销售人员，经由合适的销售渠道，将投资连结保险销售给具有相应风险承受能力的客户人群”。该文件第 5 条进一步规定，保险公司在银行渠道销售投资连结保险，其新单趸交保费不得低于人民币 3 万元。

同时，对于投连险销售的银行渠道，原保监会于 2004 年在《关于银行代理销售投资连结和万能保险产品的通知》(已失效)中明确，保险公司可以在银行理财专柜和理财中心销售投资连结保险、万能保险等人身保险新型产品。[2] 后来，在《关于进一步加强投资连结保险销售管理的通知》第 2 条重申该内容，[3]不过，该通知强调保险公司委托银行代理销售投连险的，应严

---

〔1〕《证券法》(2019 年修订)第 88 条规定了适当性义务：“证券公司向投资者销售证券、提供服务时，应当按照规定充分了解投资者的基本情况、财产状况、金融资产状况、投资知识和经验、专业能力等相关信息；如实说明证券、服务的重要内容，充分揭示投资风险；销售、提供与投资者上述状况相匹配的证券、服务。投资者在购买证券或者接受服务时，应当按照证券公司明示的要求提供前款所列真实信息。拒绝提供或者未按照要求提供信息的，证券公司应当告知其后果，并按照规定拒绝向其销售证券、提供服务。证券公司违反第一款规定导致投资者损失的，应当承担相应的赔偿责任。”

〔2〕参见《关于银行代理销售投资连结和万能保险产品的通知》(保监发〔2004〕22 号)第 1 条。

〔3〕“保险公司委托银行代理销售投资连结保险的，应严格限制在银行理财中心和理财柜销售，不得通过银行储蓄柜台销售投资连结保险。”

格限制在银行理财中心和理财柜销售，不得通过银行储蓄柜台销售投连险。因此，对于投连险产品销售的适当性，我国目前以部门规章和通知的方式来确立，且与集合资金信托计划等同质产品存在内容差异（见表22）。[1]

表22　同质理财产品的投资者要求

产品	投资连结保险	证券投资基金	集合资金信托计划	集合资产管理计划	综合理财计划
投资者要求	未明确，但银行渠道中新单趸交保费不得低于3万元	公募无限制，私募不低于3000万元	不低于100万的自然人、机构，或近3年每年收入超20万元等情形	个人不低于100万，机构则要求净资产不低于1000万元	公募：不低于1万元；私募：2年以上经验，不低于30万元等
销售	公开宣传（不得通过银行储蓄柜台销售）	公募可公开宣传，私募不能	不得公开营销宣传	不得公开宣传	只能通过本行渠道销售，销售录音录像

对于适当性义务的性质，司法实务存在先合同义务[2]、合同义务[3]、法定义务[4]不同见解。理论上亦是如此，有观点认为该义务作为一项合同义务，[5]可以约定或修改适当性义务；[6]也有观点主张，适当性义务是法定义

---

〔1〕 2022年《银行保险机构消费者权益保护管理办法》（中国银行保险监督管理委员会令2022年第9号）第11条也规定了“适当性管理机制”。即“银行保险机构应当建立消费者适当性管理机制，对产品的风险进行评估并实施分级、动态管理，开展消费者风险认知、风险偏好和风险承受能力测评，将合适的产品提供给合适的消费者。”

〔2〕 如深圳前海凯恩斯投资管理有限公司、徐某某金融委托理财合同纠纷案，广东省深圳市中级人民法院民事判决书（2020）粤03民终26388号。

〔3〕 如刘某与广发银行股份有限公司北京方某支行合同纠纷案，北京市丰台区人民法院民事判决书（2019）京0106民初6044号。

〔4〕 如曹某与上海钜派投资集团有限公司等委托理财合同纠纷案，上海市浦东新区人民法院民事判决书（2021）沪0115民初35314号。

〔5〕 参见张付标、李玫：《论证券投资者适当性的法律性质》，载《法学》2013年第10期。

〔6〕 参见张敏捷：《投资者适当性原则研究》，载《理论与改革》2013年第5期。

务,不能通过合同予以排除,违反该义务将产生侵权责任。[1] 就先合同义务而言,其法理在于诚信原则,德国法学家耶林早已指出,法律所保护的,并非仅仅一个业已存在的契约关系,正在发生中的契约关系亦应包括在内,否则,契约交易将暴露在外,不受保护,缔约一方当事人不免成为他方疏忽或不注意的牺牲品。[2] 所以,不同于传统合同法理论,为保护缔约的信赖利益,现代合同法以法定义务方式在合同订立前确立了先合同义务,若违反,同样也承担因信赖而产生的损失赔偿责任。由于适当性义务要求将合适产品销售给适当的投资者,故该义务通常发生在缔约磋商阶段,实践中常将该义务作为一项先合同义务,存在于合同订立前,要求金融产品销售要了解其客户。[3] 如果适当性义务作为一项法定义务,违反则会承担侵权责任,将有助于扩大该义务责任主体和履行内容的范围。

保险人和投保人签订投连险合同,毫无疑问,保险人作为合同当事人,是适当性义务的履行主体。由于我国《民法典》第 500 条[4]和原《合同法》第 42 条规定,承担缔约过失责任的主体限于订立合同中的"当事人",故实践中销售代理是否承担该义务常有争议。[5] 但在《全国法院民商事审判工作会议纪要》将适当性义务的履行主体表述为"卖方机构"和"金融服务提供者",[6]即包括金融产品销售过程中提供建议的金融机构及其从业人员。

具体于投连险的推介、销售中,适当性义务履行主体并不限于保险人,

---

〔1〕 参见黄辉:《金融机构的投资者适当性义务:实证研究与完善建议》,载《法学评论》2021 年第 2 期。

〔2〕 Jherings jb. 41 (1961), S. lf. 转引自王泽鉴:《民法学说与判例研究》(第 1 册),北京大学出版社 2009 年版, 第 72 页。

〔3〕 参见深圳前海凯恩斯投资管理有限公司、徐某某金融委托理财合同纠纷案,广东省深圳市中级人民法院民事判决书(2020)粤 03 民终 26388 号。

〔4〕《民法典》第 500 条规定:"当事人在订立合同过程中有下列情形之一,造成对方损失的,应当承担赔偿责任:(一)假借订立合同,恶意进行磋商;(二)故意隐瞒与订立合同有关的重要事实或者提供虚假情况;(三)有其他违背诚信原则的行为。"

〔5〕 参见徐某某与平安银行股份有限公司北京丰台支行财产损害赔偿纠纷案,北京市第二中级人民法院民事判决书(2018)京 02 民终 7731 号。

〔6〕 参见《全国法院民商事审判工作会议纪要》(法〔2019〕254 号)第 72、74 条。

还包括保险代理人和保险经纪人。不过,需注意的是,这两种中介机构履行适当性义务的法律性质表现不同。保险代理人以保险人名义从事的法律行为效果直接归属于保险人。保险代理人履行该项义务仍发生在投连险合同签订前的磋商阶段,此时其履行的适当性义务仍是先合同义务。但是,保险经纪人是基于投保人的利益,为投保人与保险人订立保险合同提供中介服务,促成投保人与保险人订立保险合同,并依法收取佣金。[1] 换言之,保险经纪人为投保人提供服务,是基于与投保人的另一契约关系,即保险经纪契约,而唯有当两者进入契约关系后,保险经纪人方有义务为投保人提供专业的建议,因此保险经纪人适当性义务属于契约义务;同时也是保险经纪契约最主要、最基础的要素,其内容关涉契约当事人缔结契约目的实现,属于主给付义务。[2]

对于适当性义务的保护对象,适当性义务规范目的主要是保护金融消费者,所以,如果金融产品的购买者具备相应的风险识别能力和承担能力,则不视为适当性义务的保护对象。通常而言,我国规范文件将投资者区分为个人投资者和机构投资者,并以一定的财力标准作为形式标准,如 100 万元的门槛。[3] 具体于投连险的适当性而言,投连险设计于传统寿险的框架内,需要以自然人的生命作为保险标的,同时合同的签订还需要具备保险利益。可见,投连险中的适当性义务,将机构投资者排除在外,仅限于自然人。同时,对于财务标准,满足一定的财力要求,并不一定意味着其就是合格的投资者。尤其是在传统寿险和投连险领域,诸多购买者是老年人。这些群体通常积累了一定的存款,但缺乏投资经验,缺乏风险识别能力,事实上更需要受到适当性原则的保护。所以,投连险适当性义务的保护对象,限于自

---

〔1〕 参见施天涛:《商法学》(第 6 版),法律出版社 2020 年版,第 622 页。

〔2〕 参见张晓萌:《保险契约适合性义务研究》,中南财经政法大学 2018 年博士学位论文,第 31 页、第 33 页。

〔3〕 譬如,《信托公司集合资金信托计划管理办法》(银监会 2009 年第 1 号)第 6 条。

然人(不包括机构投资者),同时从实质层面出发,可以参照商行为的“经常性”或“职业性”来考察风险识别和承担能力,[1]因为符合一定财力并不意味着就是适格的投连险购买者。

对于违反先合同义务的法律责任,依前所述,责任主体为适当性义务履行主体,即保险人,包括保险代理人。《民法典》第500条规定缔约过失应当承担损害赔偿责任的三种行为:“恶意磋商”“故意隐瞒”“其他违背诚实信用原则的行为”。由此可见,《民法典》第500条对缔约过失责任采取的归责原则是过错原则,并且举证责任不在存在缔约过失的一方。

但是,从金融消费者保护的视角来看,如果金融消费者承担举证责任,则适当性义务的规范目的容易落空。《保险法》及其司法解释对保险人说明义务采取的是过错推定,即需要保险人来承担举证责任,同样,就适当性义务而言,也应采取过错推定,由保险人承担举证责任。《全国法院民商事审判工作会议纪要》第75条明确“卖方机构对其是否履行了适当性义务承担举证责任”。这表明,司法机关的立场亦是采取过错推定,而适当性义务是否善尽的关键在于卖方机构是否提供了金融产品的风险评估,并对金融消费者的风险认知、风险偏好和风险承受能力进行测试。《全国法院民商事审判工作会议纪要》第78条也规定了适当性义务的豁免事由,主要是“金融消费者故意提供虚假信息、拒绝听取卖方机构的建议等自身原因导致其购买产品或者接受服务不适当”。但是,我国法下投连险适当性义务的规范位阶低,以及存在哪些具体的评价因素,有待进一步探讨。

二、域外适当性规则发展

在美国法上,早期纽约证券交易所(New York Stock Exchange,NYSE)发布了“405规则”(Rule 405),要求它的会员了解其客户(know-your-

---

〔1〕 参见李游:《“买者自负”的适用逻辑与金融消费关系的“不平等”》,载《北京社会科学》2019年第7期。

customer)，尽职调查(due diligence)去了解客户每项指令的重要事实(essential facts)。[1] 该项规则是美国自律监管中重要的适当性原则的依据，但该项规则只是作出了解客户的要求，并没有明确适当性义务的具体规则。美国全国证券交易商协会(National Association of Securities Dealers, NASD)也发布了一些适当性规则，其中典型的是颁布于1991年的"2310(b)规则"[Rule 2310(b)]。NASD"2310(b)规则"规定，券商向非机构投资者推介证券时，须获取客户的财务状况(financial status)、税务情况(tax status)、投资目标(investment objectives)，以及推荐产品需要的合理信息。[2] 在变额产品的适当性原则适用上，NASD在1996年发布一项通知(NASD Notice to Members 96－86)，要求其成员在销售变额产品时也须遵循适当性原则。[3] 该通知明确规定在销售变额寿险产品时应考量七项因素：满足寿险签订的要求、顾客明确表达投资的偏好而非传统寿险保障、顾客对产品成本、保费等方面的理解能力、顾客的投资意愿、资金流动性需求、收益需求、投资经验等因素。[4] NASD在1999年进一步要求，在销售变额年金中，NASD会员及其代理人需要尽到合理的努力(make reasonable efforts)去获得顾客信息，主要包括顾客的职业，婚姻状况，年龄，需要抚养、赡养人数，投资目标、风险承受能力，纳税情况，投资经验，流动净资产，存款，收入等信息。[5] 此外，NASD在2000年发布通知，同样要求在变额寿险的销售中，券商及其代理人应遵循适当性原则。[6]

---

[1] See NYSE Rule 405 (1).

[2] See NASD Conduct Rule 2310 (b).

[3] See NASD Notice to Members 96－86, NASD Regulation Reminds Members and associated Persons That Sales of Variable Contracts Are Subject to NASD Suitability Requirements (Dec. 1996).

[4] See NASD Notice to Members 96－86.

[5] See NASD Notice to Members 99－35 (May 1999).

[6] See NASD Notice to Members 00－44 (July 2000). Variable Contracts: The NASD Reminds Members of Their Responsibilities Regarding the Sales of Variable Life Insurance.

后来,成立于 2007 年的美国金融业监管局(The Financial Industry Regulatory Authority,FINRA)对 NYSE 和 NASD 发布的适当性规则整合,逐步形成较为统一的适当性规则。2010 年 10 月,SEC 批准 FINRA“2111 规则”(Rule 2111),代替之前的 NASD “2310 规则”(Rule 2310)。“2111 规则”同样要求券商有合理的依据相信交易或投资是适合客户的,[1]但相较于 NASD “2310 规则”,FINRA “2111 规则”由三个主要义务组成:合理基础适用性(reasonable-basis suitability)、客户特定适用性(customer-specific suitability)和定量适用性(quantitative suitability);[2]同时也规定了机构投资者豁免该规则的适用(institutional investor exemption)。[3] 此外,FINRA “2111 规则”进一步细化重要事项包括客户年龄、财务状况、投资目标、风险承担能力等信息。[4]

在 2010 年 11 月,SEC 批准 FINRA “2090 规则”,(Rule 2090 know your customer),代替原来的 NYSE “405(1)规则”[Rule 405(1)]。较之于“405 规则”,FINRA“2090 规则”同样要求尽到合理的注意义务(reasonable diligence)去了解客户的重要事实(essential facts)。[5] 不同的是,FINRA “2090 规则”了解客户的义务产生是在券商与客户缔约前,而不是取决券商

---

〔1〕 会员或关联人必须有合理的依据相信,根据会员或关联人为确定客户的投资情况而合理努力获得的信息,涉及一种或多种证券的推荐交易或投资策略适合客户(原文为:A member or an associated person must have a reasonable basis to believe that a recommended transaction or investment strategy involving a security or securities is suitable for the customer, based on the information obtained through the reasonable diligence of the member or associated person to ascertain the customer's investment profile)。See FINRA Rule 2111, https://www.finra.org/rules-guidance/rulebooks/finra-rules/2111.

〔2〕 诸如周转率、成本—权益比率以及在客户账户中使用进出交易等,都可以作为认定成员或关联人违反量化适当性义务的依据(原文为:Such as the turnover rate, the cost-equity ratio, and the use of in-and-out trading in a customer's account may provide a basis for a finding that a member or associated person has violated the quantitative suitability obligation)。See FINRA Rule 2111.

〔3〕 See FINRA Rule 2111.

〔4〕 See FINRA Rule 2111.

〔5〕 See FINRA Rule 2090, Know Your Customer.

是否向客户制作了推介书(make a recommendation);同时在适用主体上,适当性义务不再限于 NYSE 的成员,扩大至 FINRA 的成员。[1]

美国各州保险法关于适当性的规则,主要是源于 NAIC 的两项模范规定的规则,即《变额寿险模范规定》(Variable Life Insurance Model Regulation)第 3 条和第 8 条和《年金交易模范规定》(Annuity Transaction Model Regulation)。这些规定都要求变额寿险和变额年金的销售遵循适当性原则,并存在合理依据相信其向顾客推介的产品是合适的。这些规则事实上也参照了 NASD"2310 规则"中对适当性的标准要求。[2]

日本的适当性原则表现在,1974 年大藏省(财政省)证券局曾经以通知形式要求证券公司等金融机构遵循适当性原则展开业务,后在 1992 年作为法定义务写进《证券交易法》,并在 2006 年《金融商品交易法》继承、保留。[3] 日本《金融商品交易法》第 40 条在原来的《证券交易法》第 43 条"适当性原则"的基础上增加了"以缔结金融商品交易契约为目的"。即《金融商品交易法》第 40 条对于适当性原则的判断,确定了缔结合同的目的、客户知识、经验、财产状况等因素综合考量客户购买金融商品的适格性。[4] 在日本法上,适当性原则存在狭义和广义之分。狭义上的适当性原则要求金融商品交易业者进行投资劝诱不得违反客户的意愿和实际情况,广义上的适当性原则要求业者对客户的投资目的、财产状况等方面的信息进行了解,并推荐适合该客户的金融商品。同时,《金融商品交易法》将投资者区分为一般投资者和专业投资者,而适当性原则不适用专业投资者,但是该法第 36 条所

---

〔1〕 See Clifford E. Kirsch, *Suitability*, in Clifford E. Kirsch ed., Variable Annuities and Variable Life Insurance Regulation, Practising Law Institute, 2018, p. 14(Chapter 16).

〔2〕 Ibid., p. 36.

〔3〕 参见周剑龙:《日本法上的金融商品交易者业者等机构的行为规制——以说明义务和适合性原则为中心》,载《商事法论集》2016 年第 2 期。

〔4〕 参见《金融商品取引法》第 40 条, http://www.japaneselawtranslation.go.jp/law/detail/?x=57&y=23&co=1&ia=03&yo=&gn=&sy=&ht=&no=&bu=&ta=&ky=%E9%87%91%E8%9E%8D%E5%95%86%E5%93%81&page=44&re=01。

规定的对客户公正诚实义务适用于专业投资者,也意味着向专业投资者推介金融商品时,也不得存在欺诈性推介行为。[1] 此外,日本《金融商品贩卖法》第8~9条规定了适当性原则的内容。[2]

从上述对美国法和日本法的规定来看,适当性义务的主要保护对象、履行主体、规范目的、主要内容都大同小异。譬如,其都将机构投资者排除在外,履行主体包括了金融销售者及其从业人员。这些法域之间的差异主要在于:美国法上的适当性义务主要是一项自律规则,主要是规范证券商的交易行为,保护证券市场的散户投资者。日本法对适当性义务的规定主要是从法律层面直接确定。这种差异会影响到金融消费者保护的实际效果。下述主要从民事救济的路径来展开分析该差异。

就美国法而言,尽管FINRA等自律规则的适当性原则存在重复监管,且在内容主要表现为一些道德原则,但美国SEC将这些适当性义务作为券商的基本义务要求,并遵从证券交易法下的“10b-5规则”(Rule 10b-5)和联邦证券法下其他反欺诈条款。可见,SEC是将适当性义务作为一项法定义务。该义务源于“招牌理论”(shingle theory),即一个经纪商或交易商一旦执业(hanging out its shingle),就意味着他能公平地从事商事交易,并且有合理的依据相信其所推介的证券给其顾客是合适的。[3] 换言之,如果违反适

---

〔1〕 参见《金融商品取引法》第36条。

〔2〕 金融商品提供者等在进行与定期进行的金融商品销售等有关的招揽时,必须努力确保其适当性。根据被邀约人的知识、经验和财产状况,以及签订有关金融商品销售合同的目的而考虑的事项;被邀约人在邀约方式和时间方面应考虑的事项等(原文为:When making a solicitation in relation to sales, etc. of financial instruments that are conducted on a regular basis, a financial instruments provider, etc. must endeavor to ensure the appropriateness thereof. “matters to be taken into consideration in light of the knowledge, experience and status of property of the person subject to the solicitation, and the purpose for the conclusion of the contract pertaining to the relevant sales of financial instruments;” “matters to be taken into consideration for the person subject to the solicitation with regard to the method and time of solicitation”, etc)。参见日本《金融商品贩卖法》第8、9条,http://www.japaneselawtranslation.go.jp/law/detail/?ft=2&re=02&dn=1&yo=Financial+Instruments&x=0&y=0&ia=03&ja=04&ph=&ky=&page=12。

〔3〕 See Clifford E. Kirsch, Suitability, in Clifford E. Kirsch ed., Variable Annuities and Variable Life Insurance Regulation, Practising Law Institute, 2018, p.35 (Chapter 16).

当性义务,则受到证券法和证券交易法等法律中反欺诈的约束。就日本法而言,《金融商品交易法》同样将适当性义务定性为金融商品业者的基本义务,若违反,同样亦可作为私权救济的依据。此外,适用依据还包括对民法典规则的适用。[1] 譬如,2005 年日本最高法院在判例中明确表明,如果证券公司的业务人员不顾客户的意向与实情,积极地劝诱客户进行那些明显具有极大风险交易的话,那么这样的证券交易劝诱明显地违背了适当性原则,构成侵权责任法上的违法行为(《日本民法》第 709 条)。[2]

三、适当性规则的发展趋势

目前,我国适当性义务规则主要局限于国务院行政规章、通知、指引等规范性文件,将其作为民事救济的依据可能存在以下问题。

其一,相关规范内容上主要是从行政规制的角度来进行销售管理,若违反,主要是进行行政处罚。譬如,《投资连结保险管理暂行办法》第 9 条规定了,投连险销售人员须为参加过连结保险专门培训且合格、一年以上寿险产品销售经验且业绩良好、没有严重违规行为和欺诈行为等条件。2007 年《关于加强投资连结保险销售管理有关事项的通知》(现已失效)第 2 条要求,保险公司应对销售人员和代理机构销售人员进行培训,自行组织销售人员对产品、法律等知识进行书面考试。《人身保险销售误导行为认定指引》(保监发〔2012〕87 号)第 6 条列举了七种典型的欺骗行为,如夸大保险责任或者保

---

〔1〕 在本法规定之外,金融工具提供者等因未解释重要事项或因提供结论性评价等而产生的损害赔偿责任,由《日本民法》(1896 年第 89 号法)规定[原文为:Beyond what is provided for in this Act, the liability for damages of the financial instruments provider, etc. due to the failure to explain important matters or due to the provision of conclusive evaluation, etc. is governed by the Civil Code (Act No. 89 of 1896)]。参见日本《金融商品贩卖法》第 7 条,http://www.japaneselawtranslation.go.jp/law/detail/? ft = 2&re = 02&dn = 1&yo = Financial + Instruments&x = 0&y = 0&ia = 03&ja = 04&ph = &ky = &page = 12。

〔2〕 参见日本最高裁判所 2005 年 7 月 14 日判决,载《最高裁判所民事判例集》第 59 卷第 6 号(2005 年)第 1323 页。转引自周剑龙:《日本法上的金融商品交易者业者等机构的行为规制——以说明义务和适合性原则为中心》,载《商事法论集》2016 年第 2 期。

险产品收益、对保险公司过往经营成果作虚假宣传等行为。销售人员行为若存在上述行为,则可认定为《保险法》第116条或者第131条规定的“隐瞒与保险合同有关的重要情况”的行为,依照《保险法》进行处罚。

其二,这些适当性义务规范效力层级不高,难以直接作为民事救济的规范依据。司法实务的做法是通过认定这些行政规章规定的义务是效力性规范还是管理性规范,进而作出判断:如果违反效力性规范,则导致合同无效;而违反管理性规范,则合同原则上有效。对于行政规章影响商事合同的效力,有学者提出一种新的适用思路:借助“社会公共利益”条款裁定违反行政规章的合同无效之逻辑,一方面要把握其有别于“违反法律、行政法规强制性规定”之处,说理部分更要充分论证损害社会公共利益之具体内容;另一方面也要受到类似“违反法律、行政法规的强制性规定”适用的双重限制。〔1〕从金融消费者保护的视角,这种思路有利于扩大行政规章介入商事合同效力的空间,同时也可为投连险投保人适当性义务的司法适用进路提供更充分的解释空间。

但是,上述解释都是通过《民法典》第153条〔2〕或原《合同法》第52条〔3〕“转介条款”来实现适当性义务的民事救济。该种解释对法官要求比较高,同时强制性条款违反效力的认定本身容易引起新的分歧。尽管《全国法院民商事审判工作会议纪要》规定了适当性义务的违反和救济方式等具体规则,实质上可对司法裁判产生一定的影响,但该纪要形式上并非“司法解释”,不能作为裁判依据。

所以,未来应将违反适当性义务的规定从行政规章、通知等层面上升至

〔1〕参见李建伟:《行政规章影响商事合同效力的司法进路》,载《法学》2019年第9期。

〔2〕《民法典》第153条规定:“违反法律、行政法规的强制性规定的民事法律行为无效。但是,该强制性规定不导致该民事法律行为无效的除外。违背公序良俗的民事法律行为无效。”

〔3〕原《合同法》第52条规定:“有下列情形之一的,合同无效:(一)一方以欺诈、胁迫的手段订立合同,损害国家利益;(二)恶意串通,损害国家、集体或者第三人利益;(三)以合法形式掩盖非法目的;(四)损害社会公共利益;(五)违反法律、行政法规的强制性规定。”

基本法层面，或者直接类推适用《证券法》第 88 条和《证券投资基金法》第 98 条关于适当性义务的规定。在投连险适当性义务内容上，可从主观投保人的需求（投资理财还是保险保障）、客观投保人的风险承担能力等方面具体化。

第三节　信息披露规则

一、产品登记和信息披露的监管规则

（一）投连险及其投资账户登记

对于投连险的申报，从《投资连结保险管理暂行办法》来看，该办法第 5 条规定，投连险的销售必须经过原保监会批准。[1] 该办法第 7 条规定，要求必须包含至少一项保险责任、至少连结到一个投资账户、投资账户的资产单独管理、保险保障风险和费用风险由保险人承担、每年至少确定一次保单的保险保障、每月至少确定一次保单价值等要求。这些要求事实上也是投连险的构成要件。譬如，"该产品必须包含一项或多项保险责任"其实就是明确投连险保险人必须有保险保障风险的承担要素，但这种保险责任实务中主要为传统寿险的责任风险；"至少连结到一个投资账户""投资账户的资产单独管理"等是对投资账户的设置，表明投资账户的特征。所以，《投资连结保险管理暂行办法》第 7 条"产品最低要求"其实是对投连险特征的一种描述。

《投资连结保险管理暂行办法》第 8 条规定，保险公司上报投连险产品应提交的材料包括一般产品提交的材料，产品的可行性论证，产品财务、业务管理办法等材料。但是，对于这些提交的材料，并没有细化的具体规定和

〔1〕《投资连结保险管理暂行办法》已被《中国保监会关于规范投资连结保险投资账户有关事项的通知》（保监发〔2015〕32 号）废止，但保监发〔2015〕32 号文件并没有对产品的申报提出具体要求。

标准。同时,对于分离账户的登记要求,《中国保监会关于规范投资连结保险投资账户有关事项的通知》第 10 条已经明确。不过,相较于原保监会对于投资账户设立提交的材料,公募基金所要求得更加详细和具体。[1]

这些提交的材料也属于信息披露的范畴,故也遵循证券法上的反欺诈规则,如《证券法》第 3 条的公开、公平、公正原则,《证券投资基金法》第 74 条披露信息的真实性、准确性和完整性等规则。

如果在将来修法中修订"分业经营、分业管理"的限制,那么,投资账户应是可以参照证券投资基金的注册方式。《证券投资基金法》第 2 条以资金募集方式区分公募基金和私募基金,并将二者作为基金法的调整对象。该法第 3 条对公募基金按所持有基金份额享受收益和承担风险,而私募基金的收益分配和风险承担则是根据基金合同约定。对于投连险的发行,保险人是面向不特定的投保人,采取公开发行的方式,故其类推适用的规则应为公募基金的相应规则,而非私募基金。譬如,《证券投资基金法》第 50 条规定,公募基金应当向证监会注册,否则不得公开或变相公开募集基金。这种"注册"的概念,在我国当下金融监管规范下,仍是一种实质审核、批准制度,并非一种备案制。[2]

(二)与基金信息披露比较

前已述及,对投连险的信息供给制度不能限于说明义务,更应是按照直接融资的规范逻辑,加强信息披露的规则建设。虽然我国基本法未对投连

---

〔1〕 参见《证券投资基金法》第 52 条、第 53 条。如第 53 条规定"公开募集基金的基金招募说明书应当包括下列内容:(一)基金募集申请的准予注册文件名称和注册日期;(二)基金管理人、基金托管人的基本情况;(三)基金合同和基金托管协议的内容摘要;(四)基金份额的发售日期、价格、费用和期限;(五)基金份额的发售方式、发售机构及登记机构名称;(六)出具法律意见书的律师事务所和审计基金财产的会计师事务所的名称和住所;(七)基金管理人、基金托管人报酬及其他有关费用的提取、支付方式与比例;(八)风险警示内容;(九)国务院证券监督管理机构规定的其他内容。"

〔2〕 审批制一般要经过批准"项目建议书""可行性研究报告""开工报告"三个环节,而核准制只有"项目申请报告"一个环节。参见吴晓灵主编:《投资基金法的理论与实践——兼论投资基金法的修订与完善》,上海三联书店 2014 年版,第 98 页。

险进行回应，但原保监会为投连险等新型人身保险的规范颁布了一些规则，也是说明了这一点，如《人身保险新型产品信息披露管理办法》（保监会令2009年第3号）。譬如，该办法第18条规定投连险产品说明书应包括如下内容：（1）风险提示上，要求用至少比正文字体大一号的黑体标明产品为“投资连结保险”，并明确投资风险完全由投保人承担。如果采灵活缴费的，还需要提示投保人停交后的风险和不利后果；（2）产品基本特征上应明确投连险的运作原理、保险责任；（3）对投资账户的资产配置、投资策略、各费用提取、投资单位价值评估方法；（4）利益演示；（5）犹豫期及退保后扣除费用的计算。〔1〕投连险与基金信息披露的区别具体见表23。

表23　投连险与基金信息披露规范比较

比较项	投连险	证券投资基金
披露主体	保险人、销售人员	基金管理人、托管人、召集基金份额持有人大会的基金持有人
披露原则	通俗易懂语言、准确、客观、真实，无重大遗漏	真实性、准确性和完整性
披露内容	风险提示、产品基本特征、投资账户情况说明、利益演示、犹豫期及退保； 投资账户单位价格历史信息； 投资账户的投资策略、财务状况、投资回报率等	（1）基金招募说明书、基金合同、基金托管协议；（2）基金募集情况；（3）基金份额上市交易公告书；（4）基金资产净值、基金份额净值；（5）基金份额申购、赎回价格；（6）基金财产的资产组合季度报告、财务会计报告及中期和年度基金报告；（7）临时报告；（8）基金份额持有人大会决议；（9）基金管理人、基金托管人的专门基金托管部门的重大人事变动；（10）涉及基金财产、基金管理业务、基金托管业务的诉讼或者仲裁；（11）国务院证券监督管理机构规定应予披露的其他信息

〔1〕参见《人身保险新型产品信息披露管理办法》第18条。

续表

比较项	投连险	证券投资基金
披露方式	公司网站及保监会认可的公众媒体； 产品说明会、销售人员介绍、回访	指定报刊和网站
净值披露时间	每周公布一次投资账户单位价格	基金管理人应当至少每周公告一次封闭式基金的资产净值和份额净值； 开放式基金的基金合同生效后，在开始办理基金份额申购或者赎回前，基金管理人应当至少每周公告一次基金资产净值和基金份额净值
禁止行为	不得进行欺骗、误导和隐瞒； 不得使用比率性指标与其他产品简单对比，不得引人误解的宣传或虚假宣传	(1)虚假记载、误导性陈述或者重大遗漏；(2)对证券投资业绩进行预测；(3)违规承诺收益或者承担损失；(4)诋毁其他基金管理人、基金托管人或者基金销售机构；(5)法律、行政法规和国务院证券监督管理机构规定禁止的其他行为
年度报告	每年向投保人提供一份保单状态报告(内容包括保险单信息、投资账户余额等)	基金管理人应当在每年结束之日起90日内，编制完成基金年度报告，并将年度报告正文登载于网站上，将年度报告摘要登载在指定报刊上
半年报告	半年发布一次信息公告(内容包括投资策略、主要投资工具及各类资产比例、财务状况、投资回报率，等等)	基金管理人应当在上半年结束之日起60日内，编制完成基金半年度报告，并将半年度报告正文登载在网站上，将半年度报告摘要登载在指定报刊上
季度报告	无规定	基金管理人应当在每个季度结束之日起15个工作日内，编制完成基金季度报告，并将季度报告登载在指定报刊和网站上

续表

比较项	投连险	证券投资基金
临时报告	发生保监会规定的应当发布临时报告的事项（未明确什么为保监会规定的）	基金发生重大事件，有关信息披露义务人应当在两日内编制临时报告书，予以公告
材料（事务）管理	保险公司法律责任人、总精算师应当确保产品说明书客观、真实、无重大遗漏	基金管理人、基金托管人应当建立健全信息披露管理制度，指定专人负责管理信息披露事务
比较依据	《证券投资基金法》（2015 年修正）、《人身保险新型产品信息披露管理办法》（保监会令 2009 年第 3 号），等等	

通过上述比较，可以发现，投连险的信息披露在披露主体、披露原则、披露内容等方面均没有证券投资基金信息披露得详尽。譬如，从投资管理上，投连险合同内容中并不详细描述保险人的投资策略，只是笼统地说明不同投资账户类型大概的资产配置情况，如积极进取型投资账户在投资权益类资产中的最低比例为 40%，非权益类投资范围包括固定收益资产和货币市场工具，最高为 60%。[1] 再如，二者在信息披露量不在同一数量级上，单从篇幅和字数上就可以发现，两者完全不在同一数量级，投连险说明书一共 44 页，不足 6000 字，而基金说明书一共 112 页，多达 81,000 字。[2]

上述信息披露的差异直接反映在投资权益保护的力度上。譬如，从法律效力层面来看，《证券投资基金法》是基本法，而原保监会的信息披露规则属于部门规章。显然，基本法位阶的规则能够提供更有强度的保护力度。再如，从调整关系来看，原保监会对投连险的信息披露规则局限于保监会与保险人之间的行政关系，并没有直接调整投保人与保险人的民事关系，而

〔1〕 参见《平安赢定金生投资连结保险合同》，平安人寿〔2012〕终身寿险 023 号。
〔2〕 参见颜韬：《投连险与基金信息披露的比较分析》，载《保险研究》2010 年第 9 期。

《证券投资基金法》调整对象包括了基金份额持有人与基金管理人、托管人等民事关系，同时也包括证监会与基金管理人、托管人、中介服务机构的行政管理关系。

所以，原保监会的信息披露规则并不能构成投连险投保人理性购买的信息决策和投资账户上信息披露的民事交易关系基础。否则，保险人的信息披露义务无法成为民事关系中的法定义务，造成投保人的救济不足。譬如，在“周某与中国平安人寿保险股份有限公司、中国平安人寿保险股份有限公司重庆分公司人身保险合同纠纷上诉案”中，保险人对其提供的投资账户有委托会计师事务所进行审计的义务，但账户审计后是否有义务向投保人提供审计报告，存在分歧。法院认为，合同中未明确约定保险人向投保人提供审计报告的义务，驳回原告的诉讼请求。[1]

二、域外注册与信息披露规则

美国《1933 年证券法》第 3(a)(8)条对证券的界定非常宽广，很容易将保险合同纳入其中，至少列举的债务凭证(evidence of indebtedness)可以容纳保险合同，但在该法第 3(a)(8)条将保险合同排除豁免在外。[2] 不过，在 VALIC 案和 UBLIC 案之后，美国联邦层面已经将变额年金和变额寿险纳入《1933 年证券法》的调整对象。到了 20 世纪 80 年代，美国又出现对万能寿险和指数年金等产品的性质争议，SEC 颁布了“151 规则”(Rule 151)等规则来检测一些产品是否豁免《1933 年证券法》的适用。[3]

---

〔1〕 参见周某与中国平安人寿保险股份有限公司、中国平安人寿保险股份有限公司重庆分公司人身保险合同纠纷上诉案，重庆市第五中级人民法院民事判决书(2017)渝 05 民终 5456 号。

〔2〕 See Christopher S. Petito, *Status of Insurance Products Under the Securities Act of 1933*, in Clifford E. Kirsch ed., Variable Annuities and Variable Life Insurance Regulation, Practising Law Institute, 2018, p. 2 (Chapter 2).

〔3〕 See 17 CFR 230. 151: Safe harbor definition of certain "annuity contracts or optional annuity contracts" within the meaning of section 3(a)(8).

“151 规则”提供了“连结分离账户的投资表现”(link to separate account performance)、“不丧失价值保证”(guarantee of non-forfeiture rates)、“市值调整”(market value adjustments)、“超额费率申报频率”(frequency of declaration of excess rates)等因素来评估指数年金等产品是否符合“151 规则”安全港规则(safe harbor)的要求。[1] 但是,对于变额年金和变额寿险的法律属性在联邦层面是清晰和确定的,即变额年金和变额寿险是《1933 年证券法》下的证券,并在 SEC 登记注册。

在保德信案之后,美国将变额年金和变额寿险分离账户界定为投资公司,故也须遵循《1940 年投资公司法》上的注册和信息披露要求。在目前美国法下,若无特别豁免规定,变额寿险分离账户和传统共同基金一样,适用大部分《1940 年投资公司法》的要求。[2] 《1940 年投资公司法》第 7 条规定,非注册的投资公司不得直接或间接从事公开出售、销售任何证券等行为。

该法第 8(a)条进一步规定,投资公司应当按规定的格式要求向 SEC 提交注册申请、信息披露。根据该法第 8(b)(1)条的规定,分离账户在向 SEC 申请注册时,投资公司应根据《1940 年投资公司法》第 4 条、第 5 条进行分类,注册人在该类型下运营方针、投资公司是否参与价款、是否发行优先证券、是否从事由其他人发行的证券的承销业务、集中投资于某个特殊产业或产业集团、涉及房地产的买卖、向他人贷款、投资组合周转率(portfolio

---

〔1〕 See Christopher S. Petito, *Status of Insurance Products Under the Securities Act of 1933*, in Clifford E. Kirsch ed., Variable Annuities and Variable Life Insurance Regulation, Practising Law Institute, 2018, p. 34 – 39 (Chapter 2).

〔2〕 See Gary E. Jenkins, *Regulation of Variable Insurance Products Under the Investment Company Act of 1940*, in Clifford E. Kirsch ed., Variable Annuities and Variable Life Insurance Regulation, Practising Law Institute, 2018, p. 5 (Chapter 3A).

turnover)等信息。[1] 同时,第8(b)条还规定了,注册时需要逐一说明注册人的所有投资政策、有关注册人认为属于重大政策事项、注册人每个关联人的姓名和地址、注册人的董事和高级管理人此前5年业务经历的简要说明。[2]

在上述背景下,SEC基于变额年金合同与变额寿险不同的基本特点与风险,设置了不同登记表格和信息披露内容,从而为保单持有人提供更有效的信息披露。[3]

对于变额年金合同,SEC要求按照“N-3表格”(Form N-3)或者“N-4表格”(Form N-4)登记。如果变额年金分离账户登记为单位投资信托,则采用“N-4表格”,如果分离账户登记为开放式管理公司,则采用“N-3表格”。前已述及,美国目前对变额产品通常采用双层结构模式,

---

[1] 《1940年投资公司法》第8(b)(1)条规定:(1) 登记人对下列每一类活动的政策说明,这种说明在每一种情况下都包括说明登记人是否保留从事这类活动的行动自由,如果保留这种行动自由,则在可行的情况下简要说明登记人打算从事这类活动的程度。(A) 第4条和第5条定义的分类和子分类,登记人拟在其中经营;(B) 借钱;(C) 发行高级证券;(D) 从事承销其他人发行的证券的业务;(E) 集中投资于某一特定行业或行业组;(F) 购买和销售房地产和商品,或其中之一;(G) 向其他人提供贷款;(H) 投资组合的周转[包括一份表明在提交该注册声明之前的最后三个完整财政年度中,每年购买和销售投资组合证券(政府证券除外)的总金额的声明][原文为:(1) a recital of the policy of the registrant in respect of each of the following types of activities, such recital consisting in each case of a statement whether the registrant reserves freedom of action to engage in activities of such type, and if such freedom of action is reserved, a statement briefly indicating, insofar as is practicable, the extent to which the registrant intends to engage therein:(A) the classification and subclassifications, as defined in sections 4 and 5, within which the registrant proposes to operate; (B) borrowing money; (C) the issuance of senior securities; (D) engaging in the business of underwriting securities issued by other persons; (E) concentrating investments in a particular industry or group of industries; (F) the purchase and sale of real estate and commodities, or either of them; (G) making loans to other persons; and (H) portfolio turnover (including a statement showing the aggregate dollar amount of purchases and sales of portfolio securities, other than Government securities, in each of the last three full fiscal years preceding the filing of such registration statement)]。

[2] See Section 8(b) (2)(3)(4) of Investment Company Act.

[3] See Gary E. Jenkins, *Regulation of Variable Insurance Products Under the Investment Company Act of 1940*, in Clifford E. Kirsch ed., Variable Annuities and Variable Life Insurance Regulation, Practising Law Institute, 2018, p. 22 (Chapter 3A).

故“N－4 表格”比“N－3 表格”使用更加普遍和频繁。这两份表都由条款(items)和指导(guidelines)两部分构成,其中,条款部分是必须披露的内容,而指导部分是帮助保险人完成条款应披露的内容。

对于变额寿险合同,SEC 采纳的是“N－6 表格”(Form N－6)。较之于“N－4 表格”的结构,“N－6 表格”没有提供指导(guidelines),只有条款部分(items)。“N－4 表格”和“N－6 表格”在内容上都主要包括三部分:第一部分为说明书、第二部分为附加信息的说明、第三部分为其他信息(详见表 24)。两者在对产品说明书基本信息、费用表、保单下手续费或扣除费用的描述、产品的购买程序、死亡保险金、赎回、退保等方面信息披露内容一致。“N－4 表格”与“N－6 表格”主要差别在于,对于变额年金合同,“N－4 表格”要求在附录表包括定义部分(definitions section),而依“N－6 表格”注册披露的变额寿险无此项要求;“N－6 表格”要求变额寿险披露合同利益和风险,以及分离账户下的投资风险;“N－4 表格”要求集中披露在过去 10 年里,年金合同中关于累计单位价值的财务信息(financial information),变额寿险无此项要求;“N－4 表格”要求举例说明合同投资成本,“N－6 表格”无此要求;“N－4 表格”披露中包含了年金期间(annuity period),而“N－6 表格”信息披露中包含了贷款条款(loans)、保单失效、复效条款(lapse and reinstatement)(见表 24)。[1]

---

〔1〕 See Gary E. Jenkins, *Regulation of Variable Insurance Products Under the Investment Company Act of 1940*, in Clifford E. Kirsch ed., Variable Annuities and Variable Life Insurance Regulation, Practising Law Institute, 2018, p. 23 (Chapter 3A).

表 24 “N－4 表格”和“N－6 表格”的披露内容

<table>
<tr><th colspan="2">“N－4 表格”
（变额年金，Variable annuity）</th><th colspan="2">“N－6 表格”
（变额寿险，Variable life insurance）</th></tr>
<tr><td colspan="2">一般说明：
N－4 表格的使用规则、注册费、副本数量、特别条款、一般规则和条例的应用、修正案、通过参考资料合并、包含注册声明或修正案的文件、SEC 收集的信息
（General Instructions：
Rule as to Use of Form N－4，Registration Fees，Number of Copies，Special Terms，Application of general Rules and Regulations，Amendments，Incorporation by Reference，Documents Comprising the Registration Statement or Amendment，SEC's Collection of Information）</td><td colspan="2">一般说明：
定义、N－6 表格的提交和使用、注册声明的准备、通过参考文献的合并
（General Instructions：
Definitions，Filing and Use of Form N－6，Preparation of the Registration Statement，Incorporation by Reference）</td></tr>
<tr><td rowspan="5">A 部分：招股书所需信息
（Part A：Information Required Prospectus）</td><td>条款 1. 封面页
（Item 1. Cover page）</td><td rowspan="5">A 部分：信息登记声明
（Part A：Information Registration Statement）</td><td>条款 1. 封面和封底页
（Item 1. Front and Back Cover Pages）</td></tr>
<tr><td>条款 2. 定义
（Item 2. Definitions）</td><td>条款 2. 风险/效益总结：效益和风险
（Item 2. Risk/Benefit Summary：Benefits and Risks）</td></tr>
<tr><td>条款 3. 简介或要点
（Item 3. Synopsis or Highlights）</td><td>条款 3. 风险/效益总结：费用表
（Item 3. Risk/Benefit Summary：Fee Table）</td></tr>
<tr><td>条款 4. 简明财务信息
（Item 4. Condensed Financial Information）</td><td>条款 4. 注册人、存款人和投资组合公司的一般描述
（Item 4. General Description of Registrant，Depositor，and Portfolio Companies）</td></tr>
<tr><td>条款 5. 注册人、存款人和投资组合公司的一般描述
（Item 5. General Description of the Registrant，Depositor，and Portfolio Companies）</td><td>条款 5. 费用
（Item 5. Charges）</td></tr>
</table>

续表

"N-4 表格"(变额年金,Variable annuity)		"N-6 表格"(变额寿险,Variable life insurance)	
A 部分:招股书所需信息(Part A: Information Required Prospectus)	条款 6. 扣减(Item 6. Deductions)	A 部分:信息登记声明(Part A: Information Registration Statement)	条款 6. 合同的一般描述(Item 6. General Description of Contracts)
	条款 7. 变额年金合同的一般描述(Item 7. General Description of Variable Annuity Contracts)		条款 7. 保费(Item 7. Premiums)
	条款 8. 年金期限(Item 8. Annuity Period)		条款 8. 死亡赔偿金和合同价值(Item 8. Death Benefits and Contract Values)
	条款 9. 死亡赔偿金(Item 9. Death Benefit)		条款 9. 退保、部分退保和部分退保(Item 9. Surrenders, Partial Surrenders, and Partial Withdrawals)
	条款 10. 购买和合同价值(Item 10. Purchases and Contract Value)		条款 10. 贷款(Item 10. Loans)
	条款 11. 赎回(Item 11. Redemptions)		条款 11. 合同失效和复效(Item 11. Lapse and Reinstatement)
	条款 12. 税(Item 12. Taxes)		条款 12. 税(Item 12. Taxes)
	条款 13. 法律诉讼(Item 13. Legal Proceedings)		条款 13. 法律诉讼(Item 13. Legal Proceedings)
	条款 14. 补充信息声明的目录(Item 14. Table of Contents of Statement of Additional Information)		条款 14. 财务声明(Item 14. Financial Statements)

续表

“N－4 表格”（变额年金，Variable annuity）		“N－6 表格”（变额寿险，Variable life insurance）	
B 部分：补充信息声明中要求的信息（Part B：Information Required in a Statement of Additional Information）	条款 15. 封面页（Item 15. Cover Page）	B 部分：补充信息声明中要求的信息（Part B：Information Required in a Statement of Additional Information）	条款 15. 封面页和目录（Item 15. Cover Page and Table of Contents）
	条款 16. 目录（Item 16. Table of Contents）		条款 16. 一般情况和历史（Item 16. General Information and History）
	条款 17. 一般情况和历史（Item 17. General Information and History）		条款 17. 服务（Item 17. Services）
	条款 18. 服务（Item 18. Services）		条款 18. 保费（Item 18. Premiums）
	条款 19. 购买正在发售的证券（Item19. Purchase of Securities Being Offered）		条款 19. 有关合同运作和注册人的补充信息（Item 19. Additional Information about Operation of Contracts and Registrant）
	条款 20. 承销商（Item 20. Underwriters）		条款 20. 承销商（Item 20. Underwriters）
	条款 21. 履约日期的计算方法（Item 21. Calculation of Performance Date）		条款 21. 关于收费的补充信息（Item 21. Additional Information about Charges）
	条款 22. 年金的支付（Item 22. Annuity Payments）		条款 22. 合同失效和复效（Item 22. Lapse and Reinstatement）
	条款 23. 财务报告（Item 23. Financial Statement）		条款 23. 贷款（Item 23. Loans）

续表

"N-4 表格"（变额年金，Variable annuity）		"N-6 表格"（变额寿险，Variable life insurance）	
C 部分：其他信息（Part C：Other Information）	条款 24. 财务声明和公开（Item 24. Financial Statements and Exhibits）	B 部分：补充信息声明中要求的信息（Part B：Information Required in a Statement of Additional Information）	条款 24. 财务报告（Item 24. Financial Statements）
	条款 25. 存款人的董事和高级职员（Item 25. Directors and Officers of the Depositor）		条款 25. 说明（Item 25. Illustrations）
	条款 26. 受存款人或注册人控制或受其共同控制的人（Item 26. Persons Controlled by or Under Common Control with the Depositor or Registrant）	C 部分：其他信息（Part C：Other Information）	条款 26. 公开（Item 26. Exhibits）
	条款 27. 合同所有者的数量（Item 27. Number of Contract owners）		条款 27. 存款人的董事和高级职员（Item 27. Directors and Officers of the Depositor）
	条款 28. 赔偿（Item 28. Indemnification）		条款 28. 受存款人或注册人控制或受其共同控制的人（Item 28. Persons Controlled by or Under Common Control with the Depositor or the Registrant）
	条款 29. 主要承销商（Item 29. Principal Underwriters）		条款 29. 赔偿（Item 29. Indemnification）
	条款 30. 账户和记录所在位置（Item 30. Location of Accounts and Records）		条款 30. 主要承销商（Item 30. Principal Underwriters）

续表

<table>
<tr><th colspan="2">“N－4 表格”
（变额年金，Variable annuity）</th><th colspan="2">“N－6 表格”
（变额寿险，Variable life insurance）</th></tr>
<tr><td rowspan="3">C 部分：其他信息
（Part C：Other Information）</td><td>条款 31. 管理服务
（Item 31. Management Services）</td><td rowspan="3">C 部分：其他信息
（Part C：Other Information）</td><td>条款 31. 账户和记录所在位置
（Item 31. Location of Accounts and Records）</td></tr>
<tr><td rowspan="2">条款 32. 承诺
（Item 32. Undertaking）</td><td>条款 32. 管理服务
（Item 32. Management Services）</td></tr>
<tr><td>条款 33. 收费代理
（Item 33. Fee Representation）</td></tr>
</table>

同时，前已述及，美国变额年金等目前在 SEC 登记为单位投资信托，并采取双层结构的模式，基础基金（underlying fund）采取开放式管理公司。对于基础基金，SEC 也要求该基金按照 Form N－1A 进行注册、披露。“N－1A 表格”（Form N－1A）包括了三部分：产品说明书（the “Prospectus”）、附加信息说明书（the “Statement of Additional Information”）、其他信息（Other Information）。其中，第一部分产品说明书为投资者提供一些关于基金的基本信息，包括投资目标、基金每年运作费用、投资策略、主要投资风险、管理组织、资金结构、利润分配等，从而帮助投资者作出知情合理的决定（the informed decision）；同时美国《1933 年证券法》对说明书内容的更新（prospectus updates）也提出要求。譬如，如果说明书在注册声明生效日期后超过 9 个月使用时，其中所包含的信息应在使用前的 16 个月内。[1] 又如，如

〔1〕《1933 年证券法》第 10（a）（3）条规定：当招股说明书在注册声明生效超过 9 个月后使用时，其中包含的信息应以使用前不超过 16 个月的日期为准，只要这些信息是该招股说明书的使用者所知道的，或者该使用者可以在没有不合理的努力或费用的情况下提供（原文为：When a prospectus is used more than nine months after the effective date of the registration statement, the information contained therein shall be as of a date not more than sixteen months prior to such use, so far as such information is known to the user of such prospectus or can be furnished by such user without unreasonable effort or expense）。

果变额产品停止销售，并且该保单持有人少于 5000，SEC 提供不行动函（No Action Letters），[1] 允许不提交更新后的合同说明书。[2] 第二部分附加信息说明书主要是对说明书中投资者关心的重要内容进行进一步详细描述；第三部分其他信息包括登记信息的证明文件、投资顾问业务的说明、基金承销者的信息、基金账户负责人的名字和地址、相关服务合同管理的概要说明等信息。[3]

对此，SEC 对信息披露内容进一步提出了"易懂性"和"重大性"要求。在 1998 年，SEC 颁布诸多规则，要求变额产品的发行人在产品说明书内容中使用朴实易懂的语言。[4] 该项规则被称为"通俗易懂规则"（the "plain English rule"），要求在组织结构、语言、封面设计、概要内容，以及风险因素等方面采取简易表述。[5] SEC 进一步规定了以下六项原则：使用简短文句（short sentences）；采用明确具体的日常用语（definite, concrete, everyday words）；采取主动语态（active voice）；表格演示或列表（tabular presentations or bullet list）；不采用法律术语或强技术性商业术语（no legal jargon or

---

〔1〕 个人或实体如果不能确定某一特定产品、服务或行动是否构成违反联邦证券法的行为，则可以向美国 SEC 工作人员申请"不采取行动函"（原文为：An individual or entity who is not certain whether a particular product, service, or action would constitute a violation of the federal securities law may request a "no-action" letter from the SEC staff）。See "No Action Letters", https://www.sec.gov/fast-answers/answersnoactionhtm.html.

〔2〕 Great-West Life and Annuity Company, SEC No-Action Letter (Oct. 23, 1990). Quote from Gary E. Jenkins, *Regulation of Variable Insurance Products Under the Investment Company Act of 1940*, in Clifford E. Kirsch ed., Variable Annuities and Variable Life Insurance Regulation, Practising Law Institute, 2018, p. 24 (Chapter 3A).

〔3〕 See Gary E. Jenkins, *Regulation of Variable Insurance Products Under the Investment Company Act of 1940*, in Clifford E. Kirsch ed., Variable Annuities and Variable Life Insurance Regulation, Practising Law Institute, 2018, p. 20 (Chapter 3A).

〔4〕 我国原保监会《人身保险新型产品信息披露管理办法》（保监会令 2009 年第 3 号）第 5 条也规定了该内容，但较为笼统。"新型产品的信息披露，应当采用通俗易懂的语言，准确描述与产品相关的信息。保险公司应当对信息披露的客观性、真实性负责，无重大遗漏，不得对投保人、被保险人、受益人及社会公众进行欺骗、误导和隐瞒。"

〔5〕 See Clifford E. Kirsch & Michael J. Mazza, *SEC Registration*, in Clifford E. Kirsch ed., Variable Annuities and Variable Life Insurance Regulation, Practising Law Institute, 2018, p. 3 (Chapter 8).

highly technical business terms)；不使用多重否定的表述(no multiple negatives)。[1] 同时，SEC 后来又修正“421(b)规则”[Rule 421(b)]和“461 规则”(Rule 461)以及“481 规则”(Rule 481)，这些规则要求产品说明书整体上必须清晰简洁、易于理解，如没有遵循这些通俗易懂的规则，则 SEC 将延长说明书的生效日期。[2]

在涉及信息披露的重大性上，SEC 在《1940 年投资公司法》第 8 条下颁布“8b-2 规则”(Rule 8b-2)，该规则对“重大性”(material)作出了界定：“重大性”应限于所要求的信息对普通谨慎的投资者在购买或出售该特定公司证券之前应合理地得到告知。[3] 但是，该界定仍具有抽象性。在看待应该向投资者提供什么样的信息，什么是有意义和易于理解的信息的问题时，2009 年 SEC 时任主席玛丽·L. 夏皮罗(Mary L. Schapiro)曾指出，购买证券不同于在杂物店购买谷类食品，这些食品上有营养成分标签、清楚的价格，容易和其他产品比较，能够轻易计算卡路里等，但对于购买证券，则没有那么容易实现，需要为散户(retail investors)提供清晰、简洁、有意义的信息披露，包括关于可被理解和可比较的证券产品和服务信息；关于专业人士将获得的每种产品的销售报酬信息，以及可能的利益冲突信息。[4] 在 2009 年，SEC 发布了说明书概要规则(the summary prospectus rules)。该项规则要求所提交的“N-1A 表格”中包含说明书的概要，包括投资目标、策略、风

---

[1] See SEC “Plain English Disclosure”, Release No. 33-7497, https://www.sec.gov/rules/final/33-7497.txt.

[2] See Clifford E. Kirsch & Michael J. Mazza, *SEC Registration*, in Clifford E. Kirsch ed., Variable Annuities and Variable Life Insurance Regulation, Practising Law Institute, 2018, p. 4 (Chapter 8).

[3] 当“重要”一词用于限定提供任何主题的信息的要求时，将所要求的信息限制在一般谨慎的投资者在购买或出售特定公司的任何证券之前应该被告知的那些事项(原文为：The term “material”, when used to qualify a requirement for the furnishing of information as to any subject, limits the information required to those matters as to which an average prudent investor ought reasonably to be informed before buying or selling any security of the particular company)。

[4] See Mary L. Schapiro, *The Consumer in the Financial Services Revolution*, https://www.sec.gov/news/speech/2009/spch120309mls.htm.

险、成本,以及绩效等关键信息,同时该规则还对该说明书概要提出具体要求:如该概要信息需要放在说明书的封面(cover page),该概要内容包括整体说明书的目录、引置条款(incorporation by reference)等具体形式要求。[1]

三、信息披露规则的发展趋势

目前,我国《人身保险新型产品信息披露管理办法》对投连险及其投资账户信息披露内容要求得较为详细,但是,该办法也存在诸多需要改进之处。譬如,效力层级低、内容不够具体。这些不足,可以通过未来修法完善或者类推证券法的相应规则改进,适用公募基金信息披露的规范。如表25所示,我国对基金的信息披露无论是从规范的位阶,还是从内容层面,均提供了较为详细的信息披露要求,如披露方式以及相应的模板和标准等,这些规范的成熟度,是投连险目前的信息披露规则无法比拟的。当然,公募基金信息披露本身也会存在信息误导、披露滞后、披露不主动、内容重点不突出等问题,[2]但这些不足可通过相应规则的修改改进,而非投连险及其投资账户适用这些规定的反对理由。

表25　公募基金信息披露的主要规范

序号	规范名称	主要内容
1	《证券投资基金法》	第七章专章规定了"公开募集基金的投资与信息披露"
2	《公开募集证券投资基金信息披露管理办法》	对信息披露的内容、方式进行较为详细的规定

---

〔1〕 See 74 Fed. Reg. 4549 – 4560. Quote from Gary E. Jenkins, *Regulation of Variable Insurance Products Under the Investment Company Act of 1940*, in Clifford E. Kirsch ed., Variable Annuities and Variable Life Insurance Regulation, Practising Law Institute, 2018, p. 63 (Chapter 3A).

〔2〕 参见吴晓灵主编:《投资基金法的理论与实践——兼论投资基金法的修订与完善》,上海三联书店2014年版,第203、204页。

续表

序号	规范名称	主要内容
3	《证券投资基金信息披露内容与格式准则第 1－6 号》	对季度报告、半年度报告、年度报告,基金合同内容与格式进行了详细规定
4	《证券投资基金信息披露编报规则1－5 号》	对基金财务指标、基金投资组合报告进行了规定
5	《证券投资基金信息披露 XBRL 标引规范(Taxonomy)》(证监会公告 2008 年第 35 号)	通过 XBRL 技术手段,可实现基金信息的数据化、结构化和规范化
6	《证券投资基金信息披露 XBRL 模板第 1－5 号》	提供基金信息披露 XBRL 模板

对于公募基金信息披露的原则性要求,2004 年颁布的《证券投资基金信息披露管理办法》(证监会令第 19 号)第 2 条规定,“披露信息的真实性、准确性和完整性”。证监会 2019 年对该办法修改,颁布《公开募集证券投资基金信息披露管理办法》(2020 年修正),其中第 2 条规定,对披露信息的内容,提出了“真实性、准确性、完整性、及时性、简明性和易得性”的要求。这表明证监会对基金信息披露提出更高的要求,但不足的是,这些“简洁性”“易得性”较为抽象,缺乏相应的标准。

对于投连险的信息披露,无疑要强化保险人的信息披露内容的“真实性、准确性、完整性、及时性、易得性”,但投连险信息披露涉及诸多专业术语,难以理解,同时信息披露内容也并非越多越好。[1] 不仅是要“简洁性”,更是要具备“重大性”和“易懂性”。因为缺乏信息披露的重大性标准,实践中披露的信息繁多、避重就轻,实然效果却不尽如人意,存在信息的不完全

〔1〕 购买者可能不够成熟,无法理解保单的复杂性,也很难为他们准备一份清晰的招股说明书(原文为:Purchasers may not be sufficiently sophisticated to understand the complexities of the policies, and it is difficult to prepare a legible prospectus for them)。See Tamar Frankel, *Regulation of Variable Life Insurance*, 48 Notre Dame Law 1017, 1020 (1973).

问题。[1]

因此，投连险的信息披露主要是要向购买者明确、强调，投资账户的投资收益并非保险的保障范围，需要自己承担投资风险，降低销售误导。一个完整的披露应至少包括足够的产品说明、产品利弊的均衡的描述，更重要的是，预先突出对所有风险的足够的警告。[2] 除此之外，从信息不完全的视角，也应完善信息披露的易懂性和重大性规则。

第四节　受信义务

一、诚实信用原则下的填补与解释

在英美法系中，受信义务产生于信赖，但并不局限于信托关系领域，因具体环境经常变化，受托人的义务以一般的、开放的方式规定，并通过类比传统信托关系得以扩张。不同于英美法系基于判例法的灵活，对可能存在受信义务的法律关系进行认定，大陆法系对受信义务的认定需要根据现有法律来进行解释。前已述及，受信义务以信赖关系为基础，我国法律原则中与信赖内涵最为贴近的为诚实信用原则。该原则将道德规则与法律规则合为一体，因而同时具有法律调节和道德调节的双重功能，使法律获得更大的弹性，法官享有较大的公平裁量权，能够排除当事人意思自治而直接调整当事人之间的权利义务关系。[3]

诚实守信原则作为“帝王条款”不仅在《民法典》第 7 条[4]中明确规

---

〔1〕 参见李游：《“买者自负”的适用逻辑与金融消费关系的“不平等”》，载《北京社会科学》2019 年第 7 期。

〔2〕 参见沈伟：《复杂结构金融产品的规制及其改进路径——以香港雷曼兄弟迷你债券事件为切入点》，载《中外法学》2011 年第 6 期。

〔3〕 参见梁慧星：《诚实信用原则与漏洞补充》，载《法学研究》1994 年第 2 期。

〔4〕 “民事主体从事民事活动，应当遵循诚信原则，秉持诚实，恪守承诺。”

定，[1]而且在《保险法》第5条[2]、《证券法》第4条[3]、《商业银行法》第5条[4]、《信托法》第5条[5]等金融法律中明确规定。从我国适用诚信的案例来看，它们除了发挥偏重诚信原则的当事人行为准则功能外，还适当地运用了诚信原则的漏洞补充功能。[6] 诚信原则是道德法律化的行为准则。其以“模糊规定”或“不确定规定”的方式把相当大的自由裁量权交给了法官，也意味着其承认司法活动的创造性与能动性。[7] 同时受信义务亦是一项具有弹性的规则，法院于具体案件中作出相应的判断。可见，在金融理财合同未明确且金融法又没有全面规定受托人的受信义务的情况下，可根据诚实守信原则进行解释。[8] 有学者指出，诚实信用原则作为大陆法系受托人义务的法理基础，与英美法系的信托法理是相通的。[9] 在个案中可以根据诚实原则引入受信义务。[10]

在司法实务中，也有法院通过诚实守信原则解释并适用受托人受信义务。[11] 尽管我国目前《信托法》的适用限于名义信托，但在金融委托理财产品中，无论是信托型金融投资理财关系还是非信托型金融投资理财关系，无论是全权委托理财还是非全权委托理财，受托人的义务都应遵循受信义务

〔1〕 原《民法总则》第7条、原《合同法》第5条亦是明确规定。

〔2〕 “保险活动当事人行使权利、履行义务应当遵循诚实信用原则。”

〔3〕 “证券发行、交易活动的当事人具有平等的法律地位，应当遵守自愿、有偿、诚实信用的原则。”

〔4〕 “商业银行与客户的业务往来，应当遵循平等、自愿、公平和诚实信用的原则。”

〔5〕 “信托当事人进行信托活动，必须遵守法律、行政法规，遵循自愿、公平和诚实信用原则，不得损害国家利益和社会公共利益。”

〔6〕 参见徐国栋：《我国司法适用诚信原则情况考察》，载《法学》2012年第4期。

〔7〕 参见徐国栋：《诚实信用原则二题》，载《法学研究》2002年第4期。

〔8〕 “合同没有约定或约定不明确而法律又没有规定的，可以根据诚实信用原则进行解释。”参见《中华人民共和国合同法释义》，载中国人大网，http://www.npc.gov.cn/npc/flsyywd/minshang/2000-11/25/content_8383.htm。

〔9〕 参见赵磊：《信托受托人的角色定位及其制度实现》，载《中国法学》2013年第4期。

〔10〕 参见颜延：《金融衍生产品交易中的卖方受信义务》，载《法律科学》2014年第2期。

〔11〕 实践中，在委托理财合同中，有法院采取诚信原则来分析受托人义务的履行。参见呼某某与李某某委托理财合同纠纷案，北京市第一中级人民法院民事判决书（2011）一中民终字第18657号。

标准。对于投资人来说，选择了“信托”这个标签，就意味着“受信义务”的自动适用。[1] 对于非明示信托的金融理财产品时，即存在事实上的受信义务，[2] 法院可依诚实守信原则，认定受托人的受信义务。

因此，尽管《保险法》并未明确保险人的受信义务，合同当事人的权利义务仍是建构在传统保险基础之上，但可从诚实信用原则解释论视角，类推适用《信托法》《证券投资基金法》，[3] 明确保险人的受信义务，平衡投连险的权义关系内容，从而要求保险人作为投资账户资产管理受托人，为受益人的最大利益从事所委托事项。这如同，投资者把钱交给基金管理公司，相信其专业管理水平，相信它会把为投资者所赚的钱完整无缺地交还给投资者，其中蕴含的正是“诚信”。[4] 在保险人受信义务的内容上，其核心和基础应是忠实义务，如在利益冲突交易中不损害投保人（委托人）或受益人的利益；在此基础上，勤勉尽责，谨慎投资，制定科学投资策略，实现账户资产的保值（安全）增值（效益）。

二、忠实义务的履行：以利益冲突交易、管理报酬等为例

忠实义务的核心理念表述为“为受益人最大利益行事”，包括了两层含义：一是受托人对受益人的忠实性，除受益人以外的任何人的利益都被排除在外；二是禁止利益冲突行为，预防为受益人以外的人获得利益。[5] 保险人忠实义务的规范目的在于本着诚实信用原则，恪尽职守，不损害受益人的利

---

〔1〕 参见施天涛、周勤：《商事信托：制度特性、功能实现与立法调整》，载《清华法学》2008 年第 2 期。

〔2〕 根据信义关系发生的不同基础，可以分为法律上的信义关系和事实上的信义关系。参见邢会强：《金融机构的信义义务与适合性原则》，载《人大法律评论》2016 年第 3 期。

〔3〕 填补开放的漏洞，通常是以类推适用，或回归法律所包含的原则之方式行之，取向于“事物的本质”也是一种可能的方法。参见［德］卡尔·拉伦茨：《法学方法论》，陈爱娥译，商务印书馆 2003 年版，第 258 页。

〔4〕 参见张路、罗旭、郭晓婧编译：《中美英基金法比较与实务》，法律出版社 2007 年版，第 12 页。

〔5〕 参见姜雪莲：《信托受托人的忠实义务》，载《中外法学》2016 年第 1 期。

益。下述主要从利益冲突交易的处理、保险人费用的收取等角度探讨保险人忠实义务的履行。[1]

投连险保险人在管理投资账户过程中,可能涉及利益冲突交易。《证券投资基金法》第73条规定,从事其他重大关联交易的,应当遵循基金份额持有人利益优先的原则,防范利益冲突,并履行信息披露义务。《证券投资基金法》第18条规定,公开募集基金的基金管理人的董事、监事、高级管理人员和其他从业人员,不得担任基金托管人或者其他基金管理人的任何职务,不得从事损害基金财产和基金份额持有人利益的证券交易及其他活动。该条包括了基金从业人员不得兼任不相容职务、竞业禁止和利益冲突。[2]《证券投资基金行业高级管理人员任职管理办法》第19条进一步规定,在基金份额持有人的利益与基金管理公司、基金托管银行的利益发生冲突时,应当坚持基金份额持有人利益优先的原则。[3] 不过,利益冲突交易的判断标准值得进一步挖掘。同时,管理报酬也是一种自我交易,在投连险中,保险人收取投连险产品成本费用、资产管理费等费用,也需有相应的标准。

此外,还有其他忠实义务内容。譬如,对于保险人作为受托人,其忠实义务的履行也需要防范受托人对自有资金和受托财产的混用,即除了要求分别记账、分别管理(《信托法》第29条)外,法律还要求托管。譬如,从投资基金的托管来看,《证券投资基金法》第5条、第6条、第7条规定了基金财产的独立性,强调基金财产具有信托的资产隔离法律效果;[4] 同时《证券投

---

[1] 判断是否构成"利害关系人",主要看此人是否与公开募集基金的从业人员构成证券投资上的利益共同体,即该人通过证券投资活动获利时,公开募集基金的从业人员是否通过某种方式分享到好处。参见李飞主编:《中华人民共和国证券投资基金法释义》,法律出版社2013年版,第43页。

[2] 参见李飞主编:《中华人民共和国证券投资基金法释义》,法律出版社2013年版,第45页。

[3] 参见《证券投资基金行业高级管理人员任职管理办法》(证监会令第23号)第19条。

[4] 参见《证券投资基金法》第5条、第6条。如第5条第1款、第2款规定:"基金财产的债务由基金财产本身承担,基金份额持有人以其出资为限对基金财产的债务承担责任。但基金合同依照本法另有约定的,从其约定。基金财产独立于基金管理人、基金托管人的固有财产。基金管理人、基金托管人不得将基金财产归入其固有财产。"

资基金法》第36条规定,基金托管人应当安全保管基金财产,复核、审查基金管理人计算的基金资产净值和基金份额申购、赎回价格,监督基金管理人的投资运作等职责。对于投连险投资账户的资金托管,如果账户资金并未独立,则容易将自有资金和投资账户混用,出现利用自营账户与投资账户进行不公平交易的情形,故投资账户资金必须单独管理和托管,防范不同种类的基金资金混同。原保监会早期对投连险投资账户的独立性作出了规定,如《投资连结保险管理暂行办法》第3条就明确规定投资账户与其他投资账户之间不得存在债权、债务关系;第7条要求投资账户资产须单独管理;但是,对于投资账户资金的硬性托管是在《关于规范投资连结保险投资账户有关事项的通知》(保监发〔2015〕32号),该通知第7条明确规定:"投资账户的资产应全部进行托管。"尽管该通知明确投资账户要求托管,但该通知效力位阶低,同时在内容上如何托管、托管人职责应进一步明确。

(一)利益冲突交易的处理

在一般公司法中,在解决利益冲突交易时,一般根据"公平标准"处理。譬如,取得非利害关系董事同意,或者取得股东会同意,抑或证明该交易是公平的。

投资顾问在进行利害冲突交易时,"是否进行相应的利益冲突交易信息披露"一般是判断其是否违反忠实义务的关键因素。譬如,法院认为,投资顾问对其顾客承担受信义务,相关的投资建议必须是无利害冲突的,并披露全部重大信息;[1]不允许投资顾问在未向客户充分、公平地披露其个人利益

〔1〕 法规承认顾问对其客户的信托关系,要求他的建议是无私的。为了确保这一点,它授权法院要求披露重要事实(原文为:The statute, in recognition of the adviser's fiduciary relationship to his clients, requires that his advice be disinterested. To insure this it empowers the courts to require disclosure of material facts)。See SEC v. Capital Gains Research Bureau, Inc., 375 U.S. 180, 201(1963).

的情况下,进行相关交易;[1]而且,经验表明,在这种情况下,披露相关信息对维护公平交易和经济发展至关重要。[2]

(二)保险人管理报酬等费用的收取

如果分离账户的法律结构被注册或者被界定为单位投资信托(信托契约),主要依据所签订的信托契约。比如,美国信托契约受《1939 年信托契约法》调整。[3] 不过,《1940 年投资公司法》对一些重要事项作出了规定。譬如,对于保险人于分离账户上费用收取的问题,《1940 年投资公司法》第 26(f)条规定,除非根据合同扣除的费用和报酬,就所提供的服务、预期支出费用及保险公司承担的风险而言,总体上是合理的。[4] 这也被称为"合理性标准"(reasonableness standard),保险人需遵循该合理性标准,尤其是变额合同提供了关联或者非关联的基础基金(affiliated underlying or unaffiliated funds)的利润分配安排。[5] 同时,该条对保险选择基础基金并无限制,但如

---

〔1〕 我们监管证券业的法律所要求的商业道德的高标准,不允许投资顾问在不向客户充分和公平地透露他在这些建议中的个人利益的情况下,利用他自己建议的市场效应进行交易(原文为:The high standards of business morality exacted by our laws regulating the securities industry do not permit an investment adviser to trade on the market effect of his own recommendations without fully and fairly revealing his personal interests in these recommendations to his clients)。See SEC v. Capital Gains Research Bureau, Inc., 375 U.S. 180, 201(1963).

〔2〕 经验表明,在这种情况下的披露,虽然对顾问来说并不苛刻,但却需要保持公平交易的氛围,这对保持公众对证券业的信心和维护国家的经济健康至关重要(原文为:Experience has shown that disclosure in such situations, while not onerous to the adviser, is needed to preserve the climate of fair dealing which is so essential to maintain public confidence in the securities industry and to preserve the economic health of the country)。See SEC v. Capital Gains Research Bureau, Inc., 375 U.S. 180, 201(1963).

〔3〕 参见[美]托马斯·李·哈森:《证券法》,张学安等译,中国政法大学出版社 2003 年版,第 832 页。

〔4〕《1940 年投资公司法》第 26(f)条规定:除非根据合同扣除的费用和收费,就所提供的服务、预期发生的费用以及保险公司承担的风险而言,总的来说是合理的(原文为:Unless the fees and charges deducted under the contract, in the aggregate, are reasonable in relation to the services rendered, the expenses expected to be incurred, and the risks assumed by the insurance company)。

〔5〕 See Gary E. Jenkins, *Regulation of Variable Insurance Products Under the Investment Company Act of 1940*, in Clifford E. Kirsch ed., Variable Annuities and Variable Life Insurance Regulation, Practising Law Institute, 2018, p. 43 (Chapter 3A).

果用其他基金替换之前采用的基础基金，则是不合法的，除非获得 SEC 批准同意。[1]

1996 年，美国国会授权 SEC 对合理标准颁布规则，即如果 SEC 认定出于维护公共利益或投资者保护考虑是必要的或恰当的，可适时发布规则和规章实施第(2)(A)条。[2] SEC 并未颁布规则来细化合理标准，但要求保险人在分离账户注册时，提交费用和报酬的合理报告，并且该报告可以不出现在产品说明书中。[3]

对于如何判断合同费用和报酬是否合理，SEC 并没有提出明确的参考因素。不过，在《1940 年投资公司法》第 26(f) 条明确列举了三项因素，即提供的服务(services rendered)、预期支出费用(expenses expected to be incurred)、保险公司承担的风险(risks assumed)。[4] 其中，第一项提供的服务主要包括死亡保险金选择权(death benefit options)、生存金选择权(living benefit options)等；第二项预期支出费用涉及合同保险金成本、合同行政成本、合同销售成本、运营成本等直接或间接的成本费用；第三项保险公司承担的风险主要是指死亡风险(mortality risk)、实际成本超过预期成本的风险等。[5] 除此之外，还有合理的利润、产品创新等考量因素。总而言之，无论是美国国会还是 SEC 均未明确提出合同费用和报酬的合理标准的考量因素。事实上，这已是保险公司经营的商业范畴，公权过多干

---

〔1〕 See 15 U. S. C. 80a－26(c).

〔2〕 委员会可发布其认为对公共利益或保护投资者有必要或适当的规则和条例，以执行第(2)(A)款[原文为：The Commission may issue such rules and regulations to carry out paragraph (2)(A) as it determines are necessary or appropriate in the public interest or for the protection of investors]。See 15 U. S. C. 80a－26(f)(4).

〔3〕 See Christopher E. Palmer, *Variable Insurance Product Design*, in Clifford E. Kirsch ed., Variable Annuities and Variable Life Insurance Regulation, Practising Law Institute, 2018, p. 7 (Chapter 6).

〔4〕 See 15 U. S. C. 80a－26(f).

〔5〕 See Christopher E. Palmer, *Variable Insurance Product Design*, in Clifford E. Kirsch ed., Variable Annuities and Variable Life Insurance Regulation, Practising Law Institute, 2018, p. 10 (Chapter 6).

涉反而不利于投资者的保护。但是,SEC 曾在报告中指出,该项合理标准赋予保险人评估费用合理性的负担,是为了保险人的灵活发展和有效销售产品。[1]

三、注意义务的履行:谨慎投资者规则

信托的终极意义在于将信托财产经由受托人经营管理以获取收益,从而使受益人能够获取信托利益。[2] 这也意味着,受托人在履行勤勉义务过程中,不可避免地参与投资管理,实现资产的保值(安全)增值(效益)。受托人的"投资"既是受托人的权力职责(power),也是受托人的义务(duty to invest)。从各国信托法来看,受托人的谨慎义务一般被视为受托人的基本义务之一,[3]而谨慎投资则是谨慎义务的细化。[4] 当受托人履行其投资义务时,他们享有自行决定权,可以从广泛的投资方案中选择适当的方案。[5] 也由此需要明确受托人注意义务的履行标准。[6]

在美国法中,受托人如何履行投资的谨慎义务及其标准,大致经历了从"法定投资列表"到"谨慎人规则"再到"谨慎投资者规则"的过程。

首先,"法定投资列表"。早期的谨慎义务标准关注信托财产的安全性,

---

〔1〕 See SEC 1992 Report, "Protecting investors: a half century of investment company regulation", p. 404 – 405.

〔2〕 参见施天涛:《商法学》(第 6 版),法律出版社 2020 年版,第 395 页。

〔3〕 说投资经理有义务在履行其专业职责时保持合理的谨慎,这都是很好的(原文为:It is all very well to say that investment managers are bound to exercise reasonable care in carrying out their professional responsibilities)。See Harvey E. Bines & Steve Thel, *Investment Management Law and Regulation*, Aspen Publishers, 2004, p. 24.

〔4〕 参见张敏:《信托受托人的谨慎投资义务研究》,中国法制出版社 2011 年版,第 28 页。

〔5〕 参见黄人杰:《对受托人信托投资义务的若干思考》,载《国际商务(对外经济贸易大学学报)》2004 年第 1 期。

〔6〕 在投资管理方面,合理注意原则的关键不在于理解支持它的理论,而在于将它应用于实际情况(原文为:The problem with the reasonable-care standard in the context of investment management is not in understanding the theory that supports it, but in applying it to real situations)。See Harvey E. Bines & Steve Thel, *Investment Management Law and Regulation*, Aspen Publishers, 2004, p. 24.

认为限制到安全程度高的投资标的（如政府债券、银行存单），视“私人证券”为“洪水猛兽”，不允许受托人越雷池一步，哪怕“私人证券”获利丰厚。[1]所以，美国法早期对受托人谨慎义务采取“法定投资列表”，即受托人只能在法定投资列表列举的范围内投资。譬如，在克恩诉塔尔博特案（King v. Talbot）中，法院认为，为未成年儿童的利益而持有投资信托基金的受托人，有权从由此产生的收入中获得报酬，有义务维持资金的安全性，确保其产生利益，但依据纽约州法律规定，为未成年子女的利益而持有投资基金的受托人必须投资于政府或房地产证券，[2]故受托人将这些资金投资于运河、银行、保险、铁路或私营公司等其他股票，违反了其职责和信托义务。[3] 由上可知，尽管“法定投资列表”注重信托投资的安全性，但其投资范围狭隘，灵活性差，投资管理过于保守。

其次，“谨慎人规则”。譬如，克瑞德诉麦卡利尔案（Creed v. McAleer）案，法院认为，受托人进行投资时，必须忠实行事，作出合理的决定，以一个谨慎和聪明的人管理自己的事务，而不是投机，要考虑到资金的长久处置、

---

〔1〕 参见张敏：《信托受托人的谨慎投资义务研究》，中国法制出版社2011年版，第40页。

〔2〕 在本州，为未成年子女的利益持有投资资金的受托人，必须投资于政府或房地产证券。任何其他投资都是违反职责的，受托人要承担个人责任（原文为：In this State, a trustee holding funds for investment for the benefit of minor children, must invest in Government or real estate securities. Any other investment would be a breach of duty and the trustee personally liable）。See King v. Talbot, 40 N. Y. 76 (1869).

〔3〕 本州法律规定，受托人为未成年子女的利益持有用于投资的信托基金，并从其产生的收入中获得赡养，有责任将其置于安全状态，确保其产生利息，并对其进行保管，以便将来可随时收回，为受托人的利益服务。受托人将这些资金投资于运河、银行、保险、铁路或其他私人公司的股票，是对其责任和信托义务的违背（原文为：The law, in this State, imposes upon trustees, holding trust funds for investment for the benefit of minor children, to be supported from the income accruing therefrom, the duty of placing them in a state of security, of seeing that they are productive of interest, and of so keeping them, that they may always be subject to future recall, for the benefit of the cestui que trust. The investment of such funds by a trustee in canal, bank, insurance, railroad or other stocks of private corporations, is a violation of his duty and the obligation of his trust）。See King v. Talbot, 40 N. Y. 76 (1869).

收入以及资金的安全性。[1] 同时,法院也提出一些判断因素,即受托人进行投资时,必须具备合理的技能(reasonable skill)、谨慎(prudence)、合理的投资决策(sound discretion),否则将承担损失赔偿责任。[2] 该规则为 1959 年美国《信托法重述》(第 2 版)所采用,如其第 174 条规定了受托人有义务尽到合理的"注意""技能""谨慎"。[3]

最后,"谨慎投资者规则"。该规则主要是以现代投资组合理论(modern portfolio theory)为理论基础,[4] 在谨慎投资者规则之下,允许受托人投资于任何领域,唯一的条件,或者说标准,是他必须履行像"任何一个谨慎的人"在管理处分其自己财产时那样的注意义务。[5]

谨慎投资者规则为美国 1992 年《信托法重述(第 3 版):谨慎投资人规则》[Restatement (Third) of Trusts: Prudent Investor Rule] 和美国《1994 年统一谨慎投资者法》(Uniform Prudent Investor Act of 1994)所采用,并被视为一项默示规则,可以根据信托条款加以扩展、限制、消除或以其他方式加以

---

〔1〕 受托人要进行投资,就必须忠实于自己的行为,并行使合理的自由裁量权,观察那些审慎、谨慎和聪明的人如何管理自己的事务,不是为了投机,而是为了永久处置他们的资金,并考虑可能的收入以及所涉资本的可能安全(原文为:A trustee, to invest, is required to conduct himself faithfully and to exercise a sound discretion, observing how men of prudence, discretion and intelligence manage their own affairs, not in regard to speculation, but in regard to the permanent disposition of their funds, and considering the probable income as well as the probable safety of the capital involved)。See Creed v. McAleer, 275 Mass. 353, 175 N. E. 761.

〔2〕 受托人在进行或保留每项投资时,必须行使合理的技能、谨慎和健全的酌情权,如果没有这样做,则应承担任何损失(原文为:a trustee must exercise reasonable skill and prudence and sound discretion in making or retaining each investment and is chargeable with any loss by failing to do so)。See Creed v. McAleer, 275 Mass. 353, 175 N. E. 761(1931).

〔3〕 受托人对受益人有责任使用合理的谨慎和技能来保护信托财产(原文为:The trustee is under a duty to the beneficiary to use reasonable care and skill to preserve the trust property)。See Restat 2d of Trusts, § 174.

〔4〕 现代投资组合理论为投资组合管理引入了一个深刻的视角转变(原文为:Modern portfolio theory has introduced a profound shift in perspective into portfolio management)。See Harvey E. Bines & Steve Thel, *Investment Management Law and Regulation*, Aspen Publishers, 2004, p. 315.

〔5〕 参见施天涛:《商法学》(第 6 版),法律出版社 2020 年版,第 401 页。

改变。[1] 美国《信托法重述(第3版)》第90条提供谨慎投资的一般标准(general standard of prudent investment),如要求受托人尽到合理的注意、技能和谨慎(reasonable care, skill, and caution),采取投资组合的方式,[2] 并有义务进行多元化投资(diversify the investments)。[3]

《统一谨慎投资者法》中也规定了受托人作为谨慎投资者应当考虑信托目的、分红要求,以及其他因素,并且对其他因素进行了列举:(1)经济概况;(2)通货膨胀或者通货紧缩可能产生的影响;(3)投资决策或策略的预期税收情况;(4)每项投资或行动方案在整个信托组合中所起的作用;(5)预计收益总额和资本增值;(6)受益人的其他资源;(7)流动性、固定收入和资本保值增值的需要;(8)资产与信托目的或者一个以上受益人之间的特殊关系或

---

〔1〕谨慎的投资者规则是一项默认的规则,可以通过信托的规定来扩大、限制、取消或以其他方式改变(原文为:The prudent investor rule, a default rule, may be expanded, restricted, eliminated, or otherwise altered by the provisions of a trust)。See § 1. Prudent Investor Rule of Uniform Prudent Investor Act.

〔2〕这一标准要求行使合理的谨慎、技能和小心,并不是孤立地适用于投资,而是在信托投资组合的背景下,作为整体投资战略的一部分,其中应包括合理地适合信托的风险和收益目标(原文为:This standard requires the exercise of reasonable care, skill, and caution, and is to be applied to investments not in isolation but in the context of the trust portfolio and as a part of an overall investment strategy, which should incorporate risk and return objectives reasonably suitable to the trust)。See Restat 3d of Trusts, § 90 (a).

〔3〕在作出和执行投资决定时,受托人有责任使信托的投资多样化,除非在这种情况下,不这样做是审慎的(原文为:In making and implementing investment decisions, the trustee has a duty to diversify the investments of the trust unless, under the circumstances, it is prudent not to do so)。See Restat 3d of Trusts, § 90 (b).

价值。[1] 由此可见,美国“谨慎投资者规则”侧重投资过程,是一项行为标准规则,而非一项以结果导向的业绩标准规则。同时注重投资整体的谨慎,而非单个投资行为,并提供了诸多的考量因素。

在大陆法系国家中,并无受信义务的用语表述,多采取“善良管理人义务”的用语。这种善良管理人义务与英美法的受信义务内涵外延基本相当,故受信义务中的忠实义务是善良管理人义务的一部分,即善良管理人义务包括谨慎义务和忠实义务。[2] “善良管理人”的概念应当是与英美法系国家所讲的“普通谨慎人”相对应的概念。[3] 大陆法系一般参照“善良管理人”的注意义务标准。[4] 譬如,日本法中《信托法》和《信托法业法》并未采纳美国法“谨慎”的表述,而是采用“善良管理人的注意义务”的表述。[5] 但是,善良管理人的注意义务是极为模糊的概念,内涵不确定,外延又具有开放性,该概念只是在立法上为法官指明一个裁判方向,至于法官在这个方向

---

〔1〕 (c)受托人在投资和管理信托资产时应考虑的情况包括与信托或其受益人有关的下列情况:(1)总体经济状况;(2)通货膨胀或通货紧缩的可能影响;(3)投资决定或战略的预期税收后果;(4)每项投资或行动方案在整个信托组合中发挥的作用,其中可能包括金融资产、密切持有的企业的权益、有形和无形的个人财产以及不动产;(5)来自收入和资本增值的预期总回报;(6)受益人的其他资源;(7)对流动性、定期收入以及资本保值或增值的需求;(8)如果有的话,一项资产与信托目的或一个或多个受益人的特殊关系或特殊价值[原文为:(c) Among the circumstances that a trustee shall consider in investing and managing trust assets are such of the following as are relevant to the trust or its beneficiaries: (1) general economic conditions; (2) the possible effect of inflation or deflation; (3) the expected tax consequences of investment decisions or strategies; (4) the role that each investment or course of action plays within the overall trust portfolio, which may include financial assets, interests in closely held enterprises, tangible and intangible personal property, and real property; (5) the expected total return from income and the appreciation of capital; (6) other resources of the beneficiaries; (7) needs for liquidity, regularity of income, and preservation or appreciation of capital; and (8) an asset's special relationship or special value, if any, to the purposes of the trust or to one or more of the beneficiaries]。See § 2. Standard of Care: Portfolio Strategy; Risk and Return Objectives of Uniform Prudent Investor Act.

〔2〕 参见梁上上:《论股东表决权——以公司控制权争夺为中心展开》,法律出版社 2005 年版,第 267～268 页。

〔3〕 参见钟向春:《我国营业信托受托人谨慎义务研究》,中国政法大学出版社 2015 年版,第 85 页。

〔4〕 参见张敏:《信托受托人的谨慎投资义务研究》,中国法制出版社 2011 年版,第 108 页。

〔5〕 参见日本《信托法》第 29 条。

能够走多远,则由其自行在个案中判断。[1] 大陆法系国家应该逐步改变“善良管理人”的提法,转而采用“普通谨慎人”标准,更容易为大众所理解,以其作为基础概念建构起来的受托人注意义务的标准更容易得到推广。[2]

在我国法上,没有直接采取“善良管理人”的表述。不过,受托人注意义务的内容亦包含了谨慎投资的义务。譬如,《信托法》第25条、《证券投资基金法》第9条。这些内容中,“谨慎”主要是指谨慎投资管理。故有观点认为,我国《信托法》的“谨慎义务”表述是直接取自英美信托法。[3] 此外,《证券投资基金法》第71条规定,基金管理人运用基金财产进行证券投资,应当采用资产组合的方式;该法第73条进一步规定,基金财产不得用于承销证券,违反规定向他人贷款或者提供担保,从事承担无限责任的投资等投资或活动。[4] 此外,我国《信托法》规定了信托财产和固有财产分别管理、分别记账(第29条)、亲自管理信托事务(第30条)。

值得注意的是,有必要厘清“谨慎投资者规则”与“经营判断规则”(the business judgment rule,BJR)之间关系。二者都是在“委托人—受托人”基本架构中,判断受托人是否善尽注意义务的一项规则。但是,本书认为,不能将主要适用于公司法领域的BJR作为判断投连险保险人履行注意义务的标准。前者主要是平衡公司利益与董事利益,是董事或经理人在经营管理中失误和法律上承担过失责任寻求的一个平衡点。即BJR为董事或经理人提供了一个安全港。如果其为公司作出经营决策,尽到了善意、合理的注意义务,而该项商业决策后来被证明是错误的,董事或经理人则免于追责。二者的适用差异并不局限于此,二者中的“委托人”所承担的委托风险存在较大

---

〔1〕 参见梁上上:《论股东表决权——以公司控制权争夺为中心展开》,法律出版社2005年版,第267页。

〔2〕 参见钟向春:《我国营业信托受托人谨慎义务研究》,中国政法大学出版社2015年版,第85页。

〔3〕 参见张敏:《信托受托人的谨慎投资义务研究》,中国法制出版社2011年版,第163页。

〔4〕 此外,证监会颁布了《基金管理公司投资管理人员管理指导意见》(中国证券监督管理委员会公告〔2009〕3号)。

差异。董事或经理人(受托人)在公司法背景下,一般涉及较大经营风险,委托人(股东)也为此承担较大风险或享有较大回报。在风险承担上,公司法也配置了较多的规则,供委托人(股东)选择,如"累积投票""独立董事或监事监督""用脚投票"等。但是,在投连险投资账户委托人(投保人)—受托人(保险人)框架下,上述公司法中的配置规则无法适用于投连险中的法律关系,如投保人"退出、赎回规则"不及股东便捷;更为重要的是,投连险尽管具有较强的证券属性,但该产品仍具有保险保障属性,受益人的生活安定可能有赖于该投资账户的资金价值,故受托人(保险人)在投资管理上仍注重资金运用的安全性。因此,投资账户法律关系上,BJR 适用于保险人注意义务履行的判断并不合适。

第五节　其他规则的适用与豁免

除了上述反欺诈规则的适用外,投连险的法律适用还涉及诸多其他规则的适用问题,如规则的竞合和规则的豁免问题。

一、规范竞合:以投连险发行条件的监管规则适用为例

投连险作为一种金融产品,发行人须具备一定金融业务的资质条件,即发行投连险,首先要满足保险公司的成立条件。我国现行《保险法》第 68 条明确规定保险公司的成立,必须具备持续盈利能力(3 年内无重大犯罪、净资产不低于 2 亿元)、合格的公司章程、实缴注册资本(不低于 2 亿元)、[1]专业的管理团队、健全的组织机构和制度、经营场所等条件。现行法所要求的保险公司设立条件与 1995 年《保险法》和 2002 年《保险法》不同的是,1995 年和 2002 年《保险法》并未明确要求保险公司的持续营业能力,同时还规

---

〔1〕《保险法》第 69 条规定,保险公司实缴注册资本的最低限额为 2 亿元。

定，"保险监督管理机构审查设立申请时，应当考虑保险业的发展和公平竞争的需要"。[1] 可见，现行《保险法》对保险公司的设立条件，一方面降低了审查的行业背景的宏观考量，另一方面对持续盈利能力提出了较高要求。

在"实质重于形式"的适用思路下，如果投连险投资账户在实质上为一种证券投资基金，也就意味着，投连险的发行人不仅要满足保险公司的设立要求，还需要满足《证券投资基金法》上关于基金管理人的要求。现行《证券投资基金法》第13条对设立公开募集基金的基金管理公司设立条件要求：有公司章程、实缴资本不低于1亿元、主要股东具有良好的经营管理业绩、有良好内部治理结构、有合格的经营场所、基金从业资格的人员达到法定人数等。

从现行法的规定来看，保险公司和基金管理公司设立都存在较高的设立门槛，并且保险公司比基金管理公司的要求更高，如在实缴最低注册资本上以及持续盈利能力方面。换言之，保险公司发行投连险，其也可以满足《证券投资基金法》上关于基金管理人的设立要求。因此，投连险的发行人经营资格须满足《保险法》第68条要求。[2]

二、规范豁免：以资金运用安全性的监管规则适用为例

《保险法》第106条规定了保险资金运用必须稳定，遵循安全性原则，并限于银行存款、买卖股票等有价证券等资金运用形式。何谓保险资金，《保险法》第106条并未作出界定，同时该条也未对保险资金投资资产比例作出明确规定，而是规定具体管理办法由保险监督管理机构来制定。

---

〔1〕 参见1995年《保险法》第71条、2002年《保险法》第72条。

〔2〕 美国法也是如此。譬如，Rule 14a-2规定，保险公司如果是股份公司，并且资产规模至少1亿美元，可豁免适用《1940年投资公司法》第14(a)条中关于投资公司的资产规模要求。因为对于向公众发行分离账户份额，保险公司的资产足够满足《1940年投资公司法》第14条规模要求。See Wendell M. Faria, *Status of Insurance Companies and Insurance Company Separate Accounts Under the Investment Company Act*, in Clifford E. Kirsch ed., Variable Annuities and Variable Life Insurance Regulation, Practising Law Institute, 2018, p.26 (Chapter 3).

前已述及,投连险投资账户上的保费主要是用于投资,并非风险保障。其资金的性质完全不同于传统保险资金,保险人也不需要承担投资账户的投资风险,而是由投保人完全承担。这说明,投资账户资金并不需要遵循保险资金运用的安全性原则,即豁免该条的适用。事实上,2018 年《保险资金运用管理办法》(保监会令〔2018〕1 号)第 20 条对投连险资金运用作出了豁免,规定投连险资产配置、投资管理等独立于其他保险资金。也就意味着,投连险资金运用是豁免于传统保险资金的运用规则。

不过,投资账户资金豁免于《保险法》第 106 条的适用,并非意味着不受公权监管。投资账户资金的运用需要符合投资账户本身的风格,"积极成长型投资账户""稳健收益型投资账户""激进型投资账户",对于这些不同风格的投资账户,应有不同的明确的投资策略、资产配置比例限制,进而决定资金在流动性资产、固定收益类资产、上市权益类资产、基础设施投资计划、不动产相关金融产品、其他金融资产中的不同配置比例。

对于投连险资金的运用,目前主要规范是原保监会于 2015 年颁布的《中国保监会关于规范投资连结保险投资账户有关事项的通知》(保监发〔2015〕32 号)。该通知第 4 条要求投资账户的资产配置具有合理的估值方法,以满足投资账户高频次估值的需要,具有公开交易市场或虽不具有公开交易市场但具有稳定收益预期。[1] 同时,对于投资账户的流动性管理,原保监会要求投资账户流动性资产的投资余额不得低于账户价值的 5%;基础设施投资计划、不动产相关金融产品、其他金融资产的投资余额不得超过账户价值的 75%,其中单一项目的投资余额不得超过账户价值的 50%;[2] 同时,还应建有相应的流动性管理方案。譬如,投资账户建立初期、10 个工作日内赎回比例超过账户价值 10% 时、投资账户清算期间,投资账户可以突破上述有关流动性管理的比例限制,但应在 30 个工作日内调整

---

〔1〕 参见《中国保监会关于规范投资连结保险投资账户有关事项的通知》第 4 条。
〔2〕 参见《中国保监会关于规范投资连结保险投资账户有关事项的通知》第 6 条。

至规定范围内。[1]

此外，在“实质重于形式”下，基于投资账户的证券性，其适用证券法上亦存在诸多豁免规则。譬如，我国《证券法》上关于证券公开交易等规则也应在豁免范围内。

本章小结

本章主要是以反欺诈等规则为主要分析，探讨投连险回归现行法下的规范适用和完善。

在适用现行《保险法》上，主要分析该法中的诚信规则。譬如，就告知义务而言，该法第16条投保人履行主体不仅包括投保人，还应包括被保险人。在处理违反告知义务的法律后果上应区分“风险保费”和“投资保费”。“风险保费”类推传统寿险保费的返还效果，并且在主观状态上区分“故意”“重大过失”“一般过失”，摒弃“全有全无模式”，按照对价平衡原则评价告知义务履行的法律效果。在未尽告知义务，发生合同解除的法律后果，只能限于“风险保费”的不返还，而投资账户上的“投资保费”资金则应当按照账户现金价值返还。再如，说明义务的履行，投连险合同中的“投资风险自担条款”不宜解释为《保险法》第17条的“免责条款”，进而判断保险人是否善尽说明义务。对此，参考域外法相关规则，将投连险“风险自担条款”应解释为合同的“重要事项”，并作为保险人说明义务的评价因素。

在投连险反欺诈销售过程中，适当性义务发挥了重要的制度价值，要求将该产品销售给具有一定风险承担能力的客户人群。该义务主要是作为一项先合同义务，履行主体包括了保险人、保险代理人、保险经纪人。在违反该义务的认定上，应是采取过错推定，由保险人承担其善尽该义务的责任。

---

〔1〕参见《中国保监会关于规范投资连结保险投资账户有关事项的通知》第6条。

但是,我国法下的适当性义务主要规定在部门规章、通知等,规范位阶低,未来应当在基本法中予以规定,直接作为私权救济的依据。在适当性义务履行中,应当综合考量客户的职业、年龄、存款、风险承担能力、投资经验等多种重要事项,来判断客户的适格性。

投连险及其投资账户在披露主体、原则、内容、方式等方面均没有基金相应规则详尽。未来的适用也应当遵循或参照证券投资基金的信息披露规则展开。同时,要注重信息披露的易懂性和重大性要求。

保险人的受信义务通过诚实信用原则予以解释和填补。在忠实义务的履行中,对于利益冲突交易、保险人管理报酬等费用的收取,应当强化保险人的信息披露;在注意义务的履行上,应当遵循谨慎投资者规则,并参照美国法的相关规则,具体化相应的评价要素。

基于投连险法律属性的多重性,相应规则的适用可能涉及《保险法》《信托法》《证券投资基金法》等多个部门法、部门规章,其中不免存在规则适用上的竞合和豁免情形。譬如,投连险的发行条件和投资账户资金运用上的规则适用。

第七章
投连险等同质金融复合型产品立法前瞻

投连险作为一种典型的金融复合型产品，其所面临的法律适用问题，在其他同质的金融复合型产品中亦同样存在。故也有必要结合现代法发展趋势，从立法论上探讨投连险等同质产品的横向规范等问题。

一、金融消费者的倾斜保护

2008 年金融危机的爆发使人们认识到金融立法的核心内容和性质在于“金融服务”，这与金融消费者逐渐成为金融法的主体、金融消费者保护已然成为金融法的核心目标密不可分。[1]

金融消费者作为一种“弱势群体”，需要立法对该群体的关怀和倾斜保护，甚至是对“金融消费者”的专门立法。譬如，就

[1] 参见杨东：《金融服务统合法论》，法律出版社 2013 年版，第 29 页。

有观点主张，在现行《消费者权益保护法》中对“金融消费者”加以专门规定或者另外专门立法；同时，也有全国人大代表提议，加快制定“金融消费者权益保护法”。[1]

由上可知，当下理论和实践对金融消费者倾斜保护存在共识，我国金融产品在私法适用和公权监管中也积极落实该理念。但是，在具体内容上，存在争议，如对于金融消费者的界定与范围存有分歧，主要在于金融消费者是否包括投资者。差异在于，投资者和金融消费者是不同法律关系中的概念，在与被投资者或上市公司的关系中，才采用投资者的术语；在与金融服务商的服务关系中，则采用金融消费者的术语。[2] 譬如，投连险不应纳入《消费者权益保护法》的调整范围，原因在于该产品具有明显的投资性，[3]该观点亦认为，法人和其他组织不宜纳入保险消费者的范畴。[4] 不过，也有观点指出，“投资”与“消费”的二元区分论应该予以消除，金融投资与金融消费在很多方面存在交叉，需要改变以往那种认为金融投资肯定不是金融消费的观点。[5] 将“消费者”的概念作扩大解释，只要交易双方存在严重的信息不对称，交易双方地位和实力悬殊，对于弱者，无论是个人还是单位，都可以作为消费者来对待，故金融领域中的客户、存款人、投资者、投保人、被保险人、受益者等，无论是个人，还是符合一定标准的小企业，都是金融消费者。[6]

从本书研究的范畴来看，本书认为投连险的投保人基于其投资者身份应当也在消费者保护的范畴。原因在于，其一，金融消费者概念的产生本身

---

[1] 参见孙工声：《加快制订〈金融消费者权益保护法〉》，载《中国金融》2012 年第 6 期。

[2] 参见叶林：《金融消费者的独特内涵——法律和政策的多重选择》，载《河南大学学报（社会科学版）》2012 年第 5 期。

[3] 参见温世扬、范庆荣：《“保险消费者”概念辨析》，载《现代法学》2017 年第 2 期。

[4] 同上。

[5] 参见杨东：《论金融服务统合法体系的构建——从投资者保护到金融消费者保护》，载《中国人民大学学报》2013 年第 3 期。

[6] 参见邢会强：《处理金融消费纠纷的新思路》，载《现代法学》2009 年第 5 期。

就是法律对实质公平价值的追求,在投连险中,投保人和保险人客观上存在严重的经济实力、磋商能力等方面的不平等。将投连险纳入金融消费者保护的范畴符合该理念价值的追求。其二,现代金融复合型产品购买者身份的重合性,并且难以从这些多重身份中单独拆分出“投资者”,如投连险购买者包括了投保人、投资者、委托人等多重身份。因此,本书认为,金融消费者的范围界定从对“金融消费者”弱者关怀角度出发,符合金融消费者弱者身份,即在金融消费者范畴。其中,将专业投资者和符合一定专业业务能力的自然人或法人或其他组织排除在外,[1]即以“金融消费者”统合证券投资者中非职业性的投资者(普通投资者)、保险投保人、银行存款人等概念。[2]因此,投连险投保人、被保险人、受益人都应在“金融消费者”范畴之内,并且其中不包括法人和其他组织,原因在于投连险中寿险的责任风险以生命作为承保,而法人和其他组织并无自然人生命的生物特征。

将投连险纳入金融消费者保护的调整对象,对其投保人等的保护路径首先应是遵循现有的金融规范逻辑,按照现有规范思路展开对投连险投保人的保护。之所以强调遵循现有的金融规范逻辑,是因为我国缺乏对投连险基本法的回应,其部分法律属性在基本法层面模糊,导致投资权益规范适用的缺失。[3] 该现象直接后果和主要影响在于,具有直接融资特点的投资账户无法回归证券法的调整,使投资权益保护被忽视。根据前述内容分析,在直接融资规范理念下,主要的规则是“公开”,强制信息披露,为投资者提

---

〔1〕 符合一定财力标准,并不意味着其并非一种“金融弱势群体”。

〔2〕 参见李游:《“买者自负”的适用逻辑与金融消费关系的“不平等”》,载《北京社会科学》2019年第7期。

〔3〕 私权行使受阻,金融消费者纠纷解决信赖方式可能不在于法律诉讼。譬如,有学者调查发现,在542名受访者心目中,最有效的解决途径是“与金融机构营业人员当面交涉(28%)”,其次是行政处理途径“向人民银行、证监会(局)、保监会(局)等反映(27.86%)”;“打金融机构客服电话(27.49%)”;“向媒体反映(22.69%)”;“诉讼(22.14%)”;“向消费者协会反映(13.47%)”;“向仲裁委提起仲裁(11.81%)”。参见邢会强:《金融消费纠纷的多元化解决机制研究》,中国金融出版社2012年版,第204页。

供充分的决策信息,而在投连险现有法律适用中,投保人的决策信息于基本法层面只能依托于保险人的说明义务。即使对保险人说明义务进行扩张解释,仍不足以解决投连险信息披露内容不完全的问题,尤其是对于投资账户而言。而若使这方面的内容回归金融法的基本逻辑,按照证券的信息披露来规范,投资权益则会得到更妥善的保护。譬如,分离账户按照基金说明书披露,能够为投资者提供更好的信息披露。[1]

对于如何使投连险等金融复合型产品实现证券法的规范,实现投资权益的保护,本书尝试以"实质重于形式"的思路展开,并在解释论上通过类推适用的路径,试图将投资账户类推适用证券法、信托法的规范。从立法论上来看,投连险实现证券法的规范,关键在于扩大现行《证券法》对证券的界定范围。现行《证券法》对于证券的界定过于狭小,远不足以适应实践的发展需要。当然,仅从投连险产品本身法律的适用困境来看,似乎不足以来论证证券范围扩大的必要性,但投连险作为金融复合型产品的典型代表,除此之外,还存在诸多其他同质理财产品,如前述论及的各类集合资产管理计划。这类理财产品均是以投资作为主要目的,在交易结构上均采取了信托的法律结构。而目前规范层面却是"同质不同规",不仅造成规范适用上的分散和混乱,更是难以实现提供有力、有效的金融消费者保护的目标。在这种情况下,就有必要从宏观层面,立足于金融消费者倾斜保护的必要性,反思证券定义的范畴,明确金融理财产品横向规制的必要性和可行路径。

二、"金融投资商品"的法律术语及其抽象界定

(一)"金融统合法"的发展趋势

金融统合法的立法趋势是对传统分业监管不足所采取的改革,背后都

---

〔1〕 See Gary E. Jenkins, *Regulation of Variable Insurance Products Under the Investment Company Act of 1940*, in Clifford E. Kirsch ed., Variable Annuities and Variable Life Insurance Regulation, Practising Law Institute, 2018, p. 22 (Chapter 3A).

反映出以功能监管、行为监管为导向，强化金融消费者的规范目的，实现金融商品或金融服务统合的立法（见表26）。

表26 域外典型的金融统合法

典型法域		主要法律	调整对象	主要背景
英美法系	美国	2010年《多德－弗兰克法》	金融产品或服务（Financial Product or Service）	2008年次贷危机
	英国	2000年《金融服务与市场法》	集合投资计划、投资商品（investments）和受监管的行为（regulated activities）	金融混业经营明显，传统自律监管难以应对
大陆法系	日本	2001年《金融商品销售法》；2006年《金融商品交易法》	金融商品	借鉴英国经验，对传统金融法制改革，强化金融消费者保护，实现金融产品的横向规制
	韩国	2007年《资本市场统合法》	金融投资商品和金融投资服务①	

①“金融投资服务”涉及该法所包括的金融活动范围（原文为：“Financial investment services” are concerned with the scope of financial activities included in the Act）。See SNU School of Law, *Capital Markets and Financial Investment Services Act of 2007: An Overview*, 8 Journal of Korean Law 477, 478 (2009), http://s-space.snu.ac.kr/bitstream/10371/85153/1/8.%20Capital%20Markets%20and%20Financial%20Investment%20Services%20Act%20of%202007%20An%20Overview.pdf.

在上述典型的金融统合法中，美国《多德－弗兰克法》虽然没有对金融商品或服务作出一般界定，但在该法第1002条第15款列举了相当多的金融商品或服务的具体类型。英国2000年《金融服务与市场法》在第二部分规定了投资商品（investments），包括证券、集合投资计划份额等形式；同时在第

22 条规定“受监管的行为”(regulated activities)[1],在第235 条规定“集合投资计划”(collective investment scheme)。[2] 日本在2006 年《金融商品交易法》中扩大有价证券定义,并将“集合投资计划”作为金融商品概念的兜底条款。韩国在2007 年颁布《资本市场统合法》,该法第3 条规定“金融投资商品”概念的一般化界定,并划分证券和衍生商品两大类。[3] 由此可见,就调

---

〔1〕《金融服务与市场法》第22 条规定:(1) 就本法案而言,如果一项活动是以商业方式进行的特定种类的活动,并且——(a) 与特定种类的投资有关;(b) 如果是就本段而言也是特定种类的活动,则是就任何种类的财产进行的受监管活动。(2) 附表2 对本条作了补充规定。(3) 附表2 没有限制第(1)款所赋予的权力。(4)“投资”包括任何资产、权利或利益。(5)“指定的”是指在财政部的命令中指定[原文为:(1) An activity is a regulated activity for the purposes of this Act if it is an activity of a specified kind which is carried on by way of business and—(a) relates to an investment of a specified kind; or (b) in the case of an activity of a kind which is also specified for the purposes of this paragraph, is carried on in relation to property of any kind. (2) Schedule 2 makes provision supplementing this section. (3) Nothing in Schedule 2 limits the powers conferred by subsection (1). (4) “Investment” includes any asset, right or interest. (5) “Specified” means specified in an order made by the Treasury]。

〔2〕《金融服务与市场法》第235 条规定:在本部中,“集体投资计划”是指关于任何种类的财产的任何投资安排,包括计划。货币,其目的或效果是使参加安排的人(无论是通过成为财产还是其任何部分的所有者或其他方式)参与或获得因获取、持有、管理或处置该财产而产生的利润或收入或从这些利润或收入中支付的款项[原文为:In this Part “collective investment scheme” means any investment arrangements with respect to property of any description, including schemes. money, the purpose or effect of which is to enable persons taking part in the arrangements (whether by becoming owners of the property or any part of it or otherwise) to participate in or receive profits or income arising from the acquisition, holding, management or disposal of the property or sums paid out of such profits or income]。

〔3〕英文为:The term financial investment instrument in this Act means a right acquired by an agreement to pay, at a specific time in the present or in the future, money or any other valuable thing (hereinafter referred to as money or similar), with an intention to earn a profit or avoid a loss, where there is a risk that the total amount of such money or similar, paid or payable, for the purpose of acquiring such right (excluding any sums specified by Presidential Decree, such as sales commissions) may exceed the total amount of money or similar already recovered or recoverable from the right (hereinafter referred to as investment risk)。See The Natioanal Law Information Center of Korea, http://law. go. kr/LSW/eng/engLsSc. do? menuId = 2&section = lawNm&query = Korean + capital + market + law&x = 33&y = 40#liBgcolor0;“本法所称的‘金融投资商品’,是指为了获得利益或者避免损失,在现在或者将来特定的时间内,通过约定支付金钱或者其他具有财产价值的物品而取得的权利,而且具有为取得此权利已经支付,或者理应支付的金钱等总额的风险可能超过同样因上述权利而已回收,或者可能回收金钱等总额的风险。”参见《韩国资本市场法》,董新义译,知识产权出版社2011 年版,第3 页。

整对象而言，无论是采取"金融产品或服务"（financial product or service），还是投资产品、金融商品、金融投资商品等概念，其内容中都体现了对股票、证券等传统有价证券的扩大化。

前已述及，日本2006年《金融商品交易法》以金融商品作为规范对象，调整投资性强的金融产品，是一个横向、统合的投资者保护规范体系，但其对金融商品缺乏抽象化界定，并未都将金融投资类产品包括在内。

韩国《资本市场统合法》对金融投资商品的概念进行抽象化定义，属于该定义的所有金融投资商品都作为该法的调整对象，这就使不必每出现一个新的金融产品就进行列举，扩大规制对象，这种概括性方式和之前的列举方式存在根本性差异。[1] 界定金融投资商品包括权利、目的、投资因素和金钱四要素。[2] 韩国《资本市场统合法》第3条对"金融投资商品"的界定，包含了四个要素：其一，"以获得利益或避免损失或风险管理"的目的要素；其二，有可能损失本金或损失超过本金，或承担追加支付义务的风险；其三，在现在或将来以转移金钱为内容；其四，金融投资商品是合同上的权利。[3] 在该项定义中，增加了"风险管理"的主观目的和"承担追加支付义务"的风险。并且，在该法第4条证券的列举中，将"投资合同证券"（investment contract securities），[4] 即证券的

---

〔1〕参见韩国财政经济部：《有关资本市场和金融投资业的法律制定方案》(2006年2月17日)，第30页。转引自赵晟植：《韩国法中的"金融投资商品"定义小考》，载《金融法苑》2010年第1期。

〔2〕界定金融投资产品有4个要素：权利、目的、投资因素和资金(原文为：There are 4 elements in defining financial investment products: rights, purpose, investment factor, and money)。See SNU School of Law, *Capital Markets and Financial Investment Services Act of 2007: An Overview*, 8 Journal of Korean Law 477, 481 (2009).

〔3〕参见赵晟植：《韩国法中的"金融投资商品"定义小考》，载《金融法苑》2010年第1期。

〔4〕第(1)款规定的证券应分类如下。①债务证券；②股权证券；③受益凭证；④投资合同证券；⑤衍生品—组合证券；⑥证券保管凭证[原文为：The securities under paragraph (1) shall be classified as follows: 1. Debt securities; 2. Equity securities; 3. Beneficiary certificates; 4. Investment contract securities; 5. Derivatives-combined securities; and 6. Securities depositary receipts]。See Article 4 (2) of Capital Market And Financial Investment Business Act of Korea, available at the website of The National Law Information Center of Korea, http://law.go.kr/LSW/eng/engLsSc.do? menuId = 2&section = lawNm&query = Korean + capital + market + law&x = 33&y = 40#liBgcolor0.

实质界定(Howey 检测)包括在内,[1]很明显,韩国《资本市场统合法》在规范对象上,几乎包括具有"投资性"的所有金融商品,同时排除银行存款凭证、[2]管理信托的受益权[3]和传统保险产品。[4] 此外,在金融投资商品概念与银行或保险理财产品的关系上,《资本市场统合法》规定的是金融投资商品,"银行投资商品""变额保险"应予以适用。[5]

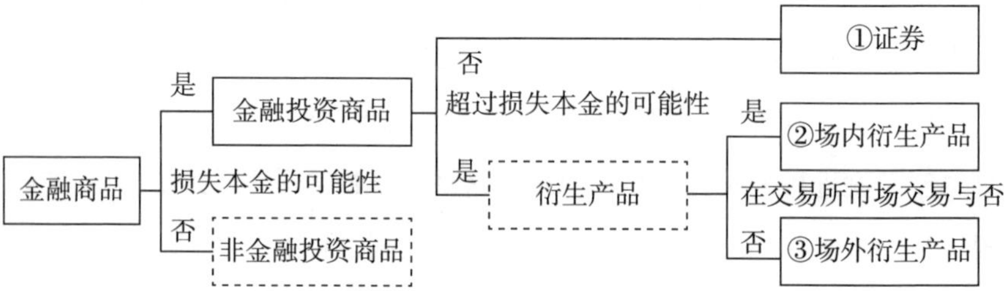

图 15 韩国金融商品分类体系[6]

由上分析,可以看出,在面对金融商品的创新、多样性和金融统合法的趋势下,韩国《资本市场统合法》对"金融投资商品"的抽象界定,反映出其金融统合立法是比较彻底的,日本尽管未对金融商品进行一般化界定,但以"集合投资计划"作为有价证券的兜底条款,扩大了证券的调整范畴(日韩

[1] 参见《韩国资本市场法》,董新义译,知识产权出版社 2011 年版,第 4 页。

[2] Article 3 of Capital Market And Financial Investment Business Act of Korea. "出于若将通常在银行交易的转让性存款证书列入金融投资商品的话,容易打乱既存金融机构间业务分配的顾虑"。参见张珍宝:《韩国资本市场法系列之一:金融投资商品概念简析》,载《金融法苑》2009 年第 2 期。

[3] Article 3 of Capital Market And Financial Investment Business Act of Korea. 在纯粹的管理信托中,受托人对信托财产没有运用、处分权,其"投资性" 主要不是由受托人引起,而是信托资产本身的价值变动引起,并且与有运用、处分权的信托相比其本金损失的可能性小。参见张珍宝:《韩国资本市场法系列之一:金融投资商品概念简析》,载《金融法苑》2009 年第 2 期。

[4] Article 3 of Capital Market And Financial Investment Business Act of Korea. 传统银行存款和传统保险产品也有损失本金的可能性,韩国《资本市场统合法》将这些产品排除。参见《韩国资本市场法》,董新义译,知识产权出版社 2011 年版,第 3 页;赵晟植:《韩国法中的"金融投资商品"定义小考》,载《金融法苑》2010 年第 1 期。

[5] 参见赵晟植:《韩国法中的"金融投资商品"定义小考》,载《金融法苑》2010 年第 1 期。

[6] 韩国财政经济部:《有关资本市场和金融投资业的法律制定方案》,第 32 页。转引自赵晟植:《韩国法中的"金融投资商品"定义小考》,载《金融法苑》2010 年第 1 期。

“金融统合法”调整对象具体比较见表27)。

表27　日韩“金融统合法”的调整对象比较

<table>
<tr><th colspan="2">比较项目</th><th>韩　　国</th><th>日　　本</th></tr>
<tr><td colspan="2" rowspan="2">旧法</td><td>《证券交易法》等法律</td><td>《证券交易法》等法律</td></tr>
<tr><td colspan="2">旧法都对“证券”采取列举方式,都缺乏一般界定</td></tr>
<tr><td rowspan="6">新法</td><td>名称</td><td>2007年《资本市场统合法》</td><td>2006年《金融商品交易法》</td></tr>
<tr><td rowspan="2">调整对象</td><td>金融投资商品</td><td>投资性的金融商品</td></tr>
<tr><td colspan="2">新法都有“证券”范围扩大化</td></tr>
<tr><td>立法技术</td><td>抽象定义＋列举＋排除</td><td>列举＋兜底</td></tr>
<tr><td>主要类型</td><td>(1)证券;(2)衍生品种</td><td>(1)有价证券的21种类型;(2)视为“有价证券”的7种类型</td></tr>
<tr><td>衍生品</td><td colspan="2">调整对象都包括了证券衍生品</td></tr>
</table>

(二)我国《证券法》与“金融投资商品”

我国2019年12月28日《证券法》修订,对原来证券范围进行了扩大,增加了“存托凭证”和“资产支持证券、资产管理产品”。但是,“资产支持证券、资产管理产品”并不直接由《证券法》调整,而是由国务院另行规定。其中,也并未界定“资产管理产品”范畴。从文义解释来看,投连险作为一种金融理财产品,也是一种资产管理产品。在该解释下,投连险似乎可以纳入《证券法》的调整范围。但是,从历史解释来看,我国《证券法》历来修正或修订对证券的范围界定比较保守,“资产管理产品”的范围是否能够扩大到一般金融理财产品则是不明确的。从《关于规范金融机构资产管理业务的指导意见》(银发〔2018〕106号)第2条规定来看,即“资产管理业务是指银行、信托、证券、基金、期货、保险资产管理机构、金融资产投资公司等金融机构接受投资者委托,对受托的投资者财产进行投资和管理的金融服务”,银行理财产品、投连险等理财产品在“资产管理产品”的含义范围内。不过,从该意见对“资产管理产品的投资者”要求和划分来看，主要是指各金融机构发行资管计划，不包括投连险等理财产品。因此，现行《证券法》扩大了证券的范围，是否包括投连险等理财产品仍存在一定解释空间。[1]

本书认为，在未来的修改完善过程中，应规定“金融投资商品”的法律术语，并对其进行抽象定义，从而进一步完善我国的相应法制。“金融商品”则是作为证券、保险产品、银行产品，以及其他金融工具或服务的上位概念。与此同时，将投连险等金融复合型产品的法律属性界定为“金融投资商品”，可以不用纠缠于传统金融法制下的证券或保险的法律定性。也有观点主张，对各类纷繁复杂的理财产品、私募基金、集合性质的民间集资形态等，我国应导入抽象概括化的集合投资计划的概念和规制体系，最大限度地把游离于法律法规以及正规金融体系之外、处于灰色地带的新型金融产品纳入规制对象，实现统合规制。[2] 就金融统合法调整对象而言，“集合投资计划”术语虽然能够涵盖诸多实质意义上的证券类型，但是否包括投连险等具备明显投资性的金融复合型产品，则存在争议。[3] 因为投连险结合传统寿险因素，不是一种纯粹的证券投资产品，而且有别于其他集合理财产品。因此，在金融统合法趋势下，“金融投资商品”比“集合投资计划”更加具有包容

---

〔1〕 有学者指出，从产品属性上看，我国的投连险与异化了的万能险，本质上均具有“证券”投资属性，而且投连险独立账户资金以及万能险单独账户资金的具体运作与证券投资基金无异。因此，我国投资型保险资金运用监管制度的完善，可以在功能性监管理念下，扩大《证券法》上的“证券”概念，将归属“证券”序列的投资型保险纳入证券监管体系。参见李敏：《美国投资型保险资金运用监管及其借鉴》，载《华东政法大学学报》2020年第6期。

〔2〕 参见杨东：《市场型间接金融：集合投资计划统合规制论》，载《中国法学》2013年第2期。

〔3〕 譬如，基于投连险投资账户的证券属性，投连险不应排除在“集合投资计划”概念之外。参见杨东：《金融服务统合法论》，法律出版社2013年版，第364~365页。也有观点认为，投连险的首要目标在于保障基本收入而非迎合投资者个性化需求或者通过组合投资追求超额利润，在投资理念、投资策略方面也与其他集合投资计划，如证券公司集合资产管理计划、信托公司集合资金信托计划等产品有着本质的区别，应该排除在“集合投资计划”范围之外。参见崔文思：《论我国集合投资计划的法律规制》，载《金融服务法评论》2011年第1期。

性,如将投连险界定为“金融投资商品”,能明确其证券属性,减少争议。[1]更为重要的是,“金融投资商品”能够最大限度应对金融产品推陈出新的发展趋势,减少私法适用和公权监管的法律漏洞,更加有利于实现金融消费者保护等金融法的规范目的。

需指出的是,在金融统合法背景下,对于传统的银行产品和保险产品仍适用原有的法律规则。所谓金融统合法并非将所有金融商品的规则整合成一部法律进行统一调整,而是试图将投资性的金融商品(“金融投资商品”)进行横向化规制。因为在一个金融不断创新的时代,期冀一部所谓的横向贯通式金融服务立法一劳永逸解决所有金融问题,显然是不切实际的。[2]

此外,对当下金融统合法具体以何种技术路线实现,则取决于各国、地区的政治、文化,以及路径依赖等多方面因素。显然,就我国金融统合法的发展而言,依旧任重而道远。为减少立法上的阻力和难度,当务之急是在保留现有基本立法框架和总结金融服务一般规则的基础上,制定符合公平正义的金融商品销售规范,强化对客户的保护,并维护交易秩序与建立市场信心,以统一规定金融服务业的说明义务与推介适当性为核心的金融业服务基本法。[3]

---

〔1〕 它可以大大减少金融机构对新金融产品可交易性的担忧,并为投资新型金融产品的人提供充分的保护(原文为:It could significantly reduce concern about the tradability of a new financial product on the part of financial institutions, and provide adequate protection to those investing innew types of financial production)。See SNU School of Law, *Capital Markets and Financial Investment Services Act of 2007: An Overview*, 8 Journal of Korean Law 477, 486 (2009), http://s-space. snu. ac. kr/bitstream/10371/85153/1/8. % 20Capital% 20Markets% 20and% 20Financial% 20Investment% 20Services% 20Act% 20of% 202007% 20An% 20Overview. pdf.

〔2〕 参见冯果:《金融服务横向规制究竟能走多远》,载《法学》2010 年第 3 期。

〔3〕 参见冯果:《金融商品的横向规制趋势与中国金融法制之阶段性选择》,载《金融服务法评论》2010 年第 1 期。

本章小结

投保人等弱势群体作为金融消费者，应当在法律上予以关怀和倾斜保护。在立法论上，投连险等金融复合型产品的规范应顺应金融统合法的趋势，对投资性金融商品实现横向规制。日本《金融商品交易法》和韩国《资本市场统合法》提供了大陆法系金融统合法的做法。以金融统合法的调整对象为例，日本《金融商品交易法》采取“有价证券列举＋集合投资计划兜底”的立法技术，而韩国法则是引入“金融投资商品”的法律术语及其抽象界定，更为彻底地实现金融统合立法，也最大限度上应对金融产品的创新趋势，减少私法适用和监管的法律漏洞。总而言之，为实现投连险等金融理财产品有效的、合理的法律适用，是时候需要法律作出回应了。[1]

---

〔1〕这正如塔玛·弗兰科教授在其分析变额产品的代表作中以“It is time for legislation.”作为文章结尾一样，本书也借此、概括本书主要的改进建议。See Tamar Frankel, *Variable Annuities, Variable Insurance and Separate Accounts*, 51 Boston University Law Review 177, 401 (1971).

结　论

一、主要结论

投连险是一款横跨保险、证券、信托等多重领域的金融产品，是对传统金融产品的守成与创新。该产品的构成要素中，“提供死亡或生存保险保障”与传统寿险相同，但在“专设独立的投资账户”“投保人完全承担投资风险”等方面，又区别于传统寿险，与证券投资基金等理财产品无异。

在“分业经营、分业管理”的法律背景下，投连险作为金融复合型产品，容易引起对证券法、信托法的适用不足。譬如，在保险法上，保险人对于投保人的义务限于给付保险金等保险合同义务，不包括作为资产受托人时的受信义务。由此容易导致对投保人投资权益保护的不足，不符合现代金融法本身的规范逻辑。因为保险、证券等金融法主要是基于直接融资和间接融资的风险分配差异而设置不同的规则。例如，就金融产品购买者的保护而言，保险法主要是对保险人的偿付能力、资金的安全运用等方面作出严格限制，以此确保保险人能够实现其对投保人的承诺内容；而证券法则是建立以信息披露为核心的规则体系,为投资者提供自主决策、风险自担的信息基础。

“投资风险的承担”和“投资者保护”是区别传统保险产品和证券产品的主要因素。本书进一步分析保险和证券的不同功能指向和构成要素,可以发现:尽管投连险包含传统寿险因素,但其主要特征仍是证券属性。但是,投连险依产品“主导性因素”定性而展开的法律适用带来保险法或证券法等规则适用上的不足。其应按“实质重于形式”的思路展开,依据合同的实质上的权利义务内容,不纠结于其在传统金融类型下的法律定性和形式归属。

在“实质重于形式”下,于私法适用层面,投资账户是投连险证券属性的载体,亦是投保人和保险人之间权义关系的主要内容。“投资账户”上的委托理财法律关系并非现行法下的有名合同,传统民法的委托合同内容不能契合投资账户上的真实权义关系。在解释论上,投连险中的“委托理财关系”和“传统寿险关系”应视为一种合同联立,并采取“类推适用说”,类推适用证券投资基金法、信托法等规则。同时,从投资账户的性质来看,其符合基金的构成要素,实质上是一种契约型、开放式、公募型的投资基金。在投资账户的私法关系上,主要是强调投保人的收益权等权益和保险人作为资产管理人的义务群,包括受信义务、适当性义务、信息提供义务、说明义务等。

在投连险的监管方面,原保监会对于投连险监管权的形成,除了投连险本身作为新型寿险产品引进的原因外,还存在证监会统一监管权形成较晚等时势成因。在投连险的监管规则中,原保监会主要采取类似于证券投资基金的信息披露思路,以及严格的销售监管和购买者适当性管理。但是,原保监会并没有处理好投连险发展与监管的关系,存在诸多内容冲突和矛盾,存在“选择性执法”等问题。功能监管、行为监管的兴起与实践,对于投连险监管的改进具有重要启示意义。尽管“穿透式”监管可以为功能监管的实施奠定一定基础,但却不能代替功能监管。

在投连险“反欺诈”等具体规则适用的完善上,主要有如下结论:在保险法中告知义务的适用上，该义务主体不仅包括投保人，还应包括被保险人；在违反告知义务时，应区分“风险保费”和“投资保费”的不同法律后果。投连险合同中的“投资风险自担条款”，不宜按照“免责条款”的法律效果来认定，而是按照保险说明义务的“重要事项”标准来认定。在适当性义务的规则上，该义务主体并不限于保险人，还包括保险代理人和保险经纪人。在信息披露规则上，投连险可以参照证券投资基金的相应规则进行完善，注重信息披露的易懂性和重大性。保险人的受信义务依诚实信用原则来解释和填补；其中，在忠实义务的履行上关注利益冲突交易、管理报酬等事项，强调交易的公平性和公开性；在注意义务的履行上应以“谨慎投资者”作为标准。

二、主要建议

上述的结论主要是依据投连险法律适用本身所得。同时，投连险作为一款典型的金融复合型产品，其所面临的法律适用问题亦存在于资产管理计划等其他理财产品。故下述内容主要从更为宏观的角度出发，为投连险等金融理财产品的法律适用提出改进建议。

其一，审思公权监管对金融产品规则适用的推进和影响。公权监管机构对金融产品规则适用的影响甚大，甚至其影响是决定性的。无论多头监管带来的监管重叠、监管竞次等问题，还是传统机构监管在“分业经营、分业管理”下各管一段，金融监管的理念、方式和规则都会直接影响相应的金融产品的发展和私法适用。我国监管目前存在的金融困境，实质上都是因未能有效平衡金融产品的创新发展与监管强度之间的关系。因此，各国都应当积极反思，并探索监管创新和监管强度、监管权限分配与协调关系之间的平衡点。

其二，监管理念上，以功能监管、行为监管作为改进方向。在功能监管、行为监管理念下，对于金融复合产品的监管涉及多个监管部门，并不局限于某一监管者。在功能监管理念下，按照现代法中直接金融和间接金融的规范逻辑来进行法律适用。就投连险而言，保险监管者亦可采取证券法相应规则，或是证券监管者参与投连险等理财产品的监管。譬如，对于投连险的证券属性监管，其主要侧重于信息披露、反欺诈、销售行为。同时，金融监管的目标不应仅是强调对金融风险的防范，还应将金融消费者保护上升至金融监管的宏观目标。我国当下的金融监管过于偏重金融风险的防范，易忽视对金融消费者的保护。

其三，在金融理财产品法律适用中，倡导商事思维的运用。在面对不断推陈出新的商事交易中，成文法存在天然的滞后性，因此更加依赖于通过法解释学的方法作出相应的法律回应。我国为典型的民商合一国家，在商法未规定时，适用民法的一般规定。而商事权利义务内容往往存在不同于民法的特殊性，并且通常采取更为严格的商事责任。故在商事审判中，应当强调商事思维的特殊性，考究金融商事关系、金融商事主体，以及金融商事行为的特殊性，不能简单回归“大民法”。

其四，明确投保人等金融消费者的弱势地位，并在立法上予以倾斜保护。对于金融消费者的倾斜保护，并不意味着颁布专门的“金融消费者保护法”，而是在法律适用中贯彻、落实金融消费者倾斜保护的理念，实现法律适用的实质公平性。譬如，在司法实务中，法院裁判逻辑应当由“买者自负”转向“卖者尽责，买者自负”，侧重于对金融机构是否善尽其义务的评价。又如，保险人的适当性义务，履行主体不仅包括保险人本身，还应当包括保险代理人和保险经纪人，并实行举证责任倒置。再如，受信义务的承担不应当以“名义信托”为限，信托法对于“信托”的界定亦应当采取实质界定。尤其是在“非名义信托”中，明确保险人等金融机构作为资产管理人或受托人时的受信义务。

其五，引入“金融投资商品”术语，并对其进行抽象界定。现行《证券法》在原来基础上扩大了证券的法定类型，但扩大方式是保守的，并未对证券进行抽象界定,难以容纳更多的实质证券类型。未来改进上,可引入“金融投资商品”概念,并对其进行一般界定,采取金融统合立法,实现更为彻底的金融商品的横向规制。

主要参考文献

中文论文和专著类

[1]蔡立东、张临伟:《“平等主体关系说”评判——兼评〈民法典草案〉第二条》,载《南京大学法律评论》2005 年第 2 期。

[2]陈洁:《金融投资商品统一立法趋势下“证券”的界定》,载《证券法苑》2011 年第 2 期。

[3]陈洁:《投资者到金融消费者的角色嬗变》,载《法学研究》2011 年第 5 期。

[4]陈文辉:《我国寿险产品竞争力的现状及对策》,载《保险研究》2012 年第 7 期。

[5]崔建远:《合同解除的疑问与释答》,载《法学》2005 年第 9 期。

[6]崔建远:《论外观主义的运用边界》,载《清华法学》2019 年第 5 期。

[7]崔文思:《论我国集合投资计划的法律规制》,载《金融服务法评论》2011 年第 1 期。

[8]戴国强、陈晨:《金融消费者保护与金融危机——基于全球 142 个经济体的实证研究》,载《财经研究》2015 年第 3 期。

[9]丁南:《论民商法上的外观主义》,载《法商研究(中南政法学院学报)》1997年第5期。

[10]杜佳佳:《金融领域穿透式监管探析:制度源起与适用前瞻》,载《西南金融》2019年第2期。

[11]樊启荣:《中国保险立法之反思与前瞻——为纪念中国保险法制百年而作》,载《法商研究》2011年第6期。

[12]范军:《论先合同义务与相关合同义务之关系》,载《复旦学报(社会科学版)》2006年第1期。

[13]方有恒:《保险需求特征与保险营销模式演变》,载《经营与管理》2007年第11期。

[14]冯果:《金融服务横向规制究竟能走多远》,载《法学》2010年第3期。

[15]冯果:《金融商品的横向规制趋势与中国金融法制之阶段性选择》,载《金融服务法评论》2010年第1期。

[16]冯辉:《论金融监管竞争及其法律治理》,载《法学家》2019年第3期。

[17]符宁、于震:《投资型寿险产品发展现状及保险公司风险分析》,载《东北师大学报(哲学社会科学版)》2017年第5期。

[18]高民尚:《审理证券、期货、国债市场中委托理财案件的若干法律问题》,载《人民司法》2006年第6期。

[19]苟文均:《穿透式监管与资产管理》,载《中国金融》2017年第8期。

[20]郭雳:《投资型保险及其法律问题》,载《金融法苑》2001年第4期。

[21]洪艳蓉:《论基金托管人的治理功能与独立责任》,载《中国法学》2019年第6期。

[22]黄辉:《中国金融监管体制改革的逻辑与路径:国际经验与本土选择》,载《法学家》2019年第3期。

[23]黄辉:《资产管理的法理基础与运行模式——美国经验及对中国的启示》,载《环球法律评论》2019 年第 5 期。

[24]黄人杰:《对受托人信托投资义务的若干思考》,载《国际商务(对外经济贸易大学学报)》2004 年第 1 期。

[25]黄韬:《委托理财合同纠纷研究——金融市场监管法律规则的视角》,载《北京仲裁》2015 年第 2 期。

[26]季奎明:《论金融理财产品法律规范的统一适用》,载《环球法律评论》2016 年第 6 期。

[27]江朝国:《保险之定义及特性》,载《月旦法学杂志》1996 年第 13 期。

[28]姜雪莲:《信托受托人的忠实义务》,载《中外法学》2016 年第 1 期。

[29]蒋晓虎、许霓、孙珍珍:《论投资型寿险的适用性与局限性》,载《保险研究》2001 年第 12 期。

[30]金锦萍:《论法律行为视角下的信托行为》,载《中外法学》2016 年第 1 期。

[31]黎四奇:《对后危机时代金融监管体制创新的检讨与反思:分立与统一的视角》,载《现代法学》2013 年第 5 期。

[32]李飞:《保险法上如实告知义务之新检视》,载《法学研究》2017 年第 1 期。

[33]李建伟:《行政规章影响商事合同效力的司法进路》,载《法学》2019 年第 9 期。

[34]李理:《投资连结保险:法律属性及与现行保险法的冲突》,载《河北法学》2005 年第 4 期。

[35]李敏:《美国投资型保险资金运用监管及其借鉴》,载《华东政法大学学报》2020 年第 6 期。

[36]李溪鹏:《投资型保险风险分担的法律规制》,载《求索》2015 年第

4 期。

[37]李游:《“买者自负”的适用逻辑与金融消费关系的“不平等”》,载《北京社会科学》2019 年第 7 期。

[38]李游:《人身保险利益的内涵界定与制度定位——基于 296 份司法判决书的分析》,载《政治与法律》2017 年第 6 期。

[39]李游:《万能险“最低保证利率”条款的法律效力》,载《保险研究》2018 年第 2 期。

[40]梁鹏:《保险法上的“重要事实”研究》,载《保险研究》2007 年第 8 期。

[41]梁上上:《论证券民事责任与股东诉讼方式》,载《复旦学报(社会科学版)》2003 年第 2 期。

[42]廖岷:《对危机后银行业“行为监管”的再认识》,载《金融监管研究》2012 年第 1 期。

[43]林越坚:《金融消费者:制度本源与法律取向》,载《政法论坛》2015 年第 1 期。

[44]刘承韪:《论演艺经纪合同的解除》,载《清华法学》2019 年第 4 期。

[45]刘鸿儒、南焱:《证监会诞生的台前幕后》,载《中国经济周刊》2009 年第 22 期。

[46]刘燊:《我国金融理财产品的法律分析和监管问题研究》,载《证券法苑》2009 年第 1 期。

[47]陆青:《合同联立问题研究》,载《政治与法律》2014 年第 5 期。

[48]罗培新:《美国金融监管的法律与政策困局之反思——兼及对我国金融监管之启示》,载《中国法学》2009 年第 3 期。

[49]罗彧:《投资连结保险:证券乎?》,载《金融法苑》2003 年第 6 期。

[50]马建威:《金融消费者法律保护:以金融监管体制改革为背景》,载《政法论坛》2013 年第 6 期。

[51]马宁:《保险法如实告知义务的制度重构》,载《政治与法律》2014年第1期。

[52]马涛:《保险合同免责条款的司法认定研究》,载《财经法学》2015年第3期。

[53]毛玲玲:《发展中的互联网金融法律监管》,载《华东政法大学学报》2014年第5期。

[54]彭冰:《非法集资行为的界定——评最高人民法院关于非法集资的司法解释》,载《法学家》2011年第6期。

[55]沈朝晖:《企业资产证券化法律结构的脆弱性》,载《清华法学》2017年第6期。

[56]沈伟:《复杂结构金融产品的规制及其改进路径——以香港雷曼兄弟迷你债券事件为切入点》,载《中外法学》2011年第6期。

[57]施天涛、周勤:《商事信托:制度特性、功能实现与立法调整》,载《清华法学》2008年第2期。

[58]施天涛:《商事关系的重新发现与当今商法的使命》,载《清华法学》2017年第6期。

[59]时磊、李立群等:《格局变迁:中国金融监管的"分与合"》,载《中国银行业》2019年第1期。

[60]孙工声:《加快制订〈金融消费者权益保护法〉》,载《中国金融》2012年第6期。

[61]孙积禄:《保险法最大诚信原则及其应用》,载《比较法研究》2004年第4期。

[62]孙天琦、张晓东:《美国次贷危机:法律诱因、立法解危及其对我国的启示》,载《法商研究》2009年第2期。

[63]谭人友、叶瑶、于涛:《"穿透式"监管的内涵、目的与实践》,载《国际金融》2017年第11期。

[64]汤欣:《私人诉讼与证券执法》,载《清华法学》2007 年第 3 期。

[65]庹国柱、朱俊生:《论当前保险发展与风险防范——从“保险泡沫论”说起》,载《保险研究》2004 年第 12 期。

[66]庹国柱、朱俊生:《重新反思人身险新型产品》,载《中国保险》2003 年第 8 期。

[67]王国刚:《中国金融 70 年:简要历程、辉煌成就和历史经验》,载《经济理论与经济管理》2019 年第 7 期。

[68]王洪亮:《论合同的必要之点》,载《清华法学》2019 年第 6 期。

[69]王建文:《中国商事司法实践中的法律适用:困境与出路》,载《现代法学》2010 年第 5 期。

[70]王军:《法律规避行为及其裁判方法》,载《中外法学》2015 年第 3 期。

[71]王文宇:《商事契约的解释　模拟推理与经济分析》,载《中外法学》2014 年第 5 期。

[72]温世扬、范庆荣:《“保险消费者”概念辨析》,载《现代法学》2017 年第 2 期。

[73]温数英:《美国金融消费者保护机制的改革及经验》,载《美国研究》2015 年第 1 期。

[74]吴弘、徐振:《金融消费者保护的法理探析》,载《东方法学》2009 年第 5 期。

[75]吴晓灵:《完善金融立法与强化金融监管》,载《经济导刊》2017 年第 10 期。

[76]吴勇敏、胡斌:《对我国保险人说明义务制度的反思和重构——兼评新〈保险法〉第 17 条》,载《浙江大学学报(人文社会科学版)》2010 年第 3 期。

[77]武亦文、潘重阳:《保险合同索赔欺诈私法效果论》,载《保险研究》

2016 年第 7 期。

[78]武亦文:《投保欺诈的法律规制路径》,载《法学评论》2019 年第 5 期。

[79]谢家智、陈利:《我国巨灾风险可保性的理性思考》,载《保险研究》2011 年第 11 期。

[80]肖海军:《信托投资机构信托义务的释义与认定》,载《社会科学》2009 年第 2 期。

[81]邢会强:《处理金融消费纠纷的新思路》,载《现代法学》2009 年第 5 期。

[82]邢会强:《国务院金融稳定发展委员会的目标定位与职能完善——以金融法中的"三足定理"为视角》,载《法学评论》2018 年第 3 期。

[83]邢会强:《金融机构的信义义务与适合性原则》,载《人大法律评论》2016 年第 3 期。

[84]邢会强:《我国〈证券法〉上证券概念的扩大及其边界》,载《中国法学》2019 年第 1 期。

[85]邢会强:《市场型金融创新法律监管路径的反思与超越》,载《现代法学》2022 年第 2 期。

[86]修军:《新监管格局下直接融资与资管行业的发展趋势》,载《清华金融评论》2017 年第 12 期。

[87]徐国栋:《论民事屈从关系——以菲尔麦命题为中心》,载《中国法学》2011 年第 5 期。

[88]徐明、卢文道:《证券交易"买者自负"原则的司法适用及法制化初探》,载《证券法苑》2011 年第 1 期。

[89]许德风:《赌博的法律规制》,载《中国社会科学》2016 年第 3 期。

[90]颜韬:《投连险与基金信息披露的比较分析》,载《保险研究》2010 年第 9 期。

[91]颜延:《金融衍生产品交易中的卖方受信义务》,载《法律科学》2014 年第 2 期。

[92]杨东:《论金融服务统合法体系的构建——从投资者保护到金融消费者保护》,载《中国人民大学学报》2013 年第 3 期。

[93]杨东:《市场型间接金融:集合投资计划统合规制论》,载《中国法学》2013 年第 2 期。

[94]杨晓灵:《投资型寿险产品的发展研究》,载《保险研究》2002 年第 10 期。

[95]姚海放:《论证券概念的扩大及对金融监管的意义》,载《政治与法律》2012 年第 8 期。

[96]叶林、吴烨:《金融市场的"穿透式"监管论纲》,载《法学》2017 年第 12 期。

[97]叶林:《金融消费者的独特内涵——法律和政策的多重选择》,载《河南大学学报(社会科学版)》2012 年第 5 期。

[98]叶林:《投资型保险:保障抑或投资》,载《月旦民商法杂志》2010 年第 27 期。

[99]叶启洲:《投资型保险契约无效时之保险费返还与缔约上过失责任》,载《环球法律评论》2014 年第 6 期。

[100]俞燕:《保险监管 20 年:三任主席,三重人生》,载《财经》2018 年第 6 期。

[101]张淞纶:《关于"交易安全理论":批判、反思与扬弃》,载《法学评论》2014 年第 4 期。

[102]张晓萌:《论投资型保险在契约法上的定位》,载《保险研究》2017 年第 9 期。

[103]张瑜:《改革开放四十周年:我国金融监管体系的演变》,载《时代金融》2019 年第 9 期。

［104］张珍宝:《韩国资本市场法系列之一:金融投资商品概念简析》,载《金融法苑》2009 年第 2 期。

［105］赵磊:《信托受托人的角色定位及其制度实现》,载《中国法学》2013 年第 4 期。

［106］赵晟植:《韩国法中的"金融投资商品"定义小考》,载《金融法苑》2010 年第 1 期。

［107］郑彧:《民法逻辑、商法思维与法律适用》,载《法学评论》2018 年第 4 期。

［108］仲伟珩:《投保人如实告知义务研究——以中德法律比较为出发点》,载《比较法研究》2010 年第 6 期。

［109］周剑龙:《日本法上的金融商品交易者业者等机构的行为规制——以说明义务和适合性原则为中心》,载《商事法论集》2016 年第 2 期。

［110］朱慈蕴:《中国影子银行:兴起、本质、治理与监管创新》,载《清华法学》2017 年第 6 期。

［111］《韩国资本市场法》,董新义译,知识产权出版社 2011 年版。

［112］［意］F. 卡尔奇诺:《商法史》,贾婉婷译,商务印书馆 2017 年版。

［113］［德］K. 茨威格特、［德］H. 克茨:《比较法总论》,潘汉典等译,法律出版社 2003 年版。

［114］［英］M. A. 克拉克:《保险合同法》,何美欢等译,北京大学出版社 2002 年版。

［115］曾隆兴:《现代非典型契约论》,作者自版 1988 年版。

［116］陈恳:《迷失的盛宴:中国保险史 1978—2014》,浙江大学出版社 2014 年版。

［117］崔建远:《合同法总论(上卷)》,中国人民大学出版社 2008 年版。

［118］丁昶、李汉雄主编:《投连和万能保险的原理与监管》,中国财政经济出版社 2009 年版。

[119]樊启荣:《保险法诸问题与新展望》,北京大学出版社 2015 年版。

[120][德]格哈德·瓦格纳主编:《比较法视野下的侵权法与责任保险》,魏磊杰等译,中国法制出版社 2012 年版。

[121]顾功耘主编:《证券法》,人民法院出版社 1999 年版。

[122]郭锋、陈夏等:《证券投资基金法导论》,法律出版社 2008 年版。

[123][美]哈威尔·E. 杰克逊、[美]小爱德华·L. 西蒙斯编著:《金融监管》,吴志攀等译,中国政法大学出版社 2003 年版。

[124]韩长印、韩永强编著:《保险法新论》,中国政法大学出版社 2010 年版。

[125]黄爱学:《金融商品交易反欺诈制度研究》,法律出版社 2012 年版。

[126]霍萨克、波拉德、策恩维茨:《非寿险精算基础》,王育宪等译,中国金融出版社 1992 年版。

[127]贾林青:《保险法》,中国人民大学出版社 2014 年版。

[128]江朝国:《保险法基础理论》,中国政法大学出版社 2002 年版。

[129]江先学、吴岚等编著:《保险公司偿付能力监管研究》,上海交通大学出版社 2013 年版。

[130][美]杰瑞·马克汉姆:《美国金融史——从衍生品时代到新千年》(第 3 卷),李涛、王湑凯译,中国金融出版社 2018 年版。

[131][挪]卡尔·H. 博尔奇:《保险经济学》,庹国柱等译,商务印书馆 1999 年版。

[132][德]卡尔·拉伦茨:《法学方法论》,陈爱娥译,商务印书馆 2003 年版。

[133][美]肯尼斯·S. 亚伯拉罕:《美国保险法原理与实务》,韩长印等译,中国政法大学出版社 2012 年版。

[134]黎建飞:《保险法新论》(第 2 版),北京大学出版社 2014 年版。

[135]李飞主编:《中华人民共和国证券投资基金法释义》,法律出版社2013年版。

[136]李昊:《交易安全义务论——德国侵权行为法结构变迁的一种解读》,北京大学出版社2008年版。

[137]李适时主编:《中华人民共和国民法总则释义》,法律出版社2017年版。

[138]李永祥主编:《委托理财纠纷案件审判要旨》,人民法院出版社2005年版。

[139]李玉泉主编:《保险法学——理论与实务》,高等教育出版社2007年版。

[140]梁宇贤:《保险法新论》,中国人民大学出版社2004年版。

[141]缪建民等:《保险资产管理的理论与实践》,中国经济出版社2014年版。

[142]林诚二:《民法债编总论——体系化解说》,中国人民大学出版社2003年版。

[143]刘庆飞:《多重背景下金融监管立法的反思与改革》,上海人民出版社2015年版。

[144]刘媛:《金融消费者法律保护机制的比较研究》,法律出版社2012年版。

[145][美]路易斯·罗思、[美]乔尔·赛里格曼:《美国证券监管法基础》,张璐等译,法律出版社2008年版。

[146][日]能见善久:《现代信托法》,赵廉慧译,中国法制出版社2011年版。

[147]彭冰:《中国证券法学》(第2版),高等教育出版社2007年版。

[148]邵东亚:《金融业的分与合:全球演进与中国实践》,北京大学出版社2003年版。

[149]施天涛:《公司法论》(第4版),法律出版社2018年版。

[150]施天涛:《商法学》(第6版),法律出版社2020年版。

[151]史尚宽:《债法总论》,中国政法大学出版社2000年版。

[152]覃有土、樊启荣:《保险法学》,高等教育出版社2003年版。

[153]唐义虎:《信托财产权利研究》,中国政法大学出版社2005年版。

[154]陶存文编著:《人寿保险理论与实务》,高等教育出版社2011年版。

[155][美]托马斯·李·哈森:《证券法》,张学安等译,中国政法大学出版社2003年版。

[156]万峰主编:《寿险公司经营管理》,中国金融出版社2018年版。

[157]汪信君、廖世昌:《保险法理论与实务》,台北,元照出版有限公司2006年版。

[158]王国军编著:《保险经济学》(第2版),北京大学出版社2014年版。

[159]王禾生:《大道平安》,中信出版社2008年版。

[160]王泽鉴:《债法原理》(第2版),北京大学出版社2013年版。

[161][美]维维安娜·泽利泽:《道德与市场:美国人寿保险的发展》,姚泽麟等译,华东师范大学出版社2019年版。

[162][德]乌尔里希·贝克:《风险社会》,何博闻译,译林出版社2004年版。

[163]吴定富主编:《〈中华人民共和国保险法〉释义》,中国财政经济出版社2009年版。

[164]吴晓灵主编:《投资基金法的理论与实践——兼论投资基金法的修订与完善》,上海三联书店2014年版。

[165]吴志攀:《金融法概论》(第5版),北京大学出版社2011年版。

[166][美]小罗伯特·H.杰瑞、[美]道格拉斯·R.里士满:《美国保险

法精解》,李之彦译,北京大学出版社 2009 年版。

[167]邢会强:《金融消费纠纷的多元化解决机制研究》,中国金融出版社 2012 年版。

[168]许崇苗:《保险法原理及疑难案例解析》,法律出版社 2011 年版。

[169]许闲:《保险大国崛起:中国模式》,复旦大学出版社 2019 年版。

[170]杨东:《金融服务统合法论》,法律出版社 2013 年版。

[171]于海纯:《保险消费者权益保护制度研究——以保险人说明义务规制为重点》,对外经济贸易大学出版社 2015 年版。

[172][日]园乾治:《保险总论》,李进之译,中国金融出版社 1983 年版。

[173]袁宗蔚:《保险学——危险与保险》,台北,三民书局 1998 年版。

[174]张斌主编:《金融消费者保护理论与判解研究》,法律出版社 2015 年版。

[175]张洪涛、郑功成主编:《保险学》,中国人民大学出版社 2000 年版。

[176]张路、罗旭、郭晓婧编译:《中美英基金法比较与实务》,法律出版社 2007 年版。

[177]张敏:《信托受托人的谨慎投资义务研究》,中国法制出版社 2011 年版。

[178]张文显主编:《法理学》(第 3 版),高等教育出版社 2007 年版。

[179]郑杨等:《全球功能监管实践与中国金融综合监管探索》,上海人民出版社 2016 年版。

[180]钟向春:《我国营业信托受托人谨慎义务研究》,中国政法大学出版社 2015 年版。

[181]周小明:《信托制度比较法研究》,法律出版社 1997 年版。

[182]朱崇实、刘志云等:《混业经营趋势下的中国金融监管法:挑战与革新》,厦门大学出版社 2013 年版。

[183]邹海林:《保险法学的新发展》,中国社会科学出版社 2015 年版。

中文司法案例类

[184]贺某某诉中国平安人寿保险股份有限公司北京分公司保险合同纠纷案,[法宝引证码]:CLI. C. 876595。

[185]周某某等诉中国平安人寿保险股份有限公司北京分公司保险合同纠纷案,[法宝引证码]CLI. C. 876600。

[186]毛某与某保险公司北京市分公司人身保险合同纠纷上诉案,北京市第二中级人民法院民事判决书(2007)二中民终字第13591号。

[187]中国人寿保险股份有限公司北京市分公司与杨某某人身保险合同纠纷案,北京市第四中级人民法院民事判决书(2017)京04民终55号。

[188]呼某某与李某某委托理财合同纠纷案,北京市第一中级人民法院民事判决书(2011)一中民终字第18657号。

[189]丁某某与中国平安人寿保险股份有限公司北京分公司人寿保险合同纠纷案,北京铁路运输法院民事判决书(2015)京铁民(商)初字第439号。

[190]麦某某与中国人民人寿保险股份有限公司广东省分公司保险合同纠纷上诉案,广东省广州市中级人民法院民事判决书(2017)粤01民终8898号。

[191]赵某诉中宏人寿保险有限公司广东分公司人身保险合同纠纷案,广州市天河区人民法院民事判决书(2014)穗天法民二初字第13号。

[192]泰康人寿保险有限责任公司河南分公司与曹某某保险合同纠纷上诉案,河南省许昌市中级人民法院民事判决书(2018)豫10民终895号。

[193]宋某某与太平人寿保险有限公司黑龙江分公司保险合同纠纷上诉案,黑龙江省哈尔滨市中级人民法院民事判决书(2016)黑01民终6044号。

[194]中国平安人寿保险股份有限公司宜昌中心支公司与张某某人身

保险合同纠纷上诉案,湖北省宜昌市中级人民法院民事判决书(2018)鄂05民终47号。

[195]尤某某诉新华人寿保险股份有限公司、新华人寿保险股份有限公司上海分公司人寿保险合同纠纷案,江苏省无锡市中级人民法院民事判决书(2015)锡商终字第1110号。

[196]吴某某与中国人寿保险股份有限公司上海市分公司人身保险合同纠纷上诉案,上海市第二中级人民法院民事裁定书(2017)沪02民终7641号。

[197]赵某与中国平安保险股份有限公司上海分公司人身险营业部人身保险合同保险金纠纷上诉案,上海市第二中级人民法院民事判决书(2003)沪二中民三(商)终字第85号。

[198]龚某某与中国工商银行股份有限公司上海市张江支行财产损害赔偿纠纷上诉案,上海市第一中级人民法院民事判决书(2017)沪01民终1910号。

[199]林某某与渣打银行(中国)有限公司等委托理财合同纠纷上诉案,上海市第一中级人民法院民事判决书(2009)沪一中民三(商)终字第569号。

[200]庞某某与华夏银行股份有限公司上海长宁支行等委托理财合同纠纷上诉案,上海市第一中级人民法院民事判决书(2010)沪一中民六(商)终字第24号。

[201]金新信托投资股份公司及何某某等人非法吸收公众存款案,新疆维吾尔自治区高级人民法院刑事裁定书(2006)新刑二终字第55号。

[202]周某与中国平安人寿保险股份有限公司、中国平安人寿保险股份有限公司重庆分公司人身保险合同纠纷上诉案,重庆市第五中级人民法院民事判决书(2017)渝05民终5456号。

[203]武某某诉中国人寿重庆公司等保险合同纠纷案,重庆市第一中级

人民法院民事裁定书(2015)渝一中法民终字第06993号。

部分保险理财产品说明书类

[204]安邦东风5号两全保险(万能险),安邦人寿〔2017〕两全保险13号。

[205]工银安盛人寿保得盈年金保险(变额型)条款,〔2012〕字第1－1号文呈报原保监会批准。

[206]海尔纽约人寿生财智道投资连结保险条款,海尔纽约人寿〔2009〕终身寿险018号。

[207]平安赢定金生投资连结保险合同,平安人寿〔2012〕终身寿险023号。

[208]平安尊宏人生两全保险(分红型),平安人寿〔2015〕两全保险041号。

[209]友邦双盈人生Ⅱ终身寿险(投资连结型),友邦保险〔2012〕终身寿险021号。

英文论文和专著类

[210] Alan Lazarescu & Harold Leff, *Uiversal Life Insurance: Legal, Regulatory and Actuarial Aspects*, 17 Forum, 1000－1011 (1982).

[211] Alan M. Weinberger, *Let the Buyer Be Well Informed? -Doubting the Demise of Caveat Emptor*, 55 Maryland Law Review, 387(1996).

[212] Arthur H. Haussermann, *The Security in Variable Annuities*, 1956 Insurance Law Journal 382, 392 (1956).

[213] Boe W. Martin, *The Status of the Variable Annuity as a Security: A Lesson in Legal Line Drawing*, 30 Ohio State Law Journal 736, 772 (1969).

[214] C. Christopher Spragua, *The Funding Vehicle*, in Clifford E. Kirsch

ed. , Variable Annuities and Variable Life Insurance Regulation, Practising Law Institute, 2018, p. 2 (Chapter 7).

[215] C. Lee Jr. Cook, *The Legal Barriers to the Variable Annuity*, 1958 University of Illinois Law Forum 466, 471 (1958).

[216] Charles W. Murdock, *The Dodd-Frank Wall Street Reform and Consumer Protection Act: What Caused the Financial Crisis and Will Dodd-Frank Succeed in Preventing Future Crises?* 64 SMU Law Review 1243, 1248 - 1249 (2011).

[217] Christopher E. Palmer, *Variable Insurance Product Design*, in Clifford E. Kirsch ed. , Variable Annuities and Variable Life Insurance Regulation, Practising Law Institute, 2018, p. 10 (Chapter 6).

[218] Christopher S. Petito, *Status of Insurance Products Under the Securities Act of* 1933, in Clifford E. Kirsch ed. , Variable Annuities and Variable Life Insurance Regulation, Practising Law Institute, 2018, p. 34 - 39 (Chapter 2).

[219] Clifford E. Kirsch & Michael J. Mazza, *SEC Registration*, in Clifford E. Kirsch ed. , Variable Annuities and Variable Life Insurance Regulation, Practising Law Institute, 2018, p. 3 (Chapter 8).

[220] Clifford E. Kirsch, *An Introduction to Variable Insurance Products*, in Clifford E. Kirsch ed. , Variable Annuities and Variable Life Insurance Regulation, Practising Law Institute, 2018, p. 26 (Chapter 1).

[221] Clifford E. Kirsch, *Suitability*, in Clifford E. Kirsch ed. , Variable Annuities and Variable Life Insurance Regulation, Practising Law Institute, 2018, p. 14 (Chapter 16).

[222] Clifford E. Kirsch, Wendell M. Faria & W. Thomas Conner, *Mutual Fund and Variable Insurance Products Performance Advertising*, 50

Business Lawyer 925, 994 (1995).

[223] Deborah A. DeMott, *Beyond Metaphor: An Analysis of Fiduciary Obligation*, 1988 Duke Law Journal 879, 880 (1988).

[224] Eilis Ferran, *Examining the United Kingdom's Experience in Adopting the Single Financial Regulator Model*, 28 Brooklyn Journal of International Law 257, 261 – 262 (2002).

[225] Eleanor Blayney & Michael F. Lane, *Focus: The Pros and Cons of Variable Annuities*, 1 Journal of Retirement Planning 34, 34 – 38 (1998).

[226] Gary E. Jenkins, *Exemptive Rules for Variable Insurance Contracts under the Investment Company Act of* 1940: *Part* 2 *of* 2, 17 The Investment Lawyer 3, 3 – 12(2010).

[227] Gary E. Jenkins, *Regulation of Variable Insurance Products Under the Investment Company Act of 1940*, in Clifford E. Kirsch ed., Variable Annuities and Variable Life Insurance Regulation, Practising Law Institute, 2018, p. 14 (Chapter 3A).

[228] George E. Johnson, *The Variable Annuity: What It Is and Why It Is Needed*, 1956 Insurance Law Journal 357, 372 (1956).

[229] J. Edward Day& Meyer Melnikoff, *The Variable Annuity as a Life Insurance Company Product*, 24 Insurance Counsel Journal 16, 16 (1957).

[230] J. Edward Day, *Variable Annuity Is Not a Security*, 32 Notre Dame Law 642, 646 (1957).

[231] Jeffrey W. Stempel, *Reassessing the Sophisticated Policyholder Defense in Insurance Coverage Litigation*, 42 Drake Law Review 807, 808 (1993).

[232] John G. Sobieski, *What is a Security*, 25 Mercer Law Review 381, 392 – 393 (1974).

[233] John H. Langbein, *The Contractarian Basis of the Law of Trusts*, 105 Yale Law Journal 625, 627 (1995).

[234] John Haynes, *Risk as an Economic Factor*, 9 The Quarterly Journal of Economics 409, 409 (1895).

[235] John J. Eklund, *What is a Security*, 36 Washington and Lee Law Review 847, 861 (1979).

[236] Joseph F. Krupsky, *Federal Securities Law and Variable Annuity Contracts*, 24 Drake Law Review 839, 839 - 840 (1975).

[237] Joseph W. Bartlett, *Variable Annuities: Evolution and Analysis*, 19 Stanford Law Review 150, 151 (1966).

[238] Keeton, Robert E., *Insurance Law Rights at Variance with Policy Provisions*, 83 Harvard Law Review 961, 961 - 985 (1970).

[239] Kenneth Kubczak, *The Regulatory Problems of Variable Life Insurance in the United States*, 1972 Insurance Law Journal 450, 470 (1972).

[240] LS Sealy, *Fiduciary Relationships*, 20 Cambridge Law Journal 69, 70 - 71 (1962).

[241] M. H. Ogilvie, *Banks, Advice-Giving And Fiduciary Obligation*, 17 Ottawa Law Review 263, 274 (1985).

[242] Michael Taylor, *Redrawing the Regulatory Map: A Proposal for Reform*, 5 Journal of Financial Regulation and Compliance 49, 49 - 58 (1996).

[243] Milton P. Kroll & Gary O. Cohen, *Insurance—Security Identity Crisis*, 46 George Washington Law Review 790, 805 (1978).

[244] Miriam R. Albert, *The Howey Test Turns 64: Are the Courts Grading This Test on a Curve*, 2 William & Mary Business Law Review 1, 16 - 17 (2011).

[245] Notes, *Federal and State Regulation of the Variable Annuity*, 44

Minnesota Law Review 289, 289 - 307 (1959).

[246] Notes, *Variable Annuity: Security or Annuity*, 43 Virginia Law Review 699, 699 (1957).

[247] Notes, *Variable Life Insurance and the Federal Securities Laws*, 25 Maine Law Review 241, 294 (1973).

[248] Park McGinty, *What Is a Security*, 1993 Wisconsin Law Review 1033, 1052 (1993).

[249] Ralph E. Becker, *Variable Annuity Contracts: Insurance or Securities*, 1958 Insurance Law Journal 612, 613 (1958).

[250] Richard Aughenbaugh, *Variable Annuity Contracts Subject to S. E. C. Regulation*, 20 Ohio State Law Journal 688, 688 (1959).

[251] Richard J. Wirth, *What's Puzzling You is the Nature of Variable Annuity Prospectuses*, 34 Western New England Law Review 127, 157 (2012).

[252] Robert C. Merton, *A Functional Perspective of Financial Intermediation*, 24 Financial Management 23, 23 - 41(2009).

[253] Robert H. Mundheim, *Professional Responsibilities of Broker-Dealers: The Suitability Doctrine*, 1965 Duke Law Journal 445, 449(1965).

[254] Robert P. Blank et al., *Variable Life Insurance and the Federal Securities Laws*, 60 Virginia Law Review 71, 112 (1974).

[255] Rowland H. Long, *The Variable Annuity: A Common Stock Investment Scheme*, 1956 Insurance Law Journal 393, 393, 397 (1956).

[256] Scott T. Fitzgibbon, *Fiduciary Relationships Are Not Contracts*, 82 Marquette Law Review 303, 306 (1999).

[257] Susan Randall, *Insurance Regulation in the United States: Regulatory Federalism and the National Association of Insurance Commissioners*, 26 Florida

State University Law Review 625, 635 (1999).

[258] Tamar Frankel, *Regulation of Variable Life Insurance*, 48 Notre Dame Law 1017, 1020 (1973).

[259] Tamar Frankel, *Variable Annuities, Variable Insurance and Separate Accounts*, 51 Boston University Law Review 177, 177 (1971).

[260] Frankel, *Fiduciary Law*, 71 California Law Review 795, 810 (1983).

[261] Wallace Wen Yeu Wang, *Corporate Versus Contractual Mutual Funds: An Evaluation of Structure and Governance*, 69 Washington Law Review 927, 930 (1994).

[262] Walton H. Hamilton, *The Ancient Maxim Caveat Emptor*, 8 Yale Law Journal 1133, 1136(1931).

[263] Wendell M. Faria, *Status of Insurance Companies and Insurance Company Separate Accounts Under the Investment Company Act*, in Clifford E. Kirsch ed., Variable Annuities and Variable Life Insurance Regulation, Practising Law Institute, 2018.

[264] Erik Banks, *Alternative Risk Transfer: Integrated Risk Management through Insurance, Reinsurance, and the Capital Markets*, (Chichester: John Wiley & Sons, Ltd, 2013).

[265] George E. Rejda & Michael J. McNamara, *Principles of Risk Management and Insurance*, Pearson Education Inc., 2014.

[266] Harvey E. Bines & Steve Thel, *Investment Management Law and Regualtion*, Aspen Publishers, 2004.

[267] Louis D. Brandeis, *Other People's Money and How the Bankers Use It*, Frederick A. Stokes Company Publishers, 1914.

[268] Robert H. Jerry Ⅱ & Douglas R. Richmond, *Understanding*

Insurance Law, LexisNexis,2012.

[269]Spencer L. Kimball,*Cases and Materials on Insurance Law*, Little, Brown and Company, 1992.

[270] Patrick S. Collins, *Regulation of Securities, Markets, and Transactions: A Guide to the New Environment*, John Wiley & Sons,Inc. , 2011.

[271] Peter Lückoff, Mutual Fund Performance and Performance Persistence,Wiesbaden: Gabler, 2011.

[272]Tamar Frankel, *Fiduciary Law*, Oxford University Press, 2010.

[273]Thomas Lee Hazen,*Federal Securities Law*, DC: Federal Judicial Center, 2003.

英文电子文献类

[274]Allan F. Conwill,*Speech: Federal Regulation of Variable Annuity Issuers*, https://www. sec. gov/news/speech/1963/013063conwill. pdf.

[275] Dean Sugano, *Variable Annuity Contracts Under State Statutes Regulating to Securities and to Insurance* (Report No. 4, 2006), http://www. state. hi. us/lrb/.

[276]*Directive* 2004/39/*Ec Of The European Parliament And Of The Council Of* 21 *April* 2004, https://eur-lex. europa. eu/legal-content/EN/TXT/? uri = CELEX% 3A32004L0039.

[277] *Dodd-Frank Wall Street Reform and Consumer Protection Act*, https://www. congress. gov/111/plaws/publ203/PLAW – 111publ203. pdf.

[278] Franklin D. Roosevelt, *Statement on Signing the Securities Bill*, http://www. presidency. ucsb. edu/ws/index. php? pid = 14654.

[279]*Financial Services and Markets Act 2000*,https://www. legislation. gov. uk/ukpga/2000/8/contents.

[280] Mary L. Schapiro, *The Consumer in the Financial Services Revolution*, https://www.sec.gov/news/speech/2009/spch120309mls.htm.

[281] Robert W. Klein, *An Overview of the Insurance Industry and Its Regulation*, https://www.researchgate.net/publication/228341618_An_Overview_of_the_Insurance_Industry_and_Its_Regulation.

[282] SNU School of Law, *Capital Markets and Financial Investment Services Act of* 2007: *An Overview*, Journal of Korean Law (2009), http://s-space.snu.ac.kr/bitstream/10371/85153/1/8.%20Capital%20Markets%20and%20Financial%20Investment%20Services%20Act%20of%202007%20An%20Overview.pdf.

[283] SEC, *Plain English Disclosure* (Release No. 33 - 7497), https://www.sec.gov/rules/final/33-7497.txt.

[284] SEC, *Annuities*, https://www.sec.gov/fast-answers/answersannuityhtm.html.

英文案例类

[285] Barnard v. Kellogg, 77 U.S. 383 (1869).

[286] Creed v. McAleer, 275 Mass. 353, 175 N.E. 761.

[287] Ingalls v. Paul Revere Life Insurance Group, 1997 N.D. 43, 561 N.W. 2d 273 (1997).

[288] International Brotherhood of Teamsters v. Danie, 99 S. Ct. 790 (1979).

[289] King v. Talbot, 40 N.Y. 76 (1869).

[290] Kurth v. Van Horn, 380 N.W. 2d 693 (1986).

[291] Landreth Timber Co. v. Landreth, 471 U.S. 681 (1958).

[292] New York Life Ins. Co. v. Deer Lodge County, 231 U.S. 495

(1913).

[293]Parkinson v. Lee, 102 ER 389 (K. B. 1802).

[294]Paul v. Virginia, 75 U. S. (8 Wall.) 168 (1868).

[295]Perry v. Sharon Dev. Co., 4 All E. R. 390 (C. A. 1937).

[296]Prudential Ins. Co. of America v. SEC, 326 F. 2d 383 (1964).

[297]SEC v. Capital Gains Research Bureau, Inc., 375 U. S. 180 (1963).

[298]SEC v. Glenn W. Turner Enterprises, Inc., 474 F. 2d 476 (9th Cir. 1973).

[299]SEC v. Infinity Group Co., 212 F. 3d 180(3d Cir. 2000).

[300]SEC v. Koscot Interplanetary, Inc., 497 F. 2d 473 (5th Cir. 1974).

[301]SEC v. United Ben. Life Ins. Co., 387 U. S. 202 (1967).

[302]SEC v. Variable Annuity Life Ins. Co., 359 U. S. 65 (1959).

[303]SEC v. W. J. Howey Co., 66 S. Ct. 1100 (1946).

[304]Union Labor Life Ins. Co. v. Pireno, 458 U. S. 119 (1982).

[305]United States v. Margiotta, 688 F. 2d 108 (2d Cir. 1982).

[306]United States v. Robert Chestman, 947 F. 2d 551 (2d Cir. 1991).

[307]Warfield v. Alaniz, 569 F. 3d 1015 (9th Cir. 2009).

日文文献类

[308]安居孝啓『最新保険業法の解説』(大成出版社,2016 年)。

[309]川村正幸『金融商品取引法』(中央経済社,2014 年)。

[310]黒沼悦郎『金融商品取引法』(有斐閣,2016 年)。

[311]神田秀樹、神作裕之『金融法講義』(岩波書店,2017 年)。

[312]金融商品取引法(Financial Instruments and Exchange Act),

http://www.japaneselawtranslation.go.jp/law/detail/? x = 57&y = 23&co = 1&ia = 03&yo = &gn = &sy = &ht = &no = &bu = &ta = &ky = %E9%87%91%E8%9E%8D%E5%95%86%E5%93%81&page = 44&re = 01。

[313]保険業法(Insurance Business Act),http://www.japaneselawtranslation.go.jp/law/detail/? ft = 2&re = 02&dn = 1&yo = Insurance + Business + Act&x = 60&y = 10&ia = 03&ja = 04&ph = &ky = &page = 1。

[314]消費者契約法(Consumer Contract Act),http://www.japaneselawtranslation.go.jp/law/detail/? ft = 2&re = 02&dn = 1&yo = Consumer&x = 0&y = 0&ia = 03&ja = 04&ph = &ky = &page = 5。

[315]金融商品の販売等に関する法律(Act on Sales, etc. of Financial Instruments), http://www.japaneselawtranslation.go.jp/law/detail/? ft = 2&re = 02&dn = 1&yo = Financial + Instruments&x = 0&y = 0&ia = 03&ja = 04&ph = &ky = &page = 12。

后　记

本书是基于我的博士学位论文，并删减部分比较法内容而成的。本书能够出版，得益于有机会读博，回顾来时路，首先得感谢我的导师施天涛教授。

高山景行，师恩难忘。感谢施天涛教授对我入博前学业和研究能力的肯定，让我有幸成为老师名下学生，从而受教于清华诸多名师大家，沐浴在严谨的学风中，收获成长和阅历，实为人生幸事。博论写作中，数易其稿，每稿都有老师的耐心指导，无论是选题，还是写作方式、框架结构、论文方法、观点内容均给予详细的指导意见。尤其是，其中有些内容不能及时消化、领悟。老师言传身教，近年来即将发表的一些论文，让我有机会先睹为快，有效领会、掌握。这使得我对学术研究的态度、方法、行文等有了较为深刻的认识，助于博论的完成。此外，学业之余，不乏老师关怀，日常美食不断。凡此种种，不一而足。较之入博前的我，学业内外，都有较大提升、明显进步，都得益于老师。

与此同时，还要感谢诸多老师对我博论的指导和帮助。在博论开题答辩、预答辩、最终答辩中，朱慈蕴老师、汤欣老师、梁上上老师、高丝敏老师、沈朝晖老师对论文的选题、写作给予了诸多宝贵的改进建议;在博阶,有幸入选 CNDC 项目,赴日本东北大学法学研究科求学,其间得津晶老师、森田果老师两位导师细心指导、严格严厉,让我不敢懈怠、偷懒;周小明老师为我博论指明方向、确定选题,提供诸多有益前沿信息;商文江老师介绍实务,对论文观点提出写作建议,受益良多;杨姗老师不断关怀鼓励,交流心得。在此,一并致谢诸位老师。

感谢钟向春、李赛敏、李飞、袁田、樊健、杨祥、王健安、刘东辉、严若水、杨慧莹、刘月瑜等同门兄弟姐妹,日常关照、研习探讨、温心扶助。感谢饶浩、胡婷、蔡睿、彭阳、王琦、张咏、杨绪峰、唐林垚、王伟杰、简至鸿等同窗好友,一起学习、互勉互励,共同进步。

感谢家人,坚强后盾,让我安心学业、工作。“做你爱做的事,并不意味着生活过得轻松,但绝对可以活得更精彩”。一程又一程岁月中,难免磕磕碰碰。庆幸的是,自己可以在学业研究中找到充实感、获得感;幸运的是,每有困惑,总有师长、学友关怀指导、勉励进步;幸福的是,一路过来,始终有家人相伴,默默支持。完成博士学位论文,并顺利毕业,既是求学的形式终点,也是人生的另一个起点。

目前已入职北航法学院两年多,感谢龙卫球教授、周友军教授、泮伟江教授、初殿清教授、周学峰教授等学院领导的关怀指导,任自力教授、杜群教授、孙国瑞教授、付翠英教授、翟志勇教授等学科前辈的热心扶助,吉冠浩、雷震文、赵精武、王琦、程玉、王晶等青年教师的相互协助。感谢法律出版社法治与经济分社沈小英社长、刘晓萌编辑的大力支持和辛苦编辑,我的学生王燕、利思烨、鲍禧、陈珺雅等协助校对。

是为后记,也感恩前行。

李游

北航如心楼

2023 年 2 月